경찰인사행정론

[제7판]

이황우 · 김진혁 · 임창호 · 박재풍

法文社

제7판 머리말

이번에 경찰인사행정론 제7판이 출판된 것을 진심으로 기쁘게 생각한다. 매번 경찰인사행정론 교과서를 개정할 때마다 많은 시간과 노력이 들여서 많은 부분을 수정하게 된다. 이번 제7판에서 수정된 주요 내용을 설명하면 다음과 같다. 먼저, 외국의 변화하는 경찰인사행정을 정확하게 파악하는 것이 어렵고 부정확한 외국 자료로 인해 오해를 야기할 수 있어서, 이번 제7판에서는 부득이하게 외국의 경찰인사행정 관련 내용을 삭제하였다.

둘째, 경찰인사행정의 기본법인 「경찰공무원법」이 전부개정되고 이와 관련된 법령이 개정되어서 교과서에서도 관련 내용을 확인하여 수정하였다. 특히 경찰인사행정 법령은 「경찰공무원 임용령」에서부터 「경찰공무원 징계령」 등 다양한 법령으로 구성되어 있는데 개정된 내용을 반영하였다.

셋째, 이번 제7판에서 가장 많이 변경된 부분은 '제6장 경찰공무원 교육훈련'이다. 경찰대학, 경찰인재개발원, 경찰수사연수원, 경찰교육센터에서 실시하고 있는 교육훈련뿐만 아니라 해양경찰교육원에서 실시하는 교육훈련에 대해서 자세하게 설명하였다. 이 부분은 경찰교육훈련에 관심이 있는 학생이나 학자들에게도 많은 도움이 될 것이다.

이번 경찰인사행정론 제7판에서 제시된 다양한 개선방안이 경찰인사정책에 반영되어 우리나라의 경찰인사행정이 더한층 발전하기를 기대한다. 이번에 제7판에 새로운 공동저자로 참여하게 된 경찰대학교 치안정책연구소 박재풍 경찰패널연구센터장으로 인해 이 교과서가 더한층 내실 있게 되었다. 앞으로도 박 센터장이 학문적으로 더욱 성장하여 경찰인사행정을 발전시키기는 데 기여하기를 바란다. 끝으로 이 교재가 제7판까지 나오기까지 수고하여 주신 법문사 임직원분들께 진심으로 감사드린다.

2022년 2월

저자 일동

제6판 머리말

경찰인사행정론 교과서가 출간된 지 벌써 17년이 되었다. 초판 교과서와 이번 제6판 교과서를 비교해 보면, 양적으로 뿐만 아니라 질적으로도 적지 않은 차이가 있다. 이 교과서가 제6판을 출판하게 된 것은 이 글을 읽고 계시는 교수님과 학생 여러분들 덕분이라고 생각한다.

우리나라의 경찰인사행정제도가 더 발전하기 위해서는 현재의 인사행정제도에 만족해하지 않고, 기업 및 다른 공무원 조직의 인사행정제도를 분석해서 합리적인 제도를 적극적으로 도입하여야 할 것이다. 특히, 경찰조직 구성원들의 동기부여 및 사기향상에 대해서 많은 연구 및 노력이 필요하다.

앞으로 경찰공무원 채용제도에 있어서 많은 변혁이 예상된다. 이미 필기시험 과목이 개편되어 입법예고 중에 있으며, 체력시험 및 면접시험 또한 개편될 필요가 있다. 다만, 경찰공무원 채용제도와 관련하여 아쉬운 점은 대학 졸업자에 대한 혜택이 거의 없다는 점이다.

그 결과, 다수의 지원자들이 대학 교육을 포기하고 학원에서의 공부를 선택하는데, 대학 졸업자에 대한 혜택이 마련된다면, 대학 교육의 정상화에 기여할 뿐만 아니라 우수 인재를 유치하는 데에도 큰 도움이 될 것이다.

지난 제5판을 출간할 때 외국 경찰의 인사행정제도를 수정할 것을 약속했는데, 이번 제6판에서 그 약속을 지키게 되어 다행이라고 생각한다. 앞으로도 외국 경찰의 인사행정제도를 계속해서 수정·보완할 것을 약속드린다. 끝으로 이 교재가 제6판까지 나오기까지 수고하여 주신 법문사 임직원분들께 진심으로 감사드린다.

2019년 8월
저자 일동

제5판 머리말

경찰인사행정은 경찰공무원이라는 인적 자원을 효율적으로 활용하고, 그들의 능력 발전을 촉진시켜 국민에게 양질의 경찰서비스를 제공하기 위한 체계이다. 이러한 경찰인사행정은 경찰관의 모집, 채용, 교육훈련, 보수, 승진, 퇴직관리, 복지 등의 다양한 영역들을 다루고 있다.

이러한 경찰인사행정이 합리적이고 공정하게 운영되어야 경찰조직은 더 높은 성과를 낳을 수 있다. 따라서, 경찰관리자들은 우수한 자질을 가진 경찰공무원이 채용되고, 승진될 수 있도록 채용 및 승진 기준 등을 합리적이고 공정하게 수립하고 시행하여야 할 것이다.

경찰인사행정론 교재가 2003년에 발간된 이후 이 교재가 제시하고 있던 개선방안들이 경찰인사행정 실무에 대폭 반영됨으로써, 저자들은 이 교재를 꾸준히 개정해 왔다. 이 교재를 개정할 때마다 경찰공무원 채용, 교육훈련, 근무성적평정, 승진 부분은 상당히 많은 부분에서 개정되었다.

이번 경찰인사행정론 제5판은 제4판 이후에 개정된 법령들을 충실하게 반영하여 대학생들이 최신 내용들을 학습할 수 있도록 하였고, 특히 '제2장 경찰인사행정의 발전과정'을 새롭게 추가하였고, '제13장 경찰공무원 윤리'에서는 경찰공무원 청렴성 부분을 추가하였으며, 교재의 전체 내용과 관련하여 최신 논문들을 참고하여 개선방안들을 수정·보완하였다. 그러나, 이 교재 중 외국 경찰의 인사행정제도 부분은 여전히 미흡하다고 여겨지며, 제6판에서는 외국 경찰의 인사행정제도를 최신 내용으로 수정할 것을 약속드린다.

저자들은 이 교재를 통해서 대학생들이 경찰인사행정을 정확하게 학습하고, 경찰실무가들이 경찰인사행정을 더욱 발전시키는 데 활용할 수 있기를 기대하고, 앞으로도 이 교재가 경찰인사행정의 이론 및 실제를 학습하기 위한 충실한 교재가 될 수 있도록 계속해서 개정할 것을 약속드린다. 끝으로

이 교재가 제5판까지 나오기까지 수고하여 주신 법문사 임직원분들께 진심으로 감사드린다.

2017년 2월

저자 일동

제4판 머리말

경찰인사행정은 경찰조직의 목적을 달성하기 위해서 경찰 인적 자원을 효율적으로 활용하는 체계이다. 이러한 경찰인사행정의 목적은 자질이 있는 경찰 인적 자원을 찾아내고, 경찰기관의 이용 가능한 자원 속에서 모든 적절한 기법들을 적용하여 최대한의 효과성을 획득하는 것이다.

박근혜 정부는 5년간 경찰공무원 2만 명을 증원하기 위해서, 매년 4천명의 경찰공무원을 추가로 선발할 계획이지만 2013년의 경우 경찰공무원 채용시험 합격생 중 1,200여 명이나 중앙경찰학교에 입교하지 못한 채 대기하고 있었다.

이러한 현상이 발생하게 된 주요 원인들 중 하나는 경찰인력수급계획이 합리적으로 이루어지지 못하였고, 경찰교육기관의 교육생 수용능력을 고려하지 못한 채 경찰공무원을 증원했기 때문이라고 여겨진다. 경찰조직에게 있어서 경찰공무원 증원도 매우 필요한 과제이지만, 채용된 경찰관에게 양질의 교육훈련을 실시하여 최고의 치안서비스를 제공할 수 있는 경찰 인적 자원을 육성하는 것도 매우 중요하다고 생각된다.

이번 제4판에서는 그 동안 개정된 법령을 반영하여 수정하였으며, 최신 경찰통계자료로 수정하여 최신의 경찰인사행정 정보를 제공하고자 하였다. 특히, 경찰공무원의 모집, 채용, 승진, 징계분야의 경우 경찰학을 연구하는 학생들이 궁금해 할 수 있는 자료들을 추가하여 경찰인사행정에 관한 깊이 있는 학습이 가능하도록 하였다.

앞으로도 이 교재가 경찰인사행정의 발전에 꾸준히 기여하기를 기대하며, 이 교재가 나오기까지 수고하여 주신 법문사 임직원 여러분들께 감사하는 바이다.

2014년 2월 24일
저자 일동

제3판 머리말

오늘날, 경찰공무원의 모집 및 선발에서부터 사기관리 및 퇴직관리에 이르기까지, 경찰인사행정 분야의 다양한 영역들은 경찰조직의 목적을 달성하기 위해 끊임 없이 발전을 거듭하고 있다.

특히, 그 동안 경찰인사정책들이 꾸준히 개선되는 과정에서, 이 교재가 제시하고 있었던 다양한 정책대안들이 적극적으로 반영되는 것을 보면서, 저자들은 이 교재의 가치를 직접 피부로 느끼게 되었다.

그 결과, 제3판을 준비하는 과정에서도 많은 부분을 손질하게 되면서, 초판 및 제2판과는 적지 않은 부분에서 다른 모습을 띠게 되었다. 그러나, 경찰조직관리와는 달리 경찰인사행정의 경우에는 관련된 법규들이 매우 복잡하고, 법률·훈령·예규 등 그 형태도 다양해서 핵심사항을 일목요연하게 정리하는 것이 쉽지 않았다.

이번 제3판은 다음과 같은 점에서 특징이 있다.

첫째, 여러 주제를 다루고 있었던 분량이 많은 장을 각각 1개의 장으로 구분하고, 20개의 장들 중에서도 가장 중요한 주제 15개만을 선별하여 전체 15개의 장으로 구성하였다. 따라서, 1주에 1개의 장을 학습할 수 있도록 하였다.

둘째, 제2판 이후로 발표된 경찰인사행정과 관련된 석사 및 박사학위논문들을 검토하여 반영하였다.

셋째, 그 동안 개정된 경찰인사행정관련 법령들을 반영하였다.

이 교재가 경찰인사행정의 발전에 기여하기를 기대하며, 이 교재가 나오기까지 수고하여 주신 법문사 임직원 여러분들께 감사하는 바이다.

2012년 8월 13일
저자 일동

제2판 머리말

일반행정분야와 차별화되는 경찰인사행정만을 다루고 있는 교재가 국내에 거의 없었던 상황에서 '경찰인사행정론'이 출간되면서 경찰인사행정분야의 전문화에 큰 기여를 하였다고 생각된다.

특히 이 교재에서 제시하고 있는 각종 정책대안들 중 상당부분이 경찰인사관련 정책에 반영됨으로서 경찰인사행정을 발전시키는 데 공헌했다.

최근 경찰인사행정과 관련된 환경이 매우 빠르게 변화하고 있는데, 특히 보직관리와 관련하여 다면평가제 및 직위공모제를 실시하고, 재직 경찰관에 대해서도 직무적성검사를 시행하고 있다.

또한 사기관리와 관련하여 경찰공무원의 특성을 반영한 차별화된 맞춤형 복지제도를 도입·운영하고, 일반공무원과는 달리 순직시에 2억원을 지급하는 등 순직보상체계를 개선하여 일선경찰관들이 직무에 전념할 수 있는 분위기를 조성하고 있다.

이러한 상황에서 저자들은 변화된 환경을 반영하는 '경찰인사행정론'의 개정판을 준비하게 되었다. 이번 개정판은 다음과 같은 점에서 특징이 있다.

첫째, 한 학기 강의용으로 적합하도록 전체를 14개 장으로 구성하였다.

둘째, 각종 경찰인사관련 법령 중 개정된 내용을 반영하였다.

셋째, 경찰인사행정의 각 분야별로 현실적인 대안들을 추가하였다.

넷째, 그 동안 발표된 경찰인사관련 각종 논문들의 핵심내용을 반영하였다.

끝으로 이 책이 나오기까지 수고하여 주신 법문사 배효선 사장님과 임직원 여러분께 감사하는 바이다.

2007년 8월 12일

저자 일동

머 리 말

경찰인사행정은 경찰공무원이라는 인적 자원을 효율적으로 활용할 수 있게 하고 그들에게 만족스러운 직장생활을 보장하며 그들의 능력발전을 촉진시켜 국제화·자동화 및 컴퓨터화의 시대적 흐름에 부응하며 국민의 요구를 충족시킬 수 있는 양질의 경찰서비스를 제공할 수 있도록 하여야 할 것이다.

최근 경찰공무원에 대한 전문직으로서의 선호도가 높아지면서 경찰직이 인기직종으로 부상하여 좋은 자질을 갖춘 많은 지원자들이 응시하고 있기 때문에 한국경찰의 미래는 매우 밝다고 여겨진다.

저자들이 「경찰인사행정론」을 집필하게 된 동기는 다음과 같다.

첫째, 경찰인사행정은 경찰활동을 직접 수행하는 경찰공무원을 그 대상으로 한다는 점에서 경찰행정학 중에서도 매우 중요한 영역이다.

둘째, 이러한 경찰인사행정의 중요성에도 불구하고 아직까지 경찰인사행정에 대한 대학교재가 거의 없다.

셋째, 경찰인사행정의 발전을 위해서는 각 영역에 대한 문제점을 심도 있게 분석하고 바람직한 개선방안을 제시해 주는 체계적인 지침서가 필요하다.

이 책은 이황우 저 「경찰행정학」(제3판)의 내용 중 경찰인사행정관련 부분을 기초로 하였으며, 그 외에 저자들이 다년간 강의하면서 준비한 자료를 보충하였다. 이 책은 총 12개 장으로 구성하여 1학기 동안 강의하기에 큰 문제가 없도록 분량을 조절하였다.

막상 이 책이 출간된다고 생각하니 만족감을 느끼기보다는 부족함이 많은 것 같아 아쉬운 생각이 든다. 그러나 부족한 부분에 대해서는 개정판을 기약하고, 이 책이 경찰인사행정의 발전에 미약하나마 도움이 되었으면 한다. 또한 저자들은 앞으로도 경찰학에 대한 연구에 더욱 정진하여 관련 교재를 공동집필함으로써 경찰행정학의 발전에 최선을 다할 것을 약속드린다.

끝으로 이 책이 나오기까지 수고하여 주신 법문사 배효선 사장님과 임직

원 여러분, 그리고 원고의 교정에 힘써 준 동국대학교 경찰행정학과 강사 김
창윤, 조현빈 군의 노고에 감사하는 바이다. 아울러 이 책이 발간될 수 있도
록 연구비를 지원해 준 동국대학교 및 경남대학교에 감사드리는 바이다.

2003년 8월 15일
저자 일동

차 례

CHAPTER 03　경찰공무원제도

CHAPTER 06　경찰공무원 교육훈련

CHAPTER 07 경찰공무원 보직관리

CHAPTER 08 경찰공무원 근무성적평정

CHAPTER 09 경찰공무원 승진

CHAPTER 10   경찰공무원 보수

CHAPTER 11   경찰공무원 스트레스 관리

CHAPTER 12 경찰공무원 사기관리

CHAPTER 13 경찰공무원 윤리

CHAPTER 14 경찰공무원 징계

CHAPTER 15 경찰공무원 퇴직관리

Chapter 01

경찰인사행정의 기초

제1절 경찰인사행정의 개념 및 이념

I. 경찰인사행정의 개념

1. 인사행정의 개념

인사행정(public personnel administration)은 국가목적 달성에 필요한 인적 자원을 동원·배치하고 능력을 개발하여 공무원 개인의 능력을 최대한 발휘하도록 하는 관리기능이다. 인사행정은 국민에게 재화와 서비스를 효과적으로 제공하기 위해서 인적 자원을 동원하고 관리하기 위한 구체적인 방법 및 기술이다(유민봉, 2010: 6). 또한, 인사행정은 조직구성원을 확보하고, 훈련시키고, 평가하고, 보상하고, 노동관계, 건강, 안전, 공정성에 관심을 기울이는 과정이라고도 한다(Dessler, 2005: 4).

따라서, 인사행정은 정부조직의 인적 자원을 확보하고 관리하는 기능으로서 인사행정의 주요 기능은 인적 자원의 확보·개발·관리·통제 등으로 분류되고, 인사행정의 직접적 목적은 공무원의 바람직한 활용을 통해서 정부조직의 정책결정 및 집행능력을 제고시키는 것이다(박천오 외 4인, 2017). 또한, 인적 자원 관리(human resource management)는 조직목표를 달성하기 위하여 조직구성원의 역량을 능률적으로 활용할 수 있도록 조직 내 공식적 체계를 설계하는 것이다(Mathis & Jackson, 1997: 4).

2. 경찰인사행정의 개념

경찰인사행정(police personnel administration, police personnel management)은

경찰조직 목적을 달성하기 위해서 인적 자원을 효율적으로 활용하는 기술 또는 체계를 의미한다. 경찰인사행정은 경찰관의 생산성 향상뿐만 아니라 경찰관의 모집, 채용, 교육훈련, 보수, 승진, 퇴직관리, 복지 등 다양한 영역을 다루고 있다. 경찰인사행정의 목적은 자질이 있는 인적 자원을 찾아내고, 경찰조직의 이용 가능한 자원 속에서 모든 적절한 기법을 적용하여 최대한의 효과성을 획득하는 것이다(Heisel & Murphy, 1974: 2).

경찰인사행정은 경찰공무원이라는 인적 자원을 효율적으로 활용하고 그들의 능력발전을 촉진시켜 국제화·자동화·컴퓨터화의 시대적 흐름에 부응함으로써 국민에게 양질의 경찰서비스를 제공하기 위한 것이다. 경찰조직은 시민의 기대사항(능률적이고 효과적인 서비스 제공)을 성공적으로 충족시키기 위해서 경찰 인적 자본(human capital)을 극대화해야 한다. 경찰 인적 자원 관리자는 경찰관이 오늘날의 기대에 따라서 경찰 임무를 제대로 수행할 수 있도록 해야 하고, 또한 내일의 변화(승진, 임무 재지정, 발전하는 업무환경을 포함)를 위해서 경찰관을 준비시킬 프로그램을 개발해야 한다(Gaines & Kappeler, 2011: 90).

3. 경력 관점의 경찰인사행정

경찰조직을 위해 근무한다는 것은 어떤 직업 이상의 의미를 갖고 있다. 그것은 바로 경력(career)인데, 경력은 모집으로 시작해서 퇴직할 때까지 계속된다. 몇몇 경찰관에게 경력은 퇴직 이후에 지속되기도 한다. 많은 퇴직 경찰관은 다른 경찰관서에서 경찰관으로 근무하거나 경찰 경험을 활용하여 컨설턴트 또는 교육분야에서 두 번째 경력을 갖고 있다(Walker & Katz, 2011: 122).

경력 관점(career perspective)은 경찰관이 경찰조직과 상호작용하는 방법을 이해하도록 도와준다. 많은 관심이 모집 단계(예 응시자격, 채용시험 등)에 집중되지만, 높은 품질의 경찰 서비스를 유지하는 것은 복잡한 과정을 필요로 한다. 그것은 경찰관서가 최고 자질을 갖춘 경찰관을 고용하고 계속 유지할 것을 요구하고, 경찰관 경력의 모든 단계에 많은 관심을 기울이는 것을 의미한다. 많은 경찰관서는 다음과 같은 경찰인사행정상 문제를 갖고 있으며, 이러한 문제를 해결할 수 있는 방안을 마련하여야 한다.

(1) 경찰관서는 유능한 신임경찰관을 고용하지만 그들을 적절하게 훈련시키지 못한다.

(2) 경찰관서는 경찰관을 잘 훈련시키지만 그들을 적절하게 감독하지 못한다.

(3) 경찰관서는 우수한 성과를 인정할 수 있는 우수한 인사평정체계를 갖고 있지 않다.

(4) 경찰관서는 성과가 미흡한 경찰관에게 불이익을 가하지 못한다.

(5) 경찰관서는 사기를 향상시키고 유능한 경찰관이 계속 남아있도록 하는 경력 기회를 제공하지 못한다.

(6) 경찰관서는 가장 우수한 경찰관을 승진시키지 못한다.

Ⅱ. 경찰인사행정의 가치

경찰공무원 모집, 선발, 교육훈련, 능력개발, 유지 등을 다루는 경찰인사행정은 경찰조직에 있어서 매우 중요하다. 경찰조직은 단지 그 구성원 각자의 능력을 합한 것만큼의 능력을 갖고 있으며, 어떤 경우에 경찰조직의 능력은 조직구성원 중에서 최하위 경찰관의 능력과 같다고 볼 수 있다. 경찰행정가는 이러한 사실을 오랫동안 인식하고 있었으며, 효과적인 경찰인사행정을 위하여 많은 실질적인 노력과 자원을 투입하였다(Gaines & Kappeler, 2003: 101). 경찰인사행정의 주요 가치를 설명하면 다음과 같다.

1. 경찰업무 성공의 주된 요인

경찰인사행정은 경찰행정 전체의 성공 여부를 좌우하는 것으로서 경찰조직 전체에 매우 큰 영향을 미치고 있다. 경찰인사행정이 합리적으로 운용됨으로써 경찰조직은 경찰행정 전체의 업무를 효율적으로 수행할 수 있고, 우수한 인재를 채용하고, 채용된 경찰관을 적재적소에 배치하고, 우수한 직무수행능력을 갖춘 경찰관을 승진시킬 수 있게 된다. 특히, 경찰인사행정은 다음과 같은 이유로 인하여 그 가치가 인정되고 있다.

경찰관은 생산공장에서 기계를 다루는 인적 자원과는 달리 일반 국민, 즉 사람을 대상으로 치안서비스를 제공하는 일을 담당한다. 경찰활동은 개개의 사건을 다루는 데 있어서 기술뿐만 아니라 서비스를 매우 필요로 한다. 따라서, 경찰활동의 성공은 경찰장비에 달려 있다기보다는 경찰관의 우수한 자질과 효과적인 상호작용능력에 의해 결정된다고 여겨진다.

2. 경찰활동비용의 절감

경찰업무수행에서 발생하는 문제는 대부분 기술적 문제이기보다는 인간 관련 문제로부터 파생된 것이므로 경찰활동은 고도의 인적 서비스를 요구하는 활동이다(Fyfe et al., 1997: 270). 훈련용 건축물, 차량, 무전시설, 경찰관서, 컴퓨터, 실험실과 같은 각종 시설 및 하드웨어 장비도 성공적인 경찰업무수행을 위해 필수적인 요소이지만, 이러한 요소에 투자되는 비용은 경찰 인적 자원을 효과적으로 관리한다면 어느 정도 절감될 수 있다.

3. 시민 생명과 관련된 경찰 인적 자원 관리

아무리 경찰조직이 잘 조직되어 있더라도 경찰조직은 조직구성원이 경찰 임무 및 책임을 잘 관리하고 수행할 수 있는 범위에서만 효과적인 것이다. 우수한 직원은 형편없이 조직된 경찰조직에서 효과적으로 기능할 수 없고 잘 조직된 경찰조직은 유능한 직원 없이는 효과적일 수 없다는 원칙에 따라서 경찰조직은 효과적으로 조직화되고 구성될 수 있다(Gaines et al., 2003: 342).

경찰인사행정은 시민 생명에 직접 관련된 업무를 담당하는 경찰 인적 자원을 관리한다는 점에서 매우 중요한 기능이다. 따라서, 고도로 향상된 양질의 치안서비스를 제공하는 경찰 인적 자원을 효율적으로 활용하기 위해서는 경찰인사부서의 지속적인 관심과 발전 노력이 필요하고 경찰관의 가치관, 태도, 기술, 지식에 대한 발전적인 변화가 필요하다.

Ⅲ. 경찰인사행정의 범위

앞에서 정의한 경찰인사행정의 개념을 기초로 하여 경찰인사행정이 다루어야 할 범위를 명확히 할 필요가 있다. 일반적으로 경찰인사행정의 4대 변수는 경찰 인적 자원의 확보, 경찰 인적 자원의 능력발전, 경찰 인적 자원의 평가, 경찰 인적 자원의 유지라고 여겨진다. 이러한 경찰인사행정의 4대 변수가 상호 유기적으로 연결되어야 경찰인사행정이 효과적일 수 있다.

또한, 경찰인사행정을 연구함에 있어서 [그림 1-1]과 같이 위의 4대 변수 이외에 경찰인사행정의 기초와 경찰공무원 제도를 살펴볼 필요가 있다. 따라서, 경찰인사행정의 범위를 간략하게 설명하면 다음과 같다.

첫째, 경찰인사행정의 기초와 관련하여 경찰인사행정의 개념과 이념, 경찰인사행정의 외부환경, 경찰인사행정기관, 경찰인사행정의 발전과정을 살펴보아야 한다.

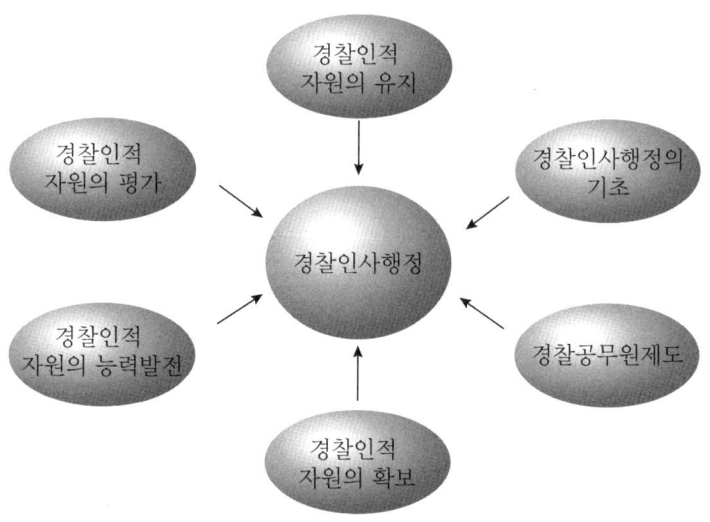

그림 1-1 경찰인사행정의 범위

둘째, 경찰공무원 제도와 관련해서는 경찰공무원의 개념 및 분류, 경찰직업공무원제도, 실적제도, 폐쇄형제도와 개방형제도를 살펴볼 필요가 있다.

셋째, 경찰 인적 자원의 확보와 관련해서는 경찰인력수급계획, 경찰공무원 모집, 경찰공무원 채용, 경찰공무원 시보임용을 살펴보아야 한다.

넷째, 경찰 인적 자원의 능력발전과 관련해서는 경찰공무원 교육훈련, 경찰공무원 보직관리, 경찰공무원 승진을 살펴볼 필요가 있다.

다섯째, 경찰 인적 자원의 평가와 관련해서는 경찰공무원 근무성적평정, 경찰공무원 징계를 살펴보아야 한다.

여섯째, 경찰 인적 자원의 유지와 관련해서는 경찰공무원 보수, 경찰공무원 스트레스 관리, 경찰공무원 사기관리, 경찰공무원 윤리, 경찰공무원 퇴직관리를 살펴볼 필요가 있다.

IV. 경찰인사행정의 이념

경찰인사행정의 이념이란 경찰공무원을 확보·유지·관리하는 과정에서 경찰행정기관이 항상 추구해야 할 중요한 가치를 의미한다. 「국가공무원법」 제1조 [목적]을 보면, "이 법은 각급기관에서 근무하는 모든 국가공무원에게 적용할 인사행정의 근본 기준을 확립하여 그 공정을 기함과 아울러 국가공무원에게 국민 전체의 봉사자로서 행정의 민주적이며 능률적인 운영을 기하게 함을 목적으로 한다."고 규정하고 있다.

「국가공무원법」 제1조에서 도출되는 경찰인사행정의 이념은 형평성(공정성), 민주성, 효율성이다. 다만 이 외에도 정치적 중립성과 경찰공무원의 권익 보호가 경찰인사행정의 이념에 포함될 필요가 있다. 따라서, 경찰인사행정의 이념을 정리해 보면 [그림 1-2]와 같다.

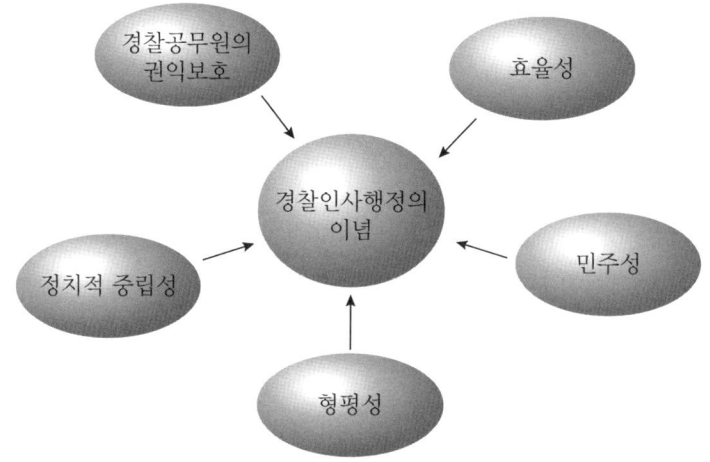

그림 1-2 경찰인사행정의 이념

1. 효 율 성

효율성이란 생산성(productivity)과 유사한 개념으로서 일반적으로 비용 최소화를 의미하는 경제성(economy), 투입–산출 비율을 의미하는 능률성(efficiency), 목표 달성도를 의미하는 효과성(effectiveness)을 모두 포함하는 의미이다.

투입요소 절감에 의해 경찰인사행정의 능률성이 높아졌다 하더라도 우수인력의 확보나 교육훈련의 목표달성이 이루어지지 않았다면 경찰인사행정의 효과성이 딜성되었다고 볼 수 없다. 즉, 효율성은 능률성뿐만 아니라 효과성이 함께 충족되었을 때 달성될 수 있는 것이다.

효율성은 경찰 인적 자원의 채용·개발·활용·보상 등 경찰인사행정의 전체 수행과정에서 추구되어야 할 가치이다. 최소 비용으로 유능한 인재를 채용해야 하고, 제한된 교육훈련 비용으로 더 많은 인원에게 필요한 지식과 기술을 효과적으로 전달할 수 있어야 한다.

2. 민 주 성

민주성이란 국민이 주인이 되고 국민이 주권을 가지고 있다는 것을 의미하므로, 경찰인사행정의 민주성이란 경찰인사행정은 입법부가 제정한 법률에 따라야 한다는 것을 의미한다. 경찰인사행정의 민주성은 국민대표기관인 입법부에 대한 경찰공무원의 책임성(responsibility)을 확보함으로써 실현될 수 있는 가치이다.

3. 형 평 성

형평성(공정성)을 추구한다는 것은 사회구성원 사이에 존재하는 정치적·사회적·경제적 불평등을 중화시키려고 노력하는 것을 의미한다(김규정, 1998: 124). 경찰인사행정의 이념으로서 사회적 형평성은 사회와 연결시킨 인적 구성의 비례성보다는 인사결정상 내부 공정성에 대해서 더 많은 관심이 필요하다. 연고주의·정실주의를 배척하고 능력과 실적을 기준으로 하는 객관적이고 공정한 경찰인사행정이 더 중요한 가치로 고려되어야 할 것이다. 경찰공무원의 불만과 근무의욕 저하의 주된 원인은 자신이 일한 만큼 인정받지 못하고 보상을 받지 못한다고 인식하기 때문이다(Adams, 1963).

4. 정치적 중립성

정치적 중립성이란 경찰이 어떤 특정 정당이나 계층의 이익을 위하여 봉사하는 기관이 되어서는 안 되고 공정 중립을 유지해야 한다는 것을 의미한다. 경찰인사행정이 정치로부터 부당한 영향력을 받게 된다면, 국민의 자유와 권리를 제대로 보장할 수 없게 될 것이다. 특히, 경찰관 채용 및 승진과정에서 정치적 중립성이 확보되어야 유능한 인재를 확보하고, 국민을 위한 경찰 조직으로 발전할 수 있는 것이다.

5. 경찰공무원의 권익보호

1) 경찰공무원의 소극적인 권익보호

경찰공무원의 권익보호는 소극적 의미와 적극적 의미의 두 가지를 가지고 있는데, 경찰공무원의 소극적인 권익보호는 정부나 상관의 자의적 판단이나 불이익 처분으로부터 경찰공무원을 보호하는 것으로서 다음과 같은 4가지 조건이 충족될 때 보장된다.

4가지 조건에는 (1) 경찰공무원에게 신분상 불이익 조치를 취할 수 있는 사유를 제한하는 규정이 있을 것, (2) 경찰공무원에게 불리한 조치를 취하는 절차가 세밀히 정해져 있고, 불이익 사유의 입증책임이 정부나 관리책임자에게 있을 것, (3) 장기 근속한 경찰공무원일수록 더 큰 보호를 받을 것, (4) 정부나 관리책임자가 경찰공무원의 공식적 대표기구(특히 노조)와의 협의나 협상을 통해 인사상 이슈를 해결할 것 등이 포함된다(Thompson, 1989: 364).

2) 경찰공무원의 적극적인 권익보호

경찰공무원의 적극적인 권익보호는 법적 측면뿐만 아니라 경제적·사회적·심리적 측면에서 인간다운 삶을 향유할 수 있도록 하는 것이다. 이를 위해서 단순한 보수나 근무환경의 개선뿐만 아니라 자기개발 기회를 부여하고 성취감을 맛볼 수 있도록 교육훈련과 사기관리가 이루어져야 한다.

제 2 절   경찰인사행정의 외부환경

경찰인사행정은 구성요소 간의 기능적인 연결을 통해 스스로를 유지·발전시키며, 동시에 환경으로부터의 투입에 대응하는 산출을 내보냄으로써 존재의 정당성을 인정 받는다. 어느 경우이든 경찰인사행정의 본질은 조직구성원으로 하여금 경찰조직이 필요로 하는 기여를 하도록 하는 것이다.

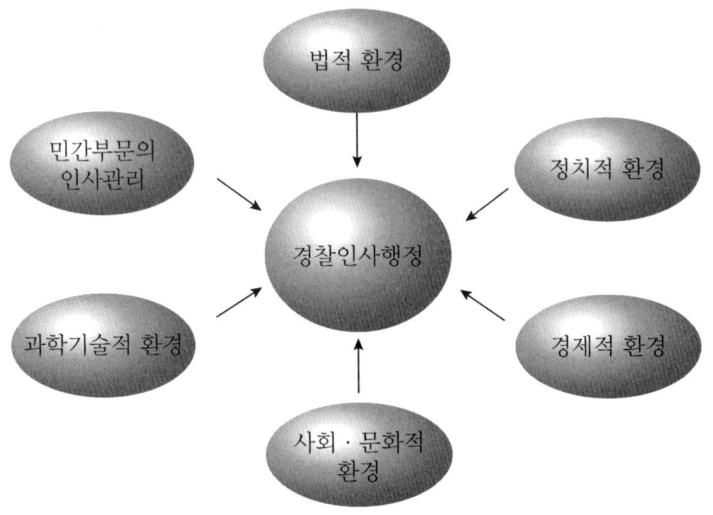

그림 1-3 경찰인사행정의 외부환경

　경찰인사행정을 둘러싸고 있는 외부환경요소는 경찰인사행정의 경계 밖에
있으면서 경찰인사행정의 효과성에 공통으로 영향을 미치는 요소를 의미한
다. 이러한 외부환경요소에는 [그림 1-3]과 같이 (1) 법적 환경, (2) 정치적 환
경, (3) 경제적 환경, (4) 사회·문화적 환경, (5) 과학기술적 환경, (6) 민간부문
의 인사관리 등이 있다.

Ⅰ. 법적 환경

　경찰인사행정은 인사 관련 법규에 근거하여 이루어지며, 인사 관련 법규
는 경찰인사행정의 합리성과 공정성을 담보하는 확실한 방법이다. 특히, 경찰
공무원은 특정인이나 특정집단에 대해 충성할 것이 아니라 전체 국민에 대해
봉사해야 하므로 경찰인사행정은 민간부문의 인사관리에 비하여 법적 제약이
더 강하다.

　그러나 경찰인사행정에 대한 법적 제약의 강화는 경찰인사행정의 경직화

를 초래하기 쉽다. 강한 법적 신분보장 때문에 부적격자에 대하여 면직처분을 하는 것이 쉽지 않고, 긴급하게 필요한 인력이 있어도 예산이나 공고절차 규정 등으로 인하여 적시에 채용하는 것이 곤란하다. 경찰인사행정에 미치는 법적 영향을 법체계에 따라 다음과 같이 헌법, 법률, 명령 및 훈령 등으로 나누어 볼 수 있다.

1. 헌   법

「헌법」은 국가의 최고기본법으로서 기본권 보장과 통치구조에 관한 내용을 규정하고 있다. 그러므로 경찰인사행정에 관련된 모든 하위법의 규정이나 경찰인사행정 결정은 「헌법」에 위배되어서는 안 된다. 「헌법」 제11조 ①에 보면, "모든 국민은 법 앞에 평등하다. 누구든지 성별·종교 또는 사회적 신분에 의하여 정치적·경제적·사회적·문화적 생활의 모든 영역에 있어서 차별을 받지 아니한다"고 규정하고 있으므로, 경찰공무원 채용 및 승진에 있어서도 헌법상 평등의 원칙을 위배해서는 안 된다.

2. 법   률

경찰인사행정은 주로 법률에 근거하여 행해지므로 법률은 경찰인사행정을 둘러싸고 있는 법적 환경 중에서 매우 중요한 요소이다. 대표적인 경찰인사행정에 관련된 법률에는 「국가공무원법」과 「경찰공무원법」이 있다. 「국가공무원법」은 인사행정의 전반적인 분야에 대한 규정을 포함하고 있다. 즉, 인사기관, 공직분류제도, 채용, 보수, 근무성적평정, 의무, 신분보장과 징계 등의 내용을 담고 있다.

「경찰공무원법」은 「국가공무원법」의 제 규정을 골격으로 하여 경찰조직 특성에 맞게 부분적으로 보완한 것이다. 즉, 경찰공무원의 책임 및 직무의 중요성과 신분 조건의 특수성에 비추어 그 임용, 교육훈련, 복무, 신분보장 등에 관하여 「국가공무원법」에 대한 특례를 규정하고 있다(경찰공무원법 제1조). 「국가공무원법」과 「경찰공무원법」의 관계는 일반법과 특별법의 관계에 있다고 볼 수 있다.

이 외에도 경찰공무원을 대상으로 적용되는 법률에는 「공직자윤리법」, 「정부조직법」, 「국가경찰과 자치경찰의 조직 및 운영에 관한 법률」 등이 있으며, 민간기업의 근로자와 공무원 모두에게 적용되는 법률에는 「남녀차별금지 및 구제에 관한 법률」, 「근로기준법」, 「산업안전보건법」, 「남녀고용평등과 일·가정 양립지원에 관한 법률」 등이 있다.

3. 명령 및 훈령

경찰행정기관은 경찰인사행정과 관련하여 법률에 구체적인 내용을 규정하지 못한 경우에는 대통령령, 총리령, 부령, 경찰청 훈령·예규를 통해 구체적으로 규정함으로써 상황 변화에 유연하게 대응하고 있다. 우리나라의 경우 인사에 관하여 손색이 없는 법령체계를 갖고 있으나 문제는 현실 적용에 관한 것이다. 법령의 내용·의도와 실제 현실 적용 간에 괴리현상이 있는 것은 인사 측면에 한정된 일이 아니며, 우리나라 행정의 거의 모든 면에 걸쳐 보편적으로 존재하는 바람직하지 못한 현상이다(박동서, 2001: 91).

II. 정치적 환경

경찰인사행정은 대통령, 국회, 정당, 시민단체, 대중매체, 시민 등으로 구성되는 정치적 환경으로부터 다양한 요구와 기대를 받고 있다. 또한, 정권교체로 인하여 부처가 통·폐합되는 조직개편이 일어나는 경우에는 경찰조직·인력의 구성과 운영에도 변화를 야기한다.

대통령은 경찰공무원의 임면권자일 뿐만 아니라 정책결정의 최고책임자로서 경찰공무원 보수, 경찰조직 개편 등 중요한 정책에 결정적인 영향을 미치고 있으며, 국회의원은 국정감사를 통해 공식적으로 경찰인사행정의 공정성, 민주성, 효율성 등을 조사할 수 있고, 시민단체나 대중매체는 고위 경찰간부 인사에 대한 시비를 공론화하고 출신지역이나 출신학교를 기사화하여 보이지 않는 압력요인으로 작용한다.

경찰 인적 자원관리는 많은 사람과 관련된 복잡한 업무이고, 관련된 사람 중 다수는 경찰기관 외부에 있는 사람이다. 특히, 시민은 경찰기관에 대한 요구와 기대사항을 제시함으로써 경찰 인적 자원관리에 영향을 미치고 있다 (Gaines et al., 2003: 343).

Ⅲ. 경제적 환경

경제적 환경요소는 경찰관의 질적 수준, 경찰조직의 생산성 등과 관련하여 경찰인사행정에 중요한 영향을 미치고 있다. 1997년 12월 이후 IMF 구제금융 아래에서 경찰공무원의 정년단축, 보수인하, 해외교육훈련규모 축소 등은 경찰인사행정이 경제적 환경의 영향을 받는 것에 대한 대표적 사례이다. 또한, IMF 시대 동안에 강도·절도 등 생계형 범죄가 증가하였고, 사기 등 경제범죄가 급증하였고, 마약 및 퇴행성 범죄가 증가하였으며, 청소년범죄가 심각해지고, 폭력범죄가 증가됨에 따라 경찰인력을 방범 및 수사기능에 집중 배치한 바 있다(전대양·임창호, 1999).

Ⅳ. 사회·문화적 환경

경찰인사행정을 둘러싸고 있는 사회·문화적 환경을 설명하면 다음과 같다. 첫째, 유교적 장유유서 문화에서는 능력보다는 연공서열에 의한 인사행정이 뿌리 깊은 관행으로 지속되어 왔는데, 최근 의식의 세계화가 강조되면서 경찰조직의 전통적인 질서에 변화가 나타나고 있다. 둘째, 일반 국민의 경찰직에 대한 인식은 경찰직 선호나 경찰공무원 근무태도에 중요한 영향을 미칠 수 있다. 셋째, 연고주의가 강한 우리 문화에서는 고향 친구, 상관, 동료, 부하직원, 학교 동창이 인사청탁을 했을 경우에 그 청탁을 받아줄 것을 기대할 것이고, 이것은 결국 정실에 치우친 경찰인사행정을 조장하는 결과를 가져올 수 있다.

V. 과학기술적 환경

정보통신 등 과학기술의 변화뿐만 아니라 인적 자원 관리에 직접 관련된 인사정보체계, 근무성적평정, 교육훈련방법 등의 기술 발전은 경찰업무수행에 요구되는 경찰 인적 자원의 성격 및 관리방식에 많은 변화를 야기할 수 있다. 이러한 과학기술의 변화는 외부 전문가의 유입 필요성을 높이고, 경찰공무원에 대한 지속적인 교육훈련을 요구할 것이다(Ban et al., 1992: 415-416). 특히, 컴퓨터 기술과 네트워크는 작업환경, 인간관계, 의사소통, 생산성, 사기, 인적 자원 계획 등의 성격과 그것에 대한 접근방법을 근본적으로 바꾸어 놓을 수 있다.

미국의 사법지원국(Bureau of Justice Assistance: BJA)은 예산 감소 및 재정적 도전 등으로 인하여 2009년 6월에 최초의 스마트 경찰활동 계획(smart policing initiative)을 발표함으로써 만성적인 지역 범죄문제에 대한 효과적이고 능률적인 해결책을 개발하고자 하였다. 이러한 스마트 경찰활동은 전략적이고, 과학에 기반하고, 데이터·정보·기술에 의존하므로 우리나라 경찰도 스마트 경찰활동을 활성화하기 위해서는 각종 정보분석 능력을 갖춘 인적 자원을 필요로 한다(임창호·박행렬, 2019).

VI. 민간부문의 인사관리

민간부문의 인사관리방식은 경찰공무원 인사행정에 중요한 영향을 미치고 있다. 가장 직접적으로는 민간부문의 보수수준을 들 수 있고, 민간부문에 있어서 인적 자원의 확보·개발·평가 모두가 경찰공무원 인사행정에도 영향을 미치게 된다. 특히, 보다 탄력적이고 새로운 인사관리제도를 먼저 도입하는 민간부문은 경찰조직의 입장에서 벤치마킹의 대상이 되고 있다.

즉, 국민·하나·신한·우리은행 등 주요 시중은행은 2000년대에 승진시험을 폐지하고 업무성과 및 인사평가 등으로 승진을 결정하였고, 농협은행 또한 2018년도에 은행권 중 마지막으로 시험승진 전면 폐지하였다. 심지어 법원공무원도 워라벨 및 실무역량을 강화하기 위하여 2019년 6월 시험승진제도인 능력검정시험을 폐지하였다. 앞으로는 이러한 민간부문 인사관리제도가 경찰인사행정에도 적지 않은 영향을 미치게 될 것이다.

제 3 절 경찰인사행정기관

Ⅰ. 경찰인사행정기관의 종류

1. 경찰인사행정 위원회

경찰인사행정기관이란 경찰공무원의 인사행정을 관장하는 기관으로서 현재 행정안전부, 인사혁신처, 경찰청 등에 경찰인사행정과 관련된 다양한 위원회가 설치되어 운용되고 있다.

1) 국가경찰위원회
행정안전부에 설치되어 있는 국가경찰위원회는 인사에 관한 사항을 심의·의결하는 권한을 갖고 있는데, ⑴ 경찰공무원의 채용·승진 등 인사운영 기준에 관한 사항, ⑵ 경찰공무원의 교육 및 복지 증진에 관한 사항, ⑶ 경찰 중·장기 발전계획에 관한 사항 등을 심의·의결함으로써 경찰인사행정에 참여하고 있다(국가경찰과 자치경찰의 조직 및 운영에 관한 법률 제10조; 국가경찰위원회 규정 제5조).

2) 시·도자치경찰위원회
자치경찰사무를 관장하게 하기 위하여 특별시장·광역시장·특별자치시장·도지사·특별자치도지사 소속으로 시·도자치경찰위원회를 두고 있는데, 시·도자치경찰위원회는 (1) 자치경찰사무에 관한 인사, 예산, 장비, 통신 등에 관한 주요정책 및 그 운영지원, (2) 자치경찰사무 담당 공무원의 임용, 평가 및 인사위원회 운영 등을 소관함으로써 경찰인사행정에 참여하고 있다(국가경찰과 자치경찰의 조직 및 운영에 관한 법률 제24조).

3) 경찰공무원인사위원회

경찰공무원의 인사에 관한 중요 사항에 관하여 경찰청장의 자문에 응하게 하기 위하여 경찰청에 경찰공무원인사위원회를 두고 있다(경찰공무원법 제5조 ①).

4) 승진심사위원회

경찰청 소속 경찰공무원의 승진심사를 위하여 경찰청과 해양경찰청에 중앙승진심사위원회를, 경찰청·해양경찰청·시·도경찰청과 대통령령으로 정하는 경찰기관에 보통승진심사위원회를 두고 있다(동법 제17조 ①). 승진심사위원회는 승진대상자 명부의 선순위자(승진시험에 합격된 승진후보자는 제외한다) 순으로 승진시키려는 결원의 5배수의 범위에 있는 사람 중에서 승진후보자를 심사·선발한다(동법 제17조 ②).

5) 고충심사위원회

경찰공무원의 인사상담 및 고충을 심사하기 위하여 경찰청·지방경찰청 및 대통령령으로 정하는 경찰기관에 경찰공무원 고충심사위원회를 두고 있다(경찰공무원법 제25조 ①). 경찰공무원 고충심사위원회의 심사를 거친 재심청구와 경정 이상의 경찰공무원의 인사상담 및 고충심사는 「국가공무원법」에 따라 설치된 중앙고충심사위원회에서 한다(동법 제25조 ②).

6) 징계위원회

경무관 이상의 경찰공무원에 대한 징계 의결은 「국가공무원법」에 의하여 국무총리 소속으로 설치된 징계위원회에서 행하고, 총경 이하의 경찰공무원에 대한 징계 의결을 행하기 위하여 대통령령이 정하는 경찰기관 및 해양경찰관서에 경찰공무원 징계위원회를 두고 있다(동법 제32조).

7) 소청심사위원회

행정기관 소속 공무원의 징계처분, 그 밖에 그 의사에 반하는 불리한 처분이나 부작위에 대한 소청을 심사·결정하게 하기 위하여 인사혁신처에 소청심사위원회를 두고 있다(국가공무원법 제9조).

2. 경찰공무원 임용권자

「경찰공무원법」 제7조에 의하면 경찰공무원에 대한 임용권자는 <표 1-1>에서 보는 것과 같이 대통령, 경찰청장 또는 해양경찰청장이다.

표 1-1 경찰공무원 임용권자

임용권자	대상계급	추천 또는 제청
대통령	총경 이상의 경찰공무원	경찰청장 또는 해양경찰청장의 추천을 받아 행정안전부장관 또는 해양수산부장관의 제청으로 국무총리를 거쳐야 함
	경정으로의 신규채용·승진 임용·면직	경찰청장 또는 해양경찰청장의 제청으로 국무총리를 거쳐야 함
경찰청장 또는 해양경찰청장	총경의 전보·휴직·직위해제·강등·정직·복직	
	경정 이하의 경찰공무원	

자료: 「경찰공무원법」 제7조 ①, ②.

그러나 경찰청장은 대통령령으로 정하는 바에 따라 경찰공무원의 임용에 관한 권한의 일부를 특별시장·광역시장·도지사·특별자치시장 또는 특별자치도지사(이하 시·도지사라 한다), 국가수사본부장, 소속 기관의 장, 시·도경찰청장에게 위임할 수 있다. 이 경우 시·도지사는 위임받은 권한의 일부를 대통령령으로 정하는 바에 따라 「국가경찰과 자치경찰의 조직 및 운영에 관한 법률」 제18조에 따른 시·도자치경찰위원회, 시·도경찰청장에게 다시 위

표 1-2   경찰공무원 임용권의 위임

임용권자	내용
경찰청장 (제1항)	경찰청장은 법 제7조제3항 전단에 따라 특별시장·광역시장·특별자치시장·도지사 또는 특별자치도지사에게 해당 특별시·광역시·특별자치시·도 또는 특별자치도의 자치경찰사무를 담당하는 경찰공무원[「국가경찰과 자치경찰의 조직 및 운영에 관한 법률」 제18조제1항에 따른 시·도자치경찰위원회, 시·도경찰청 및 경찰서(지구대 및 파출소는 제외한다)에서 근무하는 경찰공무원을 말한다] 중 경정의 전보·파견·휴직·직위해제 및 복직에 관한 권한과 경감 이하의 임용권(신규채용 및 면직에 관한 권한은 제외한다)을 위임한다.
경찰청장 (제2항)	경찰청장은 법 제7조제3항 전단에 따라 국가수사본부장에게 국가수사본부 안에서의 경정 이하에 대한 전보권을 위임한다.
경찰청장 (제3항)	경찰청장은 법 제7조제3항 전단에 따라 경찰대학·경찰인재개발원·중앙경찰학교·경찰수사연수원·경찰병원 및 시·도경찰청(이하 소속기관등)의 장에게 그 소속 경찰공무원 중 경정의 전보·파견·휴직·직위해제 및 복직에 관한 권한과 경감 이하의 임용권을 위임한다.
시·도지사 (제4항)	제1항에 따라 임용권을 위임받은 시·도지사는 법 제7조제3항 후단에 따라 경감 또는 경위로의 승진임용에 관한 권한을 제외한 임용권을 시·도자치경찰위원회에 다시 위임한다.
시·도 자치경찰위원회 (제5항)	제4항에 따라 임용권을 위임받은 시·도자치경찰위원회는 시·도지사와 시·도경찰청장의 의견을 들어 그 권한의 일부를 시·도경찰청장에게 다시 위임할 수 있다.
임용권을 위임받은 시·도경찰청장 (제6항)	제3항 및 제5항에 따라 임용권을 위임받은 시·도경찰청장은 소속 경감 이하 경찰공무원에 대한 해당 경찰서 안에서의 전보권을 경찰서장에게 다시 위임할 수 있다.
경찰청장 (제7항)	경찰청장은 수사부서에서 총경을 보직하는 경우에는 국가수사본부장의 추천을 받아야 한다.
시·도 자치경찰위원회 (제8항)	시·도자치경찰위원회는 임용권을 행사하는 경우에는 시·도경찰청장의 추천을 받아야 한다.
시·도경찰청장 및 경찰서장 (제9항)	시·도경찰청장 및 경찰서장은 지구대장 및 파출소장을 보직하는 경우에는 시·도자치경찰위원회의 의견을 사전에 들어야 한다.
소속기관등의 장 (제10항)	소속기관등의 장은 경감 또는 경위를 신규채용하거나 경위 또는 경사를 승진시키려면 미리 경찰청장의 승인을 받아야 한다.
경찰청장 (제11항)	제1항부터 제6항까지의 규정에도 불구하고 경찰청장은 경찰공무원의 정원 조정, 승진임용, 인사교류 또는 파견을 위하여 필요한 경우에는 임용권을 행사할 수 있다.

자료: 「경찰공무원 임용령」 제4조.

임할 수 있다(경찰공무원법 제7조 ③). 해양경찰청장은 대통령령으로 정하는 바에 따라 경찰공무원의 임용에 관한 권한의 일부를 소속 기관의 장, 지방해양경찰관서의 장에게 위임할 수 있다(경찰공무원법 제7조 ④).

따라서 경찰청장은 「경찰공무원법」 제7조 제3항에 따라 <표 1-2>에서 보는 것과 같이 경찰공무원의 임용에 관한 권한의 일부를 시·도지사, 국가수사본부장, 소속기관등의 장, 시·도경찰청장에게 위임하고 있다.

Ⅱ. 경찰인사행정기관의 특성

경찰인사행정기관의 일반적인 특성으로서 독립성, 합의성, 집권성이 있다(박천오 외 5인, 2001: 68-71; 김중양, 2002: 33-34).

1. 독 립 성

경찰인사행정기관의 독립성이란 경찰인사행정에 대한 정치적 압력을 배제하고 경찰인사행정을 능률적으로 수행하기 위하여 인사권자의 신분을 보장하고, 조직 및 예산에 있어서 자주성을 부여하는 것을 의미한다. 경찰인사행정기관이 독립성을 갖게 됨으로써 공직임용에 있어서 엽관주의와 정실주의가 배제될 수 있고, 그 결과 전문성 결여에서 오는 경찰행정의 질적 저하를 극복할 수 있으며, 잦은 인사교체에서 오는 행정의 무질서나 행정상 부패를 방지할 수 있다.

2. 합 의 성

경찰인사행정기관의 합의성이란 경찰인사행정에 대한 결정이 다수위원의 합의에 의하여 결정되는 것을 의미한다. 경찰인사행정기관이 합의성을 갖게 됨으로써 경찰인사행정에 대해 보다 신중한 결정이 가능하고, 이해관계자의 참여 및 이해 조정이 가능하다. 현재 경찰공무원에 대한 징계는 합의제기관

인 징계위원회에서 의결하도록 되어 있고(경찰공무원 징계령 제14조), 심사승진
도 승진심사위원회에서 의결하도록 되어 있다(경찰공무원 승진임용 규정 제18
조).

3. 집 권 성

경찰인사행정기관의 집권성이란 통일된 경찰인사행정 원칙을 정립하기 위
해 인사권을 집중시키는 것을 의미한다. 경찰인사행정기관이 집권성을 갖게
됨으로써 통일된 경찰인사행정 원칙을 정립하여 경찰공무원의 정치적 중립성
을 확립하고, 전문화된 경찰인사담당 공무원이 직위분류, 채용시험, 심사승진,
시험승진, 교육훈련 등 인사행정제도 및 규정을 체계적으로 연구·발전시킬
수 있다.

Ⅲ. 경찰인사행정기관의 기능

경찰인사행정기관의 기능은 우리나라와 같은 중앙집권체제에서는 경찰행
정기관에 따라서 별다른 차이가 거의 없다. 그러나 미국 등과 같이 분권적
지방자치체제에서는 지역 특성에 따라 경찰인사행정기관의 상이한 기능이 강
조될 수 있다. 경찰인사행정기관을 더 잘 이해하기 위해서 경찰인사행정기관
이 행하고 있는 일반적이고 구체적인 다양한 기능을 설명하면 다음과 같다
(Heisel & Murphy, 1974; Fyfe et al., 1997; Gaines et al., 2003).

1. 경찰인사정책의 수립 및 평가

경찰인사행정기관은 경찰 인적 자원의 모든 영역에서(모집, 채용, 승진 기
타)' 정책을 수립하고 집행 평가를 하는 데 책임이 있다. 경찰인사행정기관은
경찰인사행정 기준을 명료하게 설정하고 유지하여야 하는데 경찰인사행정 기
준은 모든 직위에 있는 조직구성원을 위한 관리기준(자격, 훈련, 특별업무, 특별

급여 등)뿐만 아니라 선임경찰관 선발기준(신체, 학력, 인성 등)을 포함한다.

2. 효과적인 경찰관 모집 프로그램 개발

경찰관 모집 프로그램의 목적은 특정 직위에 채용할 수 있는 가장 적합한 지원자를 확보하는 것이다. 따라서, 경찰인사행정기관은 자질 있는 지원자를 위한 효과적인 모집 프로그램을 개발하여야 한다.

3. 경찰관 채용시험의 준비

경찰인사행정기관은 경찰관 채용시험을 준비하고 경찰관 선발 후 배치절차를 사전에 수립해야 한다. 경찰관 채용시험은 일반적으로 경찰관 채용과정의 가장 중요한 단계로서 경찰공무원 채용의 가·부 결정에 큰 영향을 미친다.

4. 직위분류와 직무분석

일반적으로 경찰공무원 관련 법규에 공적 직위와 그 임무가 명확히 서술되어 있다. 경찰인사행정기관은 항상 발전적인 직위분류절차를 검토·개발하여야 하고, 경찰인사 담당경찰관은 직위분류가 경찰활동의 필요성을 정확히 반영하고 있는가에 관심을 기울여야 한다. 직위분류절차는 직무분석(job analysis)을 통하여 경찰관 보수가 업무의 책임성과 질에 합당하도록 해야 한다.

5. 경찰관 교육훈련 기획

경찰인사행정기관은 경찰공무원의 임용 전·후의 교육훈련에 직접적인 책임이 있다. 더구나 일선 경찰관이 변화하는 상황에 적절히 대처하기 위해서는 최신 기술과 지식을 필요로 하므로 경찰인사행정기관은 지속적인 교육훈련을 실시하여야 한다.

6. 경찰관 승진기준 개발

경찰인사행정기관은 합리적이며 공정한 승진절차를 위한 제도를 수립하고, 승진제도의 효율적 운영을 위한 지침을 개발하여야 한다. 특히, 보다 구체적인 승진기준과 각 계급에 적합한 경찰관 자격을 규정하는 세부지침을 마련하여야 한다.

7. 경찰관 보수체계 수립

경찰인사행정기관은 조직구성원 보수를 계급과 임무에 따라서 보다 공정하게 배분할 수 있는 합리적 보수체계를 수립해야 한다. 이러한 보수체계는 객관적이며 기본적 생활안정을 보장할 수 있어야 하고, 나아가 근무의욕을 향상시킬 수 있도록 해야 한다.

8. 경찰관 징계의 기준 · 절차 수립 및 결정

경찰인사행정기관은 경찰기관 내에서 징계조치의 기준과 절차를 수립하고 위법행위를 행한 조직구성원에 대하여 합리적인 징계조치를 결정하고 집행한다. 경찰관 징계는 관련 법규나 경찰조직 정책에 근거해야 한다.

9. 경찰기관의 대표

경찰인사행정기관은 조직구성원의 의사에 관련된 제반 사항에 대하여 업무상 관련 있는 단체교섭 또는 토의를 필요로 할 때 대외적으로 경찰기관을 대표한다.

10. 경찰인사 관련 기록 보존

경찰인사행정기관은 조직구성원에 관한 개인 및 직무상 관련 자료를 보관·관리한다. 경찰인사 관련 자료는 대부분 각 개인 별로 보존되며 자료의 성격상 정기적이거나 수시로 보완·갱신되어야 한다.

11. 업무평가기준 수립

경찰인사행정기관은 조직구성원의 활동을 발전시키고 모든 조직구성원에 대하여 공정한 기회를 부여하기 위해서 합리적인 업무평가기준을 수립하여 객관적인 평가를 하고, 평가내용을 필요한 기간 동안 보존해야 한다. 경찰인사행정기관은 조직구성원을 평가함에 있어 업무평가기준을 공정하게 적용할 수 있도록 경찰인사권자에게 조언하는 책임을 가진다.

12. 면접결과 활용

면접은 경찰조직의 문제점이 무엇인지를 발견하기 위한 효과적인 도구로 기능할 수 있다. 경찰인사행정기관은 현직 경찰관뿐만 아니라 퇴직 예정 경찰관에 대해서도 퇴직 면접을 실시하여야 하고, 부서 내의 불만족스러운 근무조건 또는 평가방법을 개선하기 위하여 면접결과에서 얻어진 정보를 활용하여야 한다.

13. 인사 관련 정책의 연구 및 기획

경찰인사행정기관은 근무조건, 인사문제 개선 등 인사 관련 정책의 연구 및 기획을 행하여야 한다. 이러한 연구는 경찰 내부기관은 물론이고 경찰 외부기관의 협조를 얻어서 행하여야 할 것이다. 그리고 경찰인사행정기관은 경찰인사행정에 관한 정책개발 및 제반 문제해결을 위하여 업무의 명확한 목표

를 설정하고 목표 실현을 위한 합리적인 대안을 마련하여 경찰책임자에게 제
시하여야 한다.

14. 사기 제고

경찰인사행정기관은 조직구성원이 높은 수준의 사기를 유지할 수 있도록
하기 위해서 사기 제고에 저해되거나 도움이 되는 제반 요인을 연구·분석하
여, 사기 증대에 유익한 정책개발과 제도개선을 위해서 최선의 노력을 해야
한다.

15. 고충 상담

경찰인사행정기관은 조직구성원의 공적·사적 업무 여부, 불평·불만의
정당성 여부에 관계 없이 모든 경우에 있어서 구성원 자신이 직면하고 있는
고충에 대해서 적절한 상담을 해야 한다. 이러한 고충 상담 자료는 추후 인
사행정을 위한 참고자료로 보관되어야 한다.

 연습문제

1. 경찰인사행정의 이념을 설명하세요.

2. 경찰인사행정을 둘러싸고 있는 외부환경요소를 설명하세요.

3. 경찰공무원 임용권자를 설명하세요.

4. 경찰인사행정 관련 위원회를 설명하세요.

참고문헌

〈국내문헌〉

경찰청. (2000). 「경찰개혁성과와 발전방향: 경찰대개혁 100일 작전 평가분석 중심」.

김규정. (1998). 「행정학원론」(신판보정판), 서울: 법문사.

김중양. (2002). 「한국인사행정론(제4판)」, 서울: 법문사.

박동서. (1994). 「인사행정론」, 서울: 법문사.

박동서. (2001). 「인사행정론」(제5전정판), 서울: 법문사.

박천오 외 5인 공저. (2001). 「인사행정의 이해」(제2판), 서울: 법문사.

오석홍. (2000). 「인사행정론」(제4판), 서울: 박영사.

유민봉. (2010). 「한국인사행정론」, 서울: 박영사.

유종해. (2001). 「현대행정학」(제4전정판), 서울: 박영사.

이황우. (2012). 「경찰행정학」(제5판), 서울: 법문사.

이황우·임창호 (2014). 「현대경찰학개론」, 서울: 법문사.

임창호·박행렬. (2019). "스마트 경찰활동의 주요 사례 분석 및 활성화 방안." 「한국공안행정학회보」, 28(2): 265-296.

전대양·임창호. (1999). "IMF시대의 범죄양상과 경찰의 대응방안: 사례분석을 중심으로," 「민생치안」, 겨울호, 민생치안연구소.

〈국외문헌〉

Adams, J. S. (1963). "Toward an Understanding of Inequity," *Journal of Abnormal and Social Psychology*, 67: 422-436.

Ban, C., Faerman, S. R., & Riccucci, N. M. (1992). "Productivity and the Personnel Process," in Marc Holzer (ed.), *Public Productivity Handbook*, New York: Marcel Dekker, Inc.

Bopp, W. & Whisenand, P. (1980). *Police Personnel Administration*, 2nd ed., Boston: Allun And Bacon, Inc.

Dessler, G. (2005). *Human Resource Management*, New Delhi: Prentice-Hall.

Fyfe, J. J., Greene, J. R., Walsh, W. F., Wilson, O. W., & McLaren, R. C. (1997). *Police Administration*(5th ed.), New York: McGraw-Hill.

Gaines, L. K. & Kappeler, V. E. (2003). *Policing in America*(4th ed.), Cincinnati, OH: Anderson publishing co.

Gaines, L. K., & Kappeler, V. E. (2011). *Policing in America*(7th ed.), Waltham, MA: Elsevier, Inc.

Gaines, L. K., Worrall, J. L., Southerland, M. D., & Angell, J. E. (2003). *Police*

Administration (2nd ed.), New York, NY: McGraw-Hill.

Heisel, W. D. & Murphy, P. V. (1974). "Organization for Police Personnel Management," O. Glenn Stahl and Richard A. Staufenberger(eds.), *Police Personnel Administration*, Washington, D. C.: Police Foundation.

International City Managers Association. (1960). *Municipal Personnel Administration*(6th ed.), Washington D. C.: International City Managers Association.

Mathis, R. L. & Jackson, J. H. (1997). *Human Resource Management* (8th ed.), St. Paul: West Publishing.

National Commission on Law Observance and Enforcement. (1968). *Report on Police*, Montclair, New Jersey: Patterson Smith Publishing Co.

The President's Commission on Law Enforcement and Administration of Justice. (1967). *Task Force Report: The Police*, Washington, D. C.: U. S. Government Printing Office.

Schultz, C. (1984). "Saving Millions through Judicious Selection", *Public Personnel Management*, 13(4): 409-415.

Stahl, O. Glenn. (1971). *Public Personnel Administration*(6th ed.), New York: Harper & Row.

Stout, Hiram M. (1938). *Public Service in Great Britain*, University of North Carolina Press.

Swank, C. J. & Conser, J. A. (1983). *The Police Personnel System*, New York: John Wiley & Sons.

Thompson, F. J. (1989). "Managing within Civil Service System," in James L. Perry (ed.), *Handbook of Public Administration*, San Francisco: Jossey-Bass.

Walker, S. & Katz, C. M. (2011). *The Police in America: An Introduction* (7th ed.), New York, NY: The McGraw-Hill Companies, Inc.

Weston, P. B. & Fraley, P. K. (1980). *Police Personnel Management*, Englewood Cliffs, N. J.: Prentice-Hall, Inc.

Chapter 02

경찰인사행정의 발전과정

우리나라 경찰인사행정의 역사는 일반적으로 조선시대, 일제강점시대, 미군정시대, 치안국시대, 치안본부시대, 경찰청시대로 구분할 수 있다. 조선시대 이전 통일신라와 고려시대에도 제한적이나마 과거와 같은 관리등용제도가 있었으나 단순한 채용제도 외에 특기할 사항이 없었기 때문에, 우리나라 경찰인사행정의 역사는 조선시대부터 살펴볼 필요가 있다.

제 1 절   조선시대

Ⅰ. 갑오경장 이전

조선시대에는 관리채용을 위한 시험제도뿐만 아니라 인사행정 전반에 걸친 제도가 수립·시행되었다. 그 대표적인 예로서, 「경국대전」(이전, 예전, 병전, 공전, 호전, 형전)이나 「대전회통」(경국대전 이후 보완된 6권 5책으로서 조선 최후의 법령집)과 같은 인사행정 기본법(특히 이전)이 제정되었고, 관직의 분류나 관리등용방법도 다양하게 운용되었다.

이 시대의 인사제도 중 과거제도는 학습에 대하여 높은 가치를 부여했다는 긍정적인 평가도 있지만, 군주(왕)의 의사를 중심으로 한 제도, 즉 사람에 의한 지배(rule of man)로서 근대적 의미의 법의 지배(rule of law)와 상충되는 것이어서 안정성이나 예측성을 기대하기 어려울 뿐만 아니라 공복성이 결여되었다.

특히, 도둑체포와 야간순찰을 주된 임무로 하는 전문적 경찰기관인 포도청은 성종 때 설치되어 그 간부는 왕의 낙점을 받아 임명되는 형태로 임시의 권설직(權設職)으로 하였다가 중종 때 항구직(恒久職)으로 변경되었다(서기영, 1976: 188).

Ⅱ. 갑오경장 이후

1. 근대경찰의 창설

1894년 갑오경장으로 인해 포도청은 폐지되고 내무아문의 소속으로 근대 경찰인 경무청이 설치되었고, 「경무청관제직장」(1894)이 경무청의 정원, 경찰의 목적, 순검의 채용방법 등을 규정하였다.

이에 따라 순검은 23~40세의 건강하고 단정하며 중죄의 전과가 없는 사람 중에서 채용되었다. 시험은 경무사가 총순 2인 이상으로 하여금 본청에서 거행하도록 하되, 시험과목은 형법·송법·경무법개략 및 국한문 왕복서식(往復書式)이었다. 순검은 5년 이상 근무해야 정근증서(精勤證書)를 받고 성적이 좋으면 총순(總巡)으로 승진할 수 있었다(한국경찰사편찬위원회, 1972: 327).

「경무청관제직장」은 일본의 「경시청관제」(1891)를 모방한 것으로서 경시청을 경무청으로, 일본의 경시총감·경시·경부·순사를 경무사·경무관·총순·순검으로 바꾼 것에 불과하다. 또한, 한국 경찰의 복장도 일본식 제복을 그대로 착용하였다(김성수 외 7인, 2010: 146).

2. 한국경찰과 일본경찰의 계급 통일

1907년 7월에는 「경무청관제」를 개정하여 종래의 경무청은 경시청으로, 경무사는 경시총감으로, 경무관은 경시로 개칭되었으며, 지방의 경우에는 「지방관관제」를 개정하여 경무관이 경시로 개칭되었다. 즉, 일본은 한국 경찰권의 완전한 침탈에 앞서 한국과 일본의 경찰관청의 명칭을 통일하였다.

또한, 1907년 8월에는 「경찰관리임용에 관한 건」을 정하여 경무고문부 직원 중 보좌관은 경시에, 보좌관보는 경부에 각각 임용토록 하여, 경시 21인, 경부 78인, 순사 1,205인이 한국 경찰에 흡수·통합되었다.

1907년 12월에는 「총순, 권임, 순검을 경부, 순사에 임용하는 건」에서는 한국의 총순이 경부에, 권임과 순검이 각각 순사에 임용되도록 함으로써 하위계급의 통일도 이루어졌다.

3. 헌병보조원 모집

1908년 6월 「헌병보조원모집에 관한 건」에서 헌병보조원을 모집하고 일본 헌병대에 위탁할 것을 규정하였다. 전 국토에서 일어난 민중의 반일활동을 탄압하기에는 일본의 헌병만으로 부족했기 때문에, 일본 헌병의 수족으로 활동할 헌병보조원을 한국인 중에서 모집하였다. 그 결과, 약 4,000명 정도의 헌병보조원이 채용되어 의병 수색, 민정 정찰 등 제반 임무에 종사하였다.

4. 헌병경찰제도의 기초 확립

일본은 한·일 합병 전인 1910년 6월 헌병경찰제도의 기초가 되는 「통감부경찰관서관제」에 의하여 통감부에 경무총감부를 설치하고 경무총장에는 육군장관으로 보하고, 각 도에는 경무부를 설치하고 경무부장에는 당해 도의 헌병대장인 헌병좌관으로 보하고, 서울과 황거(皇居)의 경찰사무는 경무총감부의 직할로 하였고, 각 도에서는 중앙의 경무총장의 지휘를 받아 경무부가 경찰사무를 관리하도록 하였다.

또한, 같은 날에 「총독부 경무총장·경무부장·경시·경부의 임용 및 권한배분에 관한 건」에서 헌병장교는 경무총장·경무부장 또는 경시에, 헌병준사관·하사는 경부에 임용할 수 있도록 하여, 헌병사령관이 경무총장을 겸임하고 각 도 헌병대장은 각 도 경무부장을 겸임하였다.

제 2 절   일제강점시대

I. 1919년 이전

1. 경찰권 상실

일본이 1910년 8월에 「한·일 합병조약」을 체결한 후 「조선총독부관제」를 공포함으로써 한국의 경찰권은 완전히 상실 당했다. 이 시기에 고시를 통한 관리의 등용제도가 있었으나, 대부분의 관리는 일본인으로 채워졌으므로 한국인은 행정능력에 대한 훈련과 경험을 쌓을 기회가 거의 없었다.

2. 헌병 조직 및 인원의 확대

1911년에 일반경찰 및 헌병 조직이 확대되었는데, 일반경찰 인원보다도 헌병 인원이 훨씬 더 증가하였다. 일반경찰관서는 300개소 가까이 증가하였지만 헌병관서는 500개소 가까이 증가하였으며, 인원 측면에서도 일반경찰은 감소하였지만, 헌병은 오히려 4배 가까이 증가하였다.

3. 경찰관교습소 설치

총독부는 1907년 10월 경찰관교습소(警察官敎習所)를 설치하여, 식민지 조선을 통치하기 위한 직접 수단인 경찰관을 매회 400~500명씩 양성하였다(한국경찰사편찬위원회, 1972: 868).

Ⅱ. 1919년 이후

1. 경찰관서 및 경찰관 수의 급증

1919년에 문화정치가 시작된 후에 전년에 비하여 경찰서가 99개소에서 251개소로 증가하였고, 주재소도 532개소에서 2,354개소로 급증하였다. 이와 같은 경찰서 및 주재소의 수는 헌병기관의 수(1,110개소)보다 훨씬 더 많았다. 경찰관 수는 전년 5,402명에서 15,393명으로 3배 가까이 증가하였는데, 특히 일본인 경찰의 경우 경부보가 500여 명 추가되었고 순사도 1,900여 명에서 7,300여 명으로 증가하였다.

2. 한국인 순사보와 헌병보조원의 순사 임용

일반경찰의 순사보는 한국인 중에서만 선발되어 헌병보조원과 같이 일본 경찰의 수족 역할을 했는데, 1919년에는 한국인 순사보와 헌병보조원을 일반 경찰의 순사로 임용하였다.

3. 경찰관서 및 경찰관 수의 정체 또는 감소

1922년~1936년까지는 경찰관서 및 경찰관 수 모두 정체 또는 감소의 경향을 보이는데, 이것은 3·1 운동의 뒷수습을 거의 끝냈기 때문에 더 이상 경찰력을 보강할 필요가 없었으며, 1920년대 일본의 만성적 불황에 의한 재정긴축 때문이었던 것으로 보인다.

1937년 이후의 전시동원체제기에 경찰관서 수는 약간의 증가에 그쳤으나, 전시동원과 통제를 위해서 경찰관 수는 주로 일본인 순사의 증가로 인해서 1936년 19,724명에서 1940년 23,267명으로 증가하였다(김성수 외 7인, 2010: 187).

제 3 절   미군정시대

I. 경무부 이전

1. 경찰관 대량모집과 질적 저하

1945년 8월 15일 해방 후 미군정이 실시되어 군정장관 포고령, 성명서, 군정법령이 당시 경찰인사행정의 기준이 되었다. 이 시기에는 치안공백 상태를 극복하기 위해 경찰관을 대량 모집하였고, 이에 따른 경찰관의 질적 저하가 심각했다.

특히, 특채된 경찰간부는 민주주의를 이해하지 못했고, 법령을 잘 몰라서 경찰관의 위신과 체통을 손상시키는 경향이 있었다. 이러한 부작용은 경찰력의 약화와 국민의 비난을 야기하여 경찰교육기관의 필요성을 느끼게 되었다.

2. 경찰관강습소로의 개칭

1945년 9월에 미군정청은 경찰관교습소를 인수하여 경찰관강습소로 개칭하고, 경찰관 모집 및 교육을 담당토록 하였다. 총독부로부터 경찰권을 접수하고 일본인 경찰관을 해직했던 미군정청은 한국인 경찰관의 채용 및 교육의 필요성을 느끼고, 경찰관 2,000명을 모집하여 교육시킨 후 순경으로 임용하였다.

이 당시 미군정청의 당면과제 중 하나는 일본인 경찰관 및 친일 한국인 경찰관의 해고·면직과 새로운 한국인 경찰관의 충원이었다. 경찰관 충원은 두 가지 방식으로 이루어졌는데, 하나는 일제에 봉사하였던 한국인 경찰관을 군정경찰에 새롭게 채용하는 방식이었고, 다른 하나는 전혀 새로운 인물을 군정경찰에 신규채용하는 방식이었다.

그러나 경위급 이상 경찰간부의 충원과정에서는 일제에 봉사했던 한국인 경찰관이 대거 채용되었다. 이것은 미군정청의 경무부가 일제 지배 아래에서 경찰업무에 종사하였던 인물의 경험을 높이 평가하여 대부분 간부직으로 승진 임용했기 때문이다.

3. 경무국 창설

1945년 10월 21일 미군정청에 경무국을 창설하고 각 도에는 경찰부를 창설하였다. 경무국장이 경찰의 조직·관리·임명·훈련·수속·활동·인사 등에 대한 책임을 맡았으며 민주경찰로 전환하고자 노력하였다. 이 때 직위분류제가 도입되었고 관리 등용은 채용시험을 원칙으로 했다. 1973년부터 미군정청에 경무국이 창설된 10월 21일을 국립경찰 창립일로 기념해 오고 있다.

4. 조선경찰학교로의 개칭

1945년 10월에 미군정청은 경찰관강습소를 조선경찰학교로 개칭하고, 이미 3회에 걸쳐 채용해 놓은 9,841명과 각 경찰서에서 신규채용한 경찰관의 질적 향상을 위해서 신규채용을 중지하였다.

조선경찰학교에 보통과와 특과를 두어 보통과는 처음에 순경급 교육을 담당하다가 중지하고, 각 도에서 선발된 경사급을 입교시켜 1개월 간 새로운 이념에 입각한 일선경찰관 감독 및 지도방법을 교육시켰다. 특과는 간부급의 교육기관으로 발족하였는데, 이것이 우리나라 경찰간부 교육기관의 시초였다 (김성수 외 7인, 2010: 86).

5. 국립경찰학교로의 개편

1946년 1월부터 한국인이 조선경찰학교장을 맡게 되었고, 1946년 2월에 전국 경찰교육기구를 재정비하여 조선경찰학교를 국립경찰학교로 개칭·확장하여 경무부 직속으로 두었고, 순경과 경사급에 대한 수사업무교육, 경위와 경감급에 대한 행정과 교육, 간부양성과정인 전문과 교육, 여경에 대한 모집

교육 등을 실시하였다. 각 도 관구경찰청 소관 하에 일제 강점기의 순사교습
소가 부활되어 경찰학교를 각 도마다 1개교씩 설치하여 신임순경 및 경사급
경찰관 교육을 담당하게 하였다.

Ⅱ. 경무부 이후

1946년 2월에 경무국을 경무부로 승격시켜 총무, 공안, 수사, 통신, 교육
등 5국으로 편성하고, 경찰계급을 경무부차장, 총경, 감찰관, 경감, 경위, 경사,
순경으로 개정하였다.

1. 여자경찰관의 채용

1946년 5월에 경무부는 최초로 여자경찰관을 채용하여 국립경찰학교에서
교육을 실시한 후 7월에 졸업시켰다. 여자경찰관이 졸업하기 전에 경무부 공
안국에 여자경찰과를 신설하였고, 1947년 2월에는 수도관구경찰청에 여자경
찰서를 창설하였다.

여자경찰관의 임무는 (1) 연령을 불문하고 부녀자를 취체(取締)할 것, (2)
14세 미만의 부녀자를 취체(取締)할 것, (3) 여자경찰서 소재지에 있어서 부녀
자 수용은 필히 여자경찰서에서만 수용케 할 것, (4) 여자 경찰서에서는 여자
경찰관 중 부녀자 수용사무를 취체(取締)할 것, (5) 부녀자 사건 취급에 있어
서도 각지 경찰서에서는 반드시 여자경찰관 동석 하에 취체(取締)할 것, (6)
남자경찰관은 부녀자 신체수색을 절대로 금할 것 등이다.

2. 국립경찰전문학교로의 개편

1946년 8월에 국립경찰학교가 국립경찰전문학교로 개편되어 공안국(公安
局)에서 벗어나 경무부장 직속으로 승격되었고, 우리나라에서 최초로 고급경
찰간부 양성을 위한 전문적인 교육기관이 되었다. 동시에 경찰교육행정의 기

획 및 체계적인 운영을 위하여 경무부에 교육국을 신설하여 경찰교육의 새로운 전기를 마련하였다. 또한, 경찰교육의 외적 발전과 아울러 내적 진보를 위하여 교수진용 강화, 교육방침 쇄신, 시설 개선 등에 힘써 경찰간부 양성의 조건을 마련하였다.

3. 경찰간부후보생 과정의 설치

1947년 9월에 국립경찰전문학교가 경찰간부후보생 과정(제1부 과정, 제2부 과정)을 최초로 모집함으로써 체계적 교육을 받은 경찰간부가 양성되기 시작하였다. 1947년 9월에 제1기생을 입교시켜 교육을 시작한 이후로 6·25 전쟁을 겪으면서 1953년 11월까지 8기에 걸쳐 1,043명을 배출하였다(한국경찰사편찬위원회, 1972: 90).

제 4 절   치안국시대

1948년 8월에 대한민국 정부가 수립되면서 정부기구 간소화 정책에 따라 경무부가 내무부의 치안국으로 격하되었다. 그리고 경무부의 교육국은 폐지되어 하나의 과로도 존속되지 못하였고, 교육행정은 경무과 교양계의 분장사무로 되었다.

Ⅰ. 주요 법규 제정

1. 「국가공무원법」 제정

1949년 8월에 실적주의를 표방한 「국가공무원법」(법령 제44호)을 제정하여 인사행정의 기본법으로 운영하였으나 실적주의 취지의 실효성을 거두지 못했다.

2. 「인사사무처리규정」 및 「공무원임용령」

정부 수립 후 1948년 11월 「인사사무처리규정」(대통령령 제30호)에 의하여 경무관·총경·경감·경위·경사 및 순경으로 구분되는 경찰관을 두었으며, 1961년 4월 「공무원임용령」의 개정으로 공무원의 직급을 직렬별로 구분함에 따라 사무계 제1부 공안직군에 경찰직렬과 해경직렬을 두었다.

3. 「국가공무원법」 및 「공무원임용령」 개정

(1) 1963년에 「국가공무원법」 및 「공무원임용령」을 개정하여 합리적이고 타당성 있는 인사운영을 위하여 인사위원회를 상설기구로 설치하였고, 소청심사제도를 도입하였다.

(2) 모든 공무원의 직위를 직무의 종류, 곤란성, 책임도에 따라 계급 및 직위별로 분류하여 공무원의 직위분류제도를 실시하였다.

(3) 공무원의 임용은 원칙적으로 공개경쟁시험에 의하고, 일체의 특채를 금하고, 공무원의 신분 및 권익 보장을 법으로 정하였다.

(4) 경찰관 정년제도를 실시함에 있어서 일반직 공무원보다 정년한도를 낮추었다(공안직의 경우 5급 50세, 4급 55세, 3급 이상 61세).

(5) 경찰업무는 특수하고도 다양하므로 특수기능과 능통사무를 개인별로 나누고, 그 특기에 따라 경찰관을 적재적소에 배치하여 인력활용의 적정과 인사관리의 합리화를 도모하였다.

4. 「경찰인사운영요강」 제정

1964년 10월에 치안국은 경찰인사의 합리화를 위하여 「경찰인사운영요강」을 제정·실시하였는데, 그 주요 내용은 다음과 같다.

첫째, 특별승진제도를 도입하여 승진시험을 거치지 아니하고도 간첩·중요범인 검거에 공을 세운 경우에 심사를 거쳐 승진할 수 있었다.

둘째, 신임순경의 근무배치기준, 내·외근 경찰관의 근무배치기준 및 일선
단위 책임자(지·파출소장)의 근무배치기준을 강화하고, 시·도 간 전보는 사
전 합의제로 하고, 기술요원과의 교류를 억제하였다.

셋째, 교관요원 전보의 특례로서 경찰교육기관의 교관요원 배치기준을 마
련하였다. 즉, 외국에서 경찰에 대한 교육을 이수한 자와 경찰전문학교 간부
후보생과정 졸업자 및 대학교육과정 이수자 등을 교관요원으로 선발하여 의
무복무기간(2년) 동안 근무하도록 하였다.

5. 「경찰공무원법」 제정

1961년 5·16 군사 정변 당시에도 경찰인사관리는 일반공무원과 마찬가지
로 「국가공무원법」에 의하여 시행되었다. 그 결과, 경찰업무상 요구되는 강제
성, 긴급성, 위험성 등 일반공무원과 상이한 특수성이 반영되지 못했다.

또한, 무장공비의 침투가 증가할 것으로 예상되어 전 경찰력이 대간첩작
전 태세에 주력하기 위해서는 엄격한 상명하복의 계급구조, 강력한 지휘체계
확립, 경찰력 충원의 신속화 등 군대에 준하는 인사제도가 요청되어, 1969년
에 「경찰공무원법」이 제정되었다. 「경찰공무원법」의 핵심내용은 다음과 같다.

  ⑴ 경찰관의 계급구조를 8개에서 10개로 확대하였다(경정·경장 계급 신설).[1]
  ⑵ 내무부에 경찰인사위원회를 두었다.
  ⑶ 경찰관의 직능별 전문화를 위하여 경과제를 채택하였다.
  ⑷ 시험승진과 심사승진을 실시하였다.
  ⑸ 교육훈련제도를 개선하여 직급별·직능별 전문화교육의 기틀을 마련하
     였다.
  ⑹ 경찰 고유의 보수체계와 연금제도를 도입하였다.
  ⑺ 연령별 정년퇴직에 계급별 정년제를 도입하였다.
  ⑻ 경찰윤리를 명시하여 내적 충실과 기강을 세웠다.
  ⑼ 경찰관으로 구성된 징계위원회를 두었다.

---

1) 치안정감 계급은 1979년 12월에 신설되었다.

6. 「경찰공무원복무규정」 제정

1970년에는 경찰공무원과 소방공무원의 복무에 관한 사항을 규정하기 위하여 「경찰공무원복무규정」을 제정하였다. 주요 내용은 선서의 준수, 경찰예절, 복장등 단정, 자택등에서의 면접금지, 관외 여행의 제한, 보고 및 통보, 포상휴가, 비상소집등, 특수복무자의 복무, 공무원 복무규정의 준용 등이었다.

Ⅱ. 경찰공무원 채용

1. 의용경찰

1950년에 6·25 전쟁이 일어나서 낙동강선이 위기에 처할 정도로 상황이 심각해지면서 청년학도는 의용경찰을 지원하였다. 국립경찰전문학교는 제1차에 의용경찰 130명을 양성하여 출동시켰고, 제2차로 530명을, 제3차로 330명을 모집하여 경찰관으로 임명한 후 군사교육을 실시하였다.

2. 경찰관 수 감원

일제 하의 일본인 경찰관이 철수하고 건국을 전후한 폭동·반란을 진압하고 6·25 전쟁을 겪으면서 경찰수요가 급증하여 1951년에는 경찰관 정원이 63,427명으로 늘어나 있었다. 그러나 6·25 전쟁의 휴전 이후 정부는 경찰관 수요 감소와 예산 절약을 내세워 1961년에 경찰관 수를 29,835명으로 감원하였다.

3. 군출신의 경찰 특별채용

1961년 5월에 군사혁명위원회의 설치와 동시에 「국가재건비상조치법」을 공포하고 1963년 12월까지 군정이 실시되었다. 이 기간 동안 군에서 경찰로 특별채용된 인원은 120명이었다.

Ⅲ. 경찰공무원 교육훈련

1. 무도교양의 실시

1949년 6월에 각 경찰서까지 대한경찰상무회가 조직되어 무도교양이 실시되었고, 국립경찰전문학교의 교육 역시 그대로 계속되었다.

2. 국립경찰전문학교와 시·도 경찰학교의 정비

국립경찰전문학교의 설립 근거를 마련한 「경찰교육기관직제」가 1949년 9월에 공포되어, 국립경찰전문학교가 치안국 소속기관에서 내무부장관 직속기관으로 격상되었고, 지방의 경찰학교가 시·도 경찰국 소속에서 시장·도지사 직속기관으로 승격되었다.

국립경찰전문학교는 간부급 양성과 재교육을, 시·도 경찰학교는 순경의 양성과 재교육을 실시하였다. 1949년 10월에 치안국에 교육과가 설치되어 경찰교육과 승진시험업무를 관장하였으며 과장은 국립경찰전문학교장이 겸임하였다.

3. 6. 25 전쟁 중

6. 25 전쟁 중에 국립경찰전문학교는 후퇴해 온 경찰관에게 군사훈련을

실시하였을 뿐만 아니라, 새로 경찰관을 채용하여 교육을 실시하였다. 특히, 국립경찰전문학교는 모든 교육을 전투훈련에 집약시켜서, 각지에서 후퇴한 경찰관을 모아 교육하기 위해 전시경찰교육대를 편성하여 단기교육을 실시하였고, 이렇게 교육받은 경찰관은 전선에 투입되었다.

4. 직장교양

1952년 8월에 「경찰관교양규정」(내무부 훈령)을 공포하여 경찰관의 애국 및 애족 정신 배양, 엄격한 규율, 예의의 숙정(肅正)에 기초를 두고, 그 인격과 성품을 도치(陶冶)하는 동시에 직무집행상 필요한 지능을 계발하기 위해서 학과 술과를 막론하고 다각도의 교양방법과 교양과목을 택하여 실시하였다 (한국경찰사편찬위원회, 1973: 514).

5. 국립경찰전문학교로의 교육과정 일원화

경찰관 교육은 중앙의 간부 교육과 지방의 초급경찰관 교육으로 이원화되어, 각 지방에서의 경찰관 교육이 동질성을 유지하기 어려웠다. 그 결과, 교육기관 통합을 위해서 1954년 3월 「경찰전문학교직제」가 공포됨에 따라 지방의 경찰학교가 폐지되어 경찰교육과정이 일원화되었다. 1955년 3월에 국립경찰전문학교가 인천 부평(구 박문여고)으로 이전하였다. 초급경찰관의 교육을 담당할 과정이 국립경찰전문학교에 보통과라는 명칭으로 설치되었다.

6. 지방경찰학교의 부활

지방의 경찰교육기관을 폐지한 후 여러 문제가 발생하면서, 분산교육의 장점을 살리기 위해서 1959년에 국립경찰전문학교의 서울 분교가 설치되었고, 1962년에 서울과 각 시·도의 지방경찰학교를 부활시켜서 각 시·도 신규채용 신임과정교육과 순경·경사급의 보수교육을 담당하게 하였다(한국경찰사편찬위원회, 1985: 65).

7. 부설 형사학교의 설치

1962년 7월에 국립경찰전문학교 부설로 형사학교가 설치되었고, 1967년에 국립경찰전문학교 서울분교에도 형사학교가 병설되어 수사요원에 대한 교육을 실시하였다. 당시 국립경찰전문학교에는 간부후보생 및 순경신임교육을 비롯하여 계급별로 초등·보통·고급반의 교육과정을 두고 2~4주 간 보수교육을 실시하였으며, 기능별 전문화교육인 특수교육반을 두고 새로운 지식과 기술을 교육시켰다.

8. 경찰대학으로의 승격

1972년 2월에 국립경찰전문학교는 경찰대학으로 승격되었다. 1972년 내무부에서 작성된 「70년대 한국경찰의 방향」이라는 정책보고서에 따르면 경찰교육의 효율화를 목표로 당시에 분산되어 있던 경찰교육기관을 통합하는 한편, 대학이라는 명칭에 부합하는 4년제 정규교육과정을 신설하고자 하였으나 실천에 옮기지는 못했다.

IV. 경찰공무원 보직관리

1. 인터폴 가입 및 해외 주재 경찰관 파견

1964년 10월 인터폴 총회에서 한국의 가입이 만장일치로 승인되어 인터폴 회원국이 되었고, 1967년에는 해외 주재 경찰관 파견에 대한 법적 근거가 마련되어 동경 주재관의 임명을 시작으로 주재국 간의 협조와 정보교환을 도모하였다.

2. 순환보직제

1974년 이후에 졸업하는 경찰간부후보생에게 순환보직제를 실시하여 경찰서에서의 보직관리는 [보안 ⇨ 외근 ⇨ 형사 ⇨ 지구대·파출소] 순으로 순환보직하도록 하였다.

V. 경찰공무원 승진

1. 「경찰관승진시험규정」과 「순경임용규정」 제정

경찰관의 질적 저하를 개선하기 위하여 경찰인사제도를 정비하려는 노력을 기울였는데, 「경찰관승진시험규정」(1952년 3월)과 「순경임용규정」(1952년 8월)을 제정하여 시행하였다.

2. 승진시험에 합격한 사람만 승진 가능

1961년에 경사 이상의 각급 결원보충은 「승진임용규정」에 의하여 승진시험에 합격한 사람에 한하여 승진할 수 있도록 하였고, 5급 이상 승진시험은 총무처에서 주관하였다.

3. 시험승진과 심사승진 병행

1969년에 「경찰공무원법」이 제정되었는데, 그 이후부터 경찰공무원 승진제도는 시험승진과 심사승진을 병행하였다.

4. 「경찰공무원 승진임용규정」의 제정

1969년에 「경찰공무원 승진임용규정」을 제정하여 경찰관의 승진임용을 (1) 심사승진, (2) 시험승진, (3) 특별승진으로 구분하였다. 또한, 승진구분별 임용비율 및 승진임용 예정인원수, 승진소요 최저근무연수, 승진임용의 제한, 근무성적평정, 경력평정, 교육훈련성적평정, 승진대상자명부, 승진심사, 승진시험, 특별승진 등을 규정하였다. 이에 따른 「경찰공무원 승진임용규정 시행규칙」에 의거해서 경찰공무원 승진인사가 관리되었다. 그러나 시험승진제도는 경위급에 한정되었다.

5. 경감까지 시험승진제도 실시

경위 승진만 시험제를 실시하고 그 밖에는 심사제로 했던 것을, 1972년 6월에 경감까지의 승진제도를 공개경쟁 시험제도로 개정하고, 일정기간의 전투경찰대 복무를 조건부로 한 승진시험을 실시하였다.

6. 경정 이하 경찰관의 시험승진제도 도입

1973년에 「경찰공무원법」을 개정하여 경정 이하의 경찰관에 대해서 시험승진제도를 도입하여 심사승진과 시험승진을 병행 실시하였다.

7. 심사승진과 시험승진의 임용비율

1973년에 「경찰공무원법」을 개정하여 심사승진과 시험승진의 임용방법을 병행하기로 결정한 때에 그 승진임용방법의 구분별 임용비율은 계급(경위를 제외)별 승진임용 예정인원수에 대하여 각 5할로 하였다.

8. 특별승진임용 예정인원수의 책정

1973년에 「경찰공무원법」을 개정하여 특별승진임용 예정인원수는 경감 또는 경위의 경우 당해 계급의 승진임용 예정인원수의 1할 이내, 경사 이하의 경우 1.5할 이내로 따로 책정할 수 있도록 하였다.

9. 경과 구별 없이 경정~경장급 승진시험 실시

1973년 9월에 「경찰공무원 승진임용규정」을 개정하여 경찰관의 승진시험은 경정~경장급에 대해 경과의 구별 없이 계급별로 실시하도록 하였다.

VI. 경찰공무원 윤리

사회적·정치적 대변혁을 거치면서 사회적 환경요인이 급변하면서 경찰관의 자질에 대한 요구가 높아져서 경찰 내부적인 자가교정과 정신적인 재무장을 위하여 1966년에는 「경찰윤리헌장」이 제정되었다. 「경찰윤리헌장」은 자율적이고 적극적인 봉사자로서 갖추어야 할 기본정신과 실천하여야 할 경찰의 윤리적인 행동지표를 제시하였다.

VII. 경찰중립화 경찰법안 및 반민주행위자 공민권 제한법

1. 「경찰중립화를 위한 경찰법안」 마련

사회적·정치적 환경요인인 6. 25 전쟁과 자유당 정권의 경찰 사병화로 인해서 경찰인사행정의 전문화와 능률화를 기대할 수 없었다. 특히, 자유당 정권 말기와 민주당 집권 후 1959년에 「경찰중립화를 위한 경찰법안」이 마련되었으나 시행되지 못했다. 민주당 말기의 경찰인사행정은 무질서와 정실인사로 얽혀 있었다.

2. 「반민주행위자 공민권 제한법」 제정

1960년에 「반민주행위자 공민권 제한법」에 의하여 특정 지위에 있음을 이용하여 「헌법」 기타 법률이 보장한 국민의 기본권을 유린 또는 침해하여 민주주의의 제 원칙을 파괴하는 반민주행위를 하여 민원을 야기했던 경찰관 4,520명이 정리되었다. 특히, 사찰경찰관은 경위급 이상의 90%가 면직되었다 (한국경찰사편찬위원회, 1973: 152).

제 5 절   치안본부시대

1974년 12월에 「정부조직법」을 개정하여 치안국을 치안본부로 승격시키고, 치안본부장을 차관급 대우로 격상하였다. 치안본부시대 동안 군사행정문화가 경찰인사행정의 바탕이 되었을지라도, 최소한 경찰인사행정의 발전방향을 제시했다고 여겨진다.

Ⅰ. 경찰공무원 채용

1. 경찰공무원 채용시험 학력요건의 철폐

국립경찰 창설 당시에 신임경찰관(순경)의 응모자격은 5년제 중학 졸업을 요구하였으며, 그 후 중·고등학교로 학제가 개편됨에 따라 1958년에 고등학교 졸업을 학력 요건으로 한 이후에 1975년까지 별다른 변동 없이 시행되어 왔다. 그러나 1976년 「경찰공무원 임용령」에 의하여 경찰공무원 채용시험에

서 학력요건을 철폐하였다.[2]

2. 의무경찰제도 도입

1982년 12월에 신임순경의 모집인원을 당분간 줄이고, 이에 따라 부족한 경찰력을 보충하기 위하여 의무경찰제도를 도입하였다. 즉, 「전투경찰대설치법」을 개정하여 대간첩 작전을 임무로 하는 작전전투경찰순경은 내무부장관이 국방부장관에게 요청한 사람 중에서 임용하고, 치안업무 보조를 임무로 하는 의무전투경찰순경은 내무부장관이 국방부장관에게 추천한 사람 중에서 임용하도록 하였다.

3. 경찰력증강 3개년 계획

1989년 1월에 "민생치안을 위한 경찰력 증강 3개년 계획"을 수립하였는데, 1989년 9,958명, 1990년 10,145명, 1991년 10,144명으로서 총 30,247명을 증원시킨다는 것이었다. 이와 같은 모집은 경찰의 민생치안 기능을 보강하는데 큰 기여를 하였지만, 갑작스러운 대규모 충원에 의해 자질이 미흡한 인원의 모집, 모집인원에 대한 불충분한 교육 등의 문제점이 노출되었고, 정치·사회적 제반 여건과 경찰직의 처우 미흡으로 인해서 우수 인력의 경찰직 유인이 더욱 어렵게 되었다(경찰청 역사편찬위원회, 1994: 136).

Ⅱ. 경찰공무원 교육훈련

1. 인사교육과 신설

정부는 1974년 8·15 사건(육영수 영부인 저격사건)을 계기로 경찰 고유의

---

2) 이러한 영향으로 경찰간부후보생의 학력수준은 1964년의 대졸 100%에서 1979년의 20%로 격감되어 경찰간부를 정예화한다는 목적에서 크게 벗어나게 되었다. 그 결과, 4년제 경찰대학의 신설만이 경찰교육의 획기적 발전을 가져올 수 있다는 인식이 점차 확산되었다.

직능을 살리기 위하여 경찰기구 자체에 대한 연구가 시작하였고, 1974년 12월에 내무부 치안국을 치안본부로 개편하였고 치안본부 제1부 내에 인사교육과를 신설하였다.

2. 경찰대학 부속 종합학교 설치

(1) 1975년에 치안본부는 각 지방경찰학교를 중앙에 통합하는 한편, 경찰대학은 대학으로의 승격 당시에 설치했던 형사학교, 교통학교, 소방학교를 직무과정으로 흡수하여 경찰대학 부설 종합학교로 개편하여, 경찰관으로 임용될 자(전투경찰순경 포함)와 경사 이하의 현직 경찰관에게 직무수행에 필요한 교육을 하였다.

(2) 1976년에 경찰대학의 서울분교를 폐지하고, 1977년에 해양경찰대교육대를 폐지하여 직무과정으로 흡수하였다.

(3) 1981년에 4년제 경찰대학이 설립됨에 따라 경찰대학은 대학생만을 전담 교육하고, 구(舊) 경찰대학이 담당하던 경찰교육훈련은 부설 종합학교에서 담당하였다. 그 결과 부설 종합학교로 우리나라 경찰교육기구가 일원화되었다.

3. 4년제 경찰대학 설립

1) 4년제 경찰대학 설립

경찰행정 수요에 적극직으로 대치하고 경찰교육의 자주성을 확립하기 위하여 일반대학과 사관학교의 중간적인 성격을 지닌 4년제 경찰대학을 설립하기 위해서 1979년 11월에 「경찰대학설치법」을 제정·공포하였다. 1981년부터 신입생을 모집하였으며, 1983년에는 경기도 용인으로 이전하였다.

2) 치안연구소

1980년 8월에 치안연구소가 설립되었다. 치안연구소는 국가치안행정 및 경찰교육의 발전을 위한 정책수립에 있어서 이론적 뒷받침을 제공하고, 경찰대학의 연구 및 학술활동의 중심적 기능을 수행하여, 다른 유관기관과의 학술적 연계기능을 강화함으로써 국가 치안 및 경찰 발전에 기여하였다.

3) 수사간부연수소

1984년 1월에 경찰대학 부설 수사간부연수소가 설치되어 수사업무에 종사하는 경위 이상의 경찰공무원에 대한 전문연수를 담당하였다. 당시 내무부 치안본부의 제3부 수사과장이 연수소장을 겸직했고, 연수소는 치안본부 청사 내에 위치하였다.

4) 공안문제연구소

좌익세력의 확산과 시위 양상의 폭력화에 따른 자유민주주의 체제를 수호하기 위하여 1984년 10월에 공안문제연구소가 설치되었다. 공안문제연구소는 좌경운동의 본질과 실태를 체계적으로 연구하여 공안관련 정책방향을 제시하였다.

4. 경찰종합학교 설치

1983년에 경찰대학이 용인으로 이전하면서 경찰대학과 부설 종합학교가 수행하는 기능이 실질적으로 분리될 필요가 있었다. 그 결과, 1984년 1월에 경찰대학과는 별도의 교육기관인 경찰종합학교가 설치되어 경찰간부후보생 교육, 경위·경사에 대한 기본교육, 일선 경찰관이 현장에서 직접 필요로 하는 대부분의 직무전문교육을 담당하였다.

5. 중앙경찰학교 신설

1983년부터 실시하게 된 의무경찰 교육수요의 급증으로 인하여 경찰종합학교의 교육시설이 부족하게 되었다. 또한, 경찰종합학교 영천 분교(육군 제3사관학교 시설 일부)의 반환 시기가 임박해지면서 새로운 경찰교육기관의 설치가 필요했다. 그 결과, 신임순경과 전·의경에 대한 교육을 전담할 목적으로 중앙경찰학교 신설계획을 추진하여 영천 분교를 폐지하고 1987년 9월에 충북 중원군 상모면에 중앙경찰학교를 신설하였다.

6. 대공간부연수소 설치

1986년 10월에 대공업무의 전문성 확보를 위해 경찰대학 내에 대공간부연 수소를 설치하여 경정·경감·경위로서 대공분야 근무자에 대하여 2주간 교 육을 실시하였다.

7. 직장훈련

1980년의 직장훈련은 정부 주요정책 및 당면 시행 내용을 주지시킴과 동 시에 변화하는 경찰수요에 능동적으로 대처하기 위하여 경정급 이하 전 경찰 관을 대상으로 월 4시간(연간 48시간)의 교육을 학과와 술과로 구분하여 실시 하였다. 학과는 정신면, 실무면, 시사성을 고려한 교양을, 술과는 집체훈련형 식으로 사격술, 무도, 다중범죄진압, 전술훈련을 실시하였다(경찰청 역사편찬위 원회, 1994: 199).

Ⅲ. 경찰공무원 보직관리

1. 「경찰공무원 복무규정」 개정

1983년에 「경찰공무원 복무규정」을 개정하여 경찰공무원은 국민의 수임자 로서 일상의 직무수행에 있어서 국민의 자유와 권리를 존중하는 호국, 봉사, 정의의 정신을 그 바탕으로 삼는다고 규정하였다. 따라서, 우리나라 경찰정신 을 호국, 봉사, 정의의 3개 항으로 새로 정립하고 호국안민의 의식개혁운동을 지속적으로 전개해 나갔다.

2. 일반특기 및 전문특기 부여

1983년에 「경찰공무원 임용령」 및 「동 시행규칙」을 개정하여 경위 이상 경무관 이하의 경찰공무원에 대해서 직무분야에 따라 일반특기 및 전문특기를 부여하고, 전문특기자에 대하여는 계급정년을 연장할 수 있도록 하여 특기분야에 종사하는 경찰공무원을 전문화할 수 있게 하였다.

3. 경위 이상 순환보직제 실시

1987년에 「경위 이상 신규채용자 순환보직관리규정」을 제정하여 경찰대학 졸업 또는 경찰간부후보생 과정을 수료하고 경위로 임용된 자 및 고시 특채자에 대해 최하급 경찰기관에 2년간 순환보직시킴으로써 직무수행에 필요한 각종 경험, 견문을 넓히고 기초적인 직무 지식을 체계적으로 이수하도록 하였다.

IV. 경찰 근무성적평정

1. 경찰인사고과평가제 실시 및 폐지

1982년 2월에 「경찰인사고과평가제 시행규정」을 제정하여 「경찰공무원승진임용규정」 및 「동 시행규칙」에 정한 근무성적평정을 보다 객관적으로 평가하기 위한 세부지침으로 활용되었다. 이러한 인사고과평가제는 보직, 승진 등에 반영할 수 있도록 하여 1982년 6월부터 실시하였으나, 여러 가지 불합리한 문제점이 표출되어 1988년 7월에 경찰인사고과평가제는 폐지되었다.

2. 3단계 근무성적평정제 실시

1981년에 「경찰공무원 승진임용규정」을 개정하여 근무성적평정에 있어서 평정자와 확인자의 2단계로 평정하던 것을 제1차, 제2차, 제3차의 3단계로 평정함으로써 주관적 편견을 배제하고자 노력하였다.

3. 4등급 근무성적평정제 실시

⑴ 1981년에 「경찰공무원 승진임용규정」을 개정하여 근무성적평정에 있어서 우, 양, 가의 3등급으로 하던 것을 수, 우, 양, 가의 4등급으로 세분화하고, 특수지 근무자나 교관요원에 대한 평정에 있어서는 분포비율을 달리하였다.

⑵ 1987년에 「경찰공무원 승진임용규정」을 개정하여 근무성적평정에 있어서 최상급 평정가인 수의 비율이 1할로 배분되어 있어 우수근무자의 차하위 평가가 불가피하게 되는 불합리성을 개선하기 위하여 일반직 공무원의 경우와 같이 수의 비율을 2할로 높이고 양의 비율을 5할에서 4할로 조정하였다.

V. 경찰공무원 승진

1. 일 본위 근무평점

1975년에 「경찰공무원 승진임용규정」에 의거하여 경찰관의 근무성적평정은 경찰관의 근무성적, 근무수행능력, 태도를 평가하되 일 본위 근무평점을 하도록 하였다.

2. 특수분야의 경우 심사승진만 실시

1977년에 「경찰공무원 승진임용규정」을 개정하여 경정 이하의 승진은 모든 경과에 관계 없이 시험승진과 심사승진을 병행하도록 하였던 것을 고쳐서, 일반분야에만 시험승진·심사승진을 병행할 수 있게 하고, 특수분야인 전투·해양·항공·통신경찰에 대하여는 심사승진만 할 수 있도록 하였다.

3. 승진비율 조정

1977년에 「경찰공무원 승진임용규정」을 개정하여 총경 승진은 총경 정원의 1.3할을 초과할 수 없도록 하였다.

4. 승진소요 최저근무연수

⑴ 1977년에 「경찰공무원 승진임용규정」을 개정하여 승진소요 최저근무연수를 경감과 경위는 3년에서 2년으로, 경장은 2년에서 1년으로 단축 조정하였다.

⑵ 1983년에 「경찰공무원 승진임용규정」을 개정하여 경감에서 경정으로 승진하는 경우의 승진소요 최저근무연수를 2년에서 3년으로, 경장에서 경사로 승진하는 경우에는 1년에서 2년으로 연장하였다.

5. 승진대상자 명부 작성 기준일 변경

1977년에 「경찰공무원 승진임용규정」을 개정하여 승진대상자 명부작성 기준일이 종전에 1월 1일이던 것을 7월 1일로 조정하였다. 심사승진은 연 2회 승진대상자 명부작성일로부터 4월 이내에 실시하도록 하였다.

6. 현저한 공이 있는 경우 승진소요 최저근무연수 충족

1977년에 「경찰공무원 승진임용규정」을 개정하여 근무수행 중 현저한 공이 있는 경찰관도 승진소요 최저근무연수를 충족한 경우에만 승진임용하도록 하였다.

7. 재직기간에 따른 경력평정 점수 조정

1977년에 「경찰공무원 승진임용규정」을 개정하여 재직기간은 길지 않으나 유능한 경찰공무원의 승진 기회를 넓히기 위하여 재직기간에 따른 경력평정 점수를 조정하였다.

8. 승진심사대상에서의 제외자 명시

1981년에 「경찰공무원 승진임용규정」을 개정하여 승진임용 제한기간 중에 있는 자와 시험 부정행위로 인하여 응시제한기간 중에 있는 경찰관에 대하여는 승진심사대상에서 제외하였다.

9. 승진시험 최종합격자 결정시 교육성적 반영

1981년에 「경찰공무원 승진임용규정」을 개정하여 승진시험의 최종합격자 결정에 있어서 교육성적을 반영하도록 하였다.

10. 경찰관 승진시험과목 변경

1981년에 「경찰관 승진임용시행규칙」을 개정하여 승진시험과목을 변경하였다. 이것은 새시대 새경찰상의 창조계획에 의해 추진해 온 승진시험제도의 개편이었다. 경사·경장급의 실무 선택과목의 일부가 개편되었다.

11. 경찰관 승진시험 최종합격자 선발방식 변경

1980년도까지 제1차(객관식) 시험은 과목당 40% 이상, 평균 60% 이상만 득점하면 통과되었고 최종단계에서 합산되는 비율도 20%이어서 제2차(주관식) 시험의 60%에 비하여 낮았다. 그러나 1981년에 「경찰관 승진임용시행규칙」을 개정하여 교육성적과 근무성적의 비중이 높아졌다. 제3차 시험(면접)을 시행하지 않을 경우의 합격자 결정비율은 제1차 시험 성적 30%+제2차 시험 성적 30%+교육성적 20%+근무성적 20% = 100%로 되었다.

12. 정직처분시 승진임용 제한기간 단축

1983년에 「경찰공무원 승진임용규정」을 개정하여 경찰공무원 승진임용 제한기간에 있어서 정직처분을 받은 경우 24개월을 18개월로 단축하였다.

13. 직장훈련 강화를 위한 교육훈련 평정점 확대

1983년에 「경찰공무원 승진임용규정」을 개정하여 경찰공무원의 직장훈련을 강화하기 위하여 교육훈련성적평정점을 교육훈련기관성적 21점, 직장훈련성적 9점으로 하던 것을 각각 20점과 10점으로 조정하고, 교육훈련을 장려하기 위해 특정의 교육훈련을 받은 경찰관에 대하여는 교육훈련성적평정점에 3점 이하를 가점할 수 있도록 하였다.

14. 일정기간 순경 근속시 경장 특별승진

1987년에 순경으로 15년 이상 성실히 근무한 경찰공무원을 경장으로 특별승진할 수 있도록 하였다. 그 후 1990년에 13년 이상 근속한 순경을 경장으로 특별승진하도록 하였다.

15. 경무관 승진임용 예정인원수 조정

1989년에 「경찰공무원 승진임용규정」을 개정하여 경무관의 승진임용 예정인원수를 정원의 2할을 초과할 수 없도록 하였다.

16. 승진대상자 명부 비율 조정

1989년에 「경찰공무원 승진임용규정」을 개정하여 승진대상자 명부 작성비율을 근무성적평정점 4할, 경력평정점 3할, 교육훈련성적평정점 3할에서 근무성적평정점 5할, 경력평정점 3할, 교육훈련성적평정점 2할의 비율로 조정하였다.

17. 심사승진 시기의 정례화

1989년 7월에 「경찰공무원 승진임용규정」을 개정하여 심사승진을 매년 11월 1일부터 다음 해 2월 말 사이에 실시하여 심사승진 시기를 정례화하였고, 그 결과 심사승진과 보통 관련되어 실시되고 있던 시험승진 시기 또한 정착화되었다. 종전에는 시험관리상 경감승진시험을 치안본부에서 관장하고 있었던 것을 경찰승진시험은 시·도별로 출제, 채점, 합격자 결정을 하도록 하였다. 제1차 시험의 합격자를 선발예정인원의 300%로 하였다.

VI. 경찰공무원 윤리

경찰에서는 정의사회구현을 뒷받침하기 위해 사회기강 확립에 역점을 두면서 경찰관의 자질을 향상시키고 대민봉사자세를 확립함으로써 새시대·새경찰의 참된 경찰상을 부각시키기 위하여 1980년에 「새 경찰신조」를 제정하였다.

VII. 경찰공무원 퇴직관리

1. 계급정년 기간 단축 및 신설

1982년 12월에 「경찰공무원법」을 개정하여 연령정년은 종전대로 하고(경정 이상 61세; 경감·경위 55세; 경사 이하 50세) 계급정년을 단축하였다. 즉, 계급정년은 치안감은 7년에서 4년으로, 경무관은 8년에서 6년으로, 총경은 10년에서 9년으로, 경정은 14년에서 12년으로, 경감은 16년에서 12년으로 단축하였고, 경위는 15년의 계급정년을 신설하였다. 그러나 특수부문에 근무하는 경찰공무원에게는 연장의 혜택을 주어 직능별 전문화에는 지장이 없도록 하였으며, 복무기강을 확립하기 위한 규제대상과 벌칙을 강화하였다.

2. 징계 종류에 해임 추가

1982년 12월 「경찰공무원법」을 개정하여 징계의 종류에 해임을 추가하였다.

3. 계급정년 및 연령정년 연장

1985년에 「경찰공무원법」을 개정하여 경감과 경위의 계급정년을 각각 3년씩 연장하였다(경감 15년; 경위 18년). 연령정년의 경우 경사 이하 55세, 경위·경감은 58세로 연장하였고, 경사 이하의 통신·감식 등 특수기술부문은 3년의 범위 안에서 연장할 수 있도록 하였다.

4. 명예퇴직제도 도입

1990년에 「경찰공무원 승진임용규정」을 개정하여 「공무원임용령」에 준하여 명예퇴직할 수 있는 범위를 20년 이상 근속하고 정년 5년 전에서 1년 전까지의 기간 중 자진하여 퇴직하는 사람으로 확대하였다.

제 6 절   경찰청시대

집권자의 민주화 의지를 담고 출범한 1988년 제6공화국 시대에 들어와서 현재의 정부인사행정에 관한 법규나 제도의 기본틀이 갖추어졌다. 그 동안 한국 경찰은 경찰관의 자질향상과 조직의 정치적 독립을 위해 많은 노력을 기울여 왔다. 1991년에 「경찰법」이 제정·공포되어 경찰청시대가 시작되면서 경찰인사행정이 더욱 체계화되기 시작하였다. 2021년에는 「경찰법」을 「국가경찰과 자치경찰의 조직 및 운영에 관한 법률」로 전면 개정하였는데 주요 개정사항은 다음과 같다.

  (1) 경찰의 사무를 국가경찰사무와 자치경찰사무로 각각 구분하여 정함(제4조).

  (2) 경찰청에 국가수사본부를 두고, 국가수사본부장은 치안정감(治安正監)으로 보하며, 경찰청 외부를 대상으로 모집하여 임용할 필요가 있는 때에는 일정한 자격을 갖춘 사람 중에서 임용할 수 있도록 함(제16조).

  (3) 자치경찰사무를 관장하게 하기 위해 시·도지사 소속으로 시·도자치경찰위원회를 합의제 행정기관으로 두고, 그 권한에 속하는 업무를 독립적으로 수행하도록 함(제18조).

  (4) 시·도경찰청장의 임용 관련 사항을 정하고, 소관 사무에 따라 경찰청장, 시·도자치경찰위원회 및 국가수시본부장의 지휘·감독을 받도록 함(제28조).

Ⅰ. 경찰공무원 모집

1. 응시연령 조정

⑴ 1993년에 전투경찰 출신자에 대한 순경 특별채용시험 응시연령을 순경 공개경쟁채용시험 응시연령과 같이 20세 이상 40세 이하에서 21세 이상 30세 이하로 조정하였다.

⑵ 1994년에 경찰간부후보생 공개경쟁채용시험의 응시연령을 21세 이상 30세 이하에서 21세 이상 35세 이하로 상향 조정하였다.

⑶ 1998년에 경찰간부후보생 공개경쟁선발시험의 응시연령을 35세 이하에서 30세 이하로 하향 조정하였다.

⑷ 2000년에 여자순경 공개경쟁채용시험의 응시연령을 종전의 18세 이상 25세 이하에서 18세 이상 27세 이하로 확대하였다.3)

⑸ 2005년에 순경의 공개경쟁채용시험 응시연령이 남자는 21세 이상 30세 이하, 여자는 18세 이상 27세 이하로 서로 다르게 규정되어 있던 것을 남자와 여자를 동일하게 18세 이상 30세 이하로 조정하였다.

⑹ 2012년 12월에 「경찰공무원임용령」을 개정하여 순경 경찰공무원 공개 경쟁채용시험 응시연령이 18세 이상 40세 이하로 확대되었고, 경찰간 부후보생 공개경쟁선발시험에 응시할 수 있는 사람의 나이 또한 21세 이상 40세 이하로 확대되었다.

2. 학력제한 폐지

2011년에 「경찰공무원 임용령」을 개정하여 "경찰공무원의 채용시험 및 경 찰간부후보생공개경쟁선발시험에 응시하고자 하는 자는 「초·중등교육법」에

---

3) 종전까지 경찰공무원 채용시험의 경우 응시연령을, 공개경쟁채용시험은 최종시험 예정일, 특별채용시험은 임용권자의 시험요구일을 기준으로 결정하던 것을 이후 공개경쟁시험 및 특별채 용시험 모두 최종시험 시행예정일이 속한 연도를 기준으로 하여 정하였다.

의한 고등학교를 졸업하였거나 이와 동등 이상의 학력을 가진 자이어야 한
다.”는 학력제한 규정을 폐지하였다.

3. 군 복무조건 조정

⑴ 종전에는 4년제 대학의 경찰행정학과 또는 해양경찰학과 졸업자를 특
  별채용하는 경우에 현역 복무를 마친 사람만을 대상으로 하였으나,
  1998년 이후에 보충역의 복무를 마친 사람도 특별채용할 수 있도록 하
  였다.

⑵ 2020년에 「경찰공무원 임용령」을 개정하여 경찰공무원 채용후보자 명
  부에 등재된 채용후보자가 병역복무를 위하여 징집 또는 소집되거나
  학업을 계속하는 경우 등 부득이한 사유가 있는 경우에는 채용후보자
  명부의 유효기간의 범위에서 기간을 정하여 임용 또는 임용제청을 유
  예할 수 있도록 하였다. 그 결과 병역을 필하지 않은 남자도 경찰공무
  원 채용시험에 응시할 수 있게 되었다.

4. 신체조건 조정

⑴ 1993년에 일반 국민의 체위 향상에 따라 경찰공무원 채용시험의 신체
  조건 중에서 신장의 경우 남자는 165cm 이상에서 167cm 이상으로, 여
  자는 155cm 이상에서 157cm 이상으로 하는 등 일부 신체기준을 상향
  조정하였다.

⑵ 1994년에 경찰공무원 채용시험의 신체조건 중 시력기준을 나안시력의
  경우 0.3 이상에서 0.2 이상으로 완화하였다.

⑶ 2006년에 「경찰공무원임용령 시행규칙」을 개정하여 “시력은 각각 0.8
  이상이어야 한다. 다만, 교정시력인 경우는 나안 시력이 각각 0.2 이상
  이어야 한다.”에서 “시력(교정시력을 포함한다)은 각각 0.8 이상이어야
  한다.”로 완화하였다.

⑷ 2008년에 「경찰공무원임용령 시행규칙」을 개정하여 신장(키)에 대한

신체조건을 삭제하였다.

⑸ 2021년에 「경찰공무원임용령 시행규칙」을 개정하여 경찰공무원 채용 신체검사 중 응시 기회를 과도하게 제한하고 있는 문신 기준을 개선하였다.

5. 자동차운전면허 취득의 응시자격화

2000년에는 경찰간부후보생과 신임순경 채용시험 및 경사 이하의 특별채용시험에 응시하려는 사람은 1종 보통 이상의 운전면허를 취득하도록 하였다.

6. 신규임용 대기제 실시

24주의 신임교육기간을 수료한 후에 전원 동시 임용을 위해 정원대비 상시 결원을 유지하였던 인력관리체계의 문제점을 보완하고 결원 최소화 및 인력운용의 효율 극대화를 위해서, 2000년부터 신규임용 대기제를 실시함으로써 상시 정원운용이 가능하게 되었다.

7. 전·의경 대체 경찰관 증원

2007년 2월에 병역자원 효율화 방안의 일환으로 대체복무제도가 폐지됨에 따라 2008년부터 전·의경을 연차별로 감축하고, 감축되는 전·의경 정원의 30%를 정규 경찰관으로 대체하기로 하였다. 이에 따라 2008년에는 전·의경 정원의 10%인 4,360명을 감축하고 대체 인원으로 경찰관 1,408명을 증원하였다.

8. 경찰간부후보생 모집분야 추가

1994년에 경찰간부후보생 공개경쟁채용시험의 모집분야에 세무·회계 및 외사분야를 추가하였다.

9. 경찰관 증원 추진

⑴ 2013년 박근혜 정부 출범과 함께 국민안전을 비롯한 4대 사회악 척결 등 민생치안이 강조됨에 따라 국정과제로서 경찰관 2만 명 증원이 추진되었다. 2013년 한 해 동안 2,970명을 증원하여 신규채용된 경찰관을 민생치안부서 중심으로 배치하였다.

⑵ 2017년 문재인 정부는 5년에 걸쳐 매년 20% 비율로 의무경찰 인력을 감축해 2023년 9월 이후 완전 폐지할 것을 계획하였다. 경찰조직에서 의무경찰 인력이 감축됨에 따라 경찰관 1만 명을 증원하고, 민생치안 역량 강화를 위해서도 경찰관 1만 명을 증원하여 총 2만 명을 증원하기로 하였다.

Ⅱ. 경찰공무원 채용

1. 필기시험 과목의 개편

1) 1993년 경찰간부후보생 출제수준의 상향 조정

1993년에 경찰간부후보생 공개경쟁선발시험의 출제수준을 전문대학 졸업 정도로 하던 것을 경위선발시험의 출제수준과 같이 대학졸업 정도로 상향 조정하였고, 정보화시대에 맞추어 경감 이하 경찰공무원 채용시험과목에 전산학개론을 추가하는 등 일부 경찰공무원 채용시험과목을 소정하였다(경찰청 역사편찬위원회, 2006: 217).

2) 1994년 전산학개론 및 전자계산일반 과목 삭제

1994년에 경찰공무원 채용시험 과목 중 전산통신분야를 제외하고 전산학개론 및 전자계산일반 과목을 삭제하였다.

3) 1998년 경찰행정학과 졸업자 특채시 법률과목 도입

1998년에 4년제 대학의 경찰행정학과 졸업자에 대하여 실시하는 경사 이하의 경찰공무원 특별채용시험의 응시과목을 종전의 국어·국민윤리·사회 대신에 행정법·형법 및 형사소송법 등의 경찰 관련 법률과목으로 개편하여 응시자에 대한 적절한 평가가 이루어지도록 하였다.

4) 1998년 순경(일반경찰) 공채시 법률과목 도입

1998년에 공개경쟁시험에 의한 채용이 부적당하여 관련 자격증 소지자 등을 경찰공무원으로 특별채용하는 경우에는 실기시험 이외에 필기시험을 병과할 수 있도록 하였다. 또한, 순경(일반경찰) 공개채용시험의 필기시험과목 중 국민윤리와 사회 과목을 삭제하고 형법과 형사소송법 과목을 신설하였다.

5) 2000년 순경(일반경찰) 공채시 경찰학개론·수사Ⅰ 과목 도입

2000년에 법률과목 및 일반 소양과목 위주로 되어 있는 경찰공무원 채용시험 과목 중 일부를 경찰업무 수행능력을 측정할 수 있는 실무 관련 과목으로 조정하기 위하여 순경(일반경찰) 공개경쟁채용시험의 필기시험과목에서 국어와 국사 과목을 삭제하고 경찰학개론과 수사Ⅰ 과목을 도입하였다.

6) 2012년 순경(일반경찰) 공채시 선택과목 도입 및 고교과목 추가

2012년에 「경찰공무원 임용령」을 개정하여 순경(일반경찰) 공개경쟁채용시험의 필기시험과목을 필수 2개 과목(한국사, 영어)과 선택 3개 과목(형법, 형사소송법, 경찰학개론, 국어, 수학, 사회, 과학 중 3과목)으로 변경하였다. 즉, 고등학교 졸업자에게도 공직 임용의 기회를 확대하기 위하여 2014년부터 순경 공개경쟁채용시험 과목에 고등학교 교과목인 국어, 수학, 사회, 과학을 추가하였다.

7) 2022년 영어·한국사 검정시험 대체 및 헌법 과목 도입

2022년부터 순경(일반경찰) 공개경쟁채용시험의 필기시험과목을 개편하여 국어, 사회, 과학, 수학 등 고교이수과목이 폐지되고 영어와 한국사는 검정시험으로 대체되어 영어검정시험과 한국사능력검정시험에서 기준 점수 이상을 확보해야 응시할 수 있게 되었다. 필기시험에서는 경찰관의 인권의식을 함양하기 위해서 헌법 과목을 도입하여 채용시험과목은 헌법, 형사법, 경찰학 3과목으로 변경되었다.

2. 체력검사제도의 도입 및 개편

1) 1993년 체력검사제도 도입

1993년에 경찰공무원 채용시험에 있어서 체력검사제도를 도입하고 적성검사 및 면접시험을 강화하여, 경찰업무수행에 보다 적합한 자질을 갖춘 인력이 경찰공무원으로 채용될 수 있도록 하였다.

2) 2010년 체력검사 강화

(1) 체력검사 비중 상향 조정

체력검사 성적과 직무성과에 대한 상관관계를 확인해 본 바, 체력과 지적능력이 균형 잡힌 경찰관이 보다 높은 직무성과를 창출하고 있는 것으로 나타남에 따라, 2010년에 체력검사와 필기시험 간에 균형이 유지될 수 있도록 체력검사의 반영비율을 25%로 상향 조정하였다.4) 이에 따라 필기시험의 반영비율이 65%에서 50%로 줄어들었으며, 필기시험 1문항의 환산점수와 체력검사 1구간의 환산점수가 동일하게 되었다.

(2) 체력검사 종목 확대

기존 좌우 악력, 윗몸 일으키기, 제자리 멀리뛰기, 100m 달리기로 구성되어 있는 체력검사 종목을 재직지 체력검징 종목과 동일하게 변경하고, 4개 종목에서 5개 종목으로 확대하였다. 이에 따라 지구력을 측정하기 위해 1,200m 달리기가 도입되었으며 제자리 멀리뛰기를 폐지하고 팔굽혀 펴기를 신설하였다.5)

---

4) 외부 전문가 의견조회, 재직 경찰관 및 신임교육생 대상 설문조사 실시(2010년) 결과이다. 체력검정 반영비율을 20%, 25%, 30%로 하는 세 가지 방안에 대하여 검토한 바, 반영비율 20%안의 경우 지적 능력 우수자 선발에 유리하였고, 25%안은 체력과 지적 능력 간 균형 잡힌 인재 선발에, 30% 안은 체력 우수자 선발에 적합한 것으로 나타났다.

5) 개선되는 체력검사 종목 중 '좌우 악력'과 '팔굽혀 펴기'는 범인체포와 제압을 위한 근력 측

3) 2011년 1,000m 달리기로 종목 변경

수험생을 대상으로 한 경찰공무원 채용 체력검사 종목에 대한 의견조사 결과 1,200m 달리기가 가장 부담된다는 의견을 반영하여, 2011년에 1,200m 달리기를 현직 경찰관의 체력측정과 동일하게 1,000m 달리기로 변경하였다.

4) 2023년 순환식 체력검사 도입

경찰청은 2023년부터 체력검사제도를 개편하여 범인추격, 피해자 구조, 장애물 코스, 범인 제압, 테이저건 격발 등 범죄현장에서 필요로 하는 순환식 체력검사 제도를 도입할 예정이다.

3. 면접시험제도 개선

1) 1점 평정시 불합격제도 폐지

2000년에 경찰공무원 면접시험에서 시험위원의 과반수가 적성요소에 대하여 1점으로 평정한 경우 필기시험 성적과 관계 없이 불합격시키던 제도를 폐지하였다.

2) 2단계 심층면접 실시

2001년에 면접시험제도를 개선하여 2단계 심층면접을 실시하면서 집단면접과 개별면접을 병행하고, 1단계(동료면접)에서는 현장에서 함께 근무할 경사급 이하의 동료직원으로 구성하여 수험생의 직무 적응성과 순발력·상황대처 능력 등을 평가하도록 하고, 2단계(인성면접)에서는 경위급 이상 경찰관으로 면접위원을 구성하여 수험생의 향후 발전 가능성과 기본인성 및 가치관 등을 평가하도록 하였다.

그리고 각 지방경찰청 별로 신지식경찰관, 명인, 근무성적 우수자, 동료직원의 추천 등으로 면접위원 후보자 풀(POOL)을 구성하고, 이들을 대상으로 면접진행방식과 면접기법 및 모의면접 등을 교육하여 면접위원의 전문성을

정에 적합하고, '윗몸 일으키기'는 업무수행 중 부상방지를 위한 유연성 측정에, '100m 달리기'는 범인추적에 필요한 스피드 측정에, '1,200m 달리기'는 장시간 근무에 요구되는 심폐지구력 측정에 각각 부합하는 종목이다.

강화하였다.

3) 인성심사 강화

(1) 심층면접시스템 구축

2010년에 높은 준법성·도덕성을 갖춘 인성·자질이 우수한 인재를 선발하기 위해 신임경찰관에 대한 인성심사를 강화하였는데, 우선 경무(인사교육)과장과 인사·정보·감찰간부로 구성되는 사전 적격성심사위원회를 운영하였다. 또한 대학교수, 심리전문가, 인성강사, 범죄분석요원 등 전문성을 갖춘 내·외부 인사를 면접위원으로 엄선하고 사전교육을 철저히 하여 심층면접을 실시하도록 하였다.

(2) 채용심사관 제도 도입

2010년에 경찰청·지방경찰청 및 소속기관에 경감 이상의 채용 담당 경찰공무원 1명을 채용심사관으로 선정하여, 사전에 응시자의 제출서류, 신원조사 결과 등 모든 자료를 평가·분석하여 종합의견서를 작성하고, 사전에 경찰공무원으로서의 적격 여부를 심사한 후 종합의견서를 작성하여 면접위원에 제공하도록 하였다.

4. 종합적성검사제도 개선

⑴ 경찰관으로서의 적성과 인성이 결여된 부적격자를 채용단계부터 배제하고 경찰관의 자질향상을 도모하기 위해 1976년 2월부터 경찰 자체적으로 다면성 인성검사 프로그램을 개발하여 활용하였다.

⑵ 1992년에 한국심리학회 특별연구팀과 용역계약을 체결하여 종합적성검사 개발을 완료하였고 1993년부터 활용하였다.[6]

⑶ 2002년에는 1992년부터 개발되어 경찰공무원의 모든 채용시험에 활용되어 오던 경찰종합적성검사를 개선하였다. 부적격자 배제라는 개발

---

6) 종합적성검사 프로그램은 성격검사, U-K 검사, 일반능력검사, 흥미검사, 전기적 자료검사로 구성되어 있다. 적성검사 결과는 5개 등급으로 분류하여 면접시험에 반영하였다.

당시의 검사 목적에 대하여 미래 경찰업무환경 및 사회 일반에서 요구
하는 인성과 능력을 갖춘 인재의 선별도구 개발로 검사 목적을 재설정
하여 개발하였다. U-K 검사 등 기존 검사항목의 필요성과 적합성을
검토하고, 10년 간 축적된 기존 경찰종합적성검사 결과를 바탕으로 추
적조사를 통한 실증적 연구로 판정기준을 현실에 맞게 상향 조정하였다.

(4) 2012년부터 「경찰관 직무적격성 검사」(Police Man Aptitude Test:
PMAT)를 도입하여 직무수행 역량을 평가하고 있는데, 그 검사영역은
사물관찰, 지각영역, 정보추론영역, 상황판단영역 등이다.

5. 최종합격자 결정기준의 변경

(1) 1993년에 경찰공무원 채용시험에서 최종합격자 결정을 종전에는 면접
시험 합격자 중에서 필기시험 성적순위만으로 하던 것을 필기시험 성
적 이외에 체력검사성적 및 면접시험성적을 합산한 성적순위에 의하도
록 하여 경찰업무수행에 보다 적합한 지원자가 채용될 수 있도록 하였다.

(2) 2004년에 경찰공무원 채용의 목표를 경찰공무원으로서의 업무수행을
하기에 적합한 지성·체력과 인성의 검증으로 재설정하면서 「경찰공무
원 임용령」을 개정하여 경찰공무원 채용시험에서 최종합격자 결정시
체력검사성적 0.5할, 필기시험성적 7.5할, 면접시험성적 2할로 하던 것
을 체력검사성적 1할, 필기시험성적 6.5할, 면접시험성적 2.5할로 변경
하였다.

(3) 2010년에는 필기시험성적의 반영비율을 축소하여 체력검사성적 2.5할,
필기시험성적 5할, 면접시험성적 2.5할로 변경하였다.

6. 자격증 기준의 강화

(1) 1993년에 경찰업무와 관련된 자격증 소지자를 우대할 수 있도록 무
도·운전 등 경찰업무와 관련된 특수능력을 면접시험에 반영하도록
하였다.

⑵ 2004년에 경찰공무원 채용시험 중 자격증 기준표를 개정하여 채용시 가산점이 인정되는 자격증을 경찰업무와의 관련성 및 효율성 측면에서 재분석하고, 이를 토대로 자격증 선정 및 점수부여 기준을 재정비하였다. 특히, 가산점 인정분야를 확대하고, 단기간 내에 취득이 용이한 워드·운전·무도 등에 대한 요건을 강화하고, 재난·안전관리 분야를 신설하였다.

7. 경찰청장 후보자 인사청문회

2003년에 참여정부의 첫 경찰청장부터 국회 소관 상임위원회인 행정자치위원회에서 실시하는 인사청문회를 통해 검증을 받게 되었다.

Ⅲ. 경찰공무원 교육훈련

1. 경찰수사연수소·경찰수사보안연수소로의 개편

⑴ 1992년 10월에 수사간부연수소를 경찰수사연수소로 확대 개편하면서 수사업무에 종사하는 경찰공무원에 대한 전문연수를 담당하도록 했으며, 대공간부연수소를 보안간부연수소로 개편하여 보안업무에 종사하는 경위 이상의 경찰공무원에 대한 전문 연수를 담당하도록 하였다. 1996년 6월 보안간부연수소를 보안경찰연수소로 확대하였다.

⑵ 1999년 5월에 경찰수사연수소와 보안경찰연수소를 합쳐 경찰수사보안연수소로 통합 운영하였고, 경찰대학 교수부장이 경찰수사보안연수소장을 겸직하도록 하였다.

2. 경찰수사연수원의 개원

1) 독자적인 수사전문교육 실시

경찰수사보안연수소는 독자적인 수사전문교육을 통해서 경찰 수사역량을 강화하여 국민에게 보다 향상된 수사서비스를 제공하기 위해 경찰수사보안연수소를 직제 개편하여, 2007년 3월에 경찰청 직속기관인 경찰수사연수원으로 개원하였다.

2) 전문수사관 인증제 주관

2005년부터 경찰청 수사국 주관으로 시행되었던 전문수사관 인증제를 2011년에 경찰수사연수원 주관으로 시행하였다. 2011년 6월 인증공고를 시작으로 7월 평가시험 실시, 8월 최종인증 심사위회를 거쳐 현장감식, 해킹범죄수사 등 총 13개 분야의 전문수사관 90명과 전문수사관 마스터 6명을 선발하였다.

3) 학점은행제도 도입

2011년 12월 경찰교육기관 최초로 학점은행제도를 도입하여 경찰관에게 범죄수사학 학위를 취득할 기회를 마련하였다. 2011년 3월 22일 수사학의 표준교육과정 승인에 따라 경찰수사연수원을 학점인정기관으로 등록하는 평가인정절차를 추진하였고, 2011년 12월에 교육과학기술부의 최종 승인을 받았다. 이를 통해 경찰수사연수원에서 해당 전문교육 수료 시에는 범죄수사학전공 학점으로 인정받으며, 교육과학기술부장관 명의의 수사학사를 취득할 수 있도록 하였다.

3. 교육개혁 실시

⑴ 2000년에 경찰개혁의 일환으로 교육개혁을 실시하여 경찰대학 내에 교육개혁위원회를 설치하여 「경찰공무원 교육훈련규정」 등 경찰교육관련

법령 개정을 추진하였다.

⑵ 2001년에「경찰교육발전위원회운영규칙」(경찰청 훈령)을 제정하여 경찰
교육개혁위원회를 경찰교육발전위원회로 명칭을 바꾸고,「경찰공무원
교육훈련규정」을 개정함으로써 교육운영의 탄력성을 부여하고, 경찰교
육종류의 구분방법을 신임, 필수, 선발교육에서 신임, 기본, 전문교육으
로 변경하였다.

4. 직장훈련 개편

2001년에 경찰공무원이 직장훈련에 적극적으로 참여할 수 있도록 하기 위
하여 직장훈련의 평가항목인 무도를 체력단련으로 변경하고 관련 동호회나
무도훈련에 참석한 경우에도 체력단련에 참석한 것으로 인정하였다. 직장교
육에 있어서 정서함양 관련 동호회나 연구모임에 참석한 경우에도 직장교육
에 참석한 것으로 인정하는 등 직장훈련의 평정기준을 개선하였다.

5. 사이버 교육훈련 도입

2002년에 사이버 교육훈련체계를 도입하고, 정보화시대 지식공유를 위한
정보화 및 어학교육과 새로운 시대에 걸 맞는 경찰상을 확립하기 위한 인권
교육을 강화하였다.

6. 경찰대학

1) 대학생 모집

경찰대학은 1981년부터 법학과 60명, 행정학과 60명 등 120명씩 모집했으
며, 1989년부터 여학생 5명을, 1997년부터 여학생 12명을 모집하였다.

2) 대학생 정원 감축

2014년 1월 21일「경찰대학의 학사운영에 관한 규정」을 개정함에 따라 경

찰대학 입학정원 120명의 100분의 20을 초과하지 않는 범위에서 정원 감축이 가능해졌다. 그 결과, 2015학년도 입학정원을 20명 감축하여 100명을 선발하였으며, 여학생 정원은 국가여성정책을 반영하여 여성관리자 인원 5% 달성의 제도적 토대 마련을 위해 기존 12명을 유지하였다.

3) 치안정책연구소로 개칭

2005년 7월에 치안연구소와 공안문제연구소를 통합하여 치안정책연구소로 확대개편하였다. 치안정책연구소는 경찰대학 부설기관으로서 각종 치안에 관한 이론 및 정책을 연구하고 개발하는 싱크탱크의 기능을 수행하였다. 2015년 6월에 치안정책연구소 내 과학기술부를 신설하고 인력 및 조직개편을 통하여 경찰조직 및 경찰활동 전반에 관한 치안정책분야뿐만 아니라 과학기술 분야에 대한 연구역량 제고의 계기를 마련하였다.

4) 경찰대학 16개 개혁과제 추진안 발표

경찰대학은 2018년 11월에 경찰대학 문호개방, 학사운영 및 생활지도 개선, 대학 운영의 자율성·독립성 확보 및 기반 구축 등의 분야에서 개혁과제 추진안을 발표하였다.

5) 경찰대학 2021학년도 신입생 체력검사 종목 변경

경찰대학은 2021학년도 신입생부터 현행 5개 종목[7]에서 2개 종목을 변경하고, 체력검사 기준을 높이고, 여성의 팔굽혀펴기 자세를 남성과 동일하게 정자세로 변경하기로 하였다.

변경되는 2개 종목은 100m 달리기와 1,000m 달리기이고, 100m 달리기는 스피드·순발력을 측정하는 종목인데 스피드·순발력 최고점은 30~40m 구간에서 나타나므로 50m 달리기로 바꾸고, 1,000m 달리기는 심폐 지구력을 측정하는 종목으로 측정 타당도가 높은 거리는 1,600m이나 안전사고를 최소화할 수 있는 20m 왕복 오래달리기로 변경하였다. 또한, 현재 남녀 체력기준

---

7) 체력요인 분야(종목): 상지근력(악력), 상지근지구력(팔굽혀펴기), 코어근력·근지구력(윗몸일으키기), 스피드·순발력(100m), 심폐지구력(1,000m)

이 낮다는 연구 결과에 따라 국민 체력기준과 해외경찰 사례 등을 고려하여 체력기준을 상향 조정하였다.

7. 경찰인재개발원

1) 경찰종합학교

경찰종합학교는 1983년에 경찰대학이 용인으로 이전한 이후에 거의 모든 경찰직무교육을 담당했으며, 1987년 중앙경찰학교가 개교되기 전까지는 신임 순경에 대한 신규채용 교육훈련도 담당하여 어려운 여건 속에서도 명실상부한 경찰관 교육기관으로서의 소임을 다하였다.

2) 경찰교육원으로 개칭

2009년 11월에 경찰교육의 비전 제시 및 미래지향적인 메카로 승화시키기 위해 충남 아산시에 경찰교육원을 개원하였다. 4개 경찰교육기관의 특성에 맞는 역할과 기능을 재정립하고자 경찰대학 직무과정은 경찰교육원으로 이관하고, 경찰대학은 경찰간부 교육 및 경찰학 연구기관으로, 경찰교육원은 경정 이하 재직자 직무교육기관으로, 경찰수사연수원은 전문수사관 양성기관으로 교육기관별 교육과정을 조정하였다.

3) 경찰인재개발원으로 개칭

2018년 3월에 경찰교육원이란 명칭이 경찰인재개발원으로 변경되었으며, 2022년에는 직무현장에서 필요한 교육훈련 중심으로 인권리더십교육센터, 경부교육센터, 자치경찰교육센터, 교통안전교육센터. 공공안전교육센터, 경찰견 종합훈련센터로 확대·개편하였다.

8. 경찰교육센터

1) 2000년 지방경찰학교 설치

2000년에 경찰대개혁의 일환으로 교육의 질적·양적 영역 확대 및 경찰교육기관의 부담을 완화하고 각 지방경찰청 별로 지역 특성에 맞는 현장중심의 전문 직무교육을 더욱 강화하기 위하여 14개 지방경찰청에 지방경찰학교를 설치하였다.

2) 2015년 경찰교육센터로 개칭

지방경찰청 별로 지역특성에 맞는 현장 중심의 전문 직무교육을 강화하기 위해 2015년에 지방경찰학교를 경찰교육센터로 개칭하였다.

9. 졸업사정위원회 제도 도입

신임교육기간 중 퇴교사항이 발생한 경우 사후에만 교육운영위원회를 개최하기 때문에 교육생에 대한 체계적인 신상관리가 미흡했다. 이에 따라 교육 중의 상담자료, 교육성적 및 생활태도를 종합적으로 고려하여 부적격자의 경찰관 임용을 사전에 방지하기 위해 졸업사정위원회 제도를 2008년에 도입하였다.

10. 신임순경 교육기간 연장

주요 선진국인 영국 경찰은 11개월, 프랑스 경찰은 1년, 일본 경찰은 21개월 동안의 장기교육을 통해 전문역량과 직업관을 갖춘 신임경찰관을 양성하는 반면, 한국 경찰은 24주(6개월) 동안의 교육을 거쳐 신임순경을 배출하고 있어, 치안현장의 다양성·예측불허성 등에 효과적으로 대응할 수 있는 실력 있는 인재를 양성하기에 한계가 있었다. 이에 2011년에 교육기간을 34주(8개월)로 연장하여 올바른 공직관 확립부터 직무수행능력 배양까지 체계적인 교육을 실시토록 하였다.

11. 10만 경찰 초심찾기 大프로젝트

2012년에 10만 경찰 초심찾기 大프로젝트를 추진하여 입직 시의 순수·열정 등 초심을 상기시켜 경찰발전의 공감대를 형성함으로써 대국민 신뢰회복을 위한 초석으로 삼고, 중앙경찰학교에서는 졸업생을 대상으로 홈커밍데이 초심에서 중심으로를 추진하여 초심찾기를 통해 일깨운 초심을 심화하고자 하였다. 또한, 경찰교육원에 참경찰교육센터를 설치·운영함으로써 경찰정신을 정립하고 핵심가치를 내재화할 기반을 마련하였다.

12. 공로연수제 도입

2012년에 공로연수제를 도입하여 총경 이하이면서 정년퇴직 6월 이내인 퇴직 임박 경찰공무원에 대한 사회적응기회를 제공하였다.

13. 경찰관 상시학습제도 도입

지식기반사회에 들어서면서 지식·기술의 수명이 단축·가속화되어 조직·개인의 지속성장을 위해 상시적으로 학습하는 조직문화를 조성할 필요성이 증대되었다. 그 결과, 2013년에 경찰은 상시학습제도를 도입하여 경찰관이 각자의 수준·근무환경에 맞게 교육훈련을 받을 수 있도록 하였다.

14. 찾아가는 현장교육의 전국 확대 운영

2013년 1월~9월에 41개 경찰서에서 찾아가는 현장교육을 시범 시행한 결과, 체감치안만족도, 현업적용도, 교육만족도가 모두 향상되는 결과를 얻었으며, 2013년 정부부처 인재개발 최우수사례로 선정되어 대통령상을 수상하는 등 그 효과가 인정되었다. 2014년에는 법률교육 부족, 의무교육 실시 곤란 등 시범 운영할 때 도출된 문제점을 개선하여 찾아가는 현장교육제도를 전국으로 확대 시행하였다.

IV. 경찰공무원 보직관리

1. 경과제도 변경

(1) 경찰공무원은 신규채용될 때 직무 종류에 따라 일반경과와 특수경과를 부여 받고 있었는데, 1994년에 경찰공무원의 경과에 보안경과를 신설하였다.

(2) 1994년에 정보통신분야 업무를 대부분 전산으로 처리함에 따라 감축되는 통신경과의 경찰공무원을 일반경과의 경찰공무원으로 활용할 수 있도록 하기 위하여 일반경과로의 전과대상에 통신경과를 추가하였다.

(3) 2002년에는 컴퓨터와 통신이 결합된 정보통신기술이 매우 빠른 속도로 발전하고 있는 시대적 흐름에 맞추어 경찰공무원의 경과 중 통신경과의 명칭을 정보통신경과로 변경하였다.

(4) 2004년 수사의 전문화와 효율화와 범죄대응능력의 향상을 도모하기 위하여 종전의 일반·보안·특수경과 외에 수사경과를 신설하였다.

2. 특기분류 시기 변경 및 특기제도 폐지

경과별 직무분야에 따라 일반특기 또는 전문특기를 부여 받을 수 있도록 되어 있는 경위 이상 경정 이하의 경찰공무원에 대하여 특기분류를 연 2회 정기적으로 실시하도록 하였다. 2002년에 신규채용자를 임용하거나 보직을 전문화할 필요가 있는 등 특별한 사유가 있는 경우에 한하여 특기분류를 실시할 수 있도록 함으로써 형식적인 특기분류로 인하여 행정력이 낭비되는 것을 방지하였다. 그러나 2016년에 유명무실하게 운영되고 있던 특기제도를 폐지하였다.

3. 전보제한기간 조정 및 박사학위 소지자 특별채용

1994년에 특정한 직무분야에서 근무할 것을 조건으로 신규채용 또는 승진임용된 자에 대한 전보제한기간을 3년에서 5년으로 연장하였고, 우수한 전문연구인력의 원활한 충원을 위하여 박사학위 소지자를 특별채용하는 경우에 경정으로 임용할 수 있도록 계급환산 기준을 보완하고 특별채용요건인 연구경력의 범위를 구체적으로 정하였다.

4. 향피제도 도입 및 폐지

1999년에 향피제도를 도입하였다. 향피제도란 경찰지휘관에 대한 보직 부여시 연고권이 있는 지역을 피하여 배치함으로써 경찰지휘관이 지연, 혈연, 학연 등으로부터 자유롭게 치안행정을 펼쳐 나갈 수 있도록 도입·적용한 제도로서, 경무관 이상 전보발령시 도입·적용하던 것을 하위간부 및 지방청까지 적용하였다. 그러나 향피제도는 「경찰공무원 임용령」 제22조의 연고지 배치 규정을 위반한 것으로서 2001년에 초임에만 향피원칙을 적용했다가 2002년에 폐지하였다.

5. 인사자기내신제 도입

1999년에 경찰관 개인별로 희망하는 보직에 대하여 제4지망까지 신청을 받아 보직인사에 반영하는 인사상 의사전달 경로인 인사사기내신제를 도입하였으며, 2000년에 이를 바탕으로 소속 지휘관의 추천을 적극 반영하는 보직추천서열평가제를 도입하였다. 2003년에는 총경 이하에 적용했던 인사자기내신제를 경무관급에도 도입하였다.

6. 총경 이하 보직 및 교류인사 규칙

「경찰공무원 임용령」에 보직권자에 대해서 개괄적인 사항만 규정되어 있고 세부적인 기준은 매번 인사시 마다 「보직관리 지침」을 마련·시행하였으나, 2000년에 「총경 이하 보직 및 인사지침」을 마련하여 능력, 실적, 전문성을 갖춘 인물의 발탁과 경정 우수자원 경찰서장 보임 등 경쟁과 실적에 의한 인사 구현을 목표로 하였고, 인사행정의 제도화·법제화를 위해 2003년 12월에 「총경 이하 보직 및 교류 인사규칙」을 제정하였다.

7. 직위공모제 도입

2003년부터 직위공모제를 실시하여 전문지식과 경험이 요구되거나 선호도가 높은 경찰청·서울지방경찰청의 과·계장급 및 여타 지방경찰청의 계장급 직위를 직위공모대상으로 했다. 2011년에는 공정하고 투명한 인사풍토를 정착시키기 위하여 승진·전출 등으로 인한 경정 이하 모든 공석 직위를 대상으로 직위공모제를 실시하였다.

8. 청문감사관제 도입

1999년에 일부 경찰관의 부조리와 불친절 등이 경찰에 대한 주민의 신뢰도 저하 및 불신과 불만의 원인이 되고 있어, 전국 231개 경찰서에 경정에서 경위급의 간부경찰관을 청문감사관으로 배치하였다. 청문감사관은 경찰관의 부당한 행위에 대한 민원사항을 상담·해소하고, 피의자의 인권보호를 위한 구속 또는 조사장소를 지도·점검하며, 감찰·감사업무 등을 수행하였다.

9. 직급 조정

1) 지방경찰청 과장 및 경찰서 계장의 직급 조정

⑴ 2006년에 민생치안 안전을 위한 경찰의 역할이 강조됨에 따라 경찰청 생활안전국장의 직급을 경무관에서 치안감으로, 제주자치경찰제 시행에 따라 제주지방경찰청장의 직급을 경무관에서 치안감으로 조정하였다.

⑵ 2007년에 정책홍보기능을 강화하고 타 기능과의 원활한 업무협조를 위해 지방경찰청 과장 직위 중 유일하게 경정으로 보임되던 홍보담당관의 직급을 총경으로 상향 조정하였다.

2) 파출소장 등의 직급 조정

2011년에 파출소장 1,025명의 직급을 경위에서 경감으로 조정하였고, 1급지 경찰서에 두는 청문감사관 51명의 직급을 경감에서 경정으로 상향조정하였다.

3) 경무관 경찰서장제 도입

치안수요가 과중한 경찰서와 1개 자치구역 내에 다수의 경찰서가 있는 지역에 중심 경찰서를 두고 경찰서장 직급을 경무관으로 보임할 수 있도록「경찰법」을 개정하였다. 2012년에 치안수요 등 객관적 지표와 지역별 안배를 고려하여 5개 경찰서(수원남부경찰서, 분당경찰서, 청주흥덕경찰서, 전주완산경찰서, 창원중부경찰서)에 우선적으로 경무관 경찰서장제를 도입하고 해당 경찰서장의 직급을 총경에서 경무관으로 상향조정하였다. 2022년 현재는 총 12개 경찰서(위 5개 경찰서 외 송파경찰서, 강서경찰서, 부천원미경찰서, 대구성서경찰서, 인천남동경찰서, 광주광산경찰서, 부산해운대경찰서)로 운영되고 있다.

4) 부산청장·인천청장에의 치안정감 임용

2012년에 부산지방경찰청장의 직급을, 2014년에는 인천지방경찰청장의 직급을 치안감에서 치안정감으로 상향하여 지방경찰청장의 지휘역량을 강화하였다.

10. 경찰공무원 직무적성검사

신임경찰관 채용 시에 경찰관에게 필요한 직업관 및 소양을 파악하기 위하여 실시하는 종합적성검사와 함께 재직 경찰관에 대하여도 환경 변화에 따른 성격·적성의 변화 여부를 과학적인 방법에 의해 파악할 수 있도록 「경찰공무원 직무적성검사」(NPAT) 프로그램을 개발하여 2005년부터 시행하고 있다.

11. 경위급 계(팀)장 보직인사 개선

(1) 2006년에 경위 근속승진제도의 시행 이후 경위 인력이 급증하여 계(팀)장 직위에 비하여 경위 인력이 과다하여 지방경찰청 이하에서 근무하는 경위 중 보직 경위는 50%에도 미치지 못하는 등 직위 수와 인력 수 간에 불균형이 심화되었다.

(2) 2007년에 객관적이고 투명한 보직인사의 기준을 마련하여 경위급 보직은 일정 기준에 따라 직위공모방법에 의해 실시하고, 보직심사위원회를 거쳐 직위를 부여하되 심사결과를 공개하도록 함으로써 보직인사의 투명성을 확보하였다. 또한 보직심사위원회에 경위 이하 직원의 참여를 보장하고, 다면평가 결과를 인사기준에 반영하여 수용성 높은 보직인사를 실현하고자 하였다.

12. 보직 및 교류인사제도 개선

1) 경찰서장 재직 총량제

2009년에 승진과 더불어 일선 경찰관의 큰 관심의 대상인 보직인사제도를 개선하였는데, 우선 총경급 보직인사와 관련하여 총경 계급에서 경찰서장 재직기간을 7년 미만으로 제한하는 경찰서장 재직 총량제를 도입하였다.

2) 총경의 권역별 인사제도

2009년에 승진 당해연도에 경찰서장 보직 발령을 제한하고 치안정책과정 교육을 받도록 하는 한편, 전국을 5개 권역으로 구분하여 권역별 인사를 실시하는 등 조직 내 중추적 역할을 담당하는 총경급의 역량과 능력발전을 도모하였다.

3) 경찰청·서울지방경찰청 전·출입 인사지침 마련

2009년에 「경정 이하 경찰관의 경찰청 및 서울지방경찰청 전·출입 인사지침」을 마련하여 당해 계급 3년을 필수요건화 하고, 경찰대학 졸업자 및 간부후보생 출신 경위는 순환보직 후 1년을 경과한 자로 제한하였다.

13. 경찰관 체력검정제 도입

기존 월 2회 실시되는 무도훈련은 동작 및 기술습득 중심으로서 범인을 체포하는데 필요한 기초체력 향상에 한계가 있었다. 그 결과, 경찰은 2010년부터 자신의 신체 상태를 진단할 기회를 부여하고 스스로 체력을 관리할 수 있는 동기를 유발시킬 수 있도록 경찰관 체력검정제를 도입·시행하였다. 치안감 이하 전 경찰관이 경찰관 체력검정제 대상이지만 경무관 이상 또는 55세 이상의 경찰관은 자신의 희망에 따라서 자율적으로 경찰관 체력검정에 참여할 수 있다.

따라서, 순경부터 총경까지 만 54세 이하의 경찰관은 매년 악력, 팔굽혀펴기, 윗몸 일으키기, 1,200m 달리기 등 4가지 종목의 체력검정제에 참여해야 하고, 종목별 점수를 합산한 결과 1~4등급으로 구분되었다.[8] 그러나 나중에 1,200m 달리기를 1,000m 달리기로 변경했음에도 불구하고, 체력검정 도중에 경찰관이 급성 심근경색으로 쓰러지는 등 문제가 발생하여 2014년에 1,000m 달리기 종목을 폐지하고 100m 달리기로 대체하였다.

---

8) 점수는 종목별로 1등급 25점, 2등급 20점, 3등급 15점, 4등급 10점으로 매겨진다. 경정 이하는 체력검정 결과가 직장훈련 성적에 반영된다.

14. 경정 경찰서장제 확대

2010년 12월에 「총경 이하 경찰공무원의 보직 및 교류인사에 관한 규칙」을 개정하여 조직 내 대다수를 차지하는 하위직급 입직자의 고위직 진출의 활로를 마련하고, 다년간의 근무경험으로 축적된 노하우를 살리기 위하여 경사 이하로 임용되어 경찰 근속 연수 30년 이상인 경정 중 특히 지휘능력과 업무실적이 우수하다고 인정되는 자의 경찰서장 발탁을 제도적으로 보장하는 경정 경찰서장제를 확대 실시하였다.

15. 총경 · 경정급 업무성과평가 실시 및 인사 반영

2010년에 객관적인 성과를 바탕으로 일 잘하는 사람이 승진하는 조직문화의 기반 조성을 위해 숯 총경 · 경정급 경찰관을 대상으로 업무성과평가를 실시하고 소속기관별로 공개하였으며 평가결과는 승진 · 보직 인사에 반영하였다.

16. 업무성과평가 및 승진심사시 심층면접

2011년에는 업무성과평가 및 각종 승진심사시 기존 서류심사 외에 대상자의 업무능력을 실질적으로 검증하기 위해 심층면접을 실시하는 등 제도적 장치를 마련하였다. 면접평가시 교수 · 기자 등 외부 전문가위원(면접위원 전체 7명 중 2명)을 위촉하여 국민 시각을 평가에 반영할 수 있도록 하였다. 특히 특별승진 대상자의 공적심사 시에 동료 · 부하직원이 참여하여 절차의 투명성을 높였다.

17. 경찰서 순환근무제 도입

2012년 7월에 유착비리에 대한 선제적 차단은 물론이고 조직 전반적으로 만연한 직무침체에 반전을 도모하는 한편, 원활한 인력순환을 토대로 직무활성화와 국민 만족도를 연계하기 위한 쇄신책인 경찰서 순환근무제를 시행하였다.

18. 전경제도 폐지와 의무경찰 충원

2013년에 전경제도가 폐지됨에 따라 대간첩작전을 수행하는 전투경찰대의 전경이 전역하는 인원만큼 의무경찰로 충원하여 대간첩작전을 비롯한 국가중요시설 경계 등의 임무를 차질 없이 수행할 수 있도록 하였다.

Ⅴ. 근무성적평정

1. 제1평정요소의 평가항목별 배점비율 조정

1994년에 근무성적평정요소 중 제1평정요소의 평가항목별 배점비율을 경찰업무 실적에 비중을 두어 조정하였다.

2. 근무성적평정의 기준일 10월 말 조정

1995년에 근무성적평정의 기준일을 12월 말에서 10월 말로 조정하였다.

3. 청문감사관의 근무성적평정 분포비율 제외

2000년에 근무성적평정시 분포비율을 적용하지 아니할 수 있는 대상에 청문감사관을 추가하였다.

4. 근무성적평정 분포비율 배제 대상의 폐지

2005년에 특수지에 근무하는 경찰공무원, 교육기관의 교수요원인 경찰공

무원, 경찰서 수사과에서 조사업무를 직접 처리하는 경위, 경찰서의 청문감사
관 및 청문감사관의 하급 경찰공무원의 근무성적평정시 평정 분포비율 배제
를 폐지하였다.

5. 근무성적평정 분포비율 조정

기존 근무성적평정의 평가등급별 배분비율은 수 20%, 우 30%, 양 40%,
가 10%의 4등급 체계로, 평가대상의 과반수가 양 이하를 받게 되는 문제가
있었다. 2010년에 경찰공무원의 사기를 높이기 위하여 「경찰공무원 승진임용
규정(대통령령)」을 개정하여 우 비율을 10% 상향하고 양 비율을 10% 하향 조
정함으로써 평가대상의 과반수 이상이 수 또는 우로 평정받을 수 있도록 하
였다.

VI. 경찰공무원 승진제도

1. 심사승진

1) 3년 이내의 근무성적 평정점 반영
승진대상자 명부에 등재하는 근무성적평정점을 종전에는 명부작성 기준일
부터 2년 이내에 평정한 평정점으로 하였다. 그러나 1993년에 일반직 공무원
의 경우와 같이 최근 3년 이내에 평정한 평정점을 대상으로 [(최근 1년 이내에
평정한 평정점×50/100) + (최근 1년 전 2년 이내에 평정한 평정점×30/100) + (최근
2년 전 3년 이내에 평정한 평정점×20/100)]의 방식과 같이 산정하였다.

2) 승진대상자 명부의 경찰청장 통합 작성
1993년에 경찰공무원에 대한 승진심사의 합리성을 높이기 위하여 경정 승
진심사 대상자 선정에 대하여 경찰청장 및 그 소속기관 등의 장이 작성한 승
진대상자 명부에 의하던 것을 경찰청장이 통합하여 작성한 승진대상자 명부

에 의하도록 하였다.

3) 심사승진 대상자의 확대

1994년에 「경찰공무원법」을 개정하여 실무경험이 풍부한 경찰공무원의 승진기회를 확대하기 위하여 경사에서 경위로 승진임용하는 경우에 시험을 치루도록 하던 것을 다른 계급과 같이 심사에 의하여도 승진임용할 수 있도록 하였다.

4) 승진대상자 명부 작성기준일의 변경

1994년에 경찰공무원에 대한 승진업무의 효율성을 높이기 위하여 승진대상자 명부 작성과 승진심사가 연속적으로 행하여 질 수 있도록 승진대상자 명부 작성기준일을 7월 1일에서 1월 1일로 변경하였고, 승진심사는 승진대상자 명부 작성 기준일의 다음 날인 1월 2일부터 3월 31일까지 실시하도록 하였다.

5) 승진대상자 명부 작성시 반영 비율 조정

⑴ 1994년에 승진대상자 명부 작성시 교육훈련성적평정점의 비율을 총경·경정의 경우에는 2할에서 1할로, 경감 이하의 경우에는 2할에서 1.5할로 조정하였다.

⑵ 1995년에는 총경 및 경정에 대하여 근무성적평정점 5할, 경력평정점 4할, 교육훈련성적평정점 1할의 비율에 따라 승진대상자 명부를 작성하도록 하였던 것을 근무성적평정점 5할, 경력평정점 3.5할, 교육훈련성적평정점 1.5할의 비율로 작성하도록 하였다.

⑶ 2014년에는 교육훈련성적평정점을 폐시하여 근무성적평정점 65%, 경력평정점 35%의 비율에 따라 계급별로 승진대상자 명부를 작성하도록 하였다.

6) 승진대상자 명부 작성시 동점자 순위의 결정 기준 개정

승진대상자 명부 작성 및 승진시험 동점자의 순위를 결정할 때 기존에는 ⑴ 당 계급에서 장기 근무한 자, ⑵ 바로 하위 계급에서 장기근무한 자, ⑶

근무성적이 우수한 자 순으로 최종 합격자를 선정하였다. 그러나 이러한 방식은 승진의 기본원칙인 능력과 실적보다는 연공서열을 위주로 승진자가 결정될 우려가 있어 2009년에 당해 계급 근무성적이 우수한 자에게 우선순위를 부여하여 경찰공무원의 근무의욕을 높이고 직무몰입도를 향상시킬 수 있도록 하였다.

7) 경무관 승진임용 예정인원수 책정

1997년에 경무관의 승진임용 예정인원수 책정시 당해 정원의 2할을 초과할 수 없도록 한 것을 당해 정원의 2.5할을 초과할 수 없도록 하였다. 또한, 책정된 경무관 등의 승진임용 예정인원수가 당해 연도 실제 결원과 정년 도래로 발생하는 결원에 미달된 때에는 그 미달되는 인원수를 책정된 승진임용 예정인원수에 가산할 수 있도록 하여 당해 계급에 필요한 소요인원을 충분히 선발할 수 있도록 하였다.

8) 경정 승진심사의 보통승진심사위원회 관할

1997년에 경찰청의 중앙승진심사위원회에서 심사하던 경정에의 승진심사를 지방경찰청 등에 설치되어 있는 보통승진심사위원회에서 관할하도록 하였다.

9) 승진소요 최저근무연수 조정

2005년에 순경에서 경장, 그리고 경장에서 경사로의 승진에 최소 2년 이상의 근무경력을 요구함으로써 우수인력의 조기승진 기회를 제약하고 있던 경장 이하 경찰공무원의 승진소요 최저근무연수를 각각 2년에서 1년으로 단축하였다. 또한, 유학 휴직기간의 5할을 승진소요 최저근무연수에 산입하여 일반직 공무원과의 복무 형평성을 맞추었다.

10) 심사승진 · 시험승진시 근무성적평정점의 반영비율 확대

평가와 승진의 연계성을 높이기 위해 2014년에 「경찰공무원 승진임용 규정」 및 「동 시행규칙」을 개정하여 심사승진 · 시험승진 시 교육훈련성적평정점을 폐지하고 근무성적평정비율을 15% 상향 조정하였다.

11) 의무적 양 또는 가 평가제도 폐지

2014년에 승진심사의 객관요소 5개 항목(경험한 직책·승진기록·근무성적·
상벌·지휘관추천)의 하위 10% 이내의 사람에게 의무적으로 "양" 또는 "가"를
평가하도록 하는 제도를 폐지하여 젊고 유능한 직원에게 승진기회를 확대하
였다.

12) 5배수 포함 여부 공개

2014년에 심사 대상자에게 5배수 포함 여부를 공개하여 승진심사제도의
투명성을 확보하고 예측 가능한 인사제도 운영에 기여하였다.

13) 포상 가점 조정

⑴ 1993년에 포상 평점의 합리성을 높이기 위하여 경찰대학장, 경찰종합
   학교장, 중앙경찰학교자의 포상 가점을 종전에는 2점으로 하던 것을
   지방경찰청장의 포상 가점과 같이 3점으로 하였다.

⑵ 2003년에 포상점수에 대하여 검찰총장, 고등검찰청검사장, 지방검찰청
   검사장의 표창에 대한 점수를 각각 1점씩 상향 조정하고, 지방검찰청
   지청장 표창을 신설하여 포상점수를 1.5점으로 하고, 군 조직의 개편에
   맞추어 대간첩대책본부장 표창을 폐지하였다.

⑶ 2004년에 포상점수는 상과 벌의 점수를 상계한 후 그 점수의 3분의 1
   만 반영하던 것을 3분의 2를 반영하도록 하여 근무성적평정 대상자가
   보다 쉽게 포상점수의 반섬을 받을 수 있도록 하였다.

14) 경력평정 대상기간 및 점수 조정

(1) 경력평정 대상기간 조정

1995년에 경력평정에 있어서 승진 적기에 있는 승진대상자에게 최고점수
가 부여될 수 있도록 하기 위해서 경력평정 대상기간을 총경 및 경장의 경우
에는 8년에서 7년으로, 경정의 경우에는 10년에서 9년으로 조정하였다.

(2) 기본경력 및 초과경력 평정점수 조정

1995년에 총경과 경정에 대하여 경력평정점의 4할을 승진대상자 명부 작성에 반영하도록 하던 것을 3.5할을 반영하도록 하향 조정함에 따라서 기본경력 및 초과경력 평정점수를 하향 조정하였다.

(3) 경장·순경 기본경력 대상기간 단축

2005년에 경장 및 순경의 경력평정 중 기본경력 대상기간이 길어 실무능력이 우수한 인력의 조기승진 기회를 제약하고 있어서 경장 및 순경의 기본경력기간을 최근 4년간에서 3년간으로 단축하였다.

15) 가점 점수 조정

⑴ 1995년에 특수지 근무경력이 있거나 자격증을 소지한 경찰공무원에 대하여 승진대상자 명부 작성시에 가점을 할 수 있도록 하였다.

⑵ 1995년에 외국어 능력, 국외연수경력 및 각종 자격증에 대한 가점 평정점수를 정하고, 1997년에 감사업무 담당자의 사기를 높이고 업무의 공정성을 확보하기 위하여 근무성적 등의 평정시에 자체 감사담당부서에서 근무한 경력을 가점평정할 수 있도록 하였다.

⑶ 2000년에 전문성과 창의성 있는 업무추진으로 그 실적이 우수한 경찰공무원에게 인사상 혜택을 부여하기 위하여 승진대상자 명부 작성시 가점(0.5점)을 부여할 수 있도록 하였고, 기본경력 점수를 30점에서 32점으로, 그리고 초과경력 점수를 5점에서 3점으로 조정하고, 경찰서장·기동대장 표창점수 가점을 1.5점으로 상향조정하였다.

⑷ 2009년에 가점의 상한(최고 3점)이 높아 승진에 과도한 영향을 미치고 승진 희망자의 부담을 가중한다는 문제가 있어 가점의 상한선을 3점에서 2점으로 축소하였다.

16) 다면평가제 도입

경찰은 참여정부 출범과 함께 2003년도를 인사혁신의 원년으로 선포하면서 실적과 능력에 의한 승진·보직인사를 실현하고 모두가 공감하는 공정·

투명한 인사제도를 정착시키기 위한 개선방안을 제시하였다.

인사평가 과정에 동료・부하 등 조직구성원을 참여시키며 평가 결과를 승진심사에 반영하기 위한 다면평가제를 도입하고, 점차적으로 경정・경감급으로 확대 운영해 나갔다. 경감 이상에 대해서는 본청에서 시행하고, 경위 이하는 소속 기관의 자율에 맡겨 실시하였다.

2005년 초부터는 경무관과 총경으로의 승진심사에서 다면평가 점수를 배점항목(총점 100점 중 10점)으로 활용함으로써 공정한 인사행정을 구현하는데 기여하고 있다.

2. 시험승진

1) 승진시험제도의 획기적 개선

1991년도 정기승진시험은 경찰청 발족과 더불어 승진시험제도의 획기적인 발전을 가져왔다.

첫째, 전 계급에 대한 승진시험 출제는 경찰청에서 관장하고, 채점 및 최종합격자 결정은 지방경찰청 별로 채점위원을 구성하여 시행하였다.

둘째, 1차 객관식 시험 답안지를 OMR 전산채점 답안지로 채점하였다.

셋째, 1차 시험 합격자에 대해서 선발예정인원이 50명 이상인 때에는 200%, 50명 미만인 때에는 300%로 하여 1차 시험의 비중과 시험관리의 측면을 동시에 고려하였다.

넷째, 주관식 시험의 경우 50분 동안 큰 문제 1문제, 작은 문제 2문제를 쓴다는 것이 사실상 불가능하고 실력의 정확한 평가를 할 수 없다는 여론을 반영하여, 시험시간을 60분으로 하였다.

다섯째, 승진정원의 반을 심사로 하고 있는 현실 아래에서 시험승진의 특징을 살려 시험성적이 당락에 크게 영향을 미칠 수 있도록 시험문제를 비교적 어렵게 출제하였다.

2) 승진시험 최종합격자 반영비율 변경

⑴ 승진시험 최종합격자는 시험성적 6할, 근무성적평정점 2할, 교육훈련성

적 2할의 비율로 합산한 성적의 고득점자 순으로 하였다. 그러나 1995
년에 근무성적평정점의 반영비율을 2.5할, 교육훈련성적의 반영비율을
1.5할로 조정하였다.

(2) 2014년에는 교육훈련성적의 반영비율을 폐지하여 시험성적 60%, 근무
  성적평정점 40%의 비율로 합산한 성적의 고득점자 순으로 승진시험의
  최종합격자를 결정하도록 하였다.

3) 승진시험과목 변경

(1) 1993년에 통신경찰의 경정 승진과목 중 통신법규를 형법으로 변경하
  였다.

(2) 1993년에 일부 특수직무분야 경찰공무원의 경우에는 특수성과와 같이
  승진시험의 제2차 시험을 필기시험에 의하지 아니하고 실기시험을 실
  시할 수 있도록 하였다.

(3) 1994년에 제2차 필기시험에 대해서 주관식으로 평가하던 것을 경감 이
  하에의 승진시험은 객관식으로 변경하였고, 경위 승진과목 중 행정실
  무·형사실무를 경찰실무로 통합하였다.

(4) 1995년에 경위 이하 승진시험 과목을 4과목에서 3과목으로 축소하였고
  외국어 및 경찰실무과목을 확대하였다.

(5) 2000년에 경위 이하는 기본실무, 그리고 경정·경감은 지휘력에 중점
  을 두어 승진시험 과목을 경찰실무와 연계된 과목으로 개편하여, 일반
  경찰 시험과목은 실무과목 위주로 구성하고, 전문분야에 대해서는 분
  야별 특성에 맞도록 전문과목을 반영하였다.

(6) 2004년에 경찰공무원의 실무에 필요한 과목 위주로 편성되어 있던 경
  찰공무원 승진시험과목을 상위직의 업무수행능력을 검증할 수 있는 과
  목으로 개선하였다. 일반경찰분야(보안경과 및 운전경과 포함)의 경우 승
  진시험 과목은 <표 2-1>과 같다.

(7) 2005년에는 승진시험이 계급별로 4~6개의 시험과목으로 구성되어 승
  진시험을 준비하는 직원에게 큰 부담으로 작용함에 따라서 경정·경감
  및 경위 이하 승진시험 과목을 일반경찰분야, 정보통신경찰분야, 항공

표 2-1 일반경찰분야의 승진시험 과목(2004년)

계급	시험	시험과목	비고
경정	제1차 시험	헌법 경찰행정학	
	제2차 시험	형사소송법	
경감	제1차 시험	경찰실무(종합) 형법	
	제2차 시험	경찰행정법	
경위	필수	형법 형사소송법	
	선택	민법총칙 경찰행정법 경찰행정학	택 1
경사	필수	형법 형사소송법	
	선택	경찰실무(1) 경찰실무(2) 경찰실무(3)	택 1
경장	필수	형법 형사소송법	
	선택	경찰실무(1) 경찰실무(2) 경찰실무(3)	택 1

자료: 「경찰공무원 승진임용규정 시행규칙」 별표 6, 별표 6의2.

경찰분야, 일반경찰(교관)분야, 경비경찰분야로 구분하였다.

⑻ 2004년 12월 승진시험 과목을 개정한 이후 2007년까지 승진시험 과목을 유지하였으나, 승진시험 과목 중 경위 계급 선택과목 간 공통성이 없어 난이도 조정이 사실상 어렵고 선택과목 간 난이도 편차가 큰 경우 선택과목에 따라 불공정한 결과가 발생할 우려가 있었다. 그 결과, 2007년 10월에 경위 계급 승진시험 과목과 관련하여 민법총칙, 경찰행정법, 경찰행정학 중 1과목을 선택하는 방식에서 선택과목 없이 실무종합을 필수과목으로 지정하는 방식으로 변경하였다.

⑼ 2020년의 경우에도 그 동안 경장 계급과 경사 계급의 승진시험 과목과 관련하여 경찰실무(1), 경찰실무(2), 경찰실무(3) 중에서 1개 과목을 선택

하도록 하였던 제도를 폐지하고 실무종합을 필수과목으로 지정하였다.

3. 특별승진

1) 특별승진임용 예정인원수 조정

⑴ 1993년에 경감에의 특별승진임용 예정인원수를 승진임용 예정인원수의 0.2할 이내에서 0.3할 이내로 조정하였다.

⑵ 1994년에 특별승진임용 비율을 경위의 경우에는 1할 이내에서 1.3할 이내로, 경사 이하의 경우에는 1.5할 이내에서 1.8할 이내로 상향 조정하였다.

⑶ 2000년에 특별승진인원 책정비율을 경감에의 특별승진은 0.5할로, 경위에의 특별승진은 1.5할로, 경사 이하에의 특별승진은 2할 이내로 상향 조정하였다.

⑷ 2010년에 현장에서 다년간 우수한 성과를 쌓은 직원에게 승진기회를 폭넓게 부여하기 위해 특별승진인원을 경감 이하 모든 계급의 30%까지로 확대하였다.

2) 사건해결에 결정적 기여를 한 자의 특별승진 대상자 포함

1994년에 공조수사의 원활화를 위하여 직접 범인을 검거한 자뿐만 아니라 첩보의 제공 등 공조수사를 하여 사건해결에 결정적인 기여를 한 자도 특별승진 대상자에 포함되도록 하였다.

3) 창안 등급 이상 수상자의 특별승진 범위 확대

2000년에 창안 등급 이상 수상자의 특별승진 범위를 종전의 경사 이하에서 경위 이하까지로 확대하고, 살인·강도와 같은 중한 범죄의 범인검거 등 행정안전부령이 정하는 공직자의 경우에는 경감 이하의 계급으로 특별승진할 수 있도록 하였다.

4) 경위 특별승진시 보통승진심사위원회 심사

2000년에 지방경찰청장 등이 소속 경찰공무원을 경위로 특별승진 임용하는 경우 중앙승진심사위원회의 심사를 거치지 아니하고 보통승진심사위원회의 심사를 거치도록 하였다. 또한, 특별승진 후보자가 임용되기 전에 감봉 이상의 징계를 받는 경우 특별승진후보자명부에서 삭제하도록 하였다.

5) 우수경사 우선승진제 실시

2000년에 우수경사 우선승진제를 도입하여 형사, 조사, 교통사고 조사 등 대민접점부서의 장기 근무자 중에서 매년 심사승진인원의 일정비율을 우수경사 우선 승진인원으로 배정하여 심사나 시험에 의하지 않고 자격요건만 확인하여 경위로 승진시켰다.9)

6) 경사 특별승진시 보통승진심사위원회 심사

2001년에 경사 특별승진에 있어서 중앙승진심사위원회의 심사를 거치도록 하던 것을 지방경찰청 등에 두는 보통승진심사위원회의 심사를 거칠 수 있도록 하여 경찰행정의 자율성을 확대하였다.

7) 경찰행정 발전 기여 경찰관의 특별승진 범위 확대

⑴ 2001년에 행정능률을 향상시키고 예산을 절감하는 등 직무수행능력이 탁월하여 경찰행정 발전에 기여한 공이 매우 큰 경찰공무원을 매년 2회(6월 30일과 12월 31일) 정기적으로 특별승진시킬 수 있도록 하되, 특별승진의 범위를 경사 이하에서 경감 이하까지로 상향 조정하였다.

⑵ 2004년에 경찰공무원의 특별승진 대상자 가운데 경찰행정발전에 기여한 공이 크다고 인정되는 자의 특별승진을 매 분기 또는 매월 실시하도록 하여 경찰행정발전 유공자의 특별승진이 적기에 이루어지게 하였다.

---

9) 경사 근속 11년 이상인 자 중 형사, 조사, 교통사고 조사 등의 부서에서 3년 이상 근무하고 있으면서 당해 연도 승진대상자 명부상 5배수 이내에 포함되고 승진임용 제한사유에 해당되지 아니한 자를 매년 경위 승진선발인원 배정시 심사인원의 약 10%를 별도 배정하여 심사위원의 자격요건 확인만으로 우선 선발토록 하였다.

8) 특진자기추천제

2003년에 특별승진의 공정성을 확보하기 위해 특진자기추천제를 시행하여 모든 경찰관이 본인이 희망하면 자기의 업무성과를 직접 제출하여 특진심사를 받을 수 있도록 하였다. 그리고 특진인원, 대상공적 등 특진운영의 세부계획을 홈페이지 등을 통해 사전에 공개하고 일선 직원 등 다양한 기능의 근무자를 심사위원회 위원으로 참여시켰다.

9) 경감 및 경위 특별승진시 인원제한 폐지

2005년에 특별공적에 의한 경감 및 경위로의 특별승진에 있어 그 인원제한을 폐지하였다.[10]

10) 승진소요 최저근무연수 및 계급별 기본교육 수료의 적용 배제

2005년에 국가안전을 해하는 중한 범죄의 주모자를 검거한 자 또는 살인·강도·조직폭력 등 중한 범죄의 범인검거에 그 공이 현저한 자 등은 승진소요 최저근무연수 및 계급별 기본교육이수의 적용을 받지 아니하고 특별승진시킬 수 있도록 하였다.

11) 자기추천제 실시

2013년 특별승진의 투명성과 공정성 확보를 위하여 계급·직책에 상관없이 공적이 있는 직원이 특별승진 심사에서 소외받지 않도록 부서장 책임 추천제 외에 본인 공적에 대해 스스로 추천할 수 있는 자기 추천제를 운영하고, 면접심사 위원 중 일부를 외부 위원으로 구성할 뿐만 아니라 면접심사의 전 과정에 일선 경찰관이 참관하게 하였다.

12) 지방경찰청별 특별승진의 배정비율 확대

지방경찰청장의 지휘권 확립으로 책임치안을 구현하고 소속기관별 특별승

---

10) 경찰청장이 특별승진을 공약한 경우 실시하는 승진을 전체 특별승진임용 예정인원의 3할 이내로 제한하고 있어서 특별한 공적이 있는 경찰공무원을 승진시키고자 하는 당초 취지와 맞지 않아 이에 국가안전을 해하는 중한 범죄의 주모자 검거 또는 살인·강도·조직폭력 등 중한 범죄의 범인검거 등에 대하여 경찰청장이 특별승진의 실시를 공약한 경우 경감·경위로 특별승진할 수 있는 인원수를 전체 특별승진임용 예정인원수의 3할로 제한하던 규정을 삭제하였다.

진 기회의 형평성 보장을 확대하기 위해 각 지방청별 배정비율을 거의 매년 대폭 확대하였다('11년 23%, '12년 54%, '13년 54%, '14년 71%, '15년 61%).

4. 근속승진

1) 근속승진제도의 도입

2006년 3월에 「경찰공무원법」을 개정하여 경장과 경사에의 근속승진 소요 연수를 1년씩 단축하여 순경 6년, 경장 7년으로 하였고, 8년 이상 재직한 경사는 경위로 근속승진할 수 있도록 하였다.

2) 근속승진 횟수 확대 및 요건 완화

2012년에 경위 이하 근속승진과 관련하여 근속승진의 횟수를 기존 년 2회 (경위) 또는 년 4회(경사, 경장)에서 년 12회(매월 1일)로 대폭 확대하였다. 또한, 근속승진임용 대상을 경위에서 경감까지 확대하고, 경장·경사·경위의 근속승진 기간을 단축함으로써 경찰 개개인의 직무충실도를 높이고 경찰 조직의 일체감 및 효율성 증대를 통하여 국민에 대한 공공서비스의 질을 높이고자 하였다. 즉, 근속요건의 경우 경감으로의 근속승진은 12년 이상, 경위로의 근속승진은 8년→7년 6월, 경사로의 근속승진은 7년→6년, 경장으로의 근속승진은 6년→5년으로 단축하였다. 게다가, 경위 근속승진 탈락율(40%)을 폐지하는 등 경사 이하 입직자의 상위 계급으로의 진출 기회를 확대하였다.

3) 경감 근속승진제도의 도입

2012년 2월에 경감 근속승진제도가 도입되어, 조직에 장기 재직한 공로로 정년 1년 미만자를 80% 우선 임용(2014년까지 존속)하였다. 경감 근속승진의 경우 승진가능 인원이 경감 정원의 15%로 제한되어 있던 규정을 삭제하고, 심사 시마다 승진대상자 명부의 상위 20%를 승진시킬 수 있도록 개선하였다.

4) 근속승진 요건 완화

⑴ 2017년에 「경찰공무원법」을 개정하여 경찰청장은 해당 계급에서 4년,

5년, 6년 6개월, 10년 이상 동안 근속한 사람을 경장, 경사, 경위, 경감으로 각각 근속승진임용할 수 있도록 하였다.

(2) 2021년에 「경찰공무원법」을 개정하여 경위를 경감으로 근속승진임용하려는 경우 종전에는 해당 계급에서 10년 이상 근속자를 대상으로 하던 것을 8년 이상 근속자를 대상으로 하도록 하였다.

5. 승진심의위원회 설치

(1) 1993년에 경찰공무원에 대한 승진심사와 공정성을 높이기 위하여 중앙 및 보통승진심사위원회에 부의할 사항에 대한 사전 심의를 위하여 복수의 승진심의위원회를 두도록 하였다.

(2) 1994년에 승진업무의 효율화를 기하기 위하여 종전에는 모든 승진심사위원회에 복수의 승진심의위원회를 두도록 하던 것을 경무관 승진심사에 한하여 복수의 승진심의위원회를 둘 수 있도록 하였다.

6. 여경승진목표제 도입

2005년에 경위 이상에서의 여경 비율이 낮은 문제를 해결하기 위한 일환으로 매년 승진 시 여경을 우대하는 여경승진목표제를 도입하였다. 여경승진목표제는 승진심사 시 총경·경정은 여경 승진대상 인원의 30%, 경감은 10%, 경위 이하는 남·여 승진대상 인원의 비율에 따라 여경에게 별도로 승진인원을 배정하였다.

7. 대우공무원제 도입 및 확대

다른 공무원과의 형평성을 고려하여 2009년 1월에 대우공무원제를 도입하여 경위 이하(5년 이상자) 경찰공무원을 대상으로 대우공무원 수당(월 봉급액의 4.8%→2011. 1. 1부터 4.1%로 변경)을 지급하였다. 또한, 2011년 12월에 「경찰공무원 승진임용 시행규칙」을 개정하여 적용 계급을 경감~총경까지로 확대하였다.

Ⅶ. 경찰공무원 징계

1. 외부 징계위원의 참여 및 확대

2008년 12월에 「경찰공무원징계령」을 개정하여 변호사, 대학교수, 퇴직 경찰관 등 일정한 자격을 갖춘 외부인사를 징계위원으로 참여시켜 징계의 객관성 및 수용성을 제고하였다.

2008년에 위원 수의 30%를 넘지 아니하는 범위 내에서 외부인사를 위촉할 수 있도록 하였고, 2012년에 외부인사의 비율을 40%로 확대하였다. 또한, 2013년에는 위원장을 제외한 위원 수의 2분의 1 이상을 민간위원으로 위촉하도록 변경하였다.

2. 징계관할권 이양

2008년 12월에 일선 지휘관의 원활한 조직운영을 뒷받침하기 위해 경위 계급의 징계관할권을 경찰서에 이양함으로써 경위 근속승진제 도입에 따른 인사권과 징계권을 일치하였다.

3. 징계부가금 제도 도입

2010년 3월에 「국가공무원법」 개정에 따라 금품 및 향응수수, 공금 횡령·유용의 금품 관련 비위에 대해 징계의결과 병행하여 금품수수액의 5배 이내의 부가금을 의결하는 징계부가금 제도를 도입하였다.

Ⅷ. 경찰공무원 보수

1. 수당 신설

⑴ 2013년에 경찰 직무의 특수성, 전문성이 반영될 수 있도록 「공무원 수당 등에 관한 규정」을 개정하고자 노력하여 과학수사요원에 대한 범죄수사수당(6만원), 검시관에 대한 검시업무수당(24만원)을 신설하였다.

⑵ 2016년에 지구대·파출소 소속 경찰관이 112신고를 받고 출동할 경우 건당 3,000원(1일 최대 3만원)을 지급 받을 수 있도록 112 출동수당을 신설하였다.

2. 초과근무수당 책임운영권 확보

2013년 2월~4월까지 초과근무수당 단가 차등제를 시범 운영하였고, 「총액인건비제 세부 운영지침」을 개정하여 초과근무수당 책임운영권을 확보하였다.

Ⅸ. 경찰공무원 윤리

1. 경찰헌장 제정

1991년 「경찰법」이 제정되고 경찰청 시대가 개막되면서 국민에게 봉사하는 신뢰받는 민주경찰상을 정립하고자 「경찰헌장」을 제정하여 경찰의 정신적 지표가 되도록 하였다.

2. 시민감사위원회 운영

2005년 6월에 발족한 시민감사위원회는 경찰청의 주요 시책을 검토하고 추진 방향을 제시하는 등 시민참여를 통한 감찰·감사 행정의 공정성과 투명성을 제고시키는 기반을 마련하였다.

3. 시민감찰위원회 운영

2012년 8월에 발족한 시민감찰위원회는 감찰행정의 공정성과 투명성을 제고하기 위해 설치되었다. 반부패·청렴에 대한 지식과 경험이 풍부한 외부 인사로 구성된 시민감찰위원회는 경찰의 주요 비위사건에 대한 처리 및 후속 조치에 대해 심의하고 시·도경찰청장에게 권고·자문하는 역할을 담당하고 있다.

X. 경찰공무원 퇴직관리

1. 연령정년 연장

1991년에 「경찰공무원법」을 개정하여 경사 이하는 58세, 경위·경감은 61세로 각각 3년씩 연령정년을 연장하였다.

2. 연령정년 단축 및 계급정년 연장

1998년에 「경찰공무원법」을 개정하여 다른 국가공무원의 정년 조정과 연계하여 경정 이상은 61세에서 60세, 경감 이하는 58세에서 57세로 경찰공무원의 연령정년을 1년씩 단축하고, 경감 이하의 연령정년 연장제도를 폐지하였다. 그리고 계급정년의 경우 총경은 2년, 경정은 3년을 연장하여 총경은 11

년, 경정은 14년으로 변경하였고, 경감(15년)과 경위(18년)의 계급정년을 폐지
하였다.

3. 도덕적 결함의 직권면직사유 추가

2004년에 경찰공무원의 직권면직사유에 약물중독 등의 전신장애가 있거나
사행행위 또는 재산의 낭비로 인한 채무과다 등의 도덕적 결함이 있는 경우
를 추가하였다.

4. 연령정년 통일

2009년에 「경찰공무원법」을 개정하여 경찰공무원의 연령정년에 대하여 경
정 이상은 60세, 경감 이하는 57세로 불평등하게 규정되어 있는 것을 계급별
구분 없이 연차적으로 60세로 단일화함으로써 「헌법」상 평등권을 보장하면
서, 경찰공무원의 사기 진작, 경찰조직 공동체 복원, 노령 인구에 대한 취업
기회 확대 등을 도모하였다.

5. 퇴직경찰관 맞춤형 취업지원 사업 실시

퇴직경찰관 맞춤형 취업지원 사업은 퇴직경찰관의 전문능력을 사회자원화
하고 원활한 사회복귀를 지원하기 위해 2013년에 최초로 시작되었다.

 연습문제

1. 1910년 한·일 합병 이후 경찰교육기관의 변천 과정을 설명하세요.

2. 미군정시대 이후 경찰공무원 채용제도의 변천 과정을 설명하세요.

3. 치안국 시대 이후 경찰공무원 근무성적평제도의 변천 과정을 설명하세요.

4. 치안국 시대 이후 경찰공무원 승진제도의 변천 과정을 설명하세요.

 참고문헌

〈국내문헌〉

경찰청 역사편찬위원회. (1994). 「한국경찰사 Ⅳ(1979년 10월~1993년 2월)」, 경찰청.

경찰청 역사편찬위원회. (2006). 「한국경찰사 Ⅴ(1993년 3월~2005년 12월)」, 경찰청.

경찰청 역사편찬위원회. (2015). 「한국경찰사 Ⅵ(2006년 1월~2014년 12월)」, 경찰청.

_____. (2000). 「경찰개혁성과와 발전방향: 경찰대개혁 100일 작진 평가분석 중심」.

_____. (2014). 「2013 경찰백서」.

_____. (2015). 「2014 경찰백서」.

_____. (2016). 「2015 경찰백서」.

_____. (2017). 「2016 경찰백서」.

김성수 외 7인. (2010). 「한국경찰사」, 용인: 경찰대학.

서기영. (1976). 「한국경찰행정사」, 서울: 법문사.

이황우. (2012). 「경찰행정학」(제5판), 서울: 법문사.

이황우・임창호. (2014). 「현대경찰학개론」, 서울: 법문사.

전대양・임창호. (1999). "IMF시대의 범죄양상과 경찰의 대응방안: 사례분석을 중심으로," 「민생치안」, 겨울호, 민생치안연구소.

한국경찰사편찬위원회. (1972). 「한국경찰사Ⅰ(고대~미군정기)」, 내무부 치안국.

한국경찰사편찬위원회. (1973). 「한국경찰사Ⅱ(1948년 8월~1961년 5월)」, 내무부 치안국.

한국경찰사편찬위원회. (1985). 「한국경찰사Ⅲ(1961년 5월~1979년 10월)」, 내무부 치안본부.

Chapter 03

경찰공무원제도

제1절 경찰공무원의 개념 및 성격

I. 경찰공무원 현황

그 동안 급격한 사회변동과 복잡화·전문화되어 가는 경찰 수요에 부응하기 위하여 경찰조직이 확대되고 경찰공무원 수가 계속해서 증가되어 왔다. 즉, 1961년에 30,835명에 불과했던 경찰공무원 수가 1971년 43,516명, 1981년 56,357명, 1991년 84,931명, 2001년 90,819명, 2011년 101,239명, 2017년 116,584명, 2020년 126,227명으로 증가하였다. 경찰공무원 수의 증가는 인구 및 범죄 증가와 경제·사회·문화 발전에 따른 경찰수요의 확대를 반영한 것이다. 2020년 말 기준으로 전체 경찰인력은 141,272명이며, 이 중에서 경찰공무원은 126,227명(89.4%), 일반직은 5,037명(3.5%), 교육직은 22명(0.0%), 의경은 9,986명(7.1%)이다.

표 3-1 경찰공무원 계급별 현황(2020년)

치안총감	치안정감	치안감	경무관	총경	경정	경감	경위	경사	경장	순경	계
1	6	27	65	551	2,794	9,596	15,631	25,742	32,160	39,654	126,227

자료: 경찰청, 2021: 343.

<표 3-1>을 보면 경찰조직은 11계급 중 경위 이하 경찰관이 전체 경찰인력의 약 89.7%를 차지하고 총경 이상 경찰관은 약 0.5%에 불과하여 다른 기관에 비해 하위직 비율이 매우 높은 첨탑형 구조를 가지고 있다. 직급별로 적정 규모의 통솔범위 체계를 갖추어 지휘체계를 확립하고, 승진 적체로 인해 조직구성원의 사기를 저하시키지 않기 위해서는 경찰공무원의 계급구조를

다른 기관과 비교해서 적정 수준으로 개선하여야 한다.

Ⅱ. 경찰공무원의 개념 및 성격

1. 경찰공무원의 개념

경찰공무원이란 「경찰공무원법」의 적용대상이 되는 국가공무원으로서 경찰 직무에 종사하는 사람을 말한다. 즉, 경찰공무원은 순경에서부터 치안총감에 이르는 11개 계급 중 1개 계급을 갖고 있는 국가공무원을 의미한다. 「국가경찰과 자치경찰의 조직 및 운영에 관한 법률」상 자치경찰 사무를 담당하는 경찰공무원도 「경찰공무원법」의 적용을 받는 국가공무원이지만, 경찰기관에 근무하는 일반직 공무원은 경찰공무원이 아니다.

2. 경찰공무원의 성격

1) 국가공무원

공무원은 임용 주체에 따라 국가에 의하여 임용되는 국가공무원과 지방자치단체에 의하여 임용되는 지방공무원으로 구별된다. 「경찰공무원법」상 경찰공무원은 국가공무원이지만, 「제주특별자치도 설치 및 국제자유도시 조성을 위한 특별법」상 자치경찰공무원은 지방공무원이다.

2) 경력직 공무원

「국가공무원법」은 공무원을 크게 직업공무원제 성격이 강한 경력직 공무원과 직업공무원제 성격이 약한 특수경력직 공무원으로 구분하고 있는데(국가공무원법 제2조 ①), 경찰공무원은 경력직 공무원에 속한다. 경력직 공무원은 실적과 자격에 의하여 임용되고 그 신분이 보장되며, 평생 동안(근무기간을 정하여 임용하는 공무원의 경우에는 그 기간 동안을 말함) 공무원으로 근무할 것이 예정되는 공무원이다. 이러한 경력직 공무원에는 일반직 공무원과 특정직 공무원이 있다.

3) 특정직 공무원

특정직 공무원은 법관, 검사, 외무공무원, 경찰공무원, 소방공무원, 교육공무원, 군인, 군무원, 헌법재판소 헌법연구관, 국가정보원의 직원과 특수 분야의 업무를 담당하는 공무원으로서 다른 법률에서 특정직 공무원으로 지정하는 공무원을 의미한다.

특정직 공무원은 담당업무가 특수하여 그 자격·신분보장·복무규율 등에서 특수성을 인정할 필요가 있는데 경찰공무원에 대해서는 「경찰공무원법」과 같이 특별법적 지위에 있는 법률이 경찰공무원 임용 등에 대하여 규율하고 있고, 「경찰공무원법」에 규정되어 있지 않은 사항에 대해서는 「국가공무원법」이 규율하고 있다. 따라서, 「경찰공무원법」은 경찰공무원의 책임 및 직무의 중요성과 신분 및 근무조건의 특수성에 비추어 그 임용, 교육훈련, 복무, 신분보장 등에 관하여 「국가공무원법」에 대한 특례를 규정함을 목적으로 한다 (경찰공무원법 제1조).

제 2 절   경찰공무원의 분류

경찰공무원은 계급 및 경과에 의해서 분류되고, 직위분류제는 단계적으로 실시하도록 되어 있다. 그러나 경찰공무원의 능력과 경력을 전문화시키기 위해 실시되었던 특기제도는 그동안 유명무실하게 운영되어 2016년에 폐지되었다.

I. 계 급 제

1. 계급제의 개념

사람을 중심으로 계급을 구분하는 전통은 조선시대의 정 1품 또는 종 9품 등에서도 찾아볼 수 있다. 우리나라 군대의 이병에서 대장까지의 계급체계도 전형적인 계급제의 한 예이다. 역사적으로 계급제의 전통을 가진 우리나라는 아직도 직무를 중심으로 하기보다는 사람을 중심으로 하여 공무원을 1급에서 9급까지 나누고 있다. 우리나라에서 이러한 사람 중심의 분류는 정부뿐만 아니라 일반기업에서도 널리 제도화되어 있는 실정이다(유민봉, 2002: 92).

경찰공무원제도에서 계급제(rank system)란 경찰공무원이 가지는 개인의 특성, 즉 경력과 자격 등을 기준으로 유사한 특성을 가진 경찰공무원을 여러 계층으로 구분하는 것을 말한다. 경찰공무원 계급은 치안총감, 치안정감, 치안감, 경무관, 총경, 경정, 경감, 경위, 경사, 경장, 순경의 11계급으로 구분되어 있다는 점에서(경찰공무원법 제3조), 1급에서 9급으로 구분되어 있는 「국가공무원법」상 경력직 공무원과 차이가 있다.

2. 계급제의 특성

직위분류제와 구별되는 계급제의 특성은 다음과 같다.

첫째, 계급제에서는 계급 간에 경계가 엄격히 구분되어 있기 때문에, 타계급으로의 이동이 폐쇄적일 뿐만 아니라 차등이 심하다.

둘째, 계급제의 전통을 유지해 온 영국을 보면, 행정계급군에 속하는 공무원은 역사나 고전을 포함한 인문과학의 교육적 배경을 가진 일반행정가로 구성된다. 이들은 특정 학문분야의 구체적이고 실용적인 지식을 낮게 평가하는 경향이 있다. 더구나 승진하고자 하면 어느 한 분야에서만 계속 근무하는 것이 아니라 중요 보직을 2~3년마다 옮겨가며 다양한 직무수행능력을 향상시켜야 한다(Felix & Nigro, 1986: 92-93).

셋째, 계급제에서는 공석의 충원을 주로 내부에서 해결한다(폐쇄형). 공석이 생겼을 때 동일 계급의 다른 경찰공무원 또는 하위 계급에서 승진한 경찰공무원이 그 공석의 임무를 수행할 자격을 갖기 때문이다.

넷째, 계급제에서는 경찰공무원의 신분이 보장된다. 특히, 경찰공무원은 사람 중심으로 채용되기 때문에 직책과 임용을 같이 해야 하는 직위분류제와 구별된다.

3. 계급제의 장점과 단점

경찰인사행정에 있어서 계급제의 장점은 다음과 같다.

첫째, 계급제에서는 경찰 인적 자원을 탄력적으로 운용할 수 있다.

둘째, 직업공무원제의 확립에 기여한다.

셋째, 경찰관이 여러 부서의 많은 직무를 경험하기 때문에 넓고 전체적인 시각을 갖게 된다.

반면에, 경찰인사행정에 있어서 계급제의 단점은 다음과 같다.

첫째, 계급제에서는 한 가지 일을 깊이 있게 하는 전문가를 양성하기 곤란하다.

둘째, 계급 간 승진의 폐쇄성, 외부인사에 대한 충원의 폐쇄성, 그리고 강력한 신분보장은 공직사회를 일반 사회와 격리시켜서 국민의 소리에 민감하게 대응하지 못하도록 한다.

셋째, 보수와 업무부담 간에 형평성을 결여하기 쉽다.

넷째, 사람을 기준으로 경찰인사행정이 이루어지므로 연공서열과 같은 편의적 기준을 적용하기 쉽다.

다섯째, 실적주의제 확립을 저해할 수 있다.

Ⅱ. 경 과

1. 경과의 개념

경과는 경찰업무를 여러 가지 특성으로 구분하고, 그 특성에 적합한 경찰관을 모집·채용하고, 능력과 경력을 전문화시키고 발전시킴으로써 성찰업무의 효율성을 높이기 위한 제도이다.

2. 경과 부여

총경 이하의 경찰공무원은 경과를 부여 받아야 하는데, <표 3-2>에서 보는 것과 같이 경과는 일반경과, 수사경과, 보안경과[1] 및 특수경과로 나뉘어지고, 특수경과는 항공경과와 정보통신경과로 나누어진다. 수사경과·보안경과는 경정 이하 경찰공무원에게만 부여한다(경찰공무원 임용령 제3조 ①).

임용권자(임용권의 위임을 받은 자 포함한다) 또는 임용제청권자(「경찰공무원법」 제7조제1항에 따른 추천이 필요한 경우에는 경찰청장을 포함한다)는 경찰공무원을 신규채용할 때에 경과를 부여하여야 한다(동 임용령 제3조 ②). 특히, 신규채용된 경찰공무원에게는 일반경과를 부여한다. 다만, 수사, 보안, 항공, 정

표 3-2 경과와 담당직무

경과	담당 직무
일반경과	• 기획·감사·경무·생활안전·교통·경비·작전·정보·외사나 그 밖에 수사경과·보안경과 및 특수경과에 속하지 아니하는 직무
수사경과	• 범죄수사에 관한 직무
보안경과	• 보안경찰에 관한 직무
특수경과	• 항공경과는 경찰항공기의 운영·관리에 관한 직무 • 정보통신경과는 경찰정보통신의 운영·관리에 관한 직무

자료: 「경찰공무원 임용령 시행규칙」 제19조.

---

1) 경찰청은 보안경과를 안보경과로 변경할 예정이다.

보통신분야로 채용된 경찰공무원에게는 임용예정 직위의 업무와 관련된 경과를 부여한다(동 임용령 시행규칙 제22조).

3. 경과 일부의 폐지·병합·신설

경찰청장은 전시·사변 또는 이에 준하는 비상사태에 있어서 필요하다고 인정될 때에는 경과의 일부를 폐지 또는 병합하거나 신설할 수 있다(동 임용령 제3조 ④).

4. 전과의 유형

전과(轉科)는 일반경과에서 수사경과·보안경과 또는 특수경과로의 전과만 인정한다. 다만, 정원감축 등 경찰청장이 정하는 사유가 있는 경우 보안경과·수사경과 또는 정보통신경과에서 일반경과로의 전과를 인정할 수 있다. 경과가 신설 또는 폐지되는 경우도 전과를 인정할 수 있다. 즉, (1) 경과가 신설되는 경우에는 일반경과·수사경과·보안경과 또는 특수경과에서 신설되는 경과로의 전과를, (2) 경과가 폐지되는 경우에는 폐지되는 경과에서 일반경과·수사경과·보안경과 또는 특수경과로의 전과를 인정할 수 있다(동 임용령 시행규칙 제27조).

Ⅲ. 직위분류제

1. 직위분류제의 개념

직위분류제(position classification system)란 공직을 직무의 난이도와 책임의 경중에 따라 분류하는 제도를 말한다. 직위란 한 사람이 맡아 수행할 수 있는 직무와 책임을 말하는 것으로서 한 사람이 하나의 직위를 담당하게 된다. 직위분류제는 한 사람이 하는 업무의 속성과 그에 따른 책임의 경중에 따라서 공직의 체계를 조정하는 것이기 때문에 채용·보수 등에 관한 인사행정의 합리화를 위한 중요한 전제가 된다.

계급제가 사람을 대상으로 사람이 직무를 얼마나 잘 수행할 수 있고 주어진 책임을 얼마나 효과적으로 감당할 수 있는가를 기준으로 분류한 것이라면, 직위분류제는 사람이 하는 직무를 대상으로 그 직무가 무엇이며, 그것에 따르는 책임이 어느 정도인가를 기준으로 분류하는 것이다. 직위분류제와 계급제 중 어느 한 제도가 절대적으로 우수하다고 할 수 없으며 상호보완적인 것이다(김중양, 2008: 80).

직위분류제 수립의 제1단계인 직무조사는 분류된 직위에 대한 객관적 정보를 수집하고 기록하는 작업을 의미하고, 제2단계 중 직무분석은 유사한 직위를 묶어 직렬을 형성하고 다시 유사한 직렬을 묶어 직군을 형성하는 작업이고, 직무평가는 직위를 상대적 수준 또는 등급별로 구성하는 것이다. 직무평가를 통해서 직급(class)이 결정되고, 직무의 곤란성, 책임성, 복잡성 등이 유사한 직위의 집합체인 등급(grade)이 결정된다. 제3단계인 직급명세서 작성은 직급 별로 직급 명칭, 직무개요, 직무수행 예시, 자격요건 등을 명시하는 것이다.

2. 직위분류제의 단계적 실시

「국가공무원법」은 제21조(직위분류제의 확립), 제22조(직위분류제의 원칙), 제22조의 2(직무분석), 제23조(직위의 정급)에서 직위분류제에 관해서 규정하고 있다. 그러나 직위분류제는 실시가 쉬운 기관, 직무의 종류 및 직위부터 단계적으로 실시할 수 있다(국가공무원법 제24조).

3. 직위분류제의 특징

첫째, 직위분류제에서 전보나 전직의 범위는 좁게 설정되기 때문에, 소속 공무원의 전문성이 확보될 수 있다.

둘째, 일반적으로 모든 계층에서 신규채용이 허용된다(개방형).

셋째, 공무원은 자신이 수행하는 직무에 전념하게 되므로, 조직의 목표나 문화의 영향으로부터 상대적으로 자유롭다.

넷째, 직무가 필요 없게 되거나 조직개편으로 부서가 사라지면, 그 직무를 수행하던 사람을 필요로 하지 않으므로 공무원의 신분보장이 미약하다.

다섯째, 공무원은 자신이 담당하는 직무의 가치에 따라 상이한 보수를 받는다.

4. 직위분류제의 장점 및 단점

직위분류제의 장점은 다음과 같다.

첫째, 직위분류제는 보수 결정의 합리적 기준을 제공한다.

둘째, 채용 및 승진의 객관적 기준을 제공한다.

셋째, 교육훈련의 수요를 파악하는 데 필요한 정보를 제공한다.

넷째, 근무성적평정의 기준을 제공한다.

다섯째, 행정의 분업화·전문화에 기여한다.

여섯째, 조직구조의 합리화에 기여한다.

일곱째, 인력수급계획의 수립과 노동시장의 안정에 기여한다.

반면에, 이러한 직위분류제의 단점은 다음과 같다.

첫째, 직위분류제는 승진·전보 등의 배치이동은 동일한 직렬이나 직군 안에서 가능하므로, 관리자 입장에서 보면 인사행정의 탄력성과 융통성이 부족해진다.

둘째, 경찰공무원은 신분보장의 불안으로 인해서 사기가 저해되고 조직에 대한 소속감이 결여되기 쉽다.

셋째, 새로 생기는 직무에 대한 정보를 파악하고, 현재 직위의 등급 및 가치를 정하는 지속적인 작업을 필요로 하기 때문에 비용이 많이 든다.

넷째, 직책에 따르는 분업화와 전문화를 강조하기 때문에, 다른 부서나 다른 기관의 공무원과 유기적으로 협조하는 것이 어렵다.

다섯째, 세분화된 지식과 기술력을 중시하므로 상위직 공무원에게 요구되는 폭 넓은 시각과 조직관리능력을 갖춘 지도자를 양성하기 어렵다.

제 3 절   경찰직업공무원제도

I. 경찰직업공무원제도의 개념

「헌법」은 제7조 제1항에서 "공무원은 국민전체에 대한 봉사자이며, 국민에 대하여 책임을 진다."고 하여 공무원의 헌법적 지위를 규정하고, 같은 조 제2항에서 "공무원의 신분과 정치적 중립성은 법률이 정하는 바에 의하여 보장된다."고 규정함으로써 신분보장과 정치적 중립성을 본질적 구성요소로 하는 직업공무원제도를 규정하고 있다.

직업공무원제도(career civil service system)란 사회에 첫발을 내딛는 젊은이가 공직을 명예로운 직업으로 선택하고, 공직에 근무하는 것을 생애의 보람 있는 일(a worthwhile life work)로 생각하면서, 일생을 공직에 기꺼이 바쳐 봉사할 수 있도록 인사제도를 조직·운영하는 공무원제도를 말한다(Mosher, 1963: 46-51).

따라서, 경찰직업공무원제도란 경찰조직이 유능한 인재를 확보할 뿐만 아니라, 이들이 경찰직을 일생의 영예로 생각하고 긍지와 자부심을 느끼면서 근무할 수 있도록 하는 제도이다. 즉, 일반적이고 보통의 지식만으로는 경찰직무를 수행할 수 없으며, 투철한 경찰관으로서의 긍지와 자부심이 없이는 경찰직업공무원제도를 확립할 수 없다는 의미이다.

II. 경찰직업공무원제도의 현황 및 문제점

제도적 측면에서 본다면 한국의 경찰인사행정은 실적제도를 근간으로 한 직업공무원제도에 토대를 두고 있다. 경찰공무원은 「국가공무원법」의 직업공무원제도에 관한 규정을 적용 받고 있는데, 경찰직업공무원제도의 현황 및 문제점을 살펴보면 다음과 같다.

1. 경찰직업공무원제도의 현황

다음과 같은 경찰인사행정의 운영 실태를 통해서 현행 경찰인사행정은 직업공무원제도에 토대를 두고 있다고 볼 수 있다.

첫째, 경찰인사행정은 직위분류제 요소를 부분적이고도 형식적으로 가미하고 있지만, 실제로는 거의 모든 측면에서 계급제에 토대를 두고 있다.

둘째, 경찰공무원의 임용형태가 폐쇄적이다. 경찰간부후보생 공개경쟁선발시험과 경력경쟁채용시험이 실시되고 있지만, 거의 대부분의 경찰관이 순경 계급으로 입직하고 있다.

셋째, 「경찰공무원법」 제30조에서 연령정년과 계급정년을 명시하고 있기 때문에 경찰공무원은 정년 전까지 신분을 보장받고 있다.

넷째, 「경찰공무원 교육훈련규정」에 의하여 경찰공무원 교육훈련을 실시함으로써 경찰공무원 교육훈련을 통한 능력발전 기회를 부여받고 있다.

2. 경찰직업공무원제도의 문제점

경찰직업공무원제도는 경찰관에 대한 민주적 통제를 어렵게 만들어 관료주의화 할 우려가 있으며, 경찰관은 사회변동이나 사회발전에 대하여 무관심하거나 저항할 수도 있다. 이러한 관점에서 경찰직업공무원제도의 문제점을 살펴보면 다음과 같다.

첫째, 인사이동이 계급제를 토대로 이루어지고 있어서 경찰공무원의 직무분야별 전문능력이 비교적 낮다.

둘째, 폐쇄형 충원에 의존하기 때문에 우수한 외부 인적 자원의 충원 기회가 제한되어 있다.

셋째, 연령정년은 경찰공무원 사이에 신분에 대한 위기의식 없이 최소한의 직무수행으로 신분을 유지해 나가려는 무사안일주의와 적당주의를 만연시켜서 경찰인사행정의 비효율성을 초래할 수 있다. 이러한 연령정년의 문제점을 보완하기 위하여 경찰의 경우 경정 이상 치안감 이하의 경찰공무원에 한하여 계급정년제도를 도입하고 있다.

연령정년제로 인한 신분보장 및 폐쇄형 충원은 경찰행정의 대응성 부족과 경찰행정 서비스의 경직성을 초래할 수 있다. 지나친 신분보장은 국민에 대한 경찰공무원의 책임성과 민감성을 둔화시키고, 외부로부터의 충원 제한은 경찰직에 대한 일반 국민의 비판적 시각을 전달 받을 수 없게 만든다.

Ⅲ. 경찰직업공무원제도의 확립요건

경찰조직이 유능한 인재를 확보하고, 이들이 경찰직을 일생의 영예로 생각하고 긍지를 느끼면서 근무할 수 있도록 하는 경찰직업공무원제도를 확립하기 위해서는 다음과 같은 요건을 갖추어야 한다(김중양, 2008: 16-19; 이상안, 1999: 422-424).

1. 경찰직에 대한 높은 사회적 평가

우리나라에서는 전통적으로 공직에 대한 사회적 평가가 높다고 볼 수 있으나, 그 원인은 관존민비사상을 바탕으로 하면서 관료가 지배자로서의 특권을 누릴 수 있다는 전근대적·비민주적 사고방식에 있다고 여겨진다. 그러나 앞으로는 봉사정신에 입각한 민주주의적 공직관이 확립되어 경찰직에 대한 사회적 평가가 더욱 높아져야 할 것이다.

2. 우수한 인재의 채용

오늘날 경찰직이 요구하는 우수한 역량을 갖춘 인재를 채용하고, 그들이 경찰직에 만족하면서 일생 동안 경찰관으로 근무할 가능성이 높아진다면, 경찰직업공무원제도가 더욱 확립될 것이다.

3. 교육훈련을 통한 능력의 발전

일부 경찰관은 여러 사회적 조건으로 인해서 자기의 능력을 충분히 발전시키지 못하고 하위 계급에 임용되는 경우도 있을 것이다. 그러므로 이들이 지니고 있는 능력을 각종 전문화된 교육훈련을 통해 발전시켜서 자신의 소질·능력·흥미에 일치하는 더 나은 직책을 담당할 수 있도록 하여야 한다.

4. 적정한 보수 및 연금의 보장

경찰공무원의 장기근무를 적극적으로 장려하기 위해서는 경찰보수가 적정해야 한다. 게다가, 경찰직에서 일생동안 근무하다 퇴직한 후에는 연금으로도 충분한 생계가 이루어질 수 있도록 해야 한다.

5. 실적제도의 실효성 확보

실적제도의 실효성을 확보하기 위하여 경찰관 채용 및 승진 등이 능력 및 실적에 의해서 이루어져야 하고, 자신의 능력 및 역량을 발전시킬 수 있는 기회가 충분히 제공되어야 한다.

6. 신분보장

경찰직업공무원제도의 핵심 요소인 경찰공무원의 신분보장은 기본적으로 두 가지 의미를 내포하고 있는데, 하나는 부당한 정치적 압력으로부터 경찰공무원의 권리를 보호해 주는 방어적 의미이고, 다른 하나는 경찰직을 일생의 본업으로 여기면서 근무할 수 있도록 직업의 안정을 보장해 주는 적극적 의미이다.

그러나 경찰공무원의 대응성, 전문성, 능률성을 증진시키기 위해서 경찰직업공무원제도의 구성요인인 계급제, 폐쇄형 충원, 일반능력자 중심의 임용체제를 다음과 같이 개선할 필요가 있다. 첫째, 경찰공무원의 신분보장을 완화하여야 한다. 둘째, 개방형 충원을 강화하여야 한다. 셋째, 실적제도의 실효성을 확보하여야 한다. 넷째, 직위분류제적 요소를 확대하여야 한다(박천오 외 5인, 2017: 54-56).

제 4 절 실적제도

경찰인사행정에의 접근방법 중 대표적인 두 가지는 엽관제도와 실적제도이다. 역사적으로 볼 때 실적제도는 그 이전에 존재하였던 엽관제도 및 정실제도의 부작용을 극복하기 위해 등장한 제도이다. 우리나라의 「헌법」 및 법률에는 공직취임에의 기회균등, 정치적 중립, 신분보장, 성적 및 능력주의 등 실적제도 원칙이 잘 규정되어 있다.

Ⅰ. 실적제도의 개념 및 가치

1. 실적제도의 개념

실적제도(merit system)는 경찰직업공무원제도와 함께 현대 경찰인사행정의 근간이 되는 인사제도이다. 실적제도라는 용어가 자주 사용되고 있을 지라도, 실적제도의 개념을 완전히 이해하는 것은 쉽지 않다. 실적제도는 실적에 기초하여 경찰공무원이 채용되고, 유지되고, 승진되고, 징계를 받고, 면직되도록 하는 제도를 의미한다(Gaines et al., 2003: 344-345).

실적제도는 경찰직업공무원제도와 완전히 일치하는 것은 아니다. 즉 실적제도가 경찰공무원 채용을 정실에 의하지 않고 실적과 자격에 의하고 신분보장을 하는 등 엽관주의와 대립된 개념이라면, 경찰직업공무원제도는 실적제도가 의미하는 실적과 자격에 의한 채용, 신분보장은 물론, 더 나아가 젊은 나이에 경찰공무원으로 채용되어 평생 동안 근무하며 이로 인해 보람된 삶을 향유하도록 하는 제도를 의미한다.

실적제도에 대응하는 개념으로서 엽관제도(spoils system)는 엽관주의에 입각한 인사제도를 말한다.[2] 엽관주의는 집권한 정당의 추종자에 대해서 공헌도와 충성심 정도, 그리고 집권세력의 신뢰 수준에 따라 공무원으로 임용하는 원리이다. 엽관주의에 의하면 공직은 선거에서 승리한 정당의 전리품이며, 승리한 정당을 지지하는 사람에게 분배되는 정치적 보상이라고 본다.

1883년에 시행된 「펜들톤법」(Pendleton Civil Service Act)은 미국에서 실적제도를 시행한 최초의 법률이었다. 이 법은 1881년 가필드(James A. Garfield) 대통령의 암살, 1882년 미연방 대법원의 Ex parte Curtis 판결, 그리고 1882년 공화당의 노력의 산물이었다.

2. 실적제도의 가치

경찰인사행정에 있어서 실적제도의 가치를 설명하면 다음과 같다.

첫째, 실적제도에서 경찰인사행정은 공직취임에의 기회균등을 보장하기 때문에 민주적이다. 보편적인 채용기준에 따라 채용시험을 실시하여 규정된 자격을 구비하고 채용시험에 합격하면 누구나 공무원이 될 수 있기 때문에, 공직취임에의 기회와 관련하여 형평성을 실현할 수 있다.

둘째, 실적제도에서는 경찰공무원 채용시험에 합격하지 못하면 정치적으로 연줄이 닿는 사람이더라도 경찰공무원으로 임용될 수 없으므로, 경찰공무원의 자질향상과 업무능률 향상에 기여할 수 있다.

셋째, 실적제도에서는 성권교체에 따른 경찰공무원의 대량교체를 막을 수 있으므로, 경찰행정의 계속성과 경찰공무원의 직업적 안정성을 유지하는 데 기여하여 경찰행정의 전문화를 촉진할 수 있다.

넷째, 실적제도는 정의와 형평성을 추구하여 경찰조직 내에 도덕적인 분

---

2) 엽관주의(spoils system)와 정실주의(patronage)를 같은 뜻으로 쓰기도 하나, 정실주의를 엽관주의보다 넓은 뜻으로 이해하는 것이 옳다. 실적 이외의 요인을 고려하여 관직 임용을 행하는 원칙을 정실주의라고 규정하는 것이 보통이다. 여기서 말하는 실적 이외의 요인에는 엽관주의에서 중요시하는 정치적 요인뿐 아니라 혈연, 지연, 개인적 친분 기타 온정관계가 포함된다.

위기를 조성할 수 있다.

II. 실적제도의 내용

실적제도는 실적주의 구현에 필요한 일련의 수단을 지니고 있다. (1) 공직 취임에의 기회균등 보장, (2) 임용에 있어서 공개경쟁 및 실적 기준의 적용, (3) 재직 공무원에 대한 직무에 맞는 보수 지급, (4) 인사조치에 있어서 공평한 처우, (5) 실적 기준에 기초한 퇴직관리, (6) 직무수행능력 개선을 위한 교육훈련 강화, (7) 정치적 동기로 인한 자의적 인사조치로부터 공무원 보호 등이 그러한 요건이다(Stahl, 1962: 34-43).

실적주의의 실천수단으로 처방되는 것은 (1) 공개경쟁에 의한 채용시험 실시, (2) 경찰공무원의 정치적 중립과 신분의 보장, (3) 정치인의 영향력으로부터 중립적인 중앙인사기관 설치 등이다(오석홍, 2000: 31).

III. 한국 경찰의 실적제도 정착 과정

1. 정실 임용의 자행

대한민국 정부가 수립된 당시에는 1949년 「국가공무원법」에 의거하여 실적주의가 규정되어 있었지만 실효성이 거의 없었으며, 오히려 정실임용이 자행되었다. 특히, 자유당과 민주당 집권시기에는 공무원이 정당관료가 되는 엽관주의 현상이 나타나기도 하였다. 이 당시 우리나라의 공무원제도는 정치체제에 의해 많은 영향을 받아왔다. 이것은 실적제도 및 직업공무원제도의 확립이 미흡했다는 것을 의미한다.

2. 「경찰공무원법」제정

5·16 군사정변 이후 대폭적인 사회개혁과 더불어 1963년 「국가공무원법」 개정과 1969년 「경찰공무원법」 제정으로 인하여 실적제도가 어느 정도 경찰 인사행정에서 자리를 잡게 되었다.

이 시기에 중앙에는 인사위원회를 설치하였고, 직위분류제, 공개경쟁시험 제, 신분 및 권익보장제, 정년제, 특기분류제를 실시하였으며, 경사 이상의 승 진은 승진시험에 합격한 사람에 한하되 특수공로자는 특별승진할 수 있도록 하였다. 그러나 군출신이 경찰간부로 특별채용되어 경찰인사행정에 있어서 상당한 문제점을 야기하였다. 1970년 이후에는 전문자격자의 특별채용을 확 대하는 경향이 있었으나 이것은 전문가시대에 있어서 불가피한 현상으로 보 아야 할 것이다(이상안, 1999: 420).

3. 경찰인사행정의 기본틀 정립

민주화 의지를 담고 출범한 제6공화국 시대에 들어와서 정부인사행정에 관한 법규나 제도는 그 기본틀이 어느 정도 갖추어졌다. 능률성과 민주성을 조화시켜서 효율적 운영을 가능하게 하는가의 문제는 모든 정치관료 및 공직 자의 공정한 운영의지에 달려 있다(이황우, 2002: 288).

IV. 실적제도의 문제점

경찰관을 실적에 의해서 채용하고 승진시키고자 하는 실적제도는 다음과 같은 문제점을 갖고 있다(박천오 외 5인, 2001: 32-33).

첫째, 실적제도는 경찰인사행정의 획일화와 문서주의를 심화시킴으로써 인력 운영의 효율성을 떨어뜨릴 수 있다.

둘째, 경찰공무원의 권익보호를 위한 실적제도의 여러 장치는 인력의 탄력적 운영을 어렵게 하고, 경찰행정의 대응성을 약화시킬 수 있다.

셋째, 실적제도의 과학적 인사방법은 그 타당성이 의문시된다. 실적제도에 있어서 실적은 그 내용이 무엇이든 객관적인 측정이 가능함을 전제로 하고 있지만, 그러한 측정의 타당성이 불분명하다.

넷째, 실적제도는 여성에게 불리한 인사제도가 될 수 있다. 경찰직에 있어서 여성의 저대표성과 하위계급에의 집중은 실적제도의 형평성에 대해서 의문을 제기한다.

다섯째, 실적제도의 정치적 중립성 원리는 경찰공무원의 정치적 자유를 지나치게 제약할 수 있다.

본래 실적주의가 엽관주의를 극복하기 위하여 등장한 것이지만, 실적주의에 의한 공무원 관리는 지나치게 소극화·형식화되고 말았으며, 이것은 오히려 경찰공무원 관리의 이상적 형태와는 거리가 먼 것이었다.

그 결과, 엽관주의의 현실성과 필요성도 어느 정도 재검토하면서 실적주의를 보다 과학화·적극화하려는 노력이 요청되었는데, 이것은 1935년 이후의 「적극적 인사행정」(positive personnel administration)이라고 불리는 것이다.

이러한 적극적 인사행정은 실적제도의 인사행정 원칙을 적극적·분권적·신축적인 인사원칙으로 확대·발전시켜 나가기 위하여 실적제도 및 능률주의 인사원칙으로부터 엽관제도적 요소의 가미와 인간관계론적 인사행정의 상호 보완을 기하려는 것이다(유종해, 2001: 510).

제5절 폐쇄형제도와 개방형제도

공직의 중간계층에 대한 신규채용의 문호를 닫느냐 또는 열어 두느냐에 따라 폐쇄형과 개방형으로 구별된다(Cayer, 1980: 70). 우리나라 경찰인사행정은 전통적으로 폐쇄성이 비교적 강한 편이었다. 그러나 최근에 개방화의 요청이 커지고 그에 대응하려는 정책적 노력도 활발해 지고 있다. 전통적으로 유럽에서는 폐쇄형제도를 채택하여 왔고 미국에서는 개방형제도를 채택하여 왔으나, 오늘날 순수한 형태의 폐쇄형이나 개방형을 고수하고 있는 경찰공무원제도는 거의 찾아 볼 수 없고, 어느 유형에 더 많은 비중을 두고 있느냐의 차이가 있을 뿐 폐쇄형과 개방형의 양 제도가 절충되어 있다.

Ⅰ. 폐쇄형제도

1. 폐쇄형제도의 개념

폐쇄형제도(closed career system)는 공직의 중간계층에 대하여 외부로부터 신규채용되는 것을 허용하지 않고, 상위계급으로의 임용은 거의 내부로부터의 승진에 의존하는 인사제도이다.

2. 폐쇄형제도의 특징

원칙적으로 계급제에 바탕을 둔 폐쇄형제도에서는 일반능력자주의의 임용정책이 채택되며, 전문가보다는 일반관리자가 관료집단의 중심을 이루게 된다. 폐쇄형은 개방형과는 달리 직무가 폐지되더라도 배치전환됨으로써 공무원이 계속 근무할 수 있도록 한다. 경찰조직이 경찰공무원의 발전과 지위향상을 위해 각별한 정책적 관심을 가지고 책임을 지기 때문에, 폐쇄형은 재직 경찰공무원인 사람을 중심으로 운영된다.

3. 폐쇄형제도의 장점 및 단점

폐쇄형제도의 장점과 단점을 살펴보면 다음과 같다.

1) 장 점

첫째, 폐쇄형제도에서는 내부 승진의 기회가 확대되므로 경찰공무원의 사기가 높아진다. 둘째, 경찰공무원의 신분이 강력하게 보장되므로 경찰행정의 일관성과 안전성을 유지할 수 있다. 셋째, 젊은 경찰공무원이 경찰직을 평생의 직업으로 여기고 자신의 능력을 발전시킬 수 있다.

2) 단 점

첫째, 폐쇄형제도는 경찰조직이 침체되고 외부 변화 및 요청에 민감하지 못한 특권 관료집단이 되도록 만들 수 있다. 둘째, 폐쇄형제도에서는 새로운 제도를 도입하는 것이 어려울 수 있다. 셋째, 외부로부터 유능한 인재를 등용·확보하는 것이 어려워서 경찰공무원의 질이 저하될 수 있다. 넷째, 경찰행정에 대한 민주적 통제가 어려울 수 있다.

Ⅱ. 개방형제도

1. 개방형제도의 개념

개방형제도(open career system)는 공직의 모든 계층에 대하여 외부로부터 신규채용되는 것을 허용하는 인사제도이다. 즉, 개방형제도는 경찰기관의 어떤 직위를 담당할 사람을 채용함에 있어서 그 경찰기관에 소속되어 있는 내부 구성원만을 고려하지 않고, 다른 기관에 소속되어 있는 민간인에게까지 해당 직위를 개방하여 적격자를 선발하는 제도이다(박천오 외 5인, 2001: 185). 개방형제도에서는 전문가가 관료집단의 중심을 형성하게 되며, 승진의 길은 상대적으로 좁고, 담당 직무 폐지는 대개 담당 공무원의 퇴직을 야기한다.

2. 개방형제도의 필요성

경찰행정 환경이 다음과 같은 급속한 변동을 겪고 있어서 개방형제도의 필요성이 더욱 요구된다(오석홍, 2000: 48). 첫째, 경찰행정업무의 다양성·전문성이 높아지고 있다. 둘째, 사회 전반에 걸쳐 인적 자원의 전문화·고학력화 수준이 높아지고 있다. 셋째, 경찰행정문제와 그것을 다룰 기술이 급변하고 있다. 넷째, 경찰직에서 전문가주의적 사고를 필요로 한다. 다섯째, 경찰행정의 정책기능 강화는 경찰공무원의 정책에 대한 충성심과 고객 및 정치영역의 요구에 대한 감수성 향상을 요구한다.

3. 개방형제도의 장점 및 단점

1) 장 점

개방형제도의 장점은 다음과 같다.

첫째, 개방형제도를 통해서 보다 폭 넓은 시장에서 인적 자원을 선택할 수 있다.

둘째, 경찰직의 침체를 방지할 수 있다.

셋째, 공직의 전문성을 향상시키고 직무수행의 질을 높일 수 있다.

넷째, 성과주의적 경찰행정의 발전을 촉진시킬 수 있다.

다섯째, 신분보장에 안주하여 복지부동하거나 무사안일주의에 빠지는 관료주의 행태를 시정할 수 있다.

2) 단 점

개방형제도는 다음과 같은 단점을 갖고 있다.

첫째, 재직 경찰관의 사기를 저하시킬 수 있다.

둘째, 하위계급 경찰관의 모집활동에 악영향을 미칠 수 있다.

셋째, 경찰공무원 집단의 단체정신에 손상을 줄 수 있다.

넷째, 경찰직의 안정성·계속성·전문성을 저해할 수 있다.

다섯째, 내부로부터의 임용(폐쇄형)보다 임용비용을 승가시킨다.

여섯째, 채용 결정에서 오류를 범할 위험부담이 크다.

일곱째, 경찰승진 적체문제를 더욱 악화시킬 수 있다.

여덟째, 경찰공무원의 소신 있는 임무 수행이 좌절될 수 있다.

4. 개방형제도의 정착방안

경찰인사행정에 있어서 개방형 채용제도가 성공하기 위해서는 다음과 같은 조건이 갖추어져야 한다.

첫째, 타당성 있는 과학적인 경찰공무원 선발제도를 발전시켜야 한다.

둘째, 경쟁 후보자의 자격요건을 적정하게 설정해야 한다.

셋째, 적극적 모집을 통하여 유능한 인재가 경찰직을 지원하고 공정하게 경쟁할 수 있는 기회를 제공해야 한다.

넷째, 고위 경찰공무원의 개방형 채용시 대표관료제적 요청을 고려해야 한다.

다섯째, 외부로부터 채용된 경찰관이 직장에 적응할 수 있도록 돕는 방안을 마련해야 한다.

여섯째, 개방형 채용제도가 수용되고 그것이 경찰조직의 직무추진능력을 높일 수 있도록 조직문화를 개혁해야 한다.

일곱째, 인사교류 수준을 높여야 한다.

여덟째, 경찰인사행정 전반에 걸쳐 탈관료화를 촉진해야 한다.

 연습문제

1. 계급제의 장·단점을 설명하세요.

2. 경과제도를 설명하세요.

3. 경찰직업공무원제도를 설명하세요.

4. 실적제도의 가치와 문제점을 설명하세요.

5. 개방형제도와 폐쇄형제도를 비교 설명하세요.

 참고문헌

〈국내문헌〉

경찰청. (2021). 「2020 경찰백서」, 서울: 경찰청.

김중양. (2002). 「한국인사행정론」(제4판), 서울: 법문사.

김진혁. (2001). "경찰인력과 범죄대응에 관한 연구," 「한국공안행정학회보」, 11: 109-137.

박연호. (2001). 「인사행정신론」(제6판), 서울: 법문사.

박천오 외 5인. (2001). 「인사행정의 이해」(제2판), 서울: 법문사.

박천오 외 5인. (2017). 「인사행정론」, 파주: 법문사.

오석홍. (2000). 「인사행정론」(제4판), 서울: 박영사.

유민봉. (2002). 「한국인사행정론」, 서울: 박영사.

유종해. (2001). 「현대행정학」(제4전정판), 서울: 박영사.

이상안. (1999). 「신경찰행정학」(전면개정 4판), 서울: 대명출판사.

이황우. (2007). 「경찰행정학」(제5판), 서울: 법문사.

_____ · 임창호. (2014). 「현대경찰학개론」, 서울: 법문사.

주학중 편. (1992). 「2000년대 경찰행정발전방안」, 한국개발연구원.

〈국외문헌〉

Cayer, N. J. (1980). *Managing Human Resources: An Introduction to Public Personnel Administration*, New York: St. Martin's Press.

Gaines, L. K., John L. W., Mittie D. S., & John E. A. (2003). *Police Administration*(2nd ed.), New York, NY: McGraw-Hill Companies, Inc.

Fosdick, R. B. (1969). *American Police System*, rpt. ed., Montclair, NJ: Patterson Smith.

Mosher, F. C. (1963). "Career and Career Services in the Public Service," *Public Personnel Review*, 24(1).

Mosher, F. C. (1982). *Democracy and the Public Service*, New York: Oxford University Press.

Nigro, F. A. & Lloyd G. N. (1986). *The New Public Personnel Administration*(3rd ed.), Itasca, IL: F. E. Peacock Publishers, Inc.

Stahl, O. G. (1962). *Public Personnel Administration*, New York: Harper & Row.

Chapter **04**

경찰공무원 모집

제 1 절 경찰인력수급계획
제 2 절 경찰공무원 모집

제 1 절 경찰인력수급계획

Ⅰ. 경찰인력수급계획의 개념 및 특성

1. 경찰인력수급계획의 개념

경찰인력수급계획(manpower supply and demand plan)이란 경찰조직의 인적 자원에 대한 수요를 예측하고, 그 수요를 충족시킬 수 있는 인적 자원의 공급방안을 결정하는 과정이다. 즉, 경찰조직이 필요로 하는 인적 자원을 적절히 획득·유지·활용할 수 있도록 길잡이를 제공함으로써 인적 자원체제의 유지 및 발전을 도모하려는 과정이다.

경찰인력수급계획의 주요 내용은 각 경찰조직이 목표를 달성하는데 필요한 인력을 적시에 확보하기 위한 중·장기적 계획으로서, 현재 인력을 분석하고 향후 필요 인력을 예측하여 그 차이를 해소하기 위하여 중·장기적으로 지향하는 목표와 단기적으로 실행할 계획을 수립하는 것이다. 이러한 경찰인력수급계획은 경찰인사행정 관련 의사결정의 중심이 되며, 적정수의 인력을 적절한 시기에 그리고 적재적소에 배치하려는 조직화된 시도인 것이다.

2. 경찰인력수급계획의 중요성

경찰인력수급계획은 경찰조직의 인력수요를 분석·예측하여 필요한 인력의 획득방법을 결정하는 일이다. 경찰공무원 채용의 전제로서 경찰인력수급계획은 우수한 자질을 갖춘 인재를 장기적이고 안정적으로 확보하기 위해서 꼭 필요한 것이다. 이러한 경찰인력수급계획의 중요성은 개인적 차원과 조직적 차원에서 검토될 수 있다.

첫째, 개인적 차원에서 경찰인력수급계획은 경찰공무원 자신의 기술을 개발하고 자신의 능력과 잠재력을 최대한 활용하는 데 기여할 수 있다. 경찰공무원 개인의 만족은 적절한 경력기획을 통해서 성취될 수 있는데, 경찰인력수급계획은 이러한 경력기획의 기초가 된다.

둘째, 조직적 차원에서 경찰인력수급계획은 경찰조직의 성과를 증진시키는 데 중요한 역할을 수행한다. 경찰조직의 규모가 커지고 있을 뿐만 아니라 경찰업무의 내용도 복잡해지고 있어서, 경찰인력수급계획에 관한 전문적 연구와 그것에 기초한 대책이 있어야 한다.

3. 경찰인력수급계획의 특성

인력수급계획의 개념 속에 포함되어 있는 주요 특성을 살펴보면 다음과 같다(오석홍, 2000: 133-135). 첫째, 정부조직에서 필요로 하는 인적 자원의 수급에 관한 인적 자원계획을 의미한다.

둘째, 인적 자원을 대상으로 하는 계획이다. 인적 자원계획에서 말하는 사람은 단순히 사람 또는 모든 사람을 지칭하는 것이 아니라 여러 가지 기준에 의하여 조건 지어지거나 한정된 사람인 것이다. 여러 가지 기준이란 직위·학력·경력·연령·기술·성별 등을 말한다.

셋째, 목표 지향적 활동이다. 인적 자원계획의 가장 일반적인 목표는 조직목표를 성취하는 데 최대한의 기여를 할 수 있는 인적 자원체제를 형성하고 발전시키는 것이다.

넷째, 미래 지향적 과정이다. 인적 자원계획은 장래의 인적 자원 문제를 예측하고 해결방안을 결정하여 시행한 다음, 그러한 활동을 평가하는 단계를 내포하는 동태적·행동지향적 과정이다.

다섯째, 연관요인을 포괄적으로 고려하는 과정이다. 인적 자원계획은 서로 연관되고 교호 작용하는 많은 요인을 분석대상으로 한다.

여섯째, 공적 상황에서의 계획이다. 따라서 다른 조직의 인적 자원계획과는 달리 정부조직의 인적 자원계획은 공공(公共)의 간여와 통제를 더 많이 받으며, 보다 큰 법적·행정적·정치적 제약 하에서 이루어진다.

4. 경찰공무원 인력수급 모형

전주수는 경찰공무원 인력수급 모형으로서 계량경제학적 모형과 통계모형을 연구하였다(전주수, 1999). 계량경제학적 모형은 거시경제 관점에서 인력기획을 하는데 필요한 계량기법을 제공하는 일종의 모의모형이다. 이 모형에 따르면 한 국가의 인적 자원이 결정적인 자원이라는 점을 인식하고, 필요한 만큼의 인력을 최대한 활용하여야 하고, 모형을 세우는데 융통성이 있어야 한다. 통계모형은 환경과 관련하여 조직충원, 퇴직, 보류, 승진, 전직 등의 문제의 윤곽을 잡아준다는 것에 정당성을 보여주지만, 환경 예측의 불확실성과 구성원의 자율적 의지라는 측면에서 불확실성을 지니고 있다.

특히, 정재림 등은 급격한 치안수요 변화에 따른 경찰관서 표준인력 수요 모델과 관련하여 시스템 다이내믹스 방법론을 적용하여 컴퓨터 시뮬레이션 모델을 개발하였다. 전국의 경찰관서를 7그룹으로 나누어 11개의 표준경찰관서를 선정한 다음에 각 기능별 실무자와 면담을 통해 업무를 선정하였고, 이를 통해 컴퓨터 시뮬레이션 모델을 개발하여 관서별, 시·도경찰청별 효율적 인력운용 방안에 대해 논의하였다(정재림 외 3인, 2007).

Ⅱ. 경찰인력수급계획의 과정

경찰인력수급계획의 구체적인 단계와 각 단계 긴의 언계관계 등은 경찰인

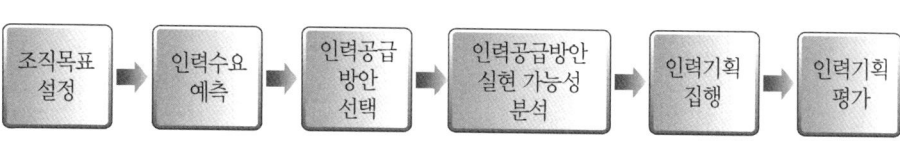

그림 4-1 경찰인력수급계획의 과정

력수급계획에 대한 접근방법에 따라 달라질 수 있다. 일반적으로 경찰인력수 급계획은 [그림 4-1]과 같이 여섯 단계로 진행될 수 있다(Klingner & Nalbandian, 1993: 49-53; 박연호, 2001: 13; 오석홍, : 138-141).

1. 조직목표 설정

경찰인력수급계획의 첫째 단계는 조직관리자가 실현 가능한 미래의 조직 목표를 설정하는 것이다. 조직목표는 조직 전체의 전략적 기획과정과 인력기 획과정 간에 일관성을 유지시키는 역할을 하기 때문에, 조직목표 설정은 조 직의 전략적 인력기획의 중심이 된다.

2. 인력수요 예측

조직에서는 수립된 조직목표를 달성하기 위해 필요한 인력수요를 결정해 야 한다. 일반적으로 인력기획이란 인력수요와 인력공급을 연결시키는 문제 로서, 이 중 인력수요 결정이란 조직목표 달성을 위해 필요한 직무와 사람의 수를 결정하는 것이다. 이러한 인력수요 예측의 구체적 작업은 기능분야별 혹은 조직단위 별로 진행하여 그 결과를 합계하는 것이 원칙이다. 인력수요 예측의 단계를 상세히 설명하면 다음과 같다(오석홍, 1990: 109).

첫째, 조직의 주요 분야별 인력의 범주를 분류하고 현재의 인력수요와 인 력공급을 파악하여 비교한다.

둘째, 분야별 인력수요 변동을 예측한다.

셋째, 분야별 인력수 감소를 예측한다. 인력수 감소란 임의퇴직·사망·강 제퇴직·휴직·정직 등의 이유로 인한 인력감소를 의미한다.

넷째, 배치전환, 기술적 능력변화 등 인력의 조정을 예측한다.

다섯째, 신규채용을 예측하고, 특정집단의 차별금지 또는 경력경쟁채용 등 임용정책의 효과를 예측한다.

여섯째, 위의 분석 결과를 종합하여 분야별로 인력의 순수요를 산출한다.

3. 인력공급방안 선택

인력공급방안의 선택단계에서는 기존의 인사행정제도가 조직의 인력수요를 충족시킬 수 있는지를 검토한다. 조직은 인력수요를 충족시킬 수 있는 모집, 채용, 교육훈련 및 전보 등을 선택하게 된다. 조직에서 사용하고 있는 인력공급방안은 다음의 네 가지 전략으로 분류할 수 있다(Siegel & Myrtle, 1985: 137-138).

첫째, 정책관리전략으로서 중요정책이나 조직의 인적 자원활동에 영향을 미치는 결정을 하거나 결정의 변경을 통해서 인력수요를 수정하거나 해소시키는 방법이다.

둘째, 구조적 전략으로서 직무설계 변경, 기술 변경, 과업수행방법 변경, 그리고 과업 자체 변경 등 구조적 요인의 변화를 야기시킴으로써 인력수요에 대응하는 방법이다.

셋째, 조직에서 가장 많이 사용되는 전략인 인력확보전략은 신규채용 또는 승진・배치전환과 같은 내부임용방법을 활용하거나 교육훈련에 의한 능력향상을 통해 재직자의 효과성을 증진시키는 방법이다.

넷째, 인력기획 담당자가 실제로 사용하는 혼합전략은 위의 세 가지 전략을 조합해서 쓰는 전략이다.

4. 인력공급방안 실현 가능성 분석

인력공급방인이 결정되년 과연 이 계획이 실현 가능한지를 결정해야 한다. 인력공급방안의 실현 가능성은 수행 가능성과 비용-편익 분석의 두 가지 관점에서 파악되어야 한다.

5. 인력기획 집행

인력기획 집행단계에서는 채택된 인력공급방안을 효과적이고 능률적으로 집행하는 데 초점을 둔다. 효과적이고 능률적인 인력기획의 집행이 보장되려면, 인력기획의 수립단계에서부터 집행책임자의 적극적인 참여를 보장하고 집행책임을 명확히 규정해 두어야 한다. 또한, 집행 단계를 설정하고 단계별 목표와 성취시한을 구체적으로 명시하고, 집행에 필요한 자원이 적정하게 배정되어야 한다.

인력기획의 집행단계에서는 여러 가지 인사행정활동이 인력공급방안의 효율적인 집행을 보장할 수 있도록 필요한 조치를 취하어아 한다. 채용, 승진, 배치전환, 교육훈련, 근무성적평정, 보수와 편익, 경력발전계획, 사기관리, 퇴직관리, 노사관계 등은 긴밀히 연관되어 있는 것이므로, 그러한 정책은 인력공급방안의 원활한 집행이 가능하도록 조정되어야 한다.

6. 인력기획 평가

인력기획 평가단계에서는 인력수급계획의 내용적 및 과정적 요인과 계획집행의 성과를 분석·평가하여 그 결과를 인력수급계획의 적절한 단계에 환류시킨다. 이를 위해서는 인력수급계획에 관련된 많은 정보를 수집·분석하여야 한다. 평가결과의 환류는 새로운 인력수급계획을 유발하거나 인력수급계획을 변동시키려는 것이므로 인력기획의 평가단계는 인력수급계획 과정을 순환적인 것으로 만드는 역할을 한다.

제 2 절 경찰공무원 모집

I. 경찰공무원 모집의 개념 및 중요성

1. 경찰공무원 모집의 개념

모집(recruitment)은 조직이 원하는 인력을 확보하기 위한 유인활동이다. 즉, 자격과 능력을 갖춘 우수한 인재가 경찰조직에 매력을 느껴 경쟁적으로 경찰에 지원하도록 유도하는 과정을 의미한다. 모집에는 소극적 모집과 적극적 모집이 있다.

소극적 모집은 채용계획을 일반 시민에게 알려 주고 단지 지원자가 찾아오도록 기다리는 것이지만, 적극적 모집은 젊고 유능한 인적 자원이 경찰직에 매력을 느끼고 지원하도록 적극적으로 유도하는 것을 의미한다. 소극적 모집을 통해서는 적격자를 확보하는 것이 어려워지고 있으므로, 경찰조직의 적극적 모집활동이 더욱 요구되고 있다.

생애직으로서 경찰직을 선택하는 데 중요한 영향을 미치는 요소에는 다양성 및 책임성이 있는 중요 업무, 국민에 대한 봉사, 모험, 안전, 그리고 보수 등이 있다(Slater & Reiser, 1988: 170). 따라서, 적극적 모집을 위해서는 위의 영향요인을 적극 홍보할 필요가 있다.

2. 경찰공무원 모집의 중요성

1) 경찰조직 관리의 성패 좌우

경찰조직에서 가장 중요한 것 중의 하나는 조직구성원인 경찰관이며, 경찰조직에서 업무수행의 질은 경찰관의 능력에 의해서 좌우된다고 볼 수 있다. 그러므로 경찰조직 관리의 성패는 유능한 경찰관을 얼마나 확보하여 어떻게 관리하느냐에 있다.

따라서, 생산적인 경찰관 모집 및 선발절차의 중요성은 아무리 강조해도 지나치지 않다. 부실한 모집 및 선발절차는 재량을 적절하게 행사하지 못하고 경찰에게 요구되는 다양한 기능을 제대로 수행하지 못하는 경찰관을 채용하거나 승진시킬 수 있다(Cox et al., 2014: 67).

2) 서비스 지향적 조직의 핵심

모든 조직의 효과성·능률성, 명성은 조직구성원의 자질에 의존한다. 그러므로 조직구성원을 충원하는 것은 중요한 관리기능이 되고 있다(More & Wegener, 1992). 특히, 이것은 경찰조직과 같은 서비스 지향적 조직에 더욱 사실인 것으로 여겨진다. 조직구성원의 자질과 그들이 어떻게 배치되는가는 서비스의 제공에 큰 영향을 미칠 것이며, 그것은 충원(staffing)이 중요한 관리기능이 되고 있는 이유이다.

3) 부적격 경찰관 선발의 부작용

윌슨(Wilson)과 맥라렌(McLaren)(1972: 245)은 부적격 경찰관 선발의 효과를 다음과 같이 설명함으로써 우수한 경찰관 선발의 중요성을 역설하였다. 즉, "무능력하고, 제대로 교육을 받지 못하고, 규율이 잡히지 않은 경찰관은 항상 불만족스러운 경찰서비스를 제공한다. 그들은 소속 경찰관서의 명성을 손상시키고, 전국적으로 나쁜 여론을 조성한다. 현대의 진보적인 경찰관서 내에는 어리석고, 무능하고, 거칠고, 게으르고, 부정직하고, 파산한 경찰관을 위한 자리가 없다. 그리고 경찰관서에 그들이 존재하는 것은 인사관리업무에 주의를 기울여야 하는 그들의 행정책임자가 실패했다는 증거이기도 하다."

Ⅱ. 경찰공무원 모집의 성공요건

경찰공무원을 성공적으로 모집하기 위한 요건은 [그림 4-2]에서 보는 것과 같다.

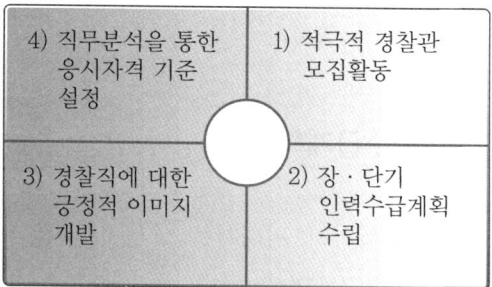

4) 직무분석을 통한 응시자격 기준 설정	1) 적극적 경찰관 모집활동
3) 경찰직에 대한 긍정적 이미지 개발	2) 장·단기 인력수급계획 수립

그림 4-2 경찰공무원 모집의 성공요건

1. 적극적 경찰관 모집활동

경제성장의 결과로 인해서 민간부문의 생산구조가 확대되고 직업에 관한 사회의 가치관이 달라지고, 행정의 내용이 양적·질적으로 변화됨에 따라 일반인이 아닌 전문인이 크게 요청되고 있기 때문에 적극적인 경찰관 모집이 필요하다. 경찰공무원을 적극적으로 모집하기 위해서는 다음과 같은 대책이 필요하다.

첫째, 채용절차를 신속하게 진행하여야 한다. 시험 공고일로부터 배치에 이르기까지 기간이 너무 장기적인 경우에 지원자 또는 후보자를 심리적으로 불안정하게 만들 수 있기 때문이다.

둘째, 모집방법을 적극화해야 한다. 공고방법을 개선하여 공고내용을 상세하게, 친절하게 그리고 설득력 있게 편성해야 한다. 선발예정인원, 시험과목, 응시자격, 응시원서 접수기간 및 시험시행일정, 응시원서교부 및 접수처, 제출서류 등은 물론이고 채용 후 담당하게 될 직무, 승진기회, 근무예정기관 및 근무예정지, 보수 기타 고용조건 등도 구체적으로 공고할 필요가 있다. 또한 신문, 라디오, 텔레비전 등 매스 미디어를 광범위하게 활용해야 한다.

셋째, 노동시장을 개척하고 조성해야 한다. 노동시장 개척이란 경찰조직이 인력양성기관과 지속적이고 유기적인 상호관계를 유지하는 것을 의미한다. 중앙정부가 전국의 우수 대학에 경찰행정 관련 학과를 설치하도록 지원해 주고, 우수한 경찰행정 관련 대학생에게 장학금을 지급한 후 대학 졸업과 동시에 경력경쟁채용을 할 필요가 있다.

2. 장·단기 인력수급계획 수립

우수한 인적 자원을 모집하기 위해서는 합리적인 장·단기 인력수급계획을 수립하여야 한다. 인력수급계획은 첫째, 무엇보다도 적격자를 적정인원만큼 확보할 수 있게 하고, 둘째, 인원의 수급이 원활하고 승진의 기회가 적절하게 제공되므로 직원의 사기향상과 예산 절약을 기할 수 있게 하고, 셋째, 인사책임자도 장기계획에 대하여 관심을 갖게 되며, 넷째, 사업과 예산의 집행을 용이하게 한다(서규하, 1993: 81).

경찰관 모집계획을 실행함에 있어서는 변동하는 여건에 따라서 융통성이 있어야 하며, 동시에 모집정책의 일관성을 유지해야 한다. 모집계획을 집행한 뒤에는 결과를 평가하여 인력수급계획을 재정비하거나 강화하는 절차가 필요하다. 모집계획은 이러한 인력수급계획의 하나로서 경찰인사행정의 기본적인 요소이며 합리적 모집의 전제가 되는 것이다.

3. 경찰직에 대한 긍정적 이미지 개발

오랫동안 경찰에 대한 두 가지 지배적 인식이 있는데, 부정적인 인식은 경찰은 제대로 교육받지 못하고 편파적이고 폭력성이 있고 부패했다고 여기는 경향이고, 긍정적인 인식은 경찰은 정부·매스컴 및 법정에 맞서 위험을 무릅쓰는 용감한 성자로 여기는 경향이다. 두 가지 인식 모두 본질적으로 바람직하다고 볼 수 없다(Niederhoffer, 1967: 1).

따라서, 적극적인 경찰관 모집을 위해서는 경찰직에 대한 사회적 평가 내지 신망이 높아야 한다. 사회에서 경찰직에 대한 평가수준이 낮다는 것은 그만큼 경찰직에 대한 선호도가 낮다는 것을 의미하며, 이런 상황에서 우수한 인재를 모집한다는 것은 사실상 불가능하다.

4. 직무분석을 통한 응시자격 기준 설정

1) 직무분석의 필요성

새로운 경찰관을 선발하기 전에 경찰조직은 경찰관이 어떤 유형의 직무를 수행하는지 분석해야 한다. 그 후 어떤 역량을 갖춘 사람이 경찰직무를 효과적으로 수행할 수 있는지를 결정해야 한다. 이러한 직무분석은 경찰에 의해 수행되어야 하는 중요한 작업이며, 경찰직무를 수행하는 데 필요한 지식(Knowledges), 기술(Skills), 능력(Abilities)을 확인하는 것이다(Dempsey, 1999: 86).

2) 직무분석의 과정

직무분석을 위한 과정을 설명하면 다음과 같다. 첫째, 사전조사로서 여러 계층에 있는 경찰관을 조사함으로써 경찰관이 일반적으로 수행하는 직무를 확인한다.

둘째, 위의 조사에서 빠지거나 중복된 업무를 파악하여 수정한다. 특히, 신임경찰관에게 필요한 사항을 중점적으로 검토한다.

셋째, 위에서 파악된 사항을 기초로 하여 사건발생 빈도, 중요성, 직무수행에 있어서 정상적인 시간소비 등에 관한 직무질문을 많은 경찰관을 대상으로 조사한다. 조사결과를 전산처리하여 직무 순위를 정한다.

넷째, 위에서 조사된 직무를 유사한 영역으로 구분하고, 각각의 영역에 필요한 지식·기술·능력(KSAs)이 분석되어야 한다. KSAs는 읽고 쓰고 기억하고 다른 사람과 대화하는 능력이다. 이러한 KSAs에는 민첩성과 지구력 같은 신체적 능력도 포함된다.

Ⅲ. 경찰공무원 모집시 응시자격

1. 응시자격의 필요성

경찰직 특수성 때문에 경찰공무원 모집에 응시하기 위해서는 일정한 응시
자격을 갖추어야 하는데, 응시자격 기준은 각 나라의 형편과 경찰공무원제도
의 성격에 따라 달라진다. 무엇보다도 중요한 응시자격은 경찰관으로서 발전
지향적인 가치관 및 태도, 전문지식 및 기술이다.

볼머(Vollmer)는 일찍이 경찰공무원의 자격에 대하여 솔로몬의 지혜, 다윗
의 용기, 삼손의 체력, 욥의 인내, 모세의 리더십, 착한 사마리아인의 친절, 알
렉산더의 전략, 다니엘의 신념, 링컨의 외교, 나자레 목수의 용모, 그리고 끝
으로 자연과학, 생물학 및 사회과학 등 모든 분야에 깊은 지식을 가져야 한
다고 지적하였다(Leonard & More, 1978: 276).

버클리(Berkeley) 경찰국은 경찰공무원에게 요구되는 자질의 목록을 다음
과 같이 만들었다(Wilson & McLaren, 1977: 259).

- 창의성
- 많은 직무를 수행하고 어려운 긴급상황을 혼자서 처리할 수 있는 능력
- 다양한 문화적·경제적·인종적 배경 등을 가진 사람과 효과적으로 의
  사전달할 수 있는 능력과 사회적 성숙성
- 신속하고 정확하게 광범위하고 다양한 주제를 학습할 수 있는 정신적
  역량
- 과학기술과 사회문제의 변화에 그들의 사고를 적응시킬 수 있는 욕구와
  능력
- 어려운 경우에서도 인간을 이해하고 협조할 수 있는 욕구
- 감정적으로 비난할 상황에서도 침착하고 객관성을 띠며 리더십을 발휘
  하는 정서적 성숙성
- 이러한 힘든 임무를 수행하기 위한 신체적 강인성과 인내력 등

2. 일반적 응시자격 기준

경찰공무원 모집시 일반적으로 요구되는 응시자격 기준을 살펴보면 다음과 같다.

1) 국 적

국적은 모집대상을 제한하는 객관적 자격요건 중에서 가장 기본적인 요소가 된다. 대부분의 국가가 자국인과 외국인을 구별하여 외국인에 대해서는 원칙적으로 모집대상에서 제외하고 있다.

경찰공무원의 업무수행과정에서 봉사해야 할 대상이 국민의 생명·신체·재산이기 때문에 경찰공무원이 그 책임을 효과적으로 완수하기 위하여 업무수행의 대상이 되는 국민과 일체감을 느낄 수 있어야 하기 때문에, 국적을 응시자격 기준으로 제시하고 있다.

우리나라에서도 「경찰공무원법」 제8조 제2항에서 대한민국 국적을 가지지 아니한 사람, 「국적법」 제11조의2 제1항에 따른 복수국적자는 경찰공무원으로 임용될 수 없도록 규정하고 있다.

2) 연 령

연령조건과 관련된 환경적 요인은 대단히 많지만, 그 중에서도 국민 전체의 연령구조, 노동시장의 상태, 직업구조의 분화, 교육제도의 성격, 인사제도의 유형 등이 있다(오석홍, 1989: 167).

윌슨(O. W. Wilson)(1963)은 "경찰직에 젊은 사람을 모집하는 것이 유리하다. 나이가 든 사람일수록 몇 가지 활동분야에서 이미 실패를 경험했을 것이며, 이미 실패를 겪었기 때문에 바람직하지 못한 사고방식과 행동방식을 지니고 있는 사람은 유능한 경찰관이 될 수 없다. 젊은 사람의 경우 미성숙으로 인하여 문제점도 발생하겠지만, 시간과 경험을 통해 곧 미성숙을 극복해 낼 수 있다"고 하였다. 그러나 중요한 것은 지원자 연령 그 자체가 아니라 경찰업무상 요구되는 건강, 성격 및 경험 등을 갖추고 있느냐이다.

미국에서 받아들여지고 있는 「고용상 연령차별금지법」(Age Discrimination in Employment Act: ADEA)에 의한 보호에도 불구하고 경찰관으로서의 직무수행능력이 어려울 정도로 시각, 청각 및 일반적 건강수준이 부적절한 사람은 경찰업무가 요구하는 직무수행자격(Bona Fide Occupational Qualification: BFOQ)이 결여된 사람으로 판정될 수 있다. 우리나라 경찰공무원 채용시험의 응시연령은 <표 4-1>에서 보는 것과 같다.

표 4-1	경찰공무원 채용시험 응시연령	
계급별	공개경쟁채용시험	경력경쟁채용시험 등
경정 이상	25세 이상 40세 이하	27세 이상 40세 이하
경감·경위		23세 이상 40세 이하 (정보통신 및 항공 분야는 23세 이상 45세 이하)
경사·경장		20세 이상 40세 이하
순경	18세 이상 40세 이하	20세 이상 40세 이하 (함정요원은 18세 이상 40세 이하, 의무경찰로 임용되어 정해진 복무를 마친 것을 요건으로 경력경쟁채용등을 하는 경우에는 21세 이상 30세 이하)

자료: 「경찰공무원 임용령」 별표 1의3.

3) 신체조건

경찰업무는 불굴의 신체적 민첩성과 인내력을 요구하기 때문에 의학적 또는 신체적으로 적합한 자가 선발되어야 한다. 경찰공무원은 신체적 적합성으로서 좋은 호흡기관, 낮은 비만도, 적절한 근력, 인내, 유연성과 같은 특성을 지녀야만 효과적으로 경찰업무를 수행할 수 있게 된다(Price et al., 1978: 24).

신체적으로 적합한 경찰공무원을 선발함으로써 얻는 이익은 다음과 같다.

첫째, 우수한 경찰인력을 활용해서 봉사할 수 있다.

둘째, 무능으로 인한 퇴직자의 수와 인원보충의 비용이 감소된다.

셋째, 경찰직에 대한 이미지가 향상된다.

넷째, 경찰공무원이 긍지와 자부심을 갖게 된다.

다섯째, 향상된 심장기능으로 인해 정신적 건강상태가 호전된다.

여섯째, 조기퇴직의 주요 원인이 되는 질병을 방지할 수 있고, 수명도 길어진다(이황우, 1986: 70).

그러나 윌슨(O. W. Wilson)(1963)은 "신장조건만을 이유로 약간 미달되는 사람에게 지원자격을 박탈한다면 기준신장보다 조금 작더라도 능력 있는 지원자를 놓치게 될 것이다. 다른 모든 면에서 좋은 조건을 갖추고 있지만 신장기준에만 미달되는 지원자를 배제하는 것은 부당한 인적 낭비"라고 하였다.

종래에는 경찰관 선발과정에서 신체적 적합성 검사로서 신장과 체중을 중시하였지만, 오늘날에는 기민성 검사가 신체적 소질과 능력을 평가하는 데 유효한 변수가 되고 있다(Swank & Conser, 1977: 57-58).

4) 학 력

사회의 복잡성과 그에 따른 경찰 봉사기능의 확대요구는 보다 지성적이고 성숙된 경찰인력을 필요로 한다. 「법준수 및 법집행에 대한 국가위원회」(The National Commission on Law Observance and Enforcement)(일명 위커샴위원회)의 1931년 보고서를 통하여 경찰개혁의 일환으로서 경찰채용기준의 강화가 주장되었다.

특히, 경찰관 모집에서 학력을 제한하는 이유는 행정의 전문화와 기술화에 따른 고등교육인력이 필요하고, 선발과정에서 시험의 완전한 타당성을 확보하는 것이 불가능하며, 학교교육을 통하여 일반소양을 확대시키고 가치관 및 태도의 변화를 가능케 하며, 부적격자를 미리 배제할 수 있기 때문이다.

5) 거주지

거주지에 의한 모집대상의 제한은 지방자치제에서 유래된 것으로서, 주민자치라는 관점에서 애향심과 생활기반 보존 등에 그 근거를 두고 있다. 거주지 제한을 두면 주민자치에 의한 행정을 할 수 있시만 지나칠 경우에는 공무원의 자질을 떨어뜨릴 우려가 있다.

윌슨(O. W. Wilson)(1963)은 "관할구역 이외의 출신자를 임용하는 것이 유리하다. 그들은 관할구역 내에 직무수행을 방해할 수 있는 제휴관계가 없으며 그들의 출신배경이나 기대 생활수준이 도시 출신자보다 경찰직무수행에 만족할 수 있도록 도와줄 수 있다"라고 하였다.

그러나 미국에서 1960년대에 대안으로 채택된 임용후 거주조건 역시 불필요한 부담을 요구하는 조건으로 여겨질 수 있는데, 특히 도심지역에서는 주거비용이 매우 높을 뿐만 아니라 범죄율이 높아 그런 곳에 경찰관의 가족이 거주하도록 요구하는 것은 불합리하다는 것이다.

IV. 한국의 경찰공무원 모집제도

1. 채용시험 공고

경찰청장 또는 「경찰공무원 임용령」 제33조에 따라 시험실시권의 위임을 받은 사람은 공개경쟁채용시험을 실시할 때에는 임용예정계급, 응시자격, 선발예정인원, 시험의 방법·시기·장소, 시험과목 및 배점에 관한 사항을 시험 실시 20일 전까지 공고하여야 한다. 다만, 시험 일정 등 미리 공고할 필요가 있는 사항은 시험 실시 90일 전까지 공고하여야 한다(경찰공무원 임용령 제34조 ①). 공고내용을 변경할 때에는 시험실시 7일 전까지 그 변경내용을 공고하여야 한다(동 임용령 제34조 ②).

2. 공개경쟁채용시험의 응시자격

1) 순경 공개경쟁채용시험

순경 공개경쟁채용시험의 경우 「경찰공무원법」 제8조 제2항 각호의 임용 결격사유에 해당하는 사람은 응시할 수 없으며, 응시연령은 남·여 모두 18세 이상 40세 이하이어야 하고(「경찰공무원 임용령」 별표 1의3), 학력과 병역은 제한이 없다. 제대군인의 응시연령은 군복무기간 1년 미만은 1세, 1년 이상 2년 미만은 2세, 2년 이상은 3세 각각 연장한다.

또한, 경찰공무원 채용시험에 응시하고자 하는 사람은 「도로교통법」 제80조 제2항 제1호에 따른 제1종 운전면허 중 대형면허 또는 보통면허를 받은 사람이어야 한다(경찰공무원 임용령 제39조 ④). 경찰공무원 채용시험 신체검사 기준표는 <표 4-2>에서 보는 것과 같다.

표 4-2	경찰공무원 채용시험 신체검사 기준표(제34조의2제1항 관련)
구 분	내용 및 기준
체격	국립·공립병원 또는 종합병원에서 실시한 경찰공무원 채용시험 신체검사 및 약물검사의 결과 건강상태가 양호하고, 직무에 적합한 신체를 가져야 한다.
시력	시력(교정시력을 포함한다)은 양쪽 눈이 각각 0.8 이상이어야 한다.
색각 (色覺)	색각이상(약도 색약은 제외한다)이 아니어야 한다.
청력	청력이 정상[좌우 각각 40데시벨(dB) 이하의 소리를 들을 수 있는 경우를 말한다]이어야 한다.
혈압	고혈압[수축기혈압이 145수은주밀리미터(mmHg)을 초과하거나 확장기혈압이 90수은주밀리미터(mmHg)을 초과하는 경우를 말한다] 또는 저혈압[수축기혈압이 90수은주밀리미터(mmHg) 미만이거나 확장기혈압이 60수은주밀리미터(mmHg) 미만인 경우를 말한다]이 아니어야 한다.
사시 (斜視)	복시(複視: 겹보임)가 없어야 한다. 다만, 안과전문의가 직무수행에 지장이 없다고 진단한 경우에는 그렇지 않다.
문신	내용 및 노출 여부에 따라 경찰공무원의 명예를 훼손할 수 있다고 판단되는 문신이 없어야 한다.

위 "체격" 항목 중 "직무에 적합한 신체"와 "문신"에 대한 구체적인 기준은 경찰청장이 정한다.
자료: 「경찰공무원 임용령 시행규칙」 별표 5.

2) 경찰간부후보생 공개경쟁선발시험

경찰간부후보생의 2022년도(제71기) 채용인원은 50명[일반 40명, 세무·회계 5명, 사이버 5명; 남·여 구분 없이 통합 선발]이었으며, 경찰간부후보생 공개경쟁선발시험에 응시하기 위한 응시자격 중에서 학력, 병역, 신체조건, 운전면허 소지, 제대군인 응시연령 연장은 순경 공개경쟁채용시험과 동일하고, 응시할 수 있는 사람의 나이는 21세 이상 40세 이하이다(경찰공무원 임용령 제39조 ②).

3. 경력경쟁채용시험의 대상 및 응시자격

1) 경력경쟁채용시험의 대상

<표 4-3>에 해당하는 경우에는 경력 등 응시요건을 정하여 같은 사유에 해당하는 다수인을 대상으로 경쟁의 방법으로 채용하는 시험(경력경쟁채용시험)으로 경찰공무원을 신규채용할 수 있다. 다만, 다수인을 대상으로 시험을

표 4-3   경찰공무원 경력경쟁채용시험의 대상

번호	대상	요건
제1호	「국가공무원법」 제70조 제1항 제3호1)의 사유로 퇴직하거나 같은 법 제71조 제1항 제1호2)의 휴직 기간 만료로 퇴직한 경찰공무원을 퇴직한 날부터 3년(「공무원 재해보상법」에 따른 공무상 부상 또는 질병으로 인한 휴직의 경우에는 5년) 이내에 퇴직 시에 재직한 계급의 경찰공무원으로 재임용하는 경우	
제2호	공개경쟁시험으로 임용하는 것이 부적당한 경우에 임용예정 직무에 관련된 자격증 소지자를 임용하는 경우	「국가기술자격법」 이나 그 밖의 법령에 따른 자격증 소지자를 대상으로 한다.
제3호	임용예정직에 상응한 근무실적 또는 연구실적이 있거나 전문지식을 가진 사람을 임용하는 경우	국가기관, 지방자치단체, 공공기관, 그 밖에 이에 준하는 기관의 임용예정직에 관련성이 있는 직무분야에서 임용예정계급에 상응하는 근무경력 또는 연구경력이 3년(특수기술부문에 근무할 자를 임용하고자 하는 경우에는 2년) 이상인 사람으로 한다.3) 다만, 의무경찰로 임용되어 정해진 복무를 마친 사람을 순경으로 경력경쟁채용 등을 하는 경우를 제외하고는 종전 재직기관에서 퇴직한 날로부터 3년을 넘는 사람을 경력경쟁채용 등의 대상으로 할 수 없다.
제4호	「국가공무원법」에 의한 5급 공무원의 공개경쟁채용시험이나 「사법시험법」(2009년 5월 28일 법률 제9747호로 폐지되기 전의 것을 말한다)에 의한 사법시험에 합격한 사람을 경정 이하의 경찰공무원으로 임용하는 경우	
제5호	섬, 외딴곳 등 특수지역에서 근무할 사람을 임용하는 경우	해당 기관이 관할 또는 소재하는 읍·면 지역에서 본인, 배우자 또는 직계존속이 5년 이상 거주하고 있거나 거주한 자이어야 하며, 이 경우의 임용예정계급은 순경으로 한다.

---

1) 직제와 정원의 개폐 또는 예산의 감소 등에 따라 폐직(廢職) 또는 과원(過員)이 되었을 때
2) 신체·정신상의 장애로 장기 요양이 필요할 때
3) 「경찰공무원 임용령」 제16조 ④
   제3항에 따른 경력경쟁채용등을 할 때 다음 각 호의 어느 하나에 해당하는 경우에는 3년의 근무경력 및 연구경력에 관한 요건을 적용하지 아니할 수 있다.
   1. 의무경찰로 임용되어 정해진 복무를 마친 사람을 순경으로 임용하는 경우
   2. 다음 각 목의 사람을 경사 이하의 경찰공무원으로 임용하는 경우
   가. 2년제 이상 대학의 경찰행정 관련 학과를 졸업한 사람(법령에 따라 이와 같은 수준의 학력이 있다고 인정되는 사람을 포함한다)

번호	대상	요건
제6호	외국어에 능통한 사람을 임용하는 경우	행정안전부령으로 정하는 임용예정계급별 외국어 능력기준에 해당하여야 한다.
제7호	제주특별자치도의 자치경찰공무원을 그 계급에 상응하는 경찰공무원으로 임용하는 경우	
제8호	「국가경찰과 자치경찰의 조직 및 운영에 관한 법률」 제16조에 따라 경찰청 외부를 대상으로 모집하여 국가수사본부장을 임용하는 경우	

자료: 「경찰공무원법」 제10조 ③, 「경찰공무원 임용령」 제16조.

실시하는 것이 적당하지 아니하여 대통령령으로 정하는 경우에는 다수인을 대상으로 하지 아니한 시험으로 경찰공무원을 채용할 수 있다(경찰공무원법 제10조 ③, 경찰공무원 임용령 제16조). 경찰공무원 경력경쟁채용시험의 응시연령은 <표 4-1>에서 보는 것과 같다.

따라서, 경찰청장은 「경찰공무원법」 제10조 제3항 각 호 외의 부분 본문에 따라 경찰공무원으로 경력경쟁채용 등을 하는 경우로서 임용예정 직위의 직무수행을 위하여 특히 필요하다고 인정될 때에는 연령·학력 및 거주요건 등 응시자격을 제한하여 시험을 실시할 수 있다(동 임용령 제40조의2).

「경찰공무원 임용령」 제16조 제1항 및 제2항에 따른 임용예정계급별 자격증의 구분, 근무경력 또는 연구경력의 기준 등에 관하여 필요한 사항은 행정안전부령으로 정한다(동 임용령 제16조 ⑧).

2) 경력경쟁채용등의 요건

다음의 어느 하나에 해당하는 사람은 경력경쟁채용등의 대상이 될 수 있다(동 임용령 제16조 ①).

(1) 종전의 재직기관에서 감봉 이상의 징계처분을 받은 사람

(2) 「경찰공무원법」 제30조 제1항 제2호(계급정년)에 따라 정년퇴직한 사람

나. 4년제 대학의 경찰행정 관련 학과에 재학 중이거나 재학했던 사람으로서 별표 1의2의 경찰행정학 전공 이수로 인정될 수 있는 과목을 45학점 이상 이수한 사람
3. 삭제 <2016.12.30.>
4. 보안업무와 관련 있는 사람을 보안요원으로 근무하게 하기 위하여 경장 이하의 경찰공무원으로 임용하는 경우
5. 임용예정직에 관련된 전문지식을 가진 사람을 경찰공무원으로 임용하는 경우

3) 경찰행정 관련 학과 경력경쟁 채용시험

경찰행정 관련 학과 경력경쟁 채용시험에 응시하기 위해서는 연령은 20세 이상 40세 이하이고, 학력은 (1) 2년제 이상 대학의 경찰행정 관련 학과를 졸업한 사람(법령에 따라 이와 같은 수준의 학력이 있다고 인정되는 사람을 포함한다)이거나 (2) 4년제 대학의 경찰행정 관련 학과에 재학 중이거나 재학했던 사람으로서 경찰행정학 전공 이수로 인정될 수 있는 과목(<표 4-4>)을 45학점 이상 이수하여야 한다(병역, 신체조건, 운전면허 자격, 제대군인 응시연령 연장은 순경 공개경쟁채용시험과 같다)(동 임용령 제16조 ④).

표 4-4	경찰행정학 전공 이수로 인정될 수 있는 과목

구분	내용
필수 이수과목	경찰학, 범죄학, 경찰수사론, 범죄예방론, 형법, 형사소송법
선택 이수과목	경찰행정학, 경찰행정법, 헌법, 민사법 및 기타법, 자치경찰론, 비교경찰론, 범죄심리학, 범죄통계학, 피해자학, 형사정책론, 연구방법론, 경찰인권론, 경찰윤리론, 경찰사회론, 경찰경무론, 경찰관리론, 경찰생활안전론, 여성범죄론, 청소년범죄론, 특수범죄론, 사이버수사론, 과학수사론, 경찰교통론, 경찰경비론, 경찰정보론, 경찰외사론, 경찰보안론, 첨단경찰론, 경찰실습, 경찰무도

비고
1. 필수 이수과목 및 선택 이수과목의 각 과목에는 해당 과목과 유사하다고 인정되는 과목이 포함되며, 각 과목과 유사하다고 인정되는 과목은 경찰청장이 정한다.
2. 각 과목(제1호에 따른 유사 과목을 포함한다)당 인정 학점의 상한은 3학점으로 한다.
자료: 「경찰공무원 임용령」 별표 1의2.

4. 경찰공무원 결격사유 및 응시자격 제한

경찰공무원 모집시 모집대상의 객관적 응시자격 이외에 경찰공무원으로서의 결격사유를 별도로 정해 두고 있는 것이 보통이다. 아래와 같은 경찰공무원 결격사유를 가지고 있는 사람은 경찰공무원으로 임용될 수 없다.

1) 경찰공무원 결격사유

「경찰공무원법」 제8조 제2항에 의하면 경찰공무원은 신체 및 사상이 건전하고 품행이 방정(方正)한 사람 중에서 임용하며, 다음의 어느 하나에 해당하는 사람은 경찰공무원으로 임용될 수 없다.

(1) 대한민국 국적을 가지지 아니한 사람

(2) 「국적법」 제11조의2 제1항에 따른 복수국적자

(3) 피성년후견인 또는 피한정후견인

(4) 파산선고를 받고 복권되지 아니한 사람

(5) 자격정지 이상의 형(刑)을 선고받은 사람

(6) 자격정지 이상의 형의 선고유예를 선고받고 그 유예기간 중에 있는 사람

(7) 공무원으로 재직기간 중 직무와 관련하여 「형법」 제355조 및 제356조에 규정된 죄를 범한 자로서 300만원 이상의 벌금형을 선고받고 그 형이 확정된 후 2년이 지나지 아니한 사람

(8) 「성폭력범죄의 처벌 등에 관한 특례법」 제2조에 규정된 죄를 범한 사람으로서 100만원 이상의 벌금형을 선고받고 그 형이 확정된 후 3년이 지나지 아니한 사람

(9) 미성년자에 대한 다음 각 목의 어느 하나에 해당하는 죄를 저질러 형 또는 치료감호가 확정된 사람(집행유예를 선고받은 후 그 집행유예기간이 경과한 사람을 포함한다)

　　가. 「성폭력범죄의 처벌 등에 관한 특례법」 제2조에 따른 성폭력범죄

　　나. 「아동·청소년의 성보호에 관한 법률」 제2조 제2호에 따른 아동·청소년대상 성범죄

(10) 징계에 의하여 파면 또는 해임처분을 받은 사람

2) 부정행위자에 대한 제재

경찰공무원의 채용시험 또는 경찰간부후보생 공개경쟁선발시험에서 다음의 어느 하나에 해당하는 행위를 한 사람에 대해서는 해당 시험을 정지 또는 무효로 하거나 합격을 취소하고, 그 처분이 있은 날부터 5년간 채용시험에 응시할 수 없게 한다(경찰공무원법 제11조; 경찰공무원 임용령 제46조).

(1) 다른 수험생의 답안지를 보거나 본인의 답안지를 보여주는 행위

(2) 대리 시험을 의뢰하거나 대리로 시험에 응시하는 행위

⑶ 통신기기, 그 밖의 신호 등을 이용하여 해당 시험 내용에 관하여 다른 사람과 의사소통하는 행위

⑷ 부정한 자료를 가지고 있거나 이용하는 행위

⑸ 병역, 가점 등 시험에 관한 증명서류에 거짓 사실을 적거나 그 서류를 위조·변조하여 시험결과에 부당한 영향을 주는 행위

⑹ 체력검사나 실기시험에 영향을 미칠 목적으로 인사혁신처장이 정하여 고시하는 금지약물을 복용하거나 금지방법을 사용하는 행위

⑺ 그 밖에 부정한 수단으로 본인 또는 다른 사람의 시험결과에 영향을 미치는 행위

Ⅳ. 경찰공무원 모집제도의 개선방안

오스본(Ralph S. Osborn)은 1992년 FBI 법집행 보고서(FBI Law Enforcement Bulletin)에서 적절한 경찰관 모집을 위하여 다음과 같은 권고를 하였다 (Osborn, 1992: 23).

첫째, 경찰조직은 현재 하위 경찰관의 가치를 이해하도록 노력하고, 이러한 하위 경찰관이 자부심과 소속감을 갖도록 변화시켜야 한다.

둘째, 경찰관의 요구사항을 이해함으로써 재직기간을 증가시켜야 한다.

셋째, 여성의 중요성을 인식하고 그들에게 이용 가능한 혜택을 제공해야 한다.

넷째, 고등학교, 대학교, 군대에서의 모집을 증가시켜야 한다.

다섯째, 젊은 사람을 위한 프로그램을 개발해야 한다.

여섯째, 경찰관이 소수민족 출신을 억압하기보다는 그들에게 서비스를 제공함으로써 인종적 측면에서 지역사회 태도를 변화시키는 프로그램을 개발해야 한다.

현행 경찰공무원 모집제도의 개선방안을 제시하면 다음과 같다.

1. 모집활동의 적극화

우수한 인적 자원이 경찰공무원 채용시험에 응시하도록 하기 위해서 경찰 인사행정기관은 다음과 같은 적극적인 경찰공무원 모집활동을 하여야 한다.

1) 다양한 모집방법의 활용

미국에서 많은 경찰기관은 대학교육을 받은 사람을 모집하기 위하여 대학 직업박람회(College Job Fair)에 참여하고 있는데, 우리나라 경찰의 경우에도 참 고할 필요가 있다. 뉴욕주 서포크 카운티(Suffolk County)는 담당경찰관으로 하 여금 뉴욕에서 가장 큰 고등학교와 대학교를 매일 방문하게 함으로써 경찰시 험에 1992년, 1994년, 1996년 동안 100,000명 이상의 지원자를 모집해 왔다. 수 많은 경찰기관은 많은 사람이 경찰관채용시험에 응시토록 하기 위하여 지역 의 매스컴(특히 텔레비전과 라디오)을 이용한다(Dempsey, 1999: 84).

따라서, 경찰청 홈페이지를 통한 홍보는 물론이고 각 대학의 취업관련 부 서를 통하여 경찰공무원 모집정보를 널리 알려야 할 것이다. 시·도경찰청에 서 전국 대학의 대학생을 대상으로 경찰공무원 채용 설명회를 적극적으로 개 최한다면 더욱 효과적일 것이다. 공직설명회나 취업박람회는 불특정 다수에 대한 일방적 정보제공이 아니라, 공직에 관심을 갖고 있는 보다 한정된 인원 에게 쌍방의 대화를 통해 필요한 정보를 충분히 제공할 수 있다는 점이 중요 한 특징이다(유민봉, 2010: 178).

또한, 경찰공무원 모집시 대학을 졸업한 현직 경찰관으로 하여금 자신의 모교를 방문하도록 하는 방안도 고려해 볼 필요가 있다. 가족이나 친구에 의 해서 전해지는 홍보는 경찰직이나 형사사법기관에 대한 정보를 얻는 일반적 인 방법이라고 할 수 있다. 로스앤젤레스(Los Angeles) 경찰국의 연구를 보면, 새로운 지원자 중 64% 이상이 경찰서나 친구 또는 친척에 의해 유용한 직업 정보를 얻고, 단지 적은 지원자만이 전통적인 신문광고를 통해서 직업정보를 얻는다고 한다.

2) 홍보자료집의 배포

현재 경찰공무원 모집을 위한 자료는 너무 단순화되어 있어 경찰지원자가 경찰에 관한 다양한 정보를 얻을 수 없으므로, 각 시·도경찰청은 대학에서 신입생을 선발할 때 제작하는 「대학입시요강」과 유사한 홍보자료를 제작하여 배포하여야 할 것이다. 이러한 홍보자료집은 선발의 기준, 신임교육 프로그램 및 교육수당, 임용시 배치기관 및 급여수준에 관한 다양한 정보를 포함하고 있어야 한다.

참고로 미국에서는 National Directory of Law Enforcement, Correctional Institution and Related Agencies가 National Police Chiefs and Sheriffs와 Informal Bureau에 의해 발행되고 있다. 이러한 발행물에는 각 주의 형사사법기관의 이름, 메일주소, 전화번호 등이 실리고 있다.

3) 경찰장학생 선발

군의 경우 ROTC라는 제도를 통하여 대학 3학년 때부터 초급장교를 모집하고 있는데, 경찰의 경우에도 전국 대학의 우수한 인적 자원을 대상으로 경찰장학금을 지급하고 졸업 후 경찰에 입직할 수 있도록 해야 할 것이다. 특히, 경찰업무에 필요한 특수 전공분야의 대학생을 대상으로 경찰장학생을 선발한다면 장기적으로 경찰업무의 발전에 많은 도움이 될 것이다.

4) 경찰직에의 유인요인 강화

적극적인 모집과 동시에 경찰에 대한 시민의 부정적 인식을 긍정적으로 전환시킬 수 있도록 경찰직의 장점을 널리 알릴 필요가 있다. 특히, 경찰직이 안정적이라는 점과 시민에 대해 책임을 지고 봉사하는 직업이라는 점 등을 적극적으로 강조하여야 한다.

2. 응시자격 기준의 타당성 확보

모든 사람에게 공직 취임의 응시자격을 주는 것은 불합리하고 비경제적이다. 모집은 양의 문제이기보다 질의 문제이기 때문이다. 공직에서 필요로 하는 인적 자원을 대상으로 집중적인 모집활동을 하는 것이 모집의 효과성을 높일 수 있다(유민봉, 2010: 180). 따라서, 경찰공무원 채용시험에 응시하기 위한 학력자격으로서 학력제한을 없애기 보다는 고졸 이하와 대졸 이상을 구분하여 모집하는 것을 고려해 볼 필요가 있다. 또한, 응시연령을 정함에 있어서 순경 공개경쟁채용시험의 경우 일률적으로 40세까지 할 것이 아니라 고졸자와 대졸자를 구분하여 응시연령을 합리적으로 정하는 것이 바람직하다.

3. 합리적인 장·단기 인력수급계획의 수립

경찰인력수급계획을 통해서 장기적인 안목에서 노동시장을 관리함으로써 앞으로의 경찰공무원 모집에서 야기될 수 있는 인적 자원의 고갈현상을 미연에 방지할 수 있다. 따라서, 경찰공무원 모집시 선행조건으로 직위분류제의 수립을 위한 직무분석부터 시행하여 인력자원계획의 기틀을 마련하고, 치안수요의 측정과 인력감사의 결과를 토대로 인력수급계획을 수립·적용해야 할 것이다(서규하, 1991: 122-123).

4. 경찰인턴십 프로그램의 실시

경찰인턴십제도는 경찰활동에 대한 교육을 받은 대학생을 대상으로, 대학에서 습득한 이론을 경찰현장에서 체험을 통하여 심화시키는 제도이다. 경찰인턴십제도의 필요성을 정리해 보면 다음과 같다(김성환, 2008: 66-67).

첫째, 경찰인턴십제도를 통해서 지역주민 경찰활동 체험의 유형을 관리할 수 있으며, 자신이 현장실습을 하고자 하는 장소와 시간에 자신이 선호하는 유형으로 활동할 수 있을 것이다.

둘째, 대부분의 경찰인턴십제도의 활동영역인 일선 지구대에서는 어느 특정 지구대에 활동인원이 몰리지 않도록 실습 대상자 인원 수를 일정하게 분배하여 더욱 내실 있는 활동을 실시할 수 있다.

셋째, 활동영역을 지구대뿐만 아니라 경찰서 내부의 민원봉사실이나 청문감사관실 등으로 활동영역을 확대하여 다양한 실습 프로그램을 만들 수 있다.

넷째, 경찰인턴십 활동시 대상자의 재해에 대한 제도적 보호장치가 마련될 수 있다. 「산업재해보험법」 제123조에 의해 현장실습 대상자는 그 사업에 사용되는 근로자로 인정되므로 현장실습 대상자가 입은 재해는 업무상의 재해로 보아 보험급여를 지급할 수 있다.

다섯째, 참여 대상자가 지역주민의 경우 생계유지 때문에 실질적 참여시간이 불규칙적이고 적을 수 있다. 그러나 대상을 대학생으로 하는 경찰인턴십제도는 대학생이 교육시간 내에 참여를 하게 되므로 규칙적이고 많은 시간을 활용할 수 있다.

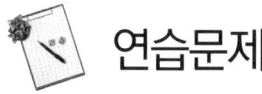 연습문제

1. 경찰인력수급계획 과정을 설명하세요.

2. 경찰공무원 응시자격기준을 설명하세요.

3. 적극적인 경찰공무원 모집방안을 논하세요.

 참고문헌

〈국내문헌〉

김성환. (2008). "경찰인턴쉽제도의 도입방안에 관한 연구," 석사학위논문, 원광대학교 대학원.

김정식. (2008). "경찰공무원 채용제도의 개선방안에 관한 연구," 석사학위논문, 한세대학교 경찰법무대학원.

박연호. (2001). 「인사행정신론」(제6판), 서울: 법문사.

서규하. (1993). "경찰공무원의 모집에 관한 연구,"「한국공안행정학회보」, 2: 79-94.

_____. (1991). "경찰공무원의 채용과정에 관한 연구," 박사학위논문, 동국대학교 대학원.

오석홍. (1989). 「인사행정론」, 서울: 박영사.

_____. (2000). 「인사행정론」(제4판), 서울: 박영사.

_____. (1990). "조직내의 인력기획,"「행정논총」, 제28권(제2호), 서울대학교 행정대학원.

_____. (1981). "인력획득의 효율화 방안,"「행정논총」, 제19권(제2호), 서울대학교 행정대학원.

유민봉. (2010). 「한국인사행정론」(제3판), 서울: 박영사.

이관희·임준태. (1999). "독일경찰교육제도에 관한 연구,"「한국경찰학회보」, 1: 107-149.

이상원. (2000). "신임경찰모집에 영향을 주는 요인에 관한 연구,"「치안정책연구」, 제14호, 치안연구소.

이황우. (1986). "경찰공무원의 선발모형에 관한 연구,"「행정논집」, 제15집, 동국대학교 행정대학원.

_____. (2007). 「경찰행정학」(제5판), 서울: 법문사.

임창호. (2002). "경찰공무원 모집제도에 관한 연구,"「교수논문집」, 7.

전주수. (1999). "한국경찰의 중장기 인력수요 예측모형 개발에 관한 연구," 박사학위논문, 한국외국어대학교 대학원.

정재림·전소연·곽미애·연승준. (2007). "경찰관서 표준인력 수요모델 개발: 시스템다이내믹스 방법론을 기반으로",「한국경영정보학회 학술대회논문집」.

정진환. (1993). 「비교경찰제도」, 서울: 아카데미아.

〈국외문헌〉

Cox, S. M., McCamey, W. P., & Scaramella, G. L. (2014). *Introduction to Policing*, Thousand Oaks, California: Sage Publications, Inc.

Dempsey, J. S. (1999). *An Introduction to Policing*(2nd ed.), Belmont, CA: An International Thompson Publishing Company.

Fyfe, J. J., Greene, J. R., Walsh, W. F., Wilson, O. W., & McLaren, R. C. (1997). *Police Administration*(5th ed.), New York: McGraw-Hill.

Klingner, D. & Nalbandian, J. (1993). *Public Personnel Management*, New Jersey: Prentice-Hall.

Leonard, V. A. & More, H. W. (1978). *Police Organization*, New York: The Foundation Press.

More, H. W. & Wegener, W. F. (1992). *Behavioral Police Management*, New York, NY: Macmillan Publishing.

Niederhoffer, A. (1967). *Behind the Shield: The Police in Urban Society*, Garden City, N. Y.: Anchor Books.

Osborn, R. S. (1992). "Police Recruitment: Today's Standard-Tomorrow's Challenge," *FBI Law Enforcement Bulletin*, June.

Price, C., Pollock, M. L., Gettman, L. R., & Kent, D. A. (1978). *Physical Fitness Programs for Law Enforcement Officers: A Manual for Police Administrators*, Washington, D.C.: U.S. Government Printing Office.

Pugh, G. M. (1986). "The Good Police Officers: Qualities, Roles, and Concepts," *Journal of Police Science and Administration*, 14(1): 1-5.

Pynes, J. E. (1997). *Human Resource Management for Public and Nonprofit Organi -zations*, California: Jossey-Bass.

Sheehan, R. & Cordner, G. W. (1989). *Introduction to Police Administration*, 2nd ed., Cincinnati: Anderson.

Sherman, L. *et al.* (1978). *The Quality of Police Education*, San Francisco: Jossey-Bass.

Siegel, G. B. & Myrtle, R. C. (1985). *Public Personnel Administration*, Boston: Houghton Mifflin Co.

Sikula, A. F. (1976). *Personnel Administration & Human Resource Management*, New York: John Wiley & Sons Inc.

Slater, H. R. & Reiser, M. (1988). "A Comparative Study of Factors Influencing Police Recruitment," *Journal of Police Science and Administration*, 16(3): 168-176.

Stead, P. J. (1983). *The Police of France*, New York: MacMillan Publishing co.

Strawbridge, P. & Strawbridge, D. (1990). *A Networking Guide to Recruitment, Selection and Probationary Training of Police Officers in the Major Police Departments of the United States of America*, New York: John Jay College of

Criminal Justice.

Swank, C. J. & Conser J. A. (1983). *The Police Personnel System*, New York: John Wiley & Sons.

Swanson, C. R. & Territo, L. (1988). *Police Administration: Structures, Processes, and Behavior*, 2nd ed., New York: Macmillan.

Territo, L., Swanson, C. R., & Chamelin, N. C. (1977). *The Police Personnel Selection Process*, Indianapolis: Bobbs-Merrill Educational Publishing.

Wilson, O. W. (1963). *Police Administration*(2nd ed.), New York, NY: McGraw-Hill.

Wilson, O. W. & McLaren, R. R. (1972). *Police Administration*(3rd ed.), New York, NY: McGraw-Hill Book Co., 1972.

Wilson, O. W. & McLaren, R. R. (1977). *Police Administration*(4th ed.), New York, NY: McGraw-Hill Book Co., Inc.

日本警察廳, 警察白書, 平成12年版.

日本警察廳, 警察白書, 平成30年版.

Chapter **05**

경찰공무원 채용 및 시보임용

제1절 경찰공무원 채용

Ⅰ. 경찰공무원 채용의 개념 및 목적

1. 경찰공무원의 채용의 개념

경찰공무원 채용(hiring, selection)이란 경찰공무원이 될 수 있는 자격 및 능력을 갖춘 지원자에게 균등한 응시 기회를 제공하고, 동일한 조건 하에서 공정한 선발과정을 거쳐 적재적소에 배치하는 것을 의미한다. 특히, 경찰의 역할을 실현하는데 필요한 수준의 지식(knowledge)·기술(skill)·능력(ability)을 소유한 지원자를 선발하기 위한 도구이다.

즉, 경찰관 모집(recruitment)을 통하여 지원자가 응모하면, 지원자 중에서 적격성이 가장 높은 순서대로 경찰관으로 채용하여야 하는데, 이러한 채용수단이 되는 것이 채용시험이다. 채용시험은 유능한 인재를 경찰직에 채용하기 위하여 능력자와 무능력자를 판단하여, 보다 좋은 능력자를 경찰공무원으로 선발하는 과정인 것이다(이영남, 2006: 124; 오규철, 2011: 115).

채용은 모집·채용시험·신임교육훈련·시보임용으로 구성되는 반면에, 임용(employment)은 더 광범위한 개념으로서 채용(hiring), 강등(demotion), 전보(transfer), 휴직(layoff), 승진(promotion), 면직(firing) 등을 포함하는 개념이다.[1]

휴스턴(Houston) 주 텍사스(Texas) 경찰국의 웨트마이어(Timothy N. Oettmeier)는 경찰관 채용과정을 재수립하기 전에 다음과 같은 4단계 과정을 거쳐야 한다고 권고한다(Dempsey, 1999: 88). 첫째, 경찰 역할의 재정의, 둘째, 지식(K)·기술(S)·능력(A)의 재평가, 셋째, 경찰직 홍보의 강조, 넷째, 신중한 채

---

1) 「경찰공무원 임용령」에서는 '임용'이란 용어를 사용하고 있는데, 임용에는 신규채용, 승진, 전보, 파견, 휴직, 직위해제, 정직, 복직, 면직, 해임 및 파면이 속해 있다(경찰공무원 임용령 제2조).

용이다.

2. 경찰공무원 채용의 목적

슐츠(C. Schultz)(1984: 409-415)는 "경찰조직은 경찰업무를 가장 잘 수행할 수 있는 능력을 가진 사람을 확인하여 채용해야 한다."고 하여 우수한 자질을 갖춘 경찰관 채용의 중요성을 강조하고 있다. 적절치 못한 자가 경찰관으로 채용되면 시민뿐만 아니라 경찰조직 자체를 해치는 결과를 야기할 수 있으므로 경찰조직 발전을 위해서는 능력 있고, 우수한 경찰공무원을 채용하는 것이 매우 중요하다.

슈스만 등(E. Shusman et al.)(1987: 162-168)은 경찰공무원 채용의 목적을 제시했는데, 첫째 관리자는 충원 부족, 과도한 초과근무수당, 경찰관 사이의 신뢰를 저하시키는 지각 및 결근을 없애기를 원한다. 둘째, 징계심사는 경찰관서의 비용을 증가시키고 귀중한 행정시간을 낭비한다. 셋째, 채용시험은 시민이나 동료 경찰관에 대한 잠재적 위해를 예방할 수 있도록 도와준다. 마지막으로, 낮은 이미지 및 법원 소송은 무분별하고 무책임한 경찰관 행위에서 발생할 수 있다.

경찰조직은 직무를 가장 잘 수행할 수 있는 사람을 확인해서 채용해야 한다. 물론, 이것은 경찰관리자가 조직 목표를 분명하게 표현하고, 수행하도록 요구되는 경찰관의 역할 및 임무를 잘 이해하고 있다는 것을 가정한다(Gaines & Kappeler, 2011: 90).

Ⅱ. 경찰공무원 채용기준

1. 예측 타당성 있는 채용기준 확립

예측 타당성(predictive validity)을 지닌 경찰관 채용기준이 마련되어야 하는데, 그러한 채용기준은 지원자의 성공적 직무수행을 통계학적으로 타당하게 예상할 수 있도록 해주고, 직무와 관련된 것이어야 한다. 예를 들면, 5피트 9인치라는 신장조건이 경찰관이 차를 운전하거나 차 지붕 위로 총기를 쏠 수 있을 정도의 신장을 요구하는 조건이라면 채용기준의 직무 관련성 입증에 보다 효과적일 것이다.

2. 고용차별 금지

미국에 있어서 경찰인사정책 및 관행 그리고 미국 경찰기관의 구성에 큰 영향을 준 중요한 개혁은 고용차별금지 입법, 소송, 판례를 통하여 이루어졌다. 1964년 「인권법」(Civil Rights Act) 제7장(Title Ⅶ)과 1972년 「평등고용기회보장법」(The Equal Employment Opportunity Act)에 의해 부가된 수정법안은 경찰을 포함한 모든 고용주는 인종, 피부색, 종교, 성별 및 출신국적에 따라 지원자나 재직자 개개인을 차별하는 것을 금지하고 있다.

3. 우수 경찰관의 자격기준 마련

경찰공무원은 국민에 의해서 요구되는 모든 것을 할 수 있어야 한다. 효과적인 경찰관을 위한 자격기준은 다음과 같다(Holden, 1994: 233-234).

첫째, 효과적인 의사소통능력을 갖추는 것이다. 더 많은 주제에 대하여 더 많은 지식을 경찰관이 갖추고 있을수록 다양하고 복잡한 상황에 효과적으로 대응할 수 있다.

둘째, 위기상황에서도 제대로 활동할 수 있어야 한다. 유능한 경찰관은 자신 및 타인에 대하여 잘 이해하고 있이아 하며, 감정을 진정시킬 수 있고 아무것도 없는 상황에서도 추론할 수 있어야 한다.

셋째, 성숙성을 갖추어야 한다. 성숙성이 나이, 경험, 또는 가족관계의 결과이든지 간에, 각종 논쟁 및 범죄행위를 다루는 과정에서 생겨나는 많은 흥분된 감정을 다루는 데 매우 필요하다.

4. 직위분류체계 확립

경찰공무원 채용기준을 확정하기 위해서는 조직 내 각 직위에 부여된 임무를 분명하게 정의하고, 이러한 임무수행에 필요한 지식(Knowledges)·기술(Skills)·능력(Abilities), 즉 KSAs를 특정해 주는 직위분류체계(position classification system)를 요구한다.

Ⅲ. 경찰공무원 채용시험의 합리적 요건

채용시험(selection test)이란 직무수행에 필요한 지식, 기술, 능력을 측정하는 표준화된 도구로서 경찰조직이 필요로 하는 능력과 자격을 갖추고 있는 지원자를 선별하고 부적격자를 배제하기 위한 시험을 의미한다. 채용시험이 합리적으로 되기 위해서는 (1) 타당성, (2) 신뢰성, (3) 난이도, (4) 객관성, (5) 실용성을 갖추어야 한다.

1. 타 당 성

타당성(validity)이란 채용시험이 측정하려는 내용을 어느 정도 정확하게 측정하고 있는가를 나타내는 것이다. 채용시험의 타당성은 시험성적과 근무성적의 상호관계에 의하여 검증할 수 있다.

따라서, 채용시험을 통해서 채용된 경찰관의 근무성적과 채용 당시의 시험성적을 비교하여 양자의 상관도가 높은 경우에는 채용시험의 타당성은 높다고 할 수 있다. 경찰공무원으로서 자격이 있는 사람을 채용하기 위해서 채용시험은 다음과 같은 요건을 갖추어야 한다.

첫째, 동일자격이 있는 모든 지원자에게 동일한 기회를 부여하여야 한다.

둘째, 지원자의 우열을 판별할 수 있어야 한다.

셋째, 채용시험에 합격한 이후에도 그들의 행동을 파악할 수 있어야 한다.

넷째, 장래의 발전가능성을 예측할 수 있어야 한다.

2. 신 뢰 성

신뢰성(reliability)이란 채용시험의 측정수단으로서의 일관성을 의미한다. 따라서 동일한 사람이 동일한 문제를 시간을 달리하여 치른 경우 그 성적의 차이가 근소할수록 채용시험의 신뢰도는 높다. 신뢰도를 높이려면 채점의 객관도를 높이고, 출제 문항수를 많이 하고, 답안작성시간을 적절하게 제공하여야 한다.

3. 난 이 도

난이도(difficulty)란 채용시험의 어려운 정도를 말한다. 채용시험이 너무 어렵거나 너무 쉬우면 응시자의 득점이 한 곳으로 집중되므로 우열을 분별하기 곤란하다. 이러한 문제점을 극복하기 위해서는 난이도의 정도를 달리하여 문제를 구성하는 것이 바람직하다.

4. 객 관 성

객관성(objectivity)이란 시험의 채점이 채점자의 주관적 판단에 따라 좌우되지 않으며, 시험 외적 요인에 의하여 영향을 받지 않는 것을 말한다. 객관성을 측정하는 방법에는 (1) 동일한 시험을 동일한 채점자가 시간을 달리하여 2회 채점하여 그 결과를 비교하는 방법, (2) 동일한 시험을 2인 이상의 채점사가 채점하여 그 결과를 비교하는 방법, (3) 사전에 작성한 모범답안과 채점된 답안을 비교하는 방법 등이 있다.

5. 실 용 성

실용성(practicability)이란 경제적 측면에서 시험의 관리비용이 적게 들어야

하며, 시험관리 측면에서 시험의 실시 및 채점이 용이해야 한다는 것을 의미
한다.

IV. 경찰공무원 채용시험의 종류

현재 미국이나 한국에서 경찰공무원을 채용할 때 활용되고 있는 채용시험
의 종류를 살펴보면 다음과 같다.

1. 신체검사 및 건강검진

경찰업무는 신체적 민첩성과 인내력을 요구하여 신체적 또는 의학적으로
적합한 지원자가 채용되어야 하므로 경찰공무원 채용시험에 있어서 신체검사
및 건강검진이 중요시되고 있다.

2. 필기시험

경찰공무원 채용시험에 있어서는 직무수행자격(BFOQ)의 모든 측면에서
검사가 행해져야 한다. 필기시험은 비용-효과적인 채용시험 방법이고, 필기시
험 절차상의 동일성 때문에 상대적으로 안정된 방법이며, 모든 지원자를 공
평하게 대한다는 장점이 있다.

최근에는 필기시험에 의해서 직무수행자격을 증명하는 것이 불가능하기
때문에, 경찰기관에서는 자격이 입증된 지원자 간의 순위를 정하는 기능보다
는 부적격자를 탈락시키는 기능으로 필기시험이 이용되기도 한다.

3. 체력검사

경찰직무는 범죄진압과 같은 업무를 수행하기 때문에 상당히 높은 민첩성
과 지구력을 필요로 한다. 경찰관 채용과정에서 종래에는 신장 및 체중이 강

인성의 척도로 사용되어 왔으나, 오늘날에는 민첩성 검사가 체력검사를 대신하게 되었는데, 민첩성(agility)은 신체적 소질 및 능력을 평가하는 유효한 변수가 되고 있다. 특히, 경찰관은 신체적 적합성으로서 좋은 호흡기관, 낮은 비만도, 적절한 근력, 그리고 인내와 유연성과 같은 특성을 지녀야 효과적으로 경찰직무를 수행할 수 있다.

4. 적성검사

적성검사는 지원자가 직무수행에 적합한 잠재적 소질을 갖고 있는지를 측정한다. 다만, 직무수행에 필요한 지식과 기술에 대한 현재의 상태를 측정하는 것이 아니라, 앞으로 훈련과 경험을 통해 얼마나 성공적으로 직무를 수행할 수 있을 것인가의 잠재적 능력을 측정하는 것이다.

5. 면접시험

면접시험은 필기시험이나 배경조사를 통해서는 정확하게 평가할 수 없는 지원자의 직무수행에 필요한 능력, 발전성 및 적격성을 평가하는 것이다. 사실상 면접이 적격자를 채용함에 있어서 중요하고도 유용한 방법이라고 할 수 있다.

면접에는 개별면접과 집단면접이 있다. 개별면접은 채용을 위임받은 면접관 개인이 행하는 면접인데, 개별면접의 목적은 응시원서에 기재되어 있지 않은 지원자에 대한 정보를 얻는 것이다. 개별면접은 비적격자를 신속하고 효율적으로 선별해 낼 수 있는 방법이다.

개별면접은 구두면접(oral interview)과 면접 위원회(oral board)로 나눌 수 있는데, 구두면접은 지원자와 경찰책임자 사이의 1대1 면접을 의미한다. 작은 경찰기관에서는 이러한 면접이 필기시험이나 평가센터를 대체한다. 구두면접 위원회는 주로 3명의 패널과 지원자 사이의 면접을 의미한다. 패널은 경찰관, 인사위원회 대표자, 지역주민으로 구성된다(Swanson et al., 2001: 273).

집단면접은 동시에 여러 응시자를 면접할 수 있도록 여러 면접관으로 구성된 패널면접을 의미한다. 집단면접은 긴장 속에서 응시자를 관찰하거나 다른 사람과 의사소통을 할 수 있는 개인의 능력을 파악하는 좋은 기회를 제공해 준다.

6. 실기시험

실기시험은 직무수행에 필요한 지식 및 기술을 실습 또는 실기의 방법에 의하여 평가하는 것이다. 도구나 장비를 써서 일을 해보게 하거나, 기계조립을 시켜 보거나, 또는 작업에 쓰는 설비의 모형을 놓고 일을 해보게 하는 방법 등이 여기에 해당한다.

7. 서류전형

서류전형은 직무수행에 관련되는 자격 및 경력 등을 서면에 의하여 심사하는 것이다. 서류전형은 다른 채용시험방법에 비하여 비용이 덜 들고 응시자에 관한 상세한 정보를 얻을 수 있으나, 평가과정의 표준화가 곤란하므로 평가자의 편견이 개입될 가능성이 있다.

8. 심리검사

경찰관은 심리적으로 스트레스를 유발하는 여러 상황에 노출되어 있기 때문에 심리검사(psychological testing)를 통하여 심리적 장애가 있는 지원자를 선별해 내는 것이 필요하다.

1만 명 이상이 거주하는 도시의 경찰기관을 대상으로 한 국제도시관리자협회(International City Management Association)의 조사에 따르면 조사에 응한 910개 경찰기관 가운데 71.2%의 경찰기관이 심리검사나 정신분석검사를 실시하고 있는 것으로 나타났다(Fyfe, 1986: 6).

1990년에 행한 스트로브리지(Strawbridge) 부부의 조사에 따르면 심리검사나 정신병리학적 검사를 채용과정에 도입하는 추세가 확대되고 있는 것으로 나타났는데, 연구대상이 된 72개 대규모 경찰기관 중 68개 기관(94.4%)에서 정신측정 검사나 심리분석 면접을 채용과정에 도입하고 있다(Strawbride & Strawbride, 1990).

9. 거짓말탐지기 검사

미국 경찰기관은 경찰관을 채용할 때 거짓말탐지기(polygraph) 검사를 활용하고 있다. 경찰지원자를 선발함에 있어서 거짓말탐지기를 사용하는 장점은 (1) 거짓말탐지기가 그들의 과거 비행을 들춰낼 수 있다고 인식하여 일부 문제 있는 지원자로 하여금 지원을 포기하게 할 수 있으며, (2) 지역사회로 하여금 경찰기관이 가장 유능한 경찰관을 채용하기 위하여 모든 노력을 하고 있다는 인식을 갖게 할 수 있다.

10. 배경 및 인성조사

경찰관은 부패, 가혹행위 및 기타 범하기 쉬운 비리행위에 대한 유혹을 이겨낼 수 있는 의지력과 고결한 인격을 갖추고 있어야 한다. 이것을 확인하기 위하여 미국 경찰기관은 배경 및 인성조사(background & character investigation)를 실시하고 있다. 미국에서는 배경 및 인성조사를 통하여 적격자를 채용하기 위하여 다음의 2단계 조사를 행하고 있다.

1) 국립범죄자센터

많은 경찰기관에서는 국립범죄자센터(National Crininal Center)의 조사 결과에 띠라서 중범죄 또는 기타 위법행위 혐의를 받았던 사실이 있거나 중대한 교통법규 위반기록을 갖고 있는 지원자를 탈락시키고 있다. 혐의사실이 입증되지는 못했지만 체포된 사실이 있는 경우에도 풀려나게 된 이유가 실제로 범죄혐의가 없음이 밝혀진 것인지, 아니면 피해자와 합의하여 고소 취소를 했기 때문인지를 명확히 조사하게 된다. 만약 후자의 경우라면 지원자를 탈락시키게 된다.

2) 직업경력, 이웃 사람의 진술, 신용대출기관의 자료조사

가능한 한 직업경력, 이웃 사람의 진술, 신용대출기관의 자료조사는 담당 경찰관이 이용할 수 있는 공적인 경로를 통하여 공식적으로 이루어져야 한다. 담당 경찰관이 개인적으로 알고 있는 지원자의 전직 상관이나 동료에 의한 평가는 2차 참고자료에 불과하다. 공식적으로 행해지는 조사는 가능한 한 모두 문서화해야 한다.

11. 평가센터

1) 평가센터의 개념

평가센터(assessment center)는 평가관의 관찰 하에 지원자에게 직무와 관련된 한 가지 이상의 임무를 부여하고 그 임무수행 정도를 측정하는 것으로서 그 심사과정은 보다 객관적이라고 할 수 있다.

로스(Ross)(1979: 44)가 지적한 바와 같이, 평가센터의 임무는 직무분석에 의하여 성공적인 직무수행을 위하여 중요하다고 결정된 행위를 측정하는 것이다. 평가자는 신임경찰관으로서 성공적인 직무수행에 중요한 행태의 관점에서 지원자의 직무수행능력을 평가한다. 특히 말에 의한 의사소통기술을 평가한다.

2) 평가센터의 장점과 단점

평가센터의 장점은 객관적 검증과 상황적 검증 모두에 대한 지원자의 전반적인 업무수행능력에 대해서 순위를 정할 수 있게 해준다는 점이다. 다양한 평가척도를 활용하고 각각의 점수를 종합함으로써, 단 하나의 평가척도가 초래할 수 있는 지원자에 대한 긍정적·부정적 편견의 가능성을 극복하는 데 도움이 될 수 있다.

그러나 평가센터는 상당한 비용을 요한다. 다른 방법에 비해 많은 시간을 요하며, 잘 훈련된 전문적인 평가자를 필요로 하기 때문이다. 더구나 모의상황이거나 가상현실에 대한 지원자의 업무수행능력의 검증에 있어서 무엇을 어떻게 평가하고 측정할 것인가에 대한 만족할만한 기준이 설정되어 있지 않다(이윤호, 2006: 187).

3) 평가센터의 구성

평가센터는 상황적 검사절차의 하나로서 임상적 성향을 지닌 시험방법인 모의연습식 시험에 속한다. 평가센터는 가정된 직무상황에 대응하는 지원자의 능력을 현실감 있게 평가하는 데 사용되며, 며칠간의 시험기간을 통해서 소속감 검사(belongings test), 스트레스 면접(stress interview), 사회자 없는 집단연습(leaderless group exercise) 등의 복수기법이 동원되기도 한다.

평가센터는 필기시험(written test), 비디오 테잎 시뮬레이션(video-taped simulations), 구두발표(oral presentations), 역할연기연습(role play exercises), 문제해결연습(problem-solving exercises), 집단토론(group discus- sions), In-Basket 연습[2]을 포함시킬 수도 있다. 모든 테스트의 결과는 최종 등급을 위해서 합산된다.

4) 평가센터의 활용현황

평가센터는 미국 경찰기관의 경우 22.6%에 의해서 활용되고 있다. 평가센터는 일련의 행태시험 또는 모의실험이다. 평가센터는 과거보다도 현재 경찰기관 사이에서 더욱 인기가 있다. 점차 더 많은 경찰기관이 채용시험을 위해서 평가센터를 이용하고 있다. 몇몇 경찰기관은 신임경찰관을 채용하기 위하여 이용하고 있으나, 대부분의 경찰기관은 승진시험을 위해서 이용하고 있다 (Doerner & Nowell, 1999: 343-352).

---

2) In-Basket 연습은 경찰지원자가 문제를 검토한 후 그 문제를 처리하는 방법을 결정하는 시험이다. 기획하고, 임무를 부여하고, 문제를 해결하는 경찰지원자의 능력이 In-Basket 연습에서 주로 평가된다.

V. 한국의 경찰공무원 채용제도

1. 계급별 채용시험 실시

1) 채용시험 실시의 원칙

경찰공무원의 채용시험은 계급별로 실시한다. 다만, 결원보충을 원활히 하기 위하여 필요하다고 인정할 때에는 직무분야별, 근무예정지역 또는 근무예정기관별로 구분하여 실시할 수 있다(경찰공무원 임용령 제32조).

2) 공개경쟁채용과 경력경쟁채용

경찰공무원 채용은 일반적으로 외부로부터 경찰공무원을 임용하는 것으로서 공개경쟁채용과 경력경쟁채용이 있다.

(1) 공개경쟁채용

공개경쟁채용은 공직취임의 기회를 균등하게 제공하고, 임용에 있어서 공정성을 담보할 수 있으며, 경찰행정의 중립성 및 직업공무원제도 확립에 기여할 수 있다는 장점이 있다. 그러나 시험에 의한 채용은 공직사회를 외부와 단절시켜 공직의 폐쇄성을 초래하고 국민의 요구에 대한 대응성을 저하시킬 수 있다. 또한 그 속성상 채용의 객관성과 공정성 등에 치중하여 운영되므로 지식정보화시대에 요구되는 여러 전문인력을 적시에 충원하지 못하는 경직성을 초래할 수 있다(경찰대학, 2012: 196).

(2) 경력경쟁채용

경력경쟁채용은 공직충원 통로의 다양화를 통해 공개경쟁채용시험으로 채용하기 어려운 고급인력을 확보할 수 있고, 임용체제에 신축성과 융통성을 부여함으로써 경찰수요에 따른 필요 인력 충원을 가능하게 하며, 다양한 인력의 공직진입 가능성을 확대함으로써 사회적 형평성을 제고할 수 있다. 그러나 경력경쟁채용 요건이 까다로울 경우에는 공무담임권과 「헌법」상 평등권을 침해할 우려가 있고, 요건을 대폭 완화할 경우에는 정실임용의 우려를 야기할 수 있으며, 상위계급으로의 신규 입직에 따른 내부적 반발을 야기할 수 있다.

2. 공개경쟁채용

1) 공개경쟁채용의 개념

공개경쟁채용은 자격 있는 모든 사람에게 공직에 지원할 기회를 주고 공개경쟁시험을 통하여 채용후보자를 결정하는 방법이다. 여기에서 가장 중요한 것은 평등의 원칙(국가공무원법 제35조)이 지배하는 공개경쟁을 보장하는 것이다.

경정 및 순경의 신규채용은 공개경쟁시험으로 한다. 경위의 신규채용은 경찰대학을 졸업한 사람 및 대통령령으로 정하는 자격을 갖추고 공개경쟁시험으로 선발된 사람(경찰간부후보생)으로서 교육훈련을 마치고 정하여진 시험에 합격한 사람 중에서 한다(경찰공무원법 제10조 ①, ②). 공개경쟁채용에서 보장되어야 할 공개경쟁의 조건은 적절한 공고, 공평한 지원기회 제공, 채용기준의 현실성 확보, 차별금지, 능력을 기초로 한 순위결정, 결과 공개 등이다.

2) 채용시험 실시권자

경찰공무원의 신규채용시험 및 승진시험과 경찰간부후보생 선발시험은 경찰청장 또는 해양경찰청장이 실시한다. 다만, 경찰청장 또는 해양경찰청장이 필요하다고 인정할 때에는 대통령령으로 정하는 바에 따라 그 권한의 일부를 소속 기관의 장, 시·노성찰정장, 지방해양경찰관서의 장에게 위임할 수 있다(경찰공무원법 제20조 ①).

경찰청장은 「경찰공무원법」 제20조 제1항 단서에 따라 다음의 구분에 따른 권한을 시·도경찰청장이나 경찰대학의 장에게 위임한다. 다만, 경찰청장은 시험출제 수준의 균형을 유지하기 위하여 특히 필요하다고 인정하는 경우에는 시험출제 업무를 직접 할 수 있다(동 임용령 제33조).

(1) 순경 공개경쟁채용시험의 실시권: 시·도경찰청장

(2) 경력경쟁채용시험등의 실시권(긴급하게 인원을 보충할 필요가 있거나 업무
   내용의 특수성 등을 고려하여 채용할 필요가 있는 경우는 제외한다): 시·도
   경찰청장

(3) 경찰간부후보생 공개경쟁선발시험의 실시권: 경찰대학의 장

3) 채용시험의 방법

경찰공무원의 채용시험(경찰공무원법 제10조 제3항 제8호에 따른 경력경쟁채용
시험등은 제외한다)은 <표 5-1>의 방법에 따른 신체검사·체력검사·필기시
험·종합적성검사·면접시험 또는 실기시험과 서류전형으로 실시한다. 다만,
시험실시권자는 업무내용의 특수성이나 그 밖의 사유로 필요하다고 인정하는
경우에는 체력검사를 실시하지 않을 수 있다(동 임용령 제35조 ①).

표 5-1 경찰공무원 채용시험의 유형

시험 유형	내 용
신체검사	직무수행에 필요한 신체조건 및 건강상태를 검정하는 것으로 한다.
체력검사	직무수행에 필요한 민첩성·지구력 등 체력을 검정하는 것으로 한다.
필기시험	교양부문과 전문부문으로 구분하되, 교양부문은 일반교양정도를, 전문부문은 직무수행에 필요한 지식과 그 응용능력을 검정하는 것으로 한다.
종합적성검사	직무수행에 필요한 적성과 자질을 종합검정하는 것으로 한다. 종합적성검사는 인성검사와 정밀신원조회로 구분하여 실시한다.
면접시험	직무수행에 필요한 능력, 발전성 및 적격성을 검정하는 것으로 한다. ※ 일반공채: 준법성, 성실성, 창의성, 가치관 등 능력 및 인성 검정
실기시험	직무수행에 필요한 지식 및 기술을 실습 또는 실기의 방법에 의하여 검정하는 것으로 한다.
서류전형	직무수행에 관련되는 자격 및 경력등을 서면에 의하여 심사하는 것으로 한다.

자료: 「경찰공무원 임용령」제35조 ①.

4) 채용시험의 출제수준

경찰공무원의 채용시험의 출제수준은 <표 5-2>와 같다.

표 5-2	경찰공무원 채용시험의 출제수준

항 목	내 용
경위 이상 및 경찰간부후보생	경찰행정의 기획 및 관리에 필요한 능력·지식을 검정할 수 있는 정도
경사 및 경장	경찰업무수행에 필요한 전문적 능력·지식을 검정할 수 있는 정도
순경	경찰업무수행에 필요한 기본적 능력·지식을 검정할 수 있는 정도

자료: 「경찰공무원 임용령」 제42조.

5) 채용시험의 실시

경정 및 순경의 공개경쟁채용시험은 아래의 단계에 따라 순차적으로 실시한다. 다만, 시험실시권자는 업무내용의 특수성 그 밖의 사유로 필요하다고 인정될 때에는 그 순서를 변경하여 실시할 수 있다(동 임용령 제36조 ①).

공개경쟁채용시험을 치르는 사람은 전(前) 단계의 시험에 합격하지 아니하면 다음 단계의 시험에 응시할 수 없다. 다만, 시험실시권자가 필요하다고 인정할 때에는 전 단계 시험의 합격 결정 전에 다음 단계의 시험을 실시할 수 있으며, 이 경우 전 단계의 시험에 합격되지 아니한 사람의 다음 단계 시험은 무효로 한다(동 임용령 제36조 ③).

(1) 제1차 시험: 신체검사

「경찰공무원 임용령」 제39조 제3항에 따른 경찰공무원 채용시험 및 경찰간부후보생 공개경쟁선발시험의 신체검사 평가기준과 방법은 「경찰공무원임용령 시행규칙」 별표 5와 같다(제4장 경찰공무원 모집에서 설명했음). 다만, 별표 5에서 정하지 아니한 사항은 「공무원 채용신체검사 규정」에 따르며, 특수부서에 근무할 사람 또는 업부내용의 특수성 등을 고려하여 특히 필요하다고 인정되는 사람에 대한 신체검사 기준은 경찰청장이 따로 정할 수 있다(동 임용령 시행규칙 제34조의2 ①).

(2) 제2차 시험: 체력검사

「경찰공무원 임용령」 제39조 제3항에 따른 경찰공무원 채용시험 및 경찰간부후보생 공개경쟁선발시험의 체력검사 평가기준과 방법은 <표 5-3>에서 보는 것과 같다. 그러나 2023년 경찰공무원 채용시험부터는 <표 5-4>에서 보는 것과 같이 범죄현장에서 필요로 하는 순환식 체력검사제도를 도입할 예정이다.

표 5-3 경찰공무원 채용시험 체력검사의 평가기준 및 방법

구 분		10점	9점	8점	7점	6점	5점	4점	3점	2점	1점
남자	100m 달리기 (초)	13.0 이내	13.1~13.5	13.6~14.0	14.1~14.5	14.6~15.0	15.1~15.5	15.6~16.0	16.1~16.5	16.6~16.9	17.0 이후
	1,000m 달리기(초)	230 이내	231~236	237~242	243~248	249~254	255~260	261~266	267~272	273~279	280 이후
	윗몸일으키기 (회/1분)	58 이상	57~55	54~51	50~46	45~40	39~36	35~31	30~25	24~22	21 이하
	좌우 악력 (kg)	61 이상	60~59	58~56	55~54	53~51	50~48	47~45	44~42	41~38	37 이하
	팔굽혀펴기 (회/1분)	58 이상	57~52	51~46	45~40	39~34	33~28	27~23	22~18	17~13	12 이하
여자	100m 달리기(초)	15.5 이내	15.6~16.3	16.4~17.1	17.2~17.9	18.0~18.7	18.8~19.4	19.5~20.1	20.2~20.8	20.9~21.5	21.6 이후
	1,000m 달리기(초)	290 이내	291~297	298~304	305~311	312~318	319~325	326~332	333~339	340~347	348 이후
	윗몸일으키기 (회/1분)	55 이상	54~50	49~45	44~40	39~35	34~30	29~25	24~19	18~13	12 이하
	좌우 악력 (kg)	40 이상	39~38	37~36	35~34	33~31	30~29	28~27	26~25	24~22	21 이하
	팔굽혀펴기 (회/1분)	50 이상	49~45	44~40	39~35	34~30	29~26	25~21	20~16	15~11	10 이하

가. 체력검사의 평가종목 중 1종목 이상 1점을 받은 경우에는 불합격으로 한다.
나. 100미터 달리기의 경우에는 측정된 수치 중 소수점 둘째자리 이하는 버리고, 1,000미터 달리기의 경우에는 소수점 첫째자리 이하는 버리며, 좌우 악력의 경우에는 소수점 첫째자리에서 반올림한다.
다. 체력검사의 평가종목별 구체적인 측정방법은 경찰청장이 정한다.
자료: 「경찰공무원임용령 시행규칙」 제34조의2 ②, 별표 5의2.

| 표 5-4 | 2023년에 도입하는 순환식 체력검사제도 |

구분	평가 내용
장애물 코스 달리기	범죄자를 추격하고 현장 출동 시에 필요한 스피드를 측정한다. 4.2kg의 조끼를 착용한 후 짧은 구간과 매트와 계단 허들 넘기로 구성된 코스를 달려야 한다.
장대허들 넘기	코어 근육을 측정한다.
밀기/당기기	범인이나 주취자 행패 등을 대처하기 위한 평가하기 위한 것으로서 32kg의 기구를 밀거나 당겨 신체저항성을 평가한다.
구조하기	위기에 빠진 사람을 구조할 수 있는 기초능력을 평가하기 위한 것으로서 72kg의 모형인형이 설치된 줄을 잡고 10.7m 거리를 당겨야 한다.
방아쇠 당기기	총기 격발 능력을 평가한다.

(3) 제3차 시험: 선택형 필기시험

① 필기시험과목

경찰공무원 공개경쟁채용시험의 필기시험과목은 <표 5-5>와 같고, 경찰간부후보생 공개경쟁선발시험의 필기시험과목은 <표 5-6>과 같다. 다만, 선택형 필기시험에는 기입형을 가미할 수 있고(동 임용령 제36조 ① 제3호), 영어과목과 한국사 과목은 다음과 같은 시험으로 대체한다(동 임용령 제41조).

ㄱ 필수과목 중 영어 과목: 별표 5에서 정한 영어능력검정시험

ㄴ 필수과목 중 한국사 과목: 별표 7에서 정한 한국사능력검정시험

표 5-5 경찰공무원 공개경쟁채용시험의 필기시험 과목 및 배점

경과별 분야별 시험별			일반 일반(보안)		항공 항공		정보통신 전산·정보통신	
경정 공개 경쟁 채용 시험	제3차	필수	한국사	–	한국사	–	한국사	–
			영어	–	영어	–	영어	–
			민법개론	100점	행정법	100점	전기통론	100점
					항공법규	100점		
	제4차	필수	행정법	100점	비행이론	100점	행정법	100점
			형법	100점	관제이론	100점	형법	100점
			형사소송법	100점			형사소송법	100점
		선택 (1개)	범죄학	100점	항공역학	100점	전자공학	100점
			국제법	100점	기관학	100점	통신이론	100점
			민사소송법	100점	형법	100점	프로그래밍언어론	100점
순경 공개 경쟁 채용 시험	제3차	필수	한국사	–	한국사	–	한국사	–
			영어	–			영어	–
			헌법	50점	항공영어	100점	컴퓨터일반	100점
			형사법	100점	항공법규	100점		
			경찰학	100점	비행이론	100점		
		선택 (1개)					통신이론	100점
							정보관리론	100점

※ 비고
1. 순경 공개경쟁채용시험 제3차시험의 필수과목 중 헌법, 형사법, 경찰학의 시험 범위 및 출제 비율은 다음 각 목과 같다.
   가. 헌법: 기본권 총론·각론 80% 내외, 헌법총론·한국 헌법의 기본질서 20% 내외
   나. 형사법: 형법총론 35% 내외, 형법각론 35% 내외, 형사소송법 30% 내외(수사·증거 각 15% 내외)
   다. 경찰학: 경찰행정법 35% 내외, 경찰학의 기초이론 30% 내외, 경찰행정학 15% 내외, 분야별 경찰활동 15% 내외, 한국경찰의 역사와 비교경찰 5% 내외
2. 항공분야 경찰공무원 공개경쟁채용시험의 필기시험 필수과목 중 항공법규의 범위는 다음 각 목과 같다.
   가. 「공항시설법」과 같은 법 시행령 및 시행규칙
   나. 「항공사업법」과 같은 법 시행령 및 시행규칙
   다. 「항공안전법」과 같은 법 시행령 및 시행규칙
자료: 「경찰공무원 임용령」 별표 2.

| 표 5-6 | 경찰간부후보생 공개경쟁선발시험의 필기시험 과목 및 배점 |

경과별		일반				
분야별 시험별		일반(보안)		세무·회계		사이버	
제3차 시험	필수	한국사	–	한국사	–	한국사	–
		영어	–	영어	–	영어	–
		형사법	120점	형사법	120점	형사법	120점
		헌법	60점	헌법	60점	헌법	60점
		경찰학	120점	세법	80점	정보보호론	80점
		범죄학	60점	회계학	80점	시스템·네트워크보안	80점
	선택 (1개)	행정법	40점	상법총칙	60점	데이터베이스론	60점
		행정학	40점	경제학	60점	통신이론	60점
				통계학	60점		
		민법총칙	40점	재정학	60점	소프트웨어공학	60점

※ 비고
형사법, 헌법, 경찰학, 범죄학의 시험 범위 및 출제 비율은 다음 각 호와 같다.
1. 형사법: 형법총론 35% 내외, 형법각론 35% 내외, 형사소송법 30% 내외(수사·증거 각 15% 내외)
2. 헌법: 기본권 총론·각론 80% 내외, 헌법총론·한국 헌법의 기본질서 20% 내외
3. 경찰학: 경찰행정법 35% 내외, 경찰학의 기초이론 30% 내외, 경찰행정학 15% 내외, 분야별 경찰활동 15% 내외, 한국경찰의 역사와 비교경찰 5% 내외
4. 범죄학: 범죄원인론 50% 내외, 범죄대책론 30% 내외, 범죄유형론 10% 내외, 범죄학 일반 10% 내외
자료:「경찰공무원 임용령」별표 3.

(4) 제4차 시험: 논문형 필기시험

과목별로 기입형을 가미할 수 있다. 그러나 순경 공개경쟁채용시험은 논문형 필기시험을 실시하지 아니한다(동 임용령 제36조 ②).

(5) 제5차 시험: 종합적성검사

종합적성검사의 결과는 면접시험에 반영한다(동 임용령 제43조 ③). 종합적성검사는 인성검사와 정밀신원조회로 구분하여 실시한다(동 임용령 시행규칙 제35조). 우리나라의 경우 2012년부터「경찰관 직무적격성 검사」(PMAT: Police Man Aptitude Test)를 도입하여 직무수행 역량을 평가하고 있는데, 그 검사영역은 사물관찰·지각영역, 정보추론영역, 상황판단영역 등이다. PMAT는 논리력·

판단력·관찰력 등 경찰직무수행에 필요한 종합적 사고능력을 평가하기 위해 도입되었고, 그 동안 검사문항의 타당도를 높이고자 노력하였다.

(6) 제6차 시험: 면접시험. 다만, 실기시험을 병과할 수 있다.

면접시험은 25점 만점으로 하되, ㉠의 평가요소는 ㉡ 및 ㉢의 평가요소에 대한 판단자료로 활용하고, ㉡ 및 ㉢의 평가요소는 1점부터 10점까지 정수로 평가하며, ㉣의 평가요소는 경찰청장이 정하는 기준에 따라 0점부터 5점까지 정수로 평가한다(동 임용령 시행규칙 제36조 ①).

　㉠ 경찰공무원으로서의 적성

　㉡ 의사발표의 정확성과 논리성 및 전문지식

　㉢ 품행·예의, 봉사성, 정직성, 도덕성·준법성

　㉣ 무도(武道)·운전 그 밖의 경찰업무 관련 특수기술 능력

면접시험의 합격자 결정은 ㉡~㉣까지의 평가요소에 대하여 각 면접위원이 평가한 점수를 합산하여 총점의 40퍼센트 이상의 득점자로 한다. 다만, 면접위원의 과반수가 어느 하나의 평가요소(㉣을 제외한다)에 대하여 2점 이하로 평가한 경우에는 불합격으로 한다(동 시행규칙 제36조 ②). 면접시험 성적 ㉣에 해당되는 가산점 기준표는 <표 5-7>에서 보는 것과 같다.

표 5-7 자격증 등의 가산점 기준표

분　　야	관련 자격증 및 가산점		
	5점	4점	2점
학　　위	- 박사학위	- 석사학위	
정보처리	- 정보관리기술사 - 전자계산기조직응용기술사	- 정보처리기사 - 전자계산기조직응용기사 - 정보보안기사	- 정보처리산업기사 - 사무자동화산업기사 - 컴퓨터활용능력1·2급 - 워드프로세서1급 - 정보보안산업기사
전자·통신	- 정보통신기술사 - 전자계산기기술사	- 무선설비·전파통신·전파전자·정보통신·전자·전자계산기기사 - 통신설비기능장	- 무선설비·전파통신·전파전자·정보통신·통신선로·전자·전자계산기산업기사

분 야		관련 자격증 및 가산점		
		5점	4점	2점
국 어		- 한국실용글쓰기검정 750점 이상 - 한국어능력시험 770점 이상 - 국어능력인증시험 162점 이상	- 한국실용글쓰기검정 630점 이상 - 한국어능력시험 670점 이상 - 국어능력인증시험 147점 이상	- 한국실용글쓰기검정 550점 이상 - 한국어능력시험 570점 이상 - 국어능력인증시험 130점 이상
외국어	영 어	- TOEIC 900 이상 - TEPS 850이상 (New TEPS 488 이상) - IBT 102 이상 - PBT 608 이상 - TOSEL(advanced) 880 이상 - FLEX 790 이상 - PELT(main) 446 이상 - G-TELP Level 2 89 이상	- TOEIC 800 이상 - TEPS 720이상 (New TEPS 399 이상) - IBT 88 이상 - PBT 570 이상 - TOSEL(advanced) 780 이상 - FLEX 714 이상 - PELT(main) 304 이상 - G-TELP Level 2 75 이상	- TOEIC 600 이상 - TEPS 500이상 (New TEPS 268 이상) - IBT 57 이상 - PBT 489 이상 - TOSEL(advanced) 580이상 - FLEX 480 이상 - PELT(main) 242 이상 - G-TELP Level 2 48 이상
	일 어	- JLPT 1급(N1) - JPT 850 이상	- JLPT 2급(N2) - JPT 650 이상	- JLPT 3급(N3, N4) - JPT 550 이상
	중국어	- HSK 9급이상(新 HSK 6급)	- HSK 8급(新 HSK 5급-210점 이상)	- HSK 7급(新 HSK 4급-195점 이상)
노 동		- 공인노무사		
무 도			- 무도4단 이상	- 무도2·3단
부 동 산		- 감정평가사		공인중개사
교 육		- 청소년상담사1급	- 정교사 2급 이상 - 청소년지도사1급 - 청소년상담사 2급	- 청소년지도사 2·3급 - 청소년상담사 3급
재난 · 안전관리		- 건설안전·전기안전·소방·가스기술사	- 건설안전·산업안전·소방설비·가스·원자력기사 - 위험물기능장 - 핵연료물질취급감독자면허 - 방사선취급감독자면허 - 경비지도사	- 산업안전·건설안전·소방설비·가스·위험물산업기사 - 1종 대형면허 - 특수면허(트레일러,레커) - 조종면허(기중기,불도우저) - 응급구조사 - 핵연료물질취급자면허 - 방사성동위원소취급자면허
화 약		- 화약류관리기술사	- 화약류제조기사 - 화약류관리기사	- 화약류제조산업기사 - 화약류관리산업기사

분　　야	관련 자격증 및 가산점		
	5점	4점	2점
교　　통	- 교통기술사 - 도시계획기술사	- 교통기사 - 도시계획기사 - 교통사고분석사 - 도로교통사고감정사	- 교통산업기사
토　　목	- 토목시공기술사 - 토목구조기술사 - 토목품질시험기술사	- 토목기사	- 토목산업기사
법　　무	- 변호사	- 법무사	
세무회계	- 공인회계사	- 세무사 - 관세사	- 전산세무 1·2급 - 전산회계 1급
의　　료	- 의사 - 상담심리사1급	- 약사 - 정신보건임상심리사 　1급 - 임상심리사 1급 - 상담심리사 2급	- 임상병리사,　물리치료사, 　방사선사,　간호사,　의무기 　록사,　치과기공사 - 정신보건임상심리사2급 - 임상심리사2급 - 작업치료사
특　　허	- 변리사		
건　　축	- 건축구조·건축기계 　설비·건축시공·건 　축품질시험기술사	- 건축, 건축설비기사	- 건축·건축설비·건축일 　반시공산업기사
전　　기	- 건축전기설비·전기 　응용기술사	- 전기·전기공사기사	- 전기·전기기기·전기공 　사산업기사
식품위생	- 식품기술사	-식품기사	- 식품산업기사
환　　경	- 폐기물처리기술사 - 화공기술사 - 수질관리기술사 - 대기관리기술사 - 농화학기술사	- 폐기물처리기사 - 화공기사 - 수질환경기사 - 대기환경기사 - 농화학기사	- 폐기물처리산업기사 - 화공산업기사 - 수질환경산업기사 - 대기환경산업기사

※ 비고
1. 무도분야 자격증 다음 각 목의 단체에서 인정하는 것을 말한다.
　가. 대한체육회에 가맹한 경기단체
　나. 법인으로서 중앙본부 포함 8개 이상 광역지방자치단체에 지부(지부당 소속도장 10개 이
　　　상)를 등록하고 3년 이상 활동중인 단체
　다. 무예 분야 국가무형문화재 보유단체
2. 어학능력자격증은 면접시험일 기준으로 2년 이내의 것만을 인정함.
3. 자격증을 제출하지 않은 경우 0점으로 평가한다.
4. 자격증 제출기한은 당해 시험이 있는 적성검사 실시일까지로 한다.
자료: 「경찰공무원임용령 시행규칙」 제36조 ①; 「경찰공무원 채용시험에 관한 규칙」 별표 6.

현재 실제로 진행되는 경찰공무원 공개경쟁채용시험 단계는 [그림 5-1]에

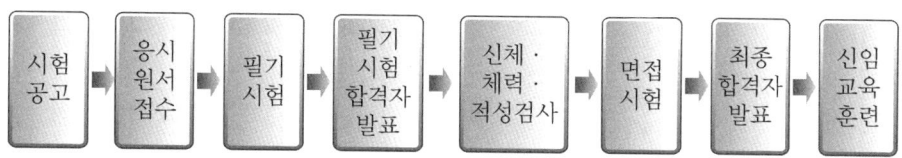

그림 5-1 현행 경찰공무원 공개경쟁채용시험 단계

서 보는 것과 같이 채용시험 일정이 미리 공고된 후에 응시원서를 접수하고, 필기시험에 응시해서 합격한 사람이 신체검사·체력검사 및 적성검사에 응시할 수 있다. 그 후 신원조회 및 면접시험을 거쳐 최종합격자를 발표하게 된다.

6) 시험위원 및 채용심사관

(1) 시험위원의 임명 등

시험실시권자는 경찰공무원 채용시험 및 경찰간부후보생 공개경쟁선발시험의 출제, 채점, 면접시험, 실기시험, 서류전형, 그 밖에 시험의 실시에 필요한 사항을 담당하게 하기 위하여 다음의 어느 하나에 해당하는 사람을 시험위원으로 임명 또는 위촉할 수 있다(동 임용령 제45조 ①).

① 해당 직무분야의 전문적인 학식 또는 능력이 있는 사람

② 시험출제에 관하여 전문적인 지식이 있는 사람

③ 임용예정직무에 관한 실무에 정통한 사람

시험위원으로 임명 또는 위촉된 사람은 시험실시권자가 요구하는 시험문제 작성상의 유의사항 및 서약서 등에 따른 준수사항을 성실히 이행하여야 한다.

(2) 시험위원의 준수사항 미이행

시험실시권자는 준수사항 위반함으로써 시험의 신뢰도를 크게 떨어뜨리는 행위를 한 시험위원이 있을 때에는 그 명단을 다른 시험실시권자에게 통보하고, 해당 시험위원이 소속하고 있는 기관의 장에게 그 시험위원에 대한 징계 등 적절한 조치를 할 것을 요청하여야 한다.

시험실시기관의 장은 그 통보를 받은 사람에 대하여는 그 때부터 5년간 경찰공무원채용시험 및 경찰간부후보생 공개경쟁선발시험의 시험위원으로 임명 또는 위촉할 수 없다(동 임용령 제45조 ④).

(3) 채용심사관

채용할 경찰공무원에 대한 효과적인 적격성 검증을 위하여 시험실시권자 소속으로 채용심사관을 둘 수 있다(동 임용령 제45조의2). 경찰청, 시·도경찰청 및 소속기관에 경감 이상의 채용 담당 경찰공무원 1명을 채용심사관으로 두고 있다.

채용심사관은 응시자의 제출서류, 신원조사 결과 등 시험과 관련된 모든 자료를 심사·평가하고, 그 결과를 채용담당 주무과장과 인사·정보·감찰 담당(경찰인재개발원은 학생지도 담당을 말한다) 경찰공무원(경정 또는 경감인 경찰공무원으로 한정한다)의 검토를 받아 종합 의견서를 작성하여 면접위원에게 제공하여야 한다.

채용심사관은 신원조사 결과가 부실하거나 신원조사 결과에 대한 평가가 곤란한 경우에는 중점조사항목을 정하여 해당 부서에 신원조사를 다시 요구할 수 있다(동 시행규칙 제38조의2).

7) 채용시험의 합격 결정

채용시험의 합격 결정 기준은 「경찰공무원 임용령」 제43조에 규정되어 있다.

(1) 체력검사 합격자 결정

① 순환식 체력검사(모든 종목을 수행한 완주시간을 평가하는 체력검사를 말한다): 완주시간을 기준으로 우수 등급을 받은 사람
② 종목식 체력검사(각 종목별 점수를 합산하여 평가하는 체력검사를 말한다): 각 평가 종목에 실격이 없고 전 평가 종목 총점의 40퍼센트 이상을 득점한 사람(동 임용령 제43조 ①)

(2) 필기시험 합격자 결정

① 경찰공무원(순경은 제외한다) **공개경쟁채용시험 및 경찰간부후보생 공개경쟁선발시험의 경우**

다음 각 목의 순서에 따른 요건에 모두 해당하는 사람 중에서 선발예정인원과 시험성적을 고려하여 나목의 전 과목 총점이 높은 사람부터 차례로 합격자를 결정한다(동 임용령 제43조 ② 제1호).

　가. 별표 5에서 정한 영어능력검정시험[3] 및 별표 7에서 정한 한국사능력검정시험[4]에서 각각 기준점수 및 기준등급 이상을 취득할 것

　나. 영어 과목 및 한국사 과목을 제외한 나머지 과목에서 각 과목 만점의 40퍼센트 이상, 전 과목 총점의 60퍼센트 이상을 득점할 것

② 순경 공개경쟁채용시험의 경우

다음 각 목의 순서에 따른 요건에 모두 해당(가목의 경우 필수과목에 영어 과목 또는 한국사 과목이 있는 경우만 해당한다)하는 사람 중에서 선발예정인원과 시험성적을 고려하여 영어 과목 및 한국사 과목을 제외한 전 과목 총점이 높은 사람부터 차례로 합격자를 결정한다(동 임용령 제43조 ② 제2호).

　가. 영어능력검정시험 또는 한국사능력검정시험에서 각각 기준점수 또는 기준등급 이상을 취득할 것

　나. 영어 과목 및 한국사 과목을 제외한 나머지 과목에서 각 과목 만점의 40퍼센트 이상을 득점할 것

　경찰공무원의 채용시험 중 필기시험의 합격결정을 할 때 필기시험 선발예정 인원을 초과하여 동점자가 있는 경우에는 그 인원에도 불구하고 모두 해당 필기시험의 합격자로 한다. 동점자 계산은 소수점 이하 둘째자리까지 계산한다(동 임용령 시행규칙 제37조 ①).

---

[3] 경사, 경장, 순경의 경우 (1) 토플 PBT 470점 이상, IBT 52점 이상, (2) 토익 550점 이상, (3) 텝스 241점 이상, (4) 지텔프 Level 2의 43점 이상, (5) 플렉스 457점 이상, (6) 토셀 Advanced 510점 이상

[4] 경사, 경장, 순경의 경우 국사편찬위원회에서 주관하여 시행하는 한국사능력검정시험 3급 이상

(3) 실기시험 합격자 결정

실기시험은 만점의 60퍼센트 이상을 득점한 사람 중에서 선발예정인원과 시험성적을 고려하여 점수가 높은 사람부터 차례로 합격자를 결정한다(경찰공무원임용령 시행규칙 제37조 ③).

(4) 종합적성검사 결과

종합적성검사의 결과는 면접시험에 반영한다(경찰공무원임용령 시행규칙 제37조 ④).

(5) 최종 합격자 결정

최종 합격자의 결정은 면접시험합격자 중에서 다음 <표 5-8>의 방법에 따라 산정한 성적의 순위에 따른다.

표 5-8   최종 합격자의 결정

시험의 유형	최종 합격자 결정방법
체력검사, 필기시험 또는 실기시험 및 면접시험을 실시하는 경우	체력검사 성적 25퍼센트, 필기시험 성적(제36조 제1항에 따라 제3차 시험과 제4차 시험을 구분하여 실시할 때에는 이를 합산한 성적을 말한다. 이하 같다) 또는 실기시험 성적 50퍼센트 및 면접시험 성적 25퍼센트의 비율로 합산한 성적
체력검사, 필기시험, 실기시험 및 면접시험을 실시하는 경우	체력검사 성적 10퍼센트, 필기시험 성적 30퍼센트, 실기시험 성적 35퍼센트 및 면접시험 성적 25퍼센트의 비율로 합산한 성적
필기시험, 실기시험 및 면접시험을 실시하는 경우	필기시험 성적 30퍼센트, 실기시험 성적 45퍼센트 및 면접시험 성적 25퍼센트의 비율로 합산한 성적
필기시험 또는 실기시험 및 면접시험을 실시하는 경우	필기시험 성적 또는 실기시험 성적 75퍼센트 및 면접시험 성적 25퍼센트의 비율로 합산한 성적. 다만, 법 제10조제3항제4호에 따른 경력경쟁채용시험 등의 경우에는 면접시험 성적 100퍼센트로 한다.
체력검사 및 면접시험을 실시하는 경우	체력검사 성적 25퍼센트 및 면접시험 성적 75퍼센트의 비율로 합산한 성적
면접시험을 실시하는 경우	면접시험 성적 100퍼센트

자료: 「경찰공무원 임용령」 제43조 ④.

8) 동점자가 있는 경우

최종합격자를 결정할 때 동점자가 있는 경우에는 다음의 순위에 따라 선순위자를 합격자로 한다. 다만, ㉠의 경우 동점자가 있는 때에는 ㉡·㉢ 및 ㉣의 순위에 따른다. 동점자 계산은 소수점 이하 둘째자리까지 계산한다(동 임용령 시행규칙 제37조 ②).

㉠ 「국가유공자 등 예우 및 지원에 관한 법률」 제29조 또는 「독립유공자 예우에 관한 법률」 제16조에 따른 취업보호대상자5)

㉡ 필기시험성적

㉢ 면접시험성적

㉣ 체력검사성적

9) 여성 또는 남성의 선발예정인원 초과합격

시험실시권자는 여성과 남성의 평등한 공무원 임용기회를 확대하기 위하여 필요하다고 인정하는 경우에는 제43조에도 불구하고 한시적으로 여성 또는 남성이 시험실시 단계별로 선발예정인원의 일정 비율 이상이 될 수 있도록 선발예정인원을 초과하여 여성 또는 남성을 합격시킬 수 있다.

여성 또는 남성을 합격시키는 경우에 그 실시대상 시험의 종류, 채용목표비율, 합격자 결정방법, 그 밖에 시험 시행에 필요한 사항은 경찰청장이 정한다(동 임용령 제43조의3).

3. 경력경쟁채용

1) 경력경쟁채용의 개념

경력경쟁채용이란 공개경쟁채용시험에 의한 경찰공무원의 채용이 부적당하거나 곤란한 경우 또는 특별한 자격을 가지고 있는 사람을 채용하고자 하는 채용방법을 말한다. 경찰공무원 채용은 원칙적으로 공개경쟁채용에 의하여 이루어져야 하지만 현실적으로 모든 경찰공무원을 공개경쟁채용에 의하여 채용할 수는 없으므로 경력경쟁채용이 불가피하다.

---

5) 「국가공무원법」 제42조(국가유공자의 우선임용) 제1항의 규정에 의해, 경찰공무원의 임용에 있어서도 국가유공자는 법령으로 정하는 바에 의하여 우선적으로 임용될 수 있다.

2) 경력경쟁채용시험의 실시

<표 5-9>에 해당하는 경우에는 경력 등 응시요건을 정하여 같은 사유에 해당하는 다수인을 대상으로 경쟁의 방법으로 채용하는 시험(경력경쟁채용시험)으로 경찰공무원을 신규채용할 수 있다. 다만, 다수인을 대상으로 시험을 실시하는 것이 적당하지 아니하여 대통령령으로 정하는 경우에는 다수인을 대상으로 하지 아니한 시험으로 경찰공무원을 채용할 수 있다(경찰공무원법 제10조 ③).

표 5-9 경력경쟁채용시험의 유형

조항	내용
경찰공무원법 제8조 제3항 제1호	「국가공무원법」 제70조 제1항 제3호의 사유로 퇴직하거나 「국가공무원법」 제71조 제1항 제1호의 휴직 기간 만료로 퇴직한 경찰공무원을 퇴직한 날부터 3년(「공무원 재해보상법」에 따른 공무상 부상 또는 질병으로 인한 휴직의 경우에는 5년) 이내에 퇴직 시에 재직한 계급의 경찰공무원으로 재임용하는 경우
동조 동항 제2호	공개경쟁시험으로 임용하는 것이 부적당한 경우에 임용예정 직무에 관련된 자격증 소지자를 임용하는 경우
동조 동항 제3호	임용예정직에 상응하는 근무실적 또는 연구실적이 있거나 전문지식을 가진 사람을 임용하는 경우
동조 동항 제4호	「국가공무원법」에 따른 5급 공무원의 공개경쟁채용시험이나 「사법시험법」에 따른 사법시험(2009년 5월 28일 법률 제9747호로 폐지되기 전의 것을 말한다)에 합격한 사람을 경정 이하의 경찰공무원으로 임용하는 경우
동조 동항 제5호	섬, 외딴곳 등 특수지역에서 근무할 사람을 임용하는 경우
동조 동항 제6호	외국어에 능통한 사람을 임용하는 경우
동조 동항 제7호	제주특별자치도의 자치경찰공무원(이하 "자치경찰공무원"이라 한다)을 그 계급에 상응하는 경찰공무원으로 임용하는 경우
동조 동항 제8호	「국가경찰과 자치경찰의 조직 및 운영에 관한 법률」 제16조에 따라 경찰청 외부를 대상으로 모집하여 국가수사본부장을 임용하는 경우

자료: 「경찰공무원법」 제10조 ③.

3) 경력경쟁채용등의 임용직위 제한

「경찰공무원법」 제10조 제3항에 따른 경력경쟁채용시험등을 통하여 경력경쟁채용등을 하는 경우에는 그 경력경쟁채용시험등을 실시할 당시의 임용예정직위 외의 직위로 임용할 수 없다(동 임용령 제15조).

4) 경력경쟁채용등의 요건

「경찰공무원 임용령」 제16조에 규정된 경력경쟁채용등의 요건은 다음과 같다.

(1) 다음의 어느 하나에 해당하는 사람은 경력경쟁채용등의 대상이 될 수 없다(동 임용령 제16조 ①).
  1. 종전의 재직기관에서 감봉 이상의 징계처분을 받은 사람
  2. 「경찰공무원법」 제30조 제1항 제2호에 따라 정년퇴직한 사람
(2) 「경찰공무원법」 제10조 제3항 제2호에 따른 경력경쟁채용등은 「국가기술자격법」이나 그 밖의 법령에 따른 자격증 소지자를 대상으로 한다(동 임용령 제16조 ②).
(3) 「경찰공무원법」 제10조 제3항 제3호에 따른 경력경쟁채용등의 대상은 국가기관·지방자치단체·공공기관, 그 밖에 이에 준하는 기관의 임용예정직에 관련성이 있는 직무분야에서 임용예정계급에 상응하는 근무경력 또는 연구경력이 3년(별표 1에 따른 특수기술부문에 근무할 사람을 임용하려는 경우에는 2년) 이상인 사람으로 한다. 다만, 의무경찰로 임용되어 정해진 복무를 마친 사람을 순경으로 경력경쟁채용등을 하는 경우를 제외하고는 종전 재직기관에서 퇴직한 날부터 다음 각 호에 해당하는 날까지의 기간이 3년을 넘는 사람을 경력경쟁채용등의 대상으로 할 수 없다(동 임용령 제16조 ③).
  1. 경무관 이상인 경찰공무원을 채용하는 경우: 서류전형일
  2. 총경 이하인 경찰공무원을 채용하는 경우: 면접시험일
(4) 제3항에 따른 경력경쟁채용등을 할 때 다음 각 호의 경우에는 근무경력 및 연구경력에 관한 요건을 적용하지 않을 수 있다(동 임용령 제16조 ④).
  1. 의무경찰로 임용되어 정해진 복무를 마친 사람을 순경으로 임용하는 경우
  2. 다음 각 목의 사람을 경사 이하의 경찰공무원으로 임용하는 경우

가. 2년제 이상 대학의 경찰행정 관련 학과를 졸업한 사람(법령에 따라 이와 같은 수준의 학력이 있다고 인정되는 사람을 포함한다)

나. 4년제 대학의 경찰행정 관련 학과에 재학 중이거나 재학했던 사람으로서 별표 1의2의 경찰행정학 전공 이수로 인정될 수 있는 과목을 45학점 이상 이수한 사람

4. 보안업무와 관련 있는 사람을 보안요원으로 근무하게 하기 위하여 경장 이하의 경찰공무원으로 임용하는 경우

5. 임용예정직에 관련된 전문지식을 가진 사람을 경찰공무원으로 임용하는 경우

⑸ 「경찰공무원법」 제10조 제3항 제5호에 따른 경력경쟁채용등의 대상은 해당 기관이 관할 또는 소재하는 읍·면지역에서 본인·배우자 또는 직계존속이 5년 이상 거주하고 있거나 거주한 사람이어야 하며, 이 경우의 임용예정계급은 순경으로 한다(동 임용령 제16조 ⑥).

⑹ 「경찰공무원법」 제10조 제3항 제6호에 따른 경력경쟁채용등의 대상은 행정안전부령으로 정하는 임용예정계급별 외국어 능력기준에 해당하여야 한다(동 임용령 제16조 ⑦).

⑺ 제2항 및 제3항에 따른 임용예정계급별 자격증의 구분, 근무경력 또는 연구경력의 기준 등에 관하여 필요한 사항은 행정안전부령으로 정한다(동 임용령 제16조 ⑧).

5) 경력경쟁채용시험의 실시

경력경쟁채용시험등(법 제10조 제3항 제8호에 따른 경력경쟁채용시험등은 제외한다)은 신체검사 및 체력검사와 다음의 구분에 따른 방법으로 한다. 다만, 경무관 이상의 경찰공무원의 경력경쟁채용등은 서류전형의 방법으로 하고, 총경 이하의 경찰공무원의 경력경쟁채용등은 시험실시권자가 업무내용의 특수성 또는 그 밖의 사유로 필요하다고 인정하는 경우에는 체력검사를 실시하지 아니할 수 있다(동 임용령 제38조 ①).

신체검사는 경찰청장이 지정하는 기관에서 발급하는 신체검사서로 한다(동 임용령 제38조 ②). 경력경쟁채용시험등의 공고에 관하여는 제34조를 준용

| 표 5-10 | 경찰공무원 경력경쟁채용의 시험 |

구 분	내 용	
「경찰공무원법」 제10조 제3항 제1호 및 제2호에 따른 경력경쟁채용등	• 서류전형과 면접시험. • 다만, 실기시험 또는 필기시험을 병과할 수 있고, 업무의 특수성 등을 고려하여 특히 필요하다고 인정되는 경우에는 두 시험을 모두 병과하여 실시할 수 있다.	필기시험은 선택형으로 하되, 기입형 또는 논문형을 가미할 수 있다.
「경찰공무원법」 제10조 제3항 제3호, 제5호 및 제6호에 따른 경력경쟁채용등	• 서류전형·필기시험 또는 실기시험과 면접시험. • 다만, 업무의 특수성 등을 고려하여 특히 필요하다고 인정되는 경우에는 필기시험과 실기시험을 모두 병행하여 실시할 수 있다.	
「경찰공무원법」 제10조 제3항 제4호에 따른 경력경쟁채용등	• 서류전형·필기시험 및 면접시험. • 이 경우 5급 공무원 공개경쟁채용시험 또는 사법시험과 중복되는 과목은 면제한다.	

자료: 「경찰공무원 임용령」 제38조 ①, ③.

한다. 다만, 제34조제1항 본문에 따른 공고 시기는 시험 실시 10일 전까지로 한다(동 임용령 제38조 ④).

6) 국가수사본부장의 경력경쟁채용시험등

(1) 시험의 방법 등 공고

「경찰공무원법」 제10조 제3항 제8호[6]에 따라 국가수사본부장의 임용을 위한 경력경쟁채용시험등을 실시하는 경우에는 시험의 방법·시기·장소 등에 관한 사항을 시험실시 10일 전까지 공고해야 한다(동 임용령 제38조의2 ①).

(2) 시험의 실시

국가수사본부장의 임용을 위한 경력경쟁채용시험등은 다음 각 호의 구분에 따른 방법으로 실시한다(동 임용령 제38조의2 ②).

1. 서류심사: 「국가경찰과 자치경찰의 조직 및 운영에 관한 법률」 제16조 제6항 각 호에 따른 응시자격을 서면으로 심사하고 응시자격을 갖춘 사람은 모두 합격 처리하되, 응시인원이 8명 이상인 경우에는 합격자를

---

6) 「국가공무원법」 제10조 제3항
8. 「국가경찰과 자치경찰의 조직 및 운영에 관한 법률」 제16조에 따라 경찰청 외부를 대상으로 모집하여 국가수사본부장을 임용하는 경우

표 5-11 경찰공무원 경력경쟁채용시험 등의 필기시험과목(제41조 제1항 관련)

경과		일반						항공	정보통신	수사			보안
계급	분야/과목	일반(보안)	전투	외사	경찰특공대	교통공학	경찰행정	항공	전산·정보통신	법학	세무회계	사이버수사	사이버보안수사
총경·경정	필수	행정법, 형법, 형사소송법	행정법, 형사법, 군사학	행정법, 형법, 국제법, 영어				행정법, 항공법규, 비행이론	행정법, 형법, 전기통신론				
	선택			프랑스어, 독일어, 일본어, 중국어, 스페인어, 러시아어, 아랍어 중 1과목				항공역학, 항공기상학 중 1과목	전산학개론, 유선공학, 무선공학 중 1과목				
경감·경위	필수	행정법, 형법, 형사소송법	행정법, 형사법, 군사학	형법, 국제법, 영어				행정법, 항공법규, 비행이론	행정법, 형법, 전기통신론				
	선택			프랑스어, 독일어, 일본어, 중국어, 스페인어, 러시아어, 아랍어 중 1과목				항공역학, 항공기상학 중 1과목	전산학개론, 유선공학, 무선공학 중 1과목				
경사·	필수	한국사, 영어, 형법	한국사, 영어	한국사, 형법	형법, 형사	경찰교통론	영어, 행정법, 행정학	한국사, 항공영어	한국사, 영어	형법, 형사	형법, 형사	정보보호론	정보보호론

	형법, 형사, 소송법, 경찰학	형법, 형사, 소송법, 군사학	형사소송법, 경찰학	교통공학원론	경찰학, 범죄학	항공법규, 비행이론	컴퓨터 일반	소송법, 민법, 헌법, 경찰학	소송법	시스템 네트워크 보안	시스템 네트워크 보안
경장·순경 선택				영어, 프랑스어, 독일어, 일본어, 중국어, 스페인어, 러시아어, 아랍어 중 1과목			통신이론, 정보관리론 중 1과목			데이터베이스론, 정보보안관리 및 법규, 디지털포렌식개론, 식개론 중 1과목	데이터베이스론, 정보보안관리 및 법규, 디지털포렌식개론 중 1과목

※ 비 고

1. 각 과목의 배점은 100점으로 한다. 다만, 필수과목 중 영어 및 한국사는 배점이 없고, 경찰행정분야 정사·경장·순경 경력경쟁채용시험등의 필수과목 중 범죄학의 배점은 50점으로 한다.

2. 형사법, 헌법, 경찰학, 범죄학의 시험 범위 및 출제 비율은 다음 각 목과 같다.
   가. 형사법: 형법총론 35% 내외, 형법각론 35% 내외, 형사소송법 30% 내외(수사·증거 각 15% 내외)
   나. 헌법: 기본권 총론·각론 80% 내외, 헌법총론·한국 헌법의 기본질서 20% 내외
   다. 경찰학: 경찰행정법 35% 내외, 경찰학의 기초이론 30% 내외, 경찰행정학 15% 내외, 분야별 경찰활동 15% 내외, 한국경찰의 역사와 비교경찰 5% 내외
   라. 범죄학: 범죄원인론 50% 내외, 범죄대책론 30% 내외, 범죄유형론 10% 내외, 범죄학 일반 10% 내외

3. 항공분야 경찰공무원 경력경쟁채용시험등의 평가시험 필수과목 중 항공법규의 범위는 다음 각 목과 같다.
   가. 「공항시설법」과 같은 법 시행령 및 시행규칙
   나. 「항공사업법」과 같은 법 시행령 및 시행규칙
   다. 「항공안전법」과 같은 법 시행령 및 시행규칙

4. 경찰청장은 외사분야의 경찰공무원 경력경쟁채용시험등의 평가시험 선택과목 중 외국어과목이 아닌 외국어에 대해 특별한 수요가 있는 경우에는 해당 외국어를 선택과목에 추가할 수 있다.

5. 외사분야의 경찰공무원 경력경쟁채용시험등의 평가시험 선택과목 중 외국어과목(영어는 제외한다)은 경찰청장이 지정하는 국내외 외국어 시험전기 판에서 실시하는 외국어 시험으로 대체할 수 있다.

자료: 「경찰공무원 임용령」 별표 4.

7명으로 제한하여 결정한다.

2. 신체검사: 약물검사 및 「공무원 채용 신체검사 규정」에 따른 신체검사
   서의 결과로 합격 여부를 결정한다.

3. 종합심사: 직무수행능력, 적격성 및 공직관 등을 종합적으로 심사하여
   2명 또는 3명의 임용후보자를 결정한다.

(3) 서류심사위원회 및 국가수사본부장 임용후보자 종합심사위원회

서류심사 및 종합심사에 따른 시험을 위해 경찰청에 서류심사위원회 및
국가수사본부장 임용후보자 종합심사위원회를 두며, 각 위원회의 구성·운영
및 위원의 자격 등은 경찰청장이 정한다(동 임용령 제38조의2 ③).

(4) 정년퇴직한 사람 채용 가능

「경찰공무원법」 제10조 제3항 제8호에 따른 경력경쟁채용등을 하는 경
우에는 제16조 제1항 제2호[7] 및 제39조 제1항[8]을 적용하지 않는다(동 임용
령 제38조의2 ④).

7) 시험의 합격 결정

경찰공무원 경력경쟁채용시험등의 경우 다음의 순서에 따른 요건에 모두
해당(가목의 경우 필수과목에 영어 과목 또는 한국사 과목이 있는 경우만 해당한다)
하는 사람 중에서 선발예정인원과 시험성적을 고려하여 나목의 전 과목 총점
이 높은 사람부터 차례로 합격자를 결정한다. 다만, 의무경찰로 임용되어 정
해진 복무를 마친 사람을 순경으로 경력경쟁채용등을 하는 경우에는 제2호의
방법에 따라 합격자를 결정한다(동 임용령 제43조 ② 제3호).

가. 영어능력검정시험 또는 한국사능력검정시험에서 각각 기준점수 또는
   기준등급 이상을 취득할 것

---

7) 경찰공무원 임용령 제16조(경력경쟁채용등의 요건)
① 다음 각 호의 어느 하나에 해당하는 사람은 경력경쟁채용등의 대상이 될 수 없다.
  1. 종전의 재직기관에서 감봉 이상의 징계처분을 받은 사람
  2. 법 제30조제1항제2호에 따라 정년퇴직한 사람
8) 경찰공무원 임용령 제39조(응시연령 및 신체조건 등)
① 경찰공무원 채용시험에 응시하려는 사람은 최종시험 예정일이 속한 연도에 별표 1의3에 따
른 응시연령에 해당하여야 한다. 다만, 별표 1의3에 따른 응시상한연령을 1세 초과한 사람으
로서 1월 1일에 출생한 사람은 경찰공무원 채용시험에 응시할 수 있다.

나. 필수과목인 영어 과목 및 한국사 과목을 제외한 나머지 과목에서 전
과목 총점의 60퍼센트 이상을 득점할 것

4. 채용후보자 등록 및 명부

1) 채용후보자 등록

공개경쟁채용시험, 경찰간부후보생 공개경쟁선발시험 및 경력경쟁채용시
험 등에 합격한 사람은 총리령 또는 행정안전부령이 정하는 바에 따라 임용
권자 또는 임용제청권자에게 채용후보자 등록을 하여야 한다. 채용후보자 등
록을 하지 아니한 사람은 경찰공무원으로 임용될 의사가 없는 것으로 본다
(동 임용령 제17조).

2) 채용후보자 명부 등재 및 유효기간

(1) 채용후보자 명부 등재

경찰청장(제7조 제3항 및 제4항에 따라 임용권을 위임받은 자를 포함)은 신규채
용시험에 합격한 사람(경찰대학을 졸업한 사람과 경찰간부후보생을 포함한다)을
대통령령으로 정하는 바에 따라 성적 순위에 따라 채용후보자 명부에 등재
(登載)하여야 한다. 경찰공무원의 신규채용은 채용후보자 명부의 등재 순위에
따른다. 다만, 채용후보자가 경찰교육기관에서 신임교육을 받은 경우에는 그
교육성적 순위에 따른다(경찰공무원법 제12조 ①, ②).

(2) 채용후보자 명부 작성

「경찰공무원법」 제12조 제1항에 따른 채용후보자 명부는 임용예정계급별
로 작성하되, 채용후보자의 서류를 심사하여 임용 적격자만을 등재한다. 임용
권자 또는 임용제청권자는 채용후보자 명부에의 등재 여부를 본인에게 알려
야 한다(경찰공무원임용령 제18조).

(3) 채용후보자 명부 유효기간

채용후보자 명부의 유효기간은 2년의 범위에서 대통령령으로 정한다. 다
만, 경찰청장 또는 해양경찰청장은 필요에 따라 1년의 범위에서 그 기간을

연장할 수 있다(동법 제12조 ③). 즉, 「경찰공무원법」 제12조 제3항에 따라서 채용후보자 명부의 유효기간은 2년으로 하되, 경찰청장은 필요에 따라 1년의 범위에서 그 기간을 연장할 수 있다(동 임용령 제18조 ③).

3) 채용후보자의 자격상실

채용후보자가 다음의 어느 하나에 해당하는 경우에는 채용후보자로서의 자격을 상실한다(동 임용령 제19조).

(1) 채용후보자가 임용 또는 임용제청에 응하지 아니한 경우
(2) 채용후보자로서 받아야 할 교육훈련에 응하지 아니한 경우
(3) 채용후보자로서 받은 교육훈련성적이 수료점수에 미달되는 경우
(4) 채용후보자로서 교육훈련을 받는 중에 퇴학처분을 받은 경우. 다만, 질병 등 교육훈련을 계속할 수 없는 불가피한 사정으로 퇴학처분을 받은 경우는 제외한다.

4) 임용 또는 임용제청의 유예

임용권자 또는 임용제청권자는 채용후보자 명부에 등재된 채용후보자가 다음의 어느 하나에 해당하는 경우에는 채용후보자 명부의 유효기간의 범위에서 기간을 정하여 임용 또는 임용제청을 유예할 수 있다. 다만, 유예기간 중이라도 그 사유가 소멸한 경우에는 임용 또는 임용제청을 할 수 있다(동 임용령 제18조의2 ①).

(1) 「병역법」에 따른 병역복무를 위하여 징집 또는 소집되는 경우
(2) 학업을 계속하는 경우
(3) 6개월 이상의 장기요양이 필요한 질병이 있는 경우
(4) 임신하거나 출산한 경우
(5) 그 밖에 임용 또는 임용제청의 유예가 부득이하다고 인정되는 경우

임용 또는 임용제청의 유예를 원하는 사람은 해당 사유를 증명할 수 있는 자료를 첨부하여 임용권자 또는 임용제청권자가 정하는 기간 내에 신청해야 한다. 이 경우 원하는 유예기간을 분명하게 적어야 한다(동 임용령 제18조의2 ②).

VI. 경찰공무원 채용제도의 개선방안

현행 경찰공무원 채용제도의 개선방안을 제시하면 다음과 같다.

1. 필기시험 과목의 타당성 제고

필기시험 과목의 경우 경찰업무에 대한 철저한 분석을 기초로 하여 경찰관이 기본적으로 갖추어야 할 자질과 능력을 토대로 결정될 필요가 있다. 필기시험 문제는 기억력, 이해력, 그리고 추상적 문제해결능력 등에 중점을 두어 잠재성을 테스트하는 것이 되어야 한다.

2. 체력검사 종목의 타당성 제고

체력검사 종목을 다양화할 필요가 있는데 그 기준은 경찰업무에 필요한 체력을 테스트하는 것이어야 한다. 미국 경찰의 신체적 민첩성 검사를 참고할 필요가 있는데, 신체적 민첩성 검사는 최근 20년 동안에 대부분의 미국 경찰기관에서 실시하고 있다.

전문기관으로 하여금 경찰업무수행에 필요한 체력검사 종목을 연구토록 하여 채용시험에서 업무관련성이 높은 종목을 선택해야 할 것이다. 개별 종목에 대한 검사만으로 응시자의 체력상태를 진단하는 것은 여러 가지 면에서 한계가 존재한다. 따라서 시뮬레이션을 실시하여 총체적이고 전반적인 체력상태를 검사할 수 있는 실질적인 방안을 모색할 필요가 있다.

경찰관이 단거리 또는 몇 블록 정도 피의자를 추적해서 체포해야 하는 경우도 있으므로 신체적 민첩성 검사는 단거리 달리기(sprint), 격투(wrestle), 체포(arrest)를 혼합한 것이어야 한다. 중요한 것은 지원자가 일정한 신체적 건강표준을 충족시켜야 하고, 신체적 민첩성 검사는 직무수행역량(BFOQ)을 평가하는 것이어야 한다는 것이다(Dantzker, 1999: 148).

3. 면접시험의 타당성 제고

면접시험은 경찰관으로서 요구되는 모든 조건을 이미 갖추고 있는 지원자가 다양한 위기상황 하에서도 경찰업무를 제대로 수행할 수 있는 인성 및 소양을 갖추고 있는지를 판정하는 것이다. 체계화된 면접시험은 경찰공무원의 대외적인 신뢰도를 향상시킬 뿐만 아니라 경찰공무원 신규채용시험의 효과성과도 관련되어 있다. 따라서 타당성 있는 면접시험을 위해서 다음과 같은 개선이 필요하다.

1) 평가센터 도입

면접시험은 그 이전에 치른 평가를 종합하는 의미가 있으므로 평가센터(assessment center)로 발전시킬 필요가 있다. 현재 면접시험이 여전히 형식화되어 있으므로 필기시험 합격자의 경우에는 시·도경찰청별로 중앙경찰학교에 입교시켜 2박 3일 정도 철저히 경찰관으로서의 자질을 평가할 수 있어야 한다.

평가센터는 정확한 직무분석(job analysis)을 통해서 성공적인 직무수행에 중요하다고 여겨지는 행동을 측정하기 위해서 설계된 몇몇 exercise 또는 simulation으로 구성되어 있다. 행동은 특징(dimension) 또는 역량(competence)라고 불리는 데, 대표적인 exercise에는 In-Basket, A Leaderless Group Discussion, The Written Problem Analysis, Press Conference, Role Play 등이 있다(임창호, 2014: 186-188).

2) 구조화된 면접의 실시

구조화된 면접이 되기 위해서 표준화된 일련의 질문이 사전에 마련되어야 하고, 면접위원은 지원자에 대한 인식을 기재하는 평가서 작성에 대하여 교육을 받아야 한다. 잘 기획되고, 체계적이고, 구조화된 면접은 그렇지 못한 경우보다 더욱 신뢰할 수 있으며, 더욱 방어될 수 있고, 미래의 직무수행능력에 대하여 더 잘 예견할 수 있다(Guion, 1991: 347).

면접시험시 강화해야 할 내용은 영리목적으로 행하는 사기업과 유사하게

고객만족의 치안행정서비스의 제공능력, 대민업무와 관련하여 보다 더 선진
적인 인권 마인드의 소지 여부, 유비쿼터스 시대를 선도할 수 있는 능력의
보유 여부, 경찰조직 내에서 업무간 상호협력 마인드의 소유 여부, 윤리성과
관련하여 경찰공무원으로서 재직할 경우 이권 개입이나 부정에 유착될 가능
성의 유무 측정 등이다(김정식, 2009: 54).

4. 신원조사 강화

　현재의 신원조사를 배경조사로 확대 개선할 필요가 있다. 배경조사의 목
적은 사람의 특성을 과거의 경력에 기초해서 평가하는 것이다. 이러한 배경
조사를 통하여 조사관이 지원자에 대한 도덕성이나 각종 경력에 대한 충분한
정보를 얻을 수 있도록 해야 한다.
　배경조사시에 고등학교 때의 생활기록부는 물론이고 대학교 때의 성적표,
출·결석상황 그리고 더 나아가 고등학교와 대학교 시기의 각종 봉사경력을
확인하여 이를 면접시험에서 참고자료로 이용할 수 있어야 할 것이다. 또한,
지원자의 인성 및 자질을 제대로 평가할 수 있는 교통법규위반 여부, 과태료
및 범칙금 납부 여부, 응시자의 직장경력, 신용불량자인지 여부, 군대경력, 이
웃주민의 평판 등에 대해서도 상세하게 조사할 필요가 있다.

5. 최종합격자 결정시 영역별 반영비율 변경

　많은 미국 경찰기관은 필기시험성적에 대하여 다음 시험단계를 치를 수
있는 자격만을 부여하고 있는데, 우리나라도 참고할 필요가 있다. 뉴욕경찰의
경우에는 필기시험에 합격한 지원자 4명 중 1명만이 최종 합격할 수 있으며,
뉴욕주 수포크(Suffolk) 카운티의 경우에는 필기시험을 통과한 8명 내지 10명
의 지원자 중 오직 한 명만이 최종 합격할 수 있다.
　즉, 미국 경찰의 경우에는 필기시험이 최종합격 여부를 결정하는 데 큰
영향을 미치지 않음을 알 수 있다. 필기시험에 합격했을 지라도 나중에 치루
어지는 신체검사, 심리검사, 배경조사 등에서 문제가 발생되면 최종합격을 위

한 자격을 상실하게 된다. 플로리다(Florida)주 포트 러더데일(Fort Lauderdale)의 경찰관 채용과정에 있어서 영역별 반영비율을 보면 다음과 같다.

(1) 필기시험(written test): 최종점수중 40%

필기시험은 습득능력, 기억능력, 언어능력, 논리적으로 사용하는 능력을 포함한다. 지원자는 또한 직업과 관련된 질문(essay question)에 답해야 한다. 쓰기능력(철지, 문법, 구두점을 포함)이 평가된다. 그 질문은 구두 인터뷰에서 평가된다.

(2) 예비배경조사(preliminary background investigation): 합격/불합격

예비배경조사는 필기시험에 합격한 지원자를 대상으로 한다. 이 조사의 핵심은 교육의 입증, 이전 직업의 경력, 운전경력, 전과기록, 과거 또는 현재의 약물사용 여부 등이다. 그러나 이것만이 전부는 아니다. 채용과정에서 다른 어떤 점에서라도 배경조사에서 모순(문제점)이 발견되면 불합격의 사유가 된다.

(3) 신체적 민첩성 검사(physical agility test): 합격/불합격

영역 1	영역 2
· 0.5마일 달리기(5분 이내) · 장애물코스 달리기(2분 이내)	· 제자리 멀리뛰기(자신의 키 이상) · 엎드려 팔굽혀펴기(10개 이상, 뺨이 바닥에 닿게) · 턱걸이(3개 이상) · 차량밀기(20피트 이상) · 방아쇠 당기기(스트롱핸드 18번, 위크핸드 12번)

(4) 구두면접(oral interview): 최종점수중 60%

구두면접은 형식적이고 체계화된 과정이다. 지원자는 3명의 패널(예 경찰서, 인사부서의 대표자)에 의해 평가된다. 지원자는 경찰직에 대한 중요한 자질을 평가받는다. 지원자는 언어 구사력(command presence), 성실성, 흥미, 대화능력, 스트레스에 대한 인내, 판단/결정능력에 대하여 평가받는다. 필기시험에서 행해진 에세이 질문에 대한 답변은 이때 평가된다.

(5) 거짓말탐지기 검사(polygraph examination): 합격/불합격

(6) 최종 배경조사(final background investigation): 합격/불합격

(7) 심리검사(psychological examination): 합격/불합격

(8) 약물검사를 포함한 의료검사(medical examination): 합격/불합격

관할구역 내에 있는 의사에 의해서 의료검사가 행해진다. 색맹이 아니어야 하며, 양쪽 눈이 영구적인 비정상이어서는 안된다. 교정시력이 아닌 각 시력이 적어도 20/50이어야 하고, 교정시력은 양쪽 각각 20/20이어야 한다.

(9) 수영시험(swim test): 합격/불합격

지원자는 3분 동안 50야드(어떤 수영법도 인정)를 수영할 수 있어야 한다.

6. 가산점 반영대상의 현실화

현재 자격증 가산점 항목에는 경찰업무와 거의 관련이 없는 분야도 다수 포함되어 있으므로, 지원자가 선택하는 자격증에 대한 분석을 통해서 수년간 거의 선택하지 않았으면서 시대상황에 맞지 않은 자격증에 대해선 과감하게 삭제하고, 특수분야의 자격증이 필요한 분야가 있다면 그 분야만 모집하여 채용할 필요가 있고, 무도능력에 대해서는 실기 테스트를 통해서 실질적인 무도능력을 검증해야 한다.

또한, 오늘날과 같은 지역사회 경찰활동 시대에 가장 필요한 가산점 항목은 사회봉사경력에 대한 가산점이라고 생각되므로, 사회봉사경력에 대한 관리가 철저하게 이루어진다는 것을 전제로, 사회봉사경력에 대한 가산점을 인정하여야 할 것이다(임창호, 2014: 60).

7. 심리검사 도입

미국 경찰기관의 경우 심리검사방법을 도입한 경찰기관과 그렇지 않는 경찰기관을 통계적으로 비교해 볼 때 심리검사방법이 효과적인 것으로 나타나

고 있다. 다만 분명한 것은 이러한 심리검사가 적절치 못한 후보자나 경찰업무상 스트레스로 인하여 심각한 영향을 받을 사람을 정확히 선별해 내지는 못한다는 것이다.

채용과정에서 정신분석학자 및 심리학자는 한, 두 가지 심리측정용 필기시험을 겸해서 면접을 실시하게 되는데, 이러한 심리검사는 누가 경찰업무에 적합한지를 정확하게 결정하기보다는 일부 극단적인 지원자를 선별해 내는 수단으로서 여겨져야 한다.

8. 경력경쟁채용시험 개선

경력경쟁채용시험을 실시하는 가장 큰 목적은 다양한 전문인력의 확보와 그에 따른 인력관리의 효율성 확보에 있으나, 경찰조직에서 현재 실시되고 있는 경력경쟁채용은 전문적인 인력을 필요로 하는 분야를 넘어서 필요 이상의 다양한 입직경로를 양산하고 있다는 우려의 목소리가 있다. 따라서, 경력경쟁채용은 신중을 기해야 하며, 그 범위 및 계급 부여에도 많은 연구가 필요하다.

제 2 절 경찰공무원 시보임용

I. 경찰공무원 시보임용의 개념 및 목적

1. 시보임용의 개념

시보임용(probation)이란 신규채용시험에 합격한 사람을 바로 정규 경찰공무원으로 임용하는 것이 아니고, 시보(probationer)로 임용하여 일정한 기간을 임용예정직의 업무를 수행하게 하여 경찰공무원으로서의 자질과 직무수행능력 등을 검증하는 인사행정활동을 의미한다.

시보기간은 국가에 따라 혹은 직종 및 계급에 따라 차이가 있으나, 우리 나라의 경우 경정 이하의 경찰공무원을 신규채용할 때에는 1년간 시보로 임용하고, 그 기간이 만료된 다음 날에 정규 경찰공무원으로 임용한다(경찰공무원법 제13조 ①). 다만, 휴직기간, 직위해제기간 및 징계에 의한 정직처분 또는 감봉처분을 받은 기간은 시보임용기간에 산입하지 아니한다(동법 제13조 ②).

2. 시보임용의 목적

시보임용의 주요 목적은 지원자에 대하여 시험으로 알아내지 못하였던 점을 확인해 보고, 직무를 감당할 능력이 있는가를 알아보는 것이다. 시보임용은 채용시험제도를 보완하려는 것이기 때문에 공식적인 채용과정의 일부라고 볼 수 있다. 어떤 시험이든지 간에 일정기간 동안 실제로 담당업무를 시켜보는 것보다 경찰관으로서의 적격성 여부를 효과적으로 알아내는 방법은 없다.

Ⅱ. 한국의 경찰공무원 시보임용제도

1. 시보임용의 배제

다음의 경우에는 시보임용을 거치지 아니한다(동법 제13조 ④).

첫째, 경찰대학을 졸업한 사람 또는 경찰간부후보생으로서 정하여진 교육을 마친 사람을 경위로 임용하는 경우

둘째, 경찰공무원으로서 대통령령으로 정하는 상위계급으로의 승진에 필요한 자격요건을 갖추고, 임용예정 계급에 상응하는 공개경쟁 채용시험에 합격한 사람을 해당 계급의 경찰공무원으로 임용하는 경우

셋째, 퇴직한 경찰공무원으로서 퇴직 시에 재직하였던 계급의 채용시험에 합격한 사람을 재임용하는 경우

넷째, 자치경찰공무원을 그 계급에 상응하는 경찰공무원으로 임용하는 경우

2. 지도 · 감독 및 면직

임용권자 또는 임용제청권자는 시보임용 기간 중에 있는 경찰공무원의 근무사항을 항상 지도·감독하여야 한다(경찰공무원 임용령 제20조 ①). 임용권자 또는 임용제청권자는 시보임용경찰공무원이 다음의 어느 하나에 해당하여 정규 경찰공무원으로 임용하는 것이 부적당하다고 인정되는 경우에는 정규임용 심사위원회의 심사를 거쳐 해당 시보임용경찰공무원을 면직시키거나 면직을 제청할 수 있다(동 임용령 제20조 ②).

(1) 징계사유에 해당하는 경우
(2) 「경찰공무원 임용령」 제21조 제1항에 따른 교육훈련성적이 만점의 60퍼센트 미만이거나 생활기록이 극히 불량한 경우
(3) 「경찰공무원 승진임용 규정」 제7조 제2항에 따른 제2평정 요소의 평정점이 만점의 50퍼센트 미만인 경우

3. 교육훈련

임용권자 또는 임용제청권자는 시보임용경찰공무원 또는 시보임용예정자에 대하여 일정 기간 교육훈련(실무수습을 포함한다)을 시킬 수 있다. 이 경우 시보임용예정자에게 교육훈련을 받는 기간 동안 예산의 범위에서 임용예정계급의 1호봉에 해당하는 봉급의 80퍼센트에 해당하는 금액 등을 지급할 수 있다(동 임용령 제21조 ①). 임용권자 또는 임용제청권자는 시보임용예정자가 제1항에 따른 교육훈련성적이 만점의 60퍼센트 미만이거나 생활기록이 극히 불량할 때에는 시보임용을 하지 아니할 수 있다(동 임용령 제21조 ②).

4. 신분보장의 정도

시보 신분인 경찰관의 가장 큰 특징은 신분의 불안정성이다. 즉, 시보임용 중에 있는 경찰공무원이 근무성적 또는 교육훈련성적이 불량할 때에는 「국가

공무원법」 제68조(의사에 반한 신분조치)9) 및 「경찰공무원법」 제28조(직권면직)10)에도 불구하고 면직시키거나 면직을 제청할 수 있다(동법 제13조 ③).

5. 정규 경찰공무원 임용

1) 정규임용심사위원회

시보임용 경찰공무원을 정규 경찰공무원으로 임용하는 경우 그 적부(適否)를 심사하게 하기 위하여 임용권자 또는 임용제청권자 소속으로 정규임용심사위원회를 둔다(동 임용령 제20조 ③).

정규임용심사위원회는 위원장 1명을 포함한 위원 5명 이상 7명 이하로 구성한다(동 임용령 시행규칙 제9조 ①). 위원장은 위원 중 가장 계급이 높은 경찰공무원이 된다. 다만, 가장 계급이 높은 경찰공무원이 둘 이상인 경우 그 중 해당 계급에 승진임용된 날이 가장 빠른 경찰공무원이 된다.

위원은 소속 경감 이상 경찰공무원 중에서 위원회가 설치된 기관의 장이 임명하되, 심사대상자보다 상위 계급자로 한다. 위원회는 재적위원 3분의 2 이상 출석과 출석위원 과반수 찬성으로 의결한다(동 임용령 시행규칙 제9조 ④).

2) 정규임용심사

시보임용 경찰공무원을 정규경찰공무원으로 임용하는 경우 다음의 사항을 고려하여 임용 적합 여부를 심사하여야 한다(동 임용령 시행규칙 제10조 ①).

(1) 시보임용 기간 중 근무실적 및 직무수행 태도

---

9) 제68조(의사에 반한 신분 조치) 공무원은 형의 선고, 징계처분 또는 이 법에서 정하는 사유에 따르지 아니하고는 본인의 의사에 반하여 휴직·강임 또는 면직을 당하지 아니한다. 다만, 1급 공무원과 제23조에 따라 배정된 직무등급이 가장 높은 등급의 직위에 임용된 고위공무원단에 속하는 공무원은 그러하지 아니하다.

10) 제22조(직권면직) ① 임용권자는 경찰공무원이 다음 각 호의 어느 하나에 해당될 때에는 직권으로 면직시킬 수 있다.
　1. 「국가공무원법」 제70조제1항제3호부터 제5호까지의 규정 중 어느 하나에 해당될 때
　2. 경찰공무원으로는 부적합할 정도로 직무 수행능력이나 성실성이 현저하게 결여된 사람으로서 대통령령으로 정하는 사유에 해당된다고 인정될 때
　3. 직무를 수행하는 데에 위험을 일으킬 우려가 있을 정도의 성격적 또는 도덕적 결함이 있는 사람으로서 대통령령으로 정하는 사유에 해당된다고 인정될 때
　4. 해당 경과에서 직무를 수행하는 데 필요한 자격증의 효력이 상실되거나 면허가 취소되어 담당 직무를 수행할 수 없게 되었을 때

(2) 영 제20조 제2항(시보임용경찰공무원 면직) 각 호 해당 여부

(3) 영 제47조(직권면직사유) 제1항 각 호 또는 같은 조 제2항 각 호 해당
    여부

(4) 소속 상사의 소견

시보임용 경찰공무원의 면직 또는 면직제청에 따른 동의의 절차는 해당징
계위원회의 파면 의결에 관한 절차를 준용한다(동 임용령 시행규직 제10조 ③).

Ⅲ. 경찰공무원 시보임용제도의 개선방안

1. 실질적인 시보임용제도의 운용

시보임용제도는 주로 채용후보자의 적격성을 검사할 뿐만 아니라 초임자
에게 적응훈련 기회를 제공한다. 현행 시보임용제도는 형식적으로 이루어지
고 있어서, 시보임용기간이 경과하면 거의 대부분이 정식으로 임용되고 있는
상황이다. 그 결과 채용과정 및 교육훈련과정에서 정확하게 평가할 수 없는
인성 및 직무능력을 시보임용기간에 제대로 평가하지 못하고 있다.

시보기간을 통하여 업무상 적격성을 보여준 경찰관은 정규 경찰공무원으
로 임명되지만, 실제로 업무를 수행하는 과정에서 부적격한 것으로 드러난
경찰관은 정규 경찰공무원으로 임명되어서는 안된다.

이를 위해서 첫째, 시보임용 경찰관의 훈련 및 실무수습에 관한 계획을
사전에 수립한 후 실시하여야 한다.

둘째, 시보임용 경찰관의 실무수습 결과를 감독자로 하여금 정기적으로
경찰인사기관에 보고하도록 한다.

셋째, 경찰인사부서의 직원이 시보기간 만료 전에 감독자와 면담하여 정
규 경찰관으로서의 적격성을 확인하거나 또는 정규임용심사위원회를 통하여
결정하도록 한다.

2. 현장훈련 프로그램의 도입

시보임용기간 동안에 임용후보자에게 임용예정직의 업무를 상당한 기간

표 5-12   산호세(San Jose) 현장훈련 프로그램의 구조

과정	세부과정	내 용
1단계		・16주간의 경찰학교에서의 강의위주교육을 받는다. ・1단계 교육과정에서의 성패 여부에 따라 2단계의 Field Training으로의 진행 또는 해고 여부 등이 결정된다.
2단계	2-1	・2주간 신임경찰관의 선임 FTO로부터 교육을 받는다. ・이 단계에서는 FTO에 의한 평가가 없다.
	2-2	・2주간 선임 FTO에 의해 교육이 실시된다. ・이때부터 피교육생에 대한 일일관찰보고서가 FTO에 의해, 주변평가보고서가 교육감독관(supervisor)에 의해 작성되기 시작한다.
	2-3, 2-4	・피교육생은 다른 2명의 FTO에 의해 각각 4주간의 교육과 평가를 받게 된다. ・선임 FTO와 다른 2명의 FTO는 서로 근무시간대가 달라야 하는데 이를 통해서 피교육생은 3종류의 근무시간대를 모두 경험할 수 있게 된다.
	2-5	・다시 선임 FTO의 근무시간대를 배정 받아 2주간 근무하게 되는데, 이 기간 동안은 FTO가 사복을 착용하고 근무시간 동안 발생하는 모든 상황을 피교육생이 우선적으로 처리하도록 일임함으로써 피교육생에게 더 많은 재량이 부여된다. ・2단계에서 경찰기관이 요구하는 평가수준을 충족시킨 피교육생은 3단계로 진행한다.
3단계	3-1	・3단계 교육은 피교육생이 단독근무를 하게 된다는 특징을 갖는다. ・6주간의 교육은 배정된 순찰구역에서 단독근무를 하게 되며, 교육감독관은 매 2주 그 내용을 평가해야 한다.
	3-2	・4주간의 교육은 전 6주간의 교육과 동일한 형태로 이루어지나 교육감독관의 평가만 월 1회로 줄어 든다.
	3-3	・4주간의 교육은 위와 동일한 근무형태로 이루어지나, 이 기간 동안 지난 10개월(40주)간의 피교육생에 대한 평가를 바탕으로 고용, 교정교육, 해고 등의 결정을 하는 심사위원회의 활동이 이루어진다. ・부족한 측면이 발견되어 재교육이 필요한 피교육생에 한하여 마지막 단계로 이행한다.
	3-4	・8주간은 교정교육을 위한 기간이다. ・이 기간 동안 특별심사위원회가 구성되어 교정교육을 받은 피교육생의 최종 인사조치에 대해 결정을 내리게 되며 그 결정은 고용 또는 해고의 형식으로 이루어진다.

동안 실제로 수행할 기회를 주고, 이를 관찰해서 그 적응성을 판단하여야 한 다. 아울러 경찰업무수행에 필요한 지식·경험을 습득하도록 하여 업무 적합 성을 높여야 한다.

미국에서 현장훈련(Field Training) 프로그램이 경찰기관 사이에 공식적 프 로그램으로 자리 잡도록 하는 중요한 계기가 된 산호세(San Jose) 모델을 소 개하면 다음과 같다(강기택, 2001: 205-208).

산호세 모델의 목적은 첫째, 경찰학교에서 획득한 지식과 실무를 현장에 접목시키기 위해 경찰학교의 문제점을 보완한다. 둘째, 경찰관으로서의 자격 시험에 합격하였다는 사실이 경찰관으로서의 자질을 입증하는 것은 아니므 로, 이러한 자질을 검증하기 위해 채용시험 과정을 연장한다. 셋째, 부적격자 를 채용단계 이전에 배제할 수 있다. 넷째, 이러한 목적을 바탕으로 한 교육 및 평가 양면의 체계적인 방법론을 수립한다. 산호세 모델은 <표 5-12>와 같이 크게 16주 동안의 경찰학교 교육, 14주 동안의 현장훈련, 22주 동안의 적격자에 대한 보충교육(총 52주간)으로 진행된다.

 연습문제

1. 경찰공무원 채용시험의 종류를 설명하세요.

2. 경찰공무원 공개경쟁채용시험과 경력경쟁채용시험을 비교 설명하세요.

3. 경찰공무원의 시보임용을 설명하세요.

 참고문헌

〈국내문헌〉

강기택. (2001). "미국경찰의 현장위주 시보교육제도(Field Training)에 대한 소고,"「치안정책연구」, 15.

경찰대학. (2012).「경찰경무론」, 용인: 경찰대학.

김정식. (2009). "경찰공무원 채용제도의 개선방안에 관한 연구," 석사학위논문, 한세대학교 경찰법무대학원.

김형만 외 8인. (2003).「비교경찰제도론」, 서울: 법문사.

박기선. (2015). "프랑스 신임경찰관 채용제도의 고찰 및 시사점,"「경찰학연구」, 15(3): 39-69.

이관희·임준태. (1999). "독일 경찰교육제도에 관한 연구: 우리나라 교육제도 개선방안 모색,"「한국경찰학회보」, 1: 107-149.

이영남. (2006). "자치경찰시대를 대비한 경찰공무원 선발시험관리의 공정성과 신뢰성 확보방안",「한국경찰연구」, 5(1): 119-139.

오규철. (2011). "경찰채용시험제도의 변천 특징과 개선방안",「한국공안행정학회보」, 42: 109-149.

이윤호. (2006).「경찰학」, 서울: 박영사.

이황우. (1986). "경찰공무원의 채용모형에 관한 연구,"「행정논집」, 15.

_____. (2007).「경찰행정학」(제5판), 서울: 법문사.

임창호. (2002). "경찰공무원 선발시험에 관한 연구,"「한국경찰학회보」, 4: 151-188.

_____. (2014). "경찰관 채용시험제도의 효과성 인식에 관한 연구,"「경찰학논총」, 9(3): 35-69.

_____. (2014). "경찰관 채용시험의 평가센터 도입방안에 관한 연구,"「사회과학논문집」, 33(1).

정진환. (2002).「비교경찰제도」, 서울: 책사랑.

제도개혁기획단. (1998).「기본자료집: 일본경찰연구자료집 Ⅲ-1」, 치안연구소.

〈국외문헌〉

Ash, P., Slora, K., & Britton, C. F. (1990). "Police Agency Selection Practices," *Journal of Police Science and Administration*, 14(4): 258-269.

Dantzker, M. L. (1999). *Police Organization and Management: Yesterday, Today, and Tomorrow*, Boston: Butterworth Beinemann.

Dempsey, J. S. (1996). *An Introduction to Public and Private Investigation*, Minneapolis, St. Paul: West.

Dempsey, J. S. (1999). *An Introduction to Policing*, Belmont, CA: An International Thompson Publishing Company.

Doerner, W. G. & T. Nowell. (1999). "The Reliability of the Behavioral-Personnel Assessment Device(B-PAD) in Selecting Police Recruits," *Policing: An International Journal of Police Strategy and Management*, 22(3): 343-353.

Fyfe, J. J. (1986). "Police Personnel Practices," *Beseline Data Reports*, Vol. 18, No. 6, International City Management Association.

Gaines, L. K., Worrall, J. L., Southerland, M. D., & Angell, J. E. (2003). *Police Administration*(2nd ed.), New York, NY: McGraw-Hill Companies.

Gaines, L. K., & Kappeler, V. E. (2011). *Policing in America*(7th ed.), Waltham, MA: Elsevier, Inc.

Georgia Gainesville Police Department. (1997). *Sergeants Assessment Center Orientation Handout*.

Guion, R. M. (1991). "Personnel Assessment, Selection, and Placement," in Marvin D. Dunnette & Leaetta M. Hough(eds.), *Handbook of Industrial and Organizational Psychology*, Vol. 2, Palo Alto, Calif.: Consulting Psychologists Press.

Hogue, M., Black, T., & Sigler, R. (1994). "The Differential Use of Screening Techniques in the Recruitment of Police Officers," *American Journal of Police*, 13: 113-124.

Holden, R. N. (1994). *Modern Police Management*(2nd ed.), Englewood Cliffs, New Jersey: Prentice-Hall.

Pettinari, D. & Corsentino, D. (1997) "Quality Begins with Selection," *Community Policing Exchange*, March/April.

Ross, J. D. (1979). "A current review of public sector assessment centers: Cause for concern," *Public Personnel Management*, 8(1): 41-46.

Schultz, C. (1984). "Saving Millions through Judicious Selection," *Public Personnel Management*, 13(4): 409-415.

Shusman, E. J., Inwald, R. E., & Knatz, H. F. (1987). "A cross-validation study of police recruit performance as predicted by the IPI and MMPI", *Journal of Police Science and Administration*, 15(2): 162-169.

Stead, P. J. (1983). *The Police of France*, New York: MacMillan Publishing co., 1983.

Strawbridge, P. & Strawbridge, D. (1990). *A Networking Guide to Recruitment, Selection and Probationary Training of Police Officers in the Major Police Departments of the United States of America*, New York: John Jay College of

Criminal Justice.

Swanson, C. R., Territo, L., & Taylor, R. W. (2001). *Police Administration*, 5th ed., Upper Saddle River, New Jersey: Prentice Hall.

久保博司. (2000). 「警察官の 世間」, 백형조·안원태 역, 치안연구소.

Chapter 06

경찰공무원 교육훈련

제1절 경찰공무원 교육훈련의 개념 및 필요성

Ⅰ. 경찰공무원 교육훈련의 개념

교육훈련(education & training)은 조직구성원의 일반적 소양과 능력을 개발하고, 직무수행에 필요한 지식과 기술을 향상시키며, 가치관과 태도를 바람직한 방향으로 변화시키는 인사행정활동이다.

교육(education)이 직무수행 전반에 걸쳐 기초가 되는 지식·가치관을 변화시키는 것이라면, 훈련(training)은 현재 담당하고 있는 구체적인 직무수행에 필요한 지식·기술을 향상시키는 것을 의미한다. 그러나 두 개념을 구분해서 사용하는 것은 특별한 실익이 없으므로 교육훈련으로 포괄하여 이해하는 것이 바람직하다(유민봉, 2010: 210).

본질적으로 교육훈련은 즉시 이용 가능한 특정한 기술을 제공해 줄뿐만 아니라 앞으로 오랜 기간 동안 응용하는 데 필요한 정보를 제공해 준다. 교육훈련은 경찰관에게 경찰목표 및 목적을 달성하는 데 필요한 지식 및 기술을 제공하는 기회이기도 하다(Mathis & Jackson, 1991).

경찰교육기관은 최근에 급속히 변화하는 치안환경에 능동적, 탄력적으로 대응하기 위해 실무사례 중심의 참여식, 토론식 교육을 확대 운영하였다. 이를 통해 교육생 각자의 경험을 공유하고 문제해결능력을 향상시켰다. 한편, 기본교육 및 직무교육과정에 확장현실(XR: eXtended Reality)에 기반한 교육훈련 운영과 현장 대응역량 강화를 위한 프로그램을 편성하여 경찰관의 역량을 함양하는데 노력하고 있다.

Ⅱ. 경찰공무원 교육훈련의 필요성

경찰조직은 경찰공무원의 능력을 충분히 개발하고, 그 능력이 경찰조직의 목표달성과정에서 충분히 발휘될 수 있도록 많은 노력을 기울여야 한다. 특히, 경찰조직이 환경변화에 대응하기 위해서는 신축적이고 유연한 조직구조로의 변화뿐만 아니라 경찰공무원의 행태변화가 요구된다.

1. 사회의 대규모화 · 다양화

사회구조가 대규모화 · 다양화되어 감에 따라, 경찰관 역시 그러한 상황에 대처해야 할 필요성을 인식하게 되고, 전문지식 및 기술의 습득을 위한 교육훈련을 필요로 한다. 특히, 경찰은 급격한 국내 · 외의 정세와 사회의 각종 환경변화에 보다 적극적으로 대처하기 위해서 자동화 및 컴퓨터화가 요구되고 있으며, 국제적 감각을 지닌 경찰관이나 첨단장비의 운영체계에 능숙한 경찰관을 보유하여야 한다.

2. 경찰관의 전문성 강화

사회가 빠른 속도로 변화하고 있고 그에 따라 새로운 지식 및 기술이 필요로 되므로, 경찰관의 전문성 강화를 위한 교육훈련이 계속해서 행해져야 한다. 1967년 「법집행 및 사법행정에 관한 대통령위원회」(the President's Commission on Law Enforcement and Administration of Justice)의 특별 전문위원회 보고서 (Task Force Report)에서는 "개인적인 소질에 관계없이 인간은 타고난 능력으로만 경찰업무를 수행할 수는 없다. 개인적 능력, 사전교육, 판단력, 그리고 감정적 적합성은 별도로 치고, 경찰관은 경찰업무를 이해하고 그것을 어떻게 수행하는가를 배우기 전에 포괄적인 직무상 훈련을 받아야 한다"고 제시하였다.

3. 경찰업무 수행방식의 변화

정치적 민주화의 진행은 정치권력 구조의 다원화를 초래하고, 그 결과 정부에 대한 국민의 통제방식과 정치의 관리방식도 분권화된다. 시민의 의식수준 향상과 정부에 대한 영향력의 증가는 경찰업무 수행방식에 커다란 압력을 가하게 되어 민주경찰로서의 올바른 위상 및 자세를 요구하고 있다. 즉, 경찰관은 국민의 기본적 인권을 존중해야 하며, 범인의 체포, 수사, 피의자의 신문 등에서 민주경찰이 따라야 할 절차와 방식을 준수해야 하므로, 이러한 사항에 대한 경찰교육훈련이 필요하게 되었다.

4. 변화하는 조직과 치안환경에 선제적 대응

오늘날 경찰의 힘만으로 사회질서를 유지하고 범죄를 예방하고 범인을 체포하는 데 한계를 갖고 있으므로, 지역주민의 협조와 관련기관의 적극적 지원을 받을 수 있는 능력 및 자질을 함양하도록 하는 것도 경찰교육훈련의 중요한 일부가 될 수 있다.

미국 경찰의 경우에도 지역사회 경찰활동(community policing)을 시행함에 따라, 재직자 교육훈련에 대한 필요성이 강조되고 있다. 즉, 지역사회 경찰활동의 새로운 방향설정을 위한 초기 재직자 교육훈련을 받지 않는다면 지역사회 경찰활동을 성공적으로 시행할 수 없다.

현재 우리나라 경찰의 경우에도 국가수사본부 출범과 같은 수사권 개혁에 맞추어 국민이 신뢰하는 수사역량을 갖출 수 있도록 교육정책 체계화가 필요하며, 자치경찰제 도입에 따른 지방자치단체와 함께 협력치안을 이루어야 한다. 또한 경감 계급 증가에 따른 현장의 계·팀장급 인사 배치의 기준이 될 수 있는 교육과 평가방법 개발이 시급하다.

제 2 절   경찰공무원 교육훈련의 구성요소

경찰공무원 교육훈련의 목적을 달성하기 위해서는 [그림 6-1]에서 보는 것과 같이 교수요원, 교육생, 교육환경, 교육과정이 서로 유기적으로 관계를 맺고 제 기능을 다하여야 할 것이다. 이러한 4가지 구성요소에 대해 살펴보면 다음과 같다(임창호, 2013: 192-193).

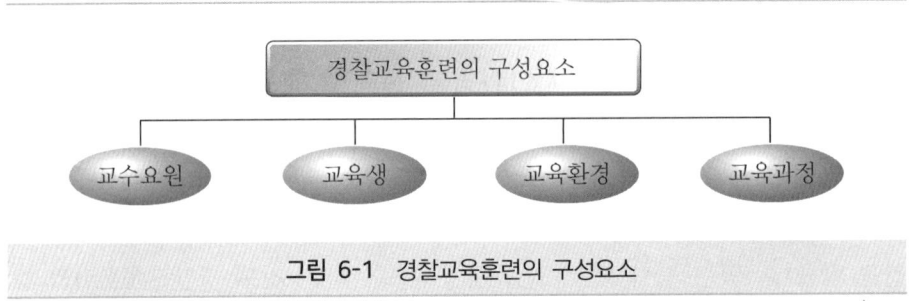

그림 6-1   경찰교육훈련의 구성요소

I. 교수요원

교수요원은 교육훈련을 실시함에 있어서, 가능한 한 많은 역할연기, 문제해결, 모의훈련을 활용해야 한다. 또한, 교육생은 질문하고 이슈를 토의함으로써 적극적으로 참여하도록 격려되어야 하는데, 그러한 상호작용(interaction)은 깊이 있는 학습과 이해를 촉진시키기 때문이다. 특히, 지배와 복종을 강조하는 구조화된 접근은 교육생에게 과도한 스트레스를 부과하며, 효과적인 학습을 하도록 촉진하지 못하고, 지역사회 경찰활동이란 사명을 수행하는 데에도 도움이 되지 않는다.

또한, 교수요원은 강의내용과 방법에 대한 전문성과 올바른 인격을 갖추어야 하는데, 이는 학습자인 교육생의 신뢰를 확보하는 핵심요소이다. 또한

교수요원은 교육생이 교육내용에 대하여 더 나은 이해를 할 수 있도록 현장
문제에 민감해야 하며 교육생이 일선현장에 다시 배치된 후에도 효과적인 의
사결정(decision making) 및 문제해결(problem solving)을 위한 적극적 상호작용
에도 관심을 두어야 할 것이다.

Ⅱ. 교 육 생

교육생은 능동적 학습의지를 가지고 배우고 변화하는 주체이다. 이러한
교육생의 교육훈련에 대한 관심을 제고하기 위하여 다양한 방법이 시도되고
있다. 사실 성인의 경우 자아개념이 이미 형성된 상태이므로 스스로 의사결
정을 하고자 하는 경향이 강하다. 또한, 낮은 자아개념은 교육생의 역기능과
밀접한 관계가 있다는 것을 보여주는 연구도 있다.

따라서, 높은 수준의 자존감은 교육훈련의 내용을 적극적으로 배우고 참
여하고자 하는 동기를 부여하며, 그 결과 교육훈련을 통해 학습한 내용을 업
무복귀 후에도 적극적으로 적용하도록 만든다. 특히, 각종 셀프리더십 교육이
교육생의 자존감 증진에 긍정적인 영향을 미친다는 연구가 있으므로, 경찰교
육훈련시 셀프리더십 교육을 강화하는 방안도 고려하여야 한다.

또한, 교육생이 필요로 하는 교육이 아닌 일방적 정보 전달이나 교육생의
특성에 대한 고려 부족으로 인하여 교육에 대한 관심이 저하되는 것도 방지
할 수 있어야 한다. 이를 위해 강의가 아닌 실무중심 현장대응력 교육과 교
육훈련이 개인의 역량향상을 담보한다는 신뢰 확보가 필요하며, 현장에서 원
하는 내용과 방식으로 교육훈련 프로그램을 구성하는 등 노력을 하여야 할
것이다.

Ⅲ. 교육환경

경찰교육훈련이 효과적으로 행해지기 위해서는 교육·학습활동에 직결되

는 강의실, 도서관, 실습실, 체육시설 등 교육시설(training facility)과 컴퓨터, 빔 프로젝트, 실습장비 등 교육기자재(training equipment) 등의 인프라가 충분히 확보되어야 한다.

또한, 교육생이 쾌적하게 생활할 수 있도록 현대화된 생활관, 생활실, 생활용품이 구비되어야 하고, 식당·복지관 등을 적절히 갖추고 편리하게 이용하도록 하여야 한다. 교육시설이 잘 설비되어 있을 때, 교육효과도 극대화될 수 있을 것이다.

IV. 교육과정

교육훈련 프로그램은 장기적으로는 경찰조직의 성과창출에 기여해야 하는데, 교육훈련에 참여한 경찰관이 교육훈련 받은 기술·지식 등을 현장에 적용하고자 하는 의지를 가지고 있지 않거나, 현장에의 적용을 방해하는 조직적·환경적 요인으로 인하여 적용성과를 높일 수 없다면, 그 교육훈련 프로그램은 실패한 것이다.

강의식 교육은 교수요원의 문제해결 능력향상에 한계가 있으며, 요즈음 코로나 19로 인하여 비대면 교육인 사이버학습 또한 마찬가지다. 특히, 교육훈련 내용은 교육생의 학습에 유의미한 영향을 미치므로, 교육훈련 과목은 업무수행에 실질적인 도움이 될 수 있도록 구성되어야 한다. 또한, 교육생이 교육훈련의 내용에 대해 실용적이라고 지각할 때 훈련된 지식·기술을 보다더 실무에 응용하게 된다. 이를 위해 교육훈련 도중에 교육생에게 현재 교육받고 있는 내용을 실무에서 어떻게 활용할 수 있는지를 스스로 찾아 보도록 질문을 던지는 것이 효과적이다.

제 3 절 경찰공무원 교육훈련의 유형

경찰공무원 교육훈련의 유형은 경찰교육기관(경찰대학, 경찰인재개발원, 중앙경찰학교, 경찰수사연수원), 경찰교육센터, 현장순회, 사이버교육으로 나뉜다. 대상별로는 신규채용자 교육훈련, 일반재직자 교육훈련, 중간관리자(감독자) 교육훈련, 그리고 (최고)관리자 교육훈련으로 구분된다.

Ⅰ. 신규채용자 교육훈련

1. 신규채용자 교육훈련의 개념

신규채용자 교육훈련(academy training)은 경찰관이 받는 최초의 교육훈련이며, 신임경찰관에게 경찰에 대한 방향을 설정할 수 있도록 도와주고, 경찰의 목표 및 목적을 알려주며, 경찰업무에 요구되는 필요한 기술 및 지식을 제공해 준다(Gaines et. al, 2003: 374).

신규채용자 교육훈련은 「형법」을 공정하게 집행할 수 있는 능력, 기본적인 행정업무 처리능력, 그리고 충실한 대민봉사자로서 갖추어야 할 자질과 실행능력을 고루 겸비한 직업경찰관을 탄생시키기 위한 기초적 교육훈련이다. 신규채용자 교육훈련과정이 끝나면 신임경찰관은 범죄를 진압하고, 법을 집행하고, 그리고 사회적 분쟁을 해결할 수 있는 자질을 갖추어야 할 것이다(Leonard & More, 1993: 310).

2. 신규채용자 교육훈련의 중요성

기초 교육훈련(basic training) 프로그램 중에서 중요한 영역은 적응과정 (orientation)이다. 본질적으로 이러한 적응과정은 신임경찰관이 사실상 공식적 인 정보를 배울 뿐만 아니라 비공식적인 한계 및 규칙을 배울 수 있는 사회화 과정의 중심부분이다(Bayley & Bittner, 1993). 또한, 니더호퍼(A. Niederhoffer) (1967: 45)가 지적한 바와 같이, 신임경찰관과 시민사회를 연결시키는 끈은 경 찰학교(Police Academy)에 있다. 경찰학교에서 신임경찰관은 경찰직의 기초를 배우게 된다.

Ⅱ. 일반재직자 교육훈련

1. 일반재직자 교육훈련의 개념

일반재직자 교육훈련(in-service training)은 재직 경찰공무원을 대상으로 새 로운 지식·규칙·법령의 내용을 습득하도록 하기 위하여 정기적으로 또는 수시로 실시하는 교육훈련이다.

2. 일반재직자 교육훈련의 내용

경찰은 재직자 교육훈련을 제공하기 위한 다양한 방법을 시도해 왔다. 이 러한 재직자 교육훈련에는 다음과 같은 것이 고려되어야 한다.

첫째, 외부환경 변화에 적극 대응하여 안정적인 교육기회를 제공
둘째, 현장 중심의 참여·실습형 교육으로 준비된 치안 전문가를 양성
셋째, 주요 국정현안 및 경찰조직 중점과제 적극 추진
넷째, 시뮬레이션 교육 및 평가 확대 반영을 통한 현장대응 역량제고
다섯째, 수요자 중심 교육 설계로 교육훈련 효과 및 만족도 제고

Ⅲ. 중간관리자 교육훈련

일선 경찰업무에 대한 구체적인 관리·감독의 중요성이 증대됨에 따라서, 경찰조직의 (최고)관리자와는 구분하여 팀·계장이나 과장 등을 대상으로 하는 중간관리자(감독자) 교육훈련(supervisory training)이 필요해지고 있다. 중간관리자는 일선 경찰관의 업무수행을 관리·감독할 수 있는 정도의 모든 지식, 즉 사기관리, 리더십, 의사전달, 인간관계, 인사행정 및 근무규율 등을 필요로 하기 때문이다.

Ⅳ. 최고관리자 교육훈련

최고관리자 교육훈련(executive training)이란 중간관리자 보다는 계층이 높은 관리자의 관리능력을 향상시키는 교육훈련이다. 관리자 계층은 정책집행뿐만 아니라 정책결정능력이나 정치적 식견을 필요로 하므로 창의력, 통찰력, 직관력을 지니고, 조직 내의 제반 문제해결자로서의 능력을 갖추도록 요구된다.

따라서, 관리자 계층은 정책수립과정에 직접적으로 필요한 지식은 물론 정치·경제·사회 전반을 폭넓게 이해할 수 있도록 도와주는 교육훈련을 필요로 한다.

제 4 절 경찰공무원 교육훈련의 방법

경찰공무원 교육훈련을 효과적으로 실시하기 위해서는 교육생의 수준, 교육훈련의 목적, 교육기간 등을 고려하여 적절한 방법을 택하여야 한다. 우리나라 경찰은 아직도 주로 강의방식에 의존하고 있는 실정이며, 부분적으로

사례연구, 분임토의, 실무수습 및 시청각 교육, XR 기반 시뮬레이션 교육 등
의 방법을 이용하고 있다. 바람직한 것은 어느 특정한 교육훈련 방법에 의존
함이 없이 여러 방법을 혼합해서 사용하는 것이다(김중양, 2008: 330-336).

Ⅰ. 강   의

강의(Lecture)는 전통적인 교육훈련방법으로서 많은 교육생을 대상으로 지
식을 전달하는 경제적인 방법이지만, 교육생이 배운 것을 실습해 볼 수 있는
기회를 거의 제공하지 못한다. 또한, 강의를 통해서는 교육생의 수동성, 일방적
인 의사전달, 그리고 환류(feedback)가 거의 이루어지지 않는다는 문제가 있다.

Ⅱ. 현장훈련

1. 현장훈련의 가치

현장훈련(On-the-Job Training; OJT)이란 실제 직무를 수행하면서 감독자
또는 선임자로부터 직무수행에 관한 지식과 기술을 배우는 것을 의미한다.
코칭(coaching)이 현장훈련의 핵심이며, 따라서 현장훈련의 성과는 감독자의
지도기술의 정도에 의존한다. 현장훈련은 업무의 성격이 고도의 기술·전문
성·정밀성을 요구하는 경우에 적합하여 실무훈련에 유리하나, 많은 시간에
적은 수의 인원을 훈련시킬 수 밖에 없다.

2. 현장훈련관 프로그램(현장실습)

현장훈련관(Field Training Officer: FTO) 프로그램은 1972년 캘리포니아
(California)주 산호세(San Jose) 경찰국에서 최초로 시작했다. 본질적으로 FTO
는 경찰학교 교육생과 경찰실무가 사이의 공백을 메꾸고자 시도했던 프로그

램이다.

경찰행정가는 다음과 같은 여러 가지 이유로 FTO 프로그램을 시행하고 있다. 첫째, FTO는 연속된 교육을 위한 도구로서 기여한다. 몇몇 경찰활동 관련 개념 및 절차는 교실 교육을 통해서는 제대로 전달할 수 없으나, 현장에서 이러한 개념을 효과적으로 가르칠 수 있다.

둘째, FTO는 표준적인 것을 교육하는 데 기여한다. 교육생은 나중에는 교육훈련 목적에 기초하여 평가되기 때문에, FTO 프로그램은 기초적인 경찰학교 교육훈련을 받은 교육생으로 하여금 어떤 교육훈련의 목적이 충족되고 있는지를 확인할 수 있도록 한다. 또한 FTO 프로그램은 교수요원로 하여금 동일한 기준에 기초하여 교육하고 평가하도록 만든다.

셋째, FTO 프로그램은 경찰관리자로 하여금 신임경찰관이 경찰학교의 기초교육을 숙달했는지 여부를 확인할 수 있도록 한다. 또한 교수요원은 실제적인 상황에서 특정한 임무를 수행하는 신임경찰관을 관찰할 수 있다.

맥켐프벨(M. S. McCampbell)(1987)이 그의 연구에서 발견한 것과 같이, FTO 프로그램을 채택하고 있는 경찰관서 중 94.5%는 인사상 문제와 교육훈련을 향상시키려는 필요성 때문에 FTO 프로그램을 시행하고 있었다. FTO 프로그램을 이용한 관리·감독을 통하여 신임경찰관은 일반적으로 그들의 임무 및 경찰기능을 더 잘 이해할 수 있다. 이러한 경찰업무의 이해는 문제되는 행위를 감소시키며, 다양한 상황에서 직무수행 능력을 향상시킨다.

Ⅲ. 순환보직 및 전보

순환보직 및 전보(position rotation and job transfer)는 정기적이고 체계적인 사전 계획을 기초로 교육생을 일정한 시일 동안 직무 간에 또는 조직단위 간에 근무부서를 옮기면서 교육훈련시키는 방법이다. 순환보직 훈련은 여러 가지 보직을 담당하는 과정에서 경찰공무원의 안목을 넓히고 관리능력을 향상시키는 반면에, 전보가 빈번히 이루어지는 경우에는 행정의 계속성과 업무의 전문성 및 능률성에 다소 저해를 초래할 우려도 있다. 현재 경위 이상의 간부를 신규임용하는 경우 고시특채의 경우 2년 동안 1, 2차 보직을, 경찰대 졸업 및 간부후보생출신의 경우 2년 동안 1, 2, 3차 보직하도록 하고 있다.

IV. 회   의

회의(conference)는 어떤 주요 과제에 관한 논의가 이루어지는 공식적인 모임을 말한다. 회의를 통하여 각 참여자가 그들의 생각을 명백히 할 수 있고, 다른 사람의 의사를 신중하게 생각할 수 있다. 회의가 효과적으로 행해진다면 해답이 알려지지 않은 문제를 검토하고, 공동으로 추구해야 할 새로운 방침이나 접근방법을 개척할 수 있다.

V. 사례연구

사례연구(case study)는 교육생 스스로가 특정 사례에 기술된 상황을 분석·연구하고, 이에 대한 질문·비판 및 제안을 받으면서, 그 사례에서 제시된 문제에 대한 최선의 해결책을 모색해 가는 방법이다.

VI. 역할연기

역할연기(role-playing)는 참가자 중 일부가 어떠한 사례를 그대로 보여주고, 나머지 사람은 관중이 되어 연기의 각 요소를 비판적인 안목에서 관찰한 다음, 다 같이 그것에 관해 토론하는 교육훈련방법이다. 역할연기 방법은 인간관계 훈련 및 감독능력 향상에 유용한 방법이다.

Ⅶ. 시뮬레이션

시뮬레이션(simulation; 모의훈련)이란 교육생이 주의 깊게 설계된 상황에서 설정된 목적을 달성하거나 혹은 특정계획을 수행하도록 요청 받는 교육훈련을 의미한다. 즉, 교육생이 업무수행 중 직면하게 될 어떤 상황을 가정해 놓고, 교육생이 그 상황에 대처하도록 하는 훈련방법을 말한다. 시뮬레이션의 장점은 이론과 실제 간의 간격을 줄이고 팀워크와 의사소통의 중요성을 인식케 하여, 현실상황에의 적응능력과 분석능력을 향상시킬 수 있다는 점이다.

Ⅷ. 감수성 훈련

감수성 훈련(sensitivity training, t-groups training)은 10~20명 정도의 교육생이 이전의 모든 집단 귀속관계를 벗어나, 인간관계를 매개로 하여 자신의 태도·행위가 타인에 대하여 미치는 영향에 대하여 자유롭게 조사하고, 효과적으로 인간관계를 개선하고, 태도 및 행위를 변경하도록 함으로써 관리능력을 개발하는 교육훈련방법이다.

Ⅸ. 분임연구

분임연구(syndicate)는 영국의 관리자 학교(The Administrative Staff College at Henley-on-Thames)에서 관리자 훈련을 위해 개발한 집단적 과제연구의 한 형태이다. 분임연구는 교육생을 약 10명 정도의 소집단으로 나누고 각 집단별로 동일한 문제를 토의하여 그 문제에 대한 해결방안을 작성하고, 다시 전체가 모인 자리에서 각 집단별로 작성한 문제해결방안을 발표하고 토론하여 합리적인 문제해결방안을 모색하는 교육훈련방법이다. 분임연구의 장점은 최적

의 의사결정을 할 수 있는 능력을 기르고, 다른 사람의 지식과 능력을 활용
할 수 있다는 것이다.

X. 실무수습

실무수습(internship)이란 공무원이 되려고 준비하는 사람에게 정부기관의
실무를 실습토록 하는 교육훈련방법이다. 실무수습은 학문적인 것과 실무 사
이를 연결해 주는 역할을 한다. 실무수습은 단일한 훈련방법이라기 보다는
현장훈련, 순환보직 등 여러 가지 방법을 혼합한 훈련방법이다.

XI. 액션 러닝

액션 러닝(action learning)이란 교육생이 소그룹 규모의 팀을 구성하여 개
인, 그룹, 또는 조직에 중요한 의미를 갖는 실제 현안 문제를 해결하면서 동
시에 문제해결과정에 대한 성찰을 통하여 학습하도록 지원하는 행동학습
(learning by doing) 교육방식을 의미한다.

제5절 한국의 경찰공무원 교육훈련제도

I. 교육훈련 실시

1. 균등한 교육훈련 기회 부여

경찰청장은 모든 경찰공무원에게 균등한 교육훈련의 기회가 주어지도록
교육훈련에 관한 종합적인 기획 및 조정을 하여야 한다(경찰공무원법 제22조).

경찰청장이 교육인원을 배정할 때에는 교육과정별 우선순위에 따라 소속기관 등별로 균등히 하여야 한다(경찰공무원 교육훈련 규정 제4조).

2. 교육훈련실시 의무

경찰기관의 장은 소속 경찰공무원에게 그 직무와 관련된 학식·기술 및 응용능력을 배양할 수 있도록 교육훈련계획과 교육순기에 따라 교육훈련을 시켜야 한다. 임용권자(임용권의 위임을 받은 자를 포함), 임용제청권자 또는 임용추천권자는「경찰공무원 임용령」제21조 제1항의 규정에 의하여 경찰공무원으로 임용될 자에 대하여 임용 전에 경찰교육기관에서 신임교육을 받게 할 수 있다(동 규정 제6조).

3. 교육훈련 이수시간의 승진임용에의 반영

총경 이하 경찰공무원이 학교교육(경찰교육기관)·위탁교육·직장훈련 및 기타 교육훈련을 이수한 시간을 승진임용에 반영하여야 한다. 다음의 어느 하나에 해당하는 경우에는 교육훈련 이수시간을 승진임용에 반영하지 아니한다(동 규정 제6조의2).
   (1) 직무수행상의 특별한 사유로 승진임용에 필요한 교육훈련시간을 충족하지 못한 경찰공무원에 대하여 경찰청장이 필요하다고 인정하는 경우
   (2)「경찰공무원법」제19조에 따라 특별승진임용하는 경우

4. 부서장의 교육훈련 성과책임

경찰기관의 장은 국장·부장·과장 및 이에 준하는 보조기관 또는 보좌기관 등(부서장)에 대하여 소속 경찰공무원의 교육훈련시간 달성도 등에 관한 성과책임을 부여하여야 한다. 성과책임이 부여되는 부서장은 소속 경찰공무원에게 연간 자기능력개발계획을 수립하도록 하고 그 실적을 관리하여야 한다(동 규정 제6조의3).

5. 교육훈련의 구분

「경찰공무원 교육훈련규정」 제7조에서는 경찰공무원의 교육훈련을 학교교육, 위탁교육, 직장훈련 및 기타 교육훈련으로 구분하고 있다. <표 6-1>과 같이 교육별 내용과 대상 그리고 주관기관이 상이하나 궁극적인 경찰교육훈련의 목적은 올바른 인성과 전문성을 갖춘 치안인재 양성에 있다.

표 6-1   경찰교육훈련의 구분(경찰공무원 교육훈련규정)

구 분	교육내용	대상	주관기관
신임 교육	올바른 공직자세 직무역량	순경 공채·경채	중앙경찰학교
		경찰대학생	경찰대학
		간부후보생	
		경위·경감 경채	
기본 교육	직급별 리더십 직무역량	총경	경찰대학
		경정·경감	경찰인재개발원
		경위·경사	경찰인재개발원(사이버)
직무 교육	직무수행기술·지식	재직자	경찰인재개발원 경찰수사연수원 경찰청(사이버) 국내외 위탁교육기관
직장 훈련	국정철학 및 공직윤리 직무 및 일반소양 사격·체력·무도	재직자	경찰청(사이버) 시도경찰청 교육센터 및 경찰서
기타 교육	직무의 창의성·전문성 향상을 위한 자기주도학습 (현장학습모임 등)	재직자	자기주도학습 (경찰청 지원)

<표 6-2>는 2021년 경찰교육훈련 현황으로 훈련유형별 교육인원, 교육과정, 교육횟수를 확인할 수 있다. 2021년에는 사이버교육을 제외하고 각 시도경찰청에 설치되어 있는 경찰교육센터에서 가장 많은 경찰관이 교육훈련을 받은 것으로 나타났다.

표 6-2 경찰교육훈련 현황(2021년)

구 분		교육인원	교육과정수	교육횟수
학교교육 (교육기관)	경찰대학	706	7	9
	경찰인재개발원	14,649	130	624
	중앙경찰학교	7,092	1	5
	경찰수사연수원	4,330	86	180
	소계	26,777	224	818
교육센터(공통)		67,149	55	2,372
현장순회교육·집중훈련		62.752	4	2.491
사이버교육		5,524,383	1,091	
총계		5,681,061	1,374	5,681

Ⅱ. 학교교육

1. 학교교육의 개념 및 교수요원

1) 학교교육의 개념 및 유형

학교교육이란 경찰대학·경찰인재개발원·중앙경찰학교·경찰수사연수원(이하 경찰교육기관)에서 실시하는 교육을 말한다(동 규정 제2조 제3호).

(1) 신임교육

경찰공무원으로 신규채용된 자로서 임용전 신임교육을 받지 아니한 자는 신규채용된 후 신임교육을 받아야 한다. 다만, 경사 이상의 경찰공무원으로 신규채용된 자로서 해당 계급별 기본교육을 받은 자는 그러히지 아니하다(동 규성 제8조 ①).

(2) 기본교육

경정·경감·경위 및 경사(동 규정 제24조 ① 및 제36조 ①의 규정에 의하여 경정·경감·경위 및 경사 승진후보자명부에 등재된 자를 포함)는 해당 계급별 기본교육을 받아야 한다(동 규정 제8조 ②).

(3) 치안정책교육

경찰청장이 정하는 바에 의하여 교육훈련 대상자로 선발된 총경(동 규정 제24조 ①의 규정에 의하여 총경승진후보자 명부에 등재된 자를 포함)은 기본교육으로 치안정책교육을 받아야 한다(동 규정 제8조 ③).

(4) 전문교육

경정 이하 경찰공무원은 직무와 관련된 전문교육을 받아야 한다(동 규정 제8조 ④).

2) 교수요원의 자격기준

(1) 교수요원의 자격기준

교수요원은 다음의 어느 하나에 해당하는 자이어야 한다(동 규정 제21조 ①).

① 경위 이상의 경찰공무원으로서 담당할 분야와 관련된 실무·연구 또는 강의경력이 3년 이상인 자

② 경위 이상의 경찰공무원 또는 6급 이상의 일반직공무원 또는 고위공무원단에 속하는 일반직공무원(이에 상당하는 별정직공무원을 포함한다)으로서 담당할 분야에 관련된 석사 이상의 학위를 가진 자

③ 사격·무도훈련 또는 생활지도를 담당하는 교수요원의 경우에는 경찰공무원으로서 담당할 분야와 관련된 실무·연구 또는 강의경력이 있는 자

그러나 중앙경찰학교에서 신임교육을 담당하는 교수요원 선발 과정에서 위의 ①이나 ②에 해당하는 자가 없는 경우에는 경사 이상의 경찰공무원 중에서 담당할 분야와 관련된 실무·연구 또는 강의경력이 3년 이상이거나 담당할 분야와 관련된 석사 이상의 학위를 가진 자를 교수요원으로 할 수 있다(동 규정 제21조 ②).

(2) 교수요원의 결격사유

징계처분기간중에 있거나 징계처분으로 인한 승진임용 제한기간이 경과하지 아니한 자는 교수요원으로 임용할 수 없다(동 규정 제22조).

(3) 교수요원의 전보

교수요원으로서 「경찰공무원 임용령」 제27조 제2항에 따른 복무기간이 만료된 자를 전보할 때에는 본인의 희망을 고려한다(동 규정 제23조).

(4) 강사의 자격기준

경찰교육기관의 강사는 다음의 어느 하나에 해당하는 자이어야 하고(동 규정 제21조 ③), 강사는 경찰교육기관의 장이 임명 또는 위촉한다.

① 교수요원의 자격기준의 어느 하나에 해당하는 자

② 「고등교육법」 제16조 및 「대학교원 자격기준 등에 관한 규정」에 따른 조교수 이상의 자격을 갖춘 자

③ 담당할 분야와 관련된 학식과 경험이 풍부한 자

(5) 수료점수 미달자에 대한 인사조치

교육훈련에서 수료점수에 미달된 경찰공무원은 1회에 한하여 다시 그 과정의 교육훈련을 받게 할 수 있다. 임용권자는 다시 교육훈련을 받은 경찰공무원이 재차 수료점수에 미달하고 직무수행능력 또는 성실성이 현저히 결여되어 「경찰공무원법」 제28조 제1항 제2호의 규정에 따른 직권면직사유에 해당된다고 인정하는 때에는 관할징계위원회에 직권면직의 동의를 요구할 수 있다(동 규정 제20조).

(6) 퇴학처분

경찰교육기관의 장은 교육대상자가 다음 어느 하나에 해당하게 된 때에는 퇴학처분을 하고, 해당 소속기관등의 장에게 이를 통보하여야 한다(동 규정 제20조의2 ①).

① 입교명령을 받은 자가 타인으로 하여금 대리로 교육훈련을 받게 한 때

② 정당한 이유 없이 결석한 때

③ 수업을 극히 태만히 한 때

④ 생활성적이 극히 불량한 때

⑤ 시험중 부정한 행위를 한 때

⑥ 경찰교육기관의 장의 교육훈련에 관한 지시에 따르지 아니한 때

⑦ 질병 기타 피교육자의 특수사정으로 인하여 교육훈련을 계속 받을 수 없게 된 때

소속기관등의 장은 위의 ①∼⑥의 사유로 인하여 퇴학처분을 당한 자 또는 정당한 이유 없이 등록을 기피한 자로서 「국가공무원법」 제78조(징계 사유) 제1항 각호의 1에 해당한다고 인정하는 때에는 관할징계위원회에 징계의결을 요구하고, 이를 경찰교육기관의 장에게 통보하여야 한다(동 규정 제20조의2 ②). 퇴학처분을 받은 자는 차후 다시 교육훈련을 받아야 한다(동 규정 제20조의2 ③).

2. 경찰대학

경찰대학에서는 학사학위과정, 치안정책과정(총경급), 경찰간부후보생과정, 변호사 경력경쟁채용자과정, 치안대학원 학위과정 등의 교육을 실시하고 있다.

1) 경찰대학생(학사학위과정) 교육

(1) 교육목표
경찰대학은 지도자의 덕성을 탐구하고 사회적·신체적·정서적 체험을 포함한 인성 함양 교육을 통해 바른 인성을 갖춘 리더 양성, 경찰학 이론 및 응용실습의 특성화 교육과 전문 영역을 심화하는 전공학습 과정 운영을 통한 치안전문가 양성, 미래사회 정보통신기술 대응 능력 강화 및 글로벌 인재 양성을 교육목표로 한다.

(2) 중점 교육내용
① 경찰대학 학사학위과정은 인간과 세계에 대한 이해를 넓히고 비판적인 사고력, 창의적인 문제 해결능력을 갖추기 위해서 필요한 교양교육 실시
② 학사학위과정의 학술능력과 실무적용능력을 기르기 위해서 필요한 전공 교육 실시(법학사 또는 행정학사 학위에 요구되는 일반학전공, 경찰학사 학위에 요구되는 경찰학전공, 전문역량의 강화를 위해 추가적인 학습을 진행

하는 선택심화과정)

③ 경찰관으로서 학습이 필요한 학장지정과목에 대한 교육 실시(외국어 능력, 정보화 능력, 운전, 사격 등)

(3) 교과편성

경찰대학의 교과과정은 <표 6-3>에서 보는 것과 같이 (1) 교양교육, (2) 일반학, (3) 경찰학, (4) 자율구성, (5) 계절학기 과목으로 구분되고 4년간 총 154학점을 취득하여야 하고, 계절학기교육으로 관서실습, 사격, 운전, 리더십 등을 배우게 된다.

표 6-3 경찰대학교 대학생 교과편성

구 분	교과목(학점)	시간
합계	154학점	2,745시간 이상
교양교육 (42학점)	영어와 문화(2), 네트워크(2), 법화학(2), 사회학개론(2), 정의란 무엇인가(3), 동양사상(3), 인간과 문학(3), 민주주의와 공공철학(3), 법생물학(2), 인류학개론(2) 등	990시간 이상 (외국어 60시간 및 무도 450시간 포함)
일반학 (65학점)	법철학(2), 경찰과 인권(2), 행정계량분석(2), 피해자학(3), 일반행정법(3), 물권법(3), 채권총론(3), 조직행정론(3), 정책형성론(3), 정책평가론(2), 범죄심리학(3) 등	975시간 이상
경찰학 (37학점)	생활안전경찰론(2), 교통론(2), 경찰경비론(2), 경찰정보론(2), 경무·보안·외사(3), 형법총론(3), 형법각론Ⅰ(3), 형법각론Ⅱ(2), 형사소송법Ⅰ(3), 형사소송법Ⅱ(2), 북한학(2), 풍속범죄(2) 등	630시간 이상 (실습 150시간 포함)
자율구성 (10학점)	※ 교양, 일반학, 경찰학 중에서 자율적으로 선택하여 이수	150시간 이상
계절학기교육	※ 별도 계획에 따라 관서실습, 사격, 운전, 리더십 등 교육 실시	

※ 21학년도 입학생부터 교양교육(38학점), 일반학(64학점), 경찰학(38학점) 등 총 140학점 교과편성.

2) 치안정책과정(총경급) 기본교육

(1) 교육목표

치안정책과정은 (최고)관리자 교육과정으로서, 4차 산업혁명 시대 융합행정과 치안리더 양성, 경찰개혁(수사권/자치경찰)을 뒷받침하는 전문교육, 국민과 더불어 조직 내 소통을 촉진하는 공감형 리더 양성과 핵심 리더에게 걸맞은 인문학적 소양 함양을 교육목표로 한다.

(2) 중점 교육내용

① 치안 환경 개선을 위한 관계 기관 간 협업 방향 모색

② 계급과 직위에 걸맞은 조직 관리 역량 함양

③ 경찰서 현장체험 등 경찰서장 역량 강화(일반부처는 경찰의 이해)와 리더십 교육

표 6-4　치안정책과정 교과편성

분 야	교　과　목	시 간
직무역량	경무기획(지휘관 특강, 인사관리 등)	84~126
	청문감사(피해자보호, 인권현장탐방 등)	
	수사·형사(수사집중교육,강력사건 수사 지휘 등)	
	경찰청 국관별 현안교육(범죄피해자 보호/자치경찰/대테러/경찰의 역사/자살사건 보도지침 등)	
	경찰의 이해(일반부처)	직무과목 강의시
리더십	리더십 기초(4과목)	294~336
	관계주도(4과목)	
	의사소통(4과목)	
	갈등조정(3과목)	
	성과·조직관리(경찰서 현장체험 등) 5과목	
	자기주도형 선행학습	
	분임토의 의사결정	
	전략실행	
	4차산업혁명 심화교육	
인문소양	인문학-문학/역사/철학 특강 등 2과목	84~126
	경제교육(재무설계, 연금관리, 일자리 방법 등)	
	문화예술·체육활동(서양미술, 심신단련, 자기계발)	
글로벌 역량	글로벌 이슈(4과목)	84~126
	비즈니스 매너(2과목)	
	국외연수	
	외국어(영어/중국어/일어 등)	
행정기타	입교 및 수료식, 공휴일 등 5과목	56

④ 트렌드 이해를 통한 분야별 견문 확대 도모

(3) 교과편성

치안정책과정의 교과과정은 <표 6-4>에서 보는 것과 같이 (1) 직무역량, (2) 리더십, (3) 인문소양, (4) 글로벌역량 과목으로 구분되고, 교육기간은 24주, 교육인원은 55명으로 운영된다.

3) 경찰간부후보생과정 신임교육

(1) 교육목표

경찰간부후보생은 신임교육과정으로서, 민주시민 의식과 전문역량을 갖춘 경찰리더 양성, 지·덕·체를 겸비한 올바른 리더 모델 구축 그리고 실무 중심 전문교육 강화를 통해 현장 역량 배양을 교육목표로 한다.

(2) 중점 교육내용

① 창의적이고 능동적 인권교육과 다양한 체험 학습을 통한 건전한 공직 관 함양
② 실습 중심의 집중도 높은 전문 교육으로 현장 즉응 역량 강화

(3) 교과편성

경찰간부후보생의 교과과정은 <표 6-5>와 같이 (1) 소양, (2) 직무전문, (3) 기타 과목으로 구분되고 교육기간은 52주, 교육인원은 50명으로 운영된다.

표 6-5 경찰간부후보생 교과편성

구 분	교과목	시간
합계	19과목	1820시간
소양 (5과목)	외국어, 사회체육, 리더십 아카데미, 특강, 생활지도 등	396시간
직무전문 (4과목)	경찰학(경무, 생안, 수사, 정보, 경비, 교통, 보안, 외사 등)	759시간
	무도, 호신체포술, 법률(경찰관직무집행법, 특별형법 등) 등	
기타 (10과목)	관서실습, 수상안전훈련, 사격, 봉사활동, 국외연수 등	665시간

4) 변호사 경력경쟁채용자 과정(신임교육)

(1) 교육목표

변호사 경력채용자 과정은 신임교육과정으로서, 신임경찰관으로서 공직가치 내재화 및 공직자 기본자세의 이해, 법률전문가에 대한 체계적인 실무교육을 통해 전문경찰관으로서의 성장토대 마련 그리고 경찰 중간관리자로서 역할 및 책임감 인식과 리더십 배양을 교육목표로 한다.

(2) 중점 교육내용

① 신임경찰관으로서 갖추어야 할 국가관·공직관·윤리관 함양
② 실무 전반에 대한 교육을 통해 직무관련 법률에 정통한 전문가로 육성
③ 수사 전문가로서 현장 실무 수행능력 및 지휘역량 배양

(3) 교과편성

경찰간부후보생의 교과과정은 <표 6-6>과 같이 (1) 소양, (2) 직무전문, (3) 기타 과목으로 구분되고, 교육기간은 12주, 교육인원은 20명으로 운영된다.

표 6-6 변호사 경력경쟁채용자 교과편성

구 분	교과목	시간
합계	32과목	420시간
소양 (8과목)	특강(경찰핵심가치, 국정철학 등), 청렴·공직윤리, 한국경찰사	53시간
	리더십과 팔로어십, 사회적 약자의 이해, 인권교육, 사회봉사활동	
직무전문 (20과목)	경찰관직무집행법, 경무·생안·교통·정보·보안·외사실무, 치안	326시간
	수사정책세미나, 통합포털 등 전산실습, 체포술 및 체력단련	
기타 (4과목)	과정소개, 평가, 과정피드백	41시간

5) 경찰대학 개혁과제

2018년 11월에 경찰대학 개혁 추진위원회는 16개 개혁과제에 대해 심도 있는 논의를 거쳐 <표 6-7>의 구체적인 실행 방안을 마련하였다. 특히, 2021학년도부터 고졸 신입생 선발인원이 현재 100명에서 50명으로 줄고 2023학년도부터 재직경찰관 25명, 일반대학생 25명 등 총 50명이 3학년으로 편입하게

표 6-7 경찰대학 16개 세부 개혁과제

경찰대학 문호개방	학사운영 및 생활지도 개선	대학 운영의 자율성·독립성 확보 및 기반 구축
·편입학 제도 도입 ·입학제한 완환 ·간부후보·변호사 경채 교육과정 통합 ·수사전문 사법경찰관 양성과정 도입 ·치안대학원 과학치안 전문가 양성	·졸업학점 감축 및 자율적 학습여건 조성 ·인권·성인지 교육 강화, 전문기구 설치 ·학생 생활지도 및 청렴교육 개선 ·전환복무 폐지에 따른 병역의무 이행 ·엄격한 학사관리 등 임용요건 강화 ·학비 전액 지원제도 폐지, 정학제도 신설	·대학장 개방직 전환 ·교수 중심의 교수부 운영, 전임교수역할 강화 ·대학생 자치 강화 ·교수·행정 소요정원 확보 ·교육 인프라 확충

될 예정이다.

3. 경찰인재개발원

1) 교육개요

2009년 11월에 충남 아산시로 이전한 경찰인재개발원(舊 경찰교육원; 2018년 명칭 변경)의 2021년 교육은 <표 6-8>과 같이 크게 조직행정 25개 과정, 인권 감성 13개 과정, 생활치안 28개 과정, 교통 17개 과정, 공공안전 30개 과정, 무도체육 4개 과정, 경찰견 7개 과정. 기타 1개 과정으로 구성되어 있다. 일반적으로 일선 경찰관이 현장에서 필요로 하는 대부분의 직무전문교육을 담당하고 있다고 할 수 있다. 경찰인재개발원의 각 과정당 대표적인 교육 과정을 소개하면 다음과 같다.

표 6-8 경찰인재개발원 교육과정

경찰인재개발원				
직무전문과정	교육과정 124개 과정	대상	총인원 14,977	비고
기본(2)	경정역량강화과정	경정	300	
	경감역량강화과정	경감	1,800	

경찰인재개발원				
직무 전문과정	교육과정	대상	총인원	비고
	124개 과정		14,977	
신임(1)	일반직신임과정	일반직신임공무원	600	신설
조직행정 (21)	교수역량향상과정	총경이하, 일반직	18	
	미래역량향상과정	경정(일반직5급)이하	30	
	빅데이터인력양성과정	경정(일반직5급)이하	60	
	주무관직무능력발전과정	주무관	60	
	주무관퇴직설계과정	주무관	200	
	송무역량개발과정	경감(일반직6급) 이하	40	
	기획·공문서능력향상과정	경감(일반직6급) 이하	360	
	경리회계과정	경감(일반직6급) 이하	40	
	공로연수과정	'21년 공로연수자	560	
	일반직퇴직설계과정	퇴직 5년이내인자	40	
	개인정보보호과정	경감이하	90	
	장비관리과정	경감이하	90	
	정보통신과정	경감이하	90	
	정보화장비관리자과정	경정이하	60	
	경무실무과정	경감(일반직6급) 이하	90	신설
	무인비행장치활용실종자수색 실무과정	경감(일반직6급) 이하	72	
	무인비행장치조종역량향상과정	경감(일반직6급) 이하	34	
	청문역량강화과정	경감(일반직6급) 이하	140	
	감사전문화과정	경감(일반직6급) 이하	30	
	사격술향상과정	경감이하	680	
	사격지도자과정	경감이하	80	
인권감성 (13)	절차적정의과정	경정이하	375	
	인권감수성향상과정	경정이하	120	
	경찰인권역량강화과정	경정이하	60	
	감정조절훈련과정	경감이하	200	신설
	공감힐링과정	경정이하	160	
	생명지킴이양성과정	경정이하	140	
	젠더감수성향상과정	경정이하	140	
	성희롱고충상담원전문교육과정	경정이하	60	
	성평등예방교육전문강사과정	경정이하	25	

경찰인재개발원				
직무 전문과정	교육과정 124개 과정	대상	총인원 14,977	비고
인권감성 (13)	고객응대비폭력대화향상과정	경정이하	300	신설
	여성인재개발과정	경위이상(女)	40	
	2차피해예방교육과정	경정이하	160	
	팀장리더십과정	경감,경위	576	
생활치안 (28)	생활치안관리자과정	경정	40	신설
	미래치안전략과정	경정	40	신설
	가정폭력학대예방전문과정	경위이하	160	
	범죄예방정책(CPO,CPTED)초급과정	경위이하	80	
	범죄예방정책(CPO,CPTED)고급과정	경감이하	30	
	범죄예방정책(CPO,CPTED)관리자과정	경정, 경감	30	신설
	경찰물리력사용컨설턴트과정	경사이하	250	
	민간경비관리자과정	경비업 담당	100	
	실종수사과정	경감이하	120	
	성범죄대응역량향상과정	경감이하	200	
	학교폭력대응능력향상과정	경위이하	300	
	112치안종합상황실과정	경정이하	240	
	총포화약과정	경감이하	75	
	풍속단속수사역량강화과정	경감이하	45	
	풍속업무역량향상과정	경감이하	135	
	지역경찰초동조치과정	경위이하	120	
	정신질환·자살신고대응역량향상과정	경감이하	120	신설
	현장촬영시뮬레이션과정	경감이하	60	신설
	형사법활용기초과정	경장이하	75	
	형사법활용심화과정	경위이하	15	
	경비부서만료자수사기초과정	경위이하	45	
	KICS사건수사시스템사용자과정	경위이하	30	
	헌법가치정책실무과정	경감	60	
	피해자위기개입전문가과정	경찰관, 임기제공무원	60	
	회복적경찰활동과정	경찰관, 임기제공무원	20	
	현장법집행시뮬레이션훈련과정	경찰관	20	
	지역경찰수사역량강화과정	경감이하	160	
	사이버범죄예방전문인력역량강화과정	경정이하	30	

경찰인재개발원				
직무 전문과정	교육과정	대상	총인원	비고
	124개 과정		14,977	
교통 (17)	교통조사관리자과정	경정~경위	60	
	교통조사전문화과정	경감이하	80	
	교통범죄데이터분석과정	경감이하, 일반직, 주무관	20	신설
	교통조사공학분석과정	경감~순경, 주무관	40	
	교통범죄수사실무과정	경감이하	80	
	교통민원행정과정	경감이하	40	
	질서위반행위규제과정	경감이하	40	
	안전운전과정	제한없음	160	
	공익신고담당자과정	경위이하, 일반직, 주무관	40	
	교통안전관리자과정	경감, 경위	60	
교통 (17)	교통외근과정	경위이하	100	
	긴급자동차운전과정	경감이하	30	신설
	교통안전강사과정	경위이하	50	
	면허행정과정	경감이하	20	신설
	교통시설전문화과정	경감이하	20	
	대형경찰오토바이운전요원양성과정	경감이하	80	
	대형경찰오토바이운전심화과정	경감이하	20	
	정보관리자양성과정	경정, 경감	60	
	상황정보관리자과정	경정, 경감	40	
	공공안녕정보관리자과정	경정, 경감	40	
	대화경찰기본과정	경감이하	400	
	대화경찰심화과정	경감이하	150	신설
	신임외근정보관과정(상황정보 입문)	경감이하	100	신설
	공공안녕정보기본과정	경감이하	180	
	공공안녕정보심화과정	경감이하	120	
	범죄첩보과정	경감이하	80	
	채증요원양성과정	경감이하	80	
	경찰재난대응과정	경감이하	120	
	작전실무과정	경감이하	140	
	대테러실무과정	경감이하,일반직	120	
	대테러관리자과정	경정~경위	60	신설

직무 전문과정	교육과정 124개 과정	대상	총인원 14,977	비고
공공안전 (30)	대테러실무과정	경감이하, 일반직	120	
	대테러관리자과정	경정~경위	60	신설
	위기협상실무요원양성과정	경감이하	120	
	화생방테러현장대응팀양성과정	경감이하, 일반직	80	
	전술지휘과정	경찰대학 졸업생	100	
	의경지휘요원코칭과정	경위이하	120	
	집회시위현장대응능력교관과정	경감이하	30	신설
	경비현장대응능력향상과정	경감이하	60	
	경호실무과정	경감이하	60	
	근접수행경호심화과정	경감이하	80	
	기동경호요원심화과정	경감이하	40	
	경찰주재관양성과정	경감~총경	40	
	외사대테러정보·수사전문과정	테러정보관, 테러방첩팀	30	
	외사요원기본교육과정	경감이하	60	신설
	치안한류전문가과정	경정~경장, 일반직(5~8급)	60	
	다문화이해강사양성과정	경감이하	80	
	관광경찰실무과정	경감이하	40	
	외국어전문요원외사실무과정	외사경채(순경)	20	
경찰무도(4)	건강체력증진과정	제한없음	120	
	응급처치일반과정	제한없음	120	신설
	경찰호신체포술향상과정	경감이하	180	
	新호신체포술교관양성과정	경감이하	200	
경찰견 (7)	특공대운용요원전입과정	경감이하	5	
	특공대운용요원전문과정	경감이하	70	
	특공대운용요원보수교육 과정	경감이하	5	신설
	경찰견교수요원양성과정	경감이하	3	
	과학수사운용요원전입과정	경감이하	8	신설
	과학수사운용요원전문과정	경감이하	6	
	현장경찰관견입문과정	경감이하	15	
기타(1)	한국어교육과정	베트남 공안	15	

자료: 2021년 경찰교육훈련 기본계획

2) 경정역량강화과정

(1) 교육목표

경찰인재개발원의 경정역량과정은 청렴·인권 등 공직가치 재정립과 공직소명의식 함양, 참모·정책기안자로서 기본소양 및 변화 혁신을 주도하는 리더십 함양, 지휘역량 강화를 통한 현장대응·위기관리 능력 배양을 교육목표로 한다.

(2) 중점 교육내용

① 헌법 기본원리, 사회적 가치 등 공직가치 및 국정과제 교육 중점 추진
② 조직 내 전반적 분위기 좌우하며 효율적 리더십 발휘할 수 있도록 리더십 함양
③ 중간관리자의 실무지식과 지휘역량 배양을 위한 전문 교육 강화

(3) 교과편성

경정역량강화의 교과과정은 <표 6-9>, <표 6-10>과 같이 비대면교육과 집합교육으로 이루어지며, 비대면교육은 사이버교육과 실시간 원격교육, 집합교육은 2주간 소양, 직무전문, 기타 교육으로 구성되어 있다. 경정역량강화과정은 기본교육으로서 교육대상은 경정(승진후보자 포함)이며, 입교요건은 기본교육 미이수자 중 현재 계급 배명일자 순으로 교육인원은 총 300명이다.

표 6-9   경정역량강화과정 교과편성 I (비대면 교육)

구 분	교과목	시간
합계	28과목	62시간
사이버교육 (24차시)	국정철학/정부혁신	13시간
	사이버보안/아동학대예방/통일의식/인권감수성	
실시간 원격교육 (15과목)	적극행정/공직가치확립/사회적가치/청탁금지법	49시간
	리더십 함양/불공정행위인식개선	
	직무지휘역량강화	
	4차산업혁명의이해/AI빅데이터의이해/디지털문해력	
	과정소개/평가/수료	

표 6-10	경정역량강화과정 교과편성 Ⅱ (집합교육)

구 분	교과목	시간
합계	18과목	70시간
소양 (11과목)	국정철학/정부혁신/공직가치확립	49시간
	리더십 함양/불공정행위인식개선/청탁금지법	
	아동학대예방/성인지감수성/장애인식개선	
	4차산업혁명의이해/AI빅데이터의이해/디지털문해력	
직무전문 (4과목)	직무지휘역량강화	15시간
	사이버보안교육	
기타 (3과목)	생활안내 및 과정소개	6시간
	평가, 수료 및 설문조사	

3) 절차적 정의 과정

(1) 교육목표

경찰인재개발원의 절차적 정의 과정은 경찰 정당성 확보의 중요성 인식, 절차적 정의의 요소와 실천방안 이해 그리고 절차적 정의에 의한 경찰활동 정착을 교육목표로 한다.

(2) 중점 교육내용

① 정당성 확보와 경찰활동의 상관 관계

② 절차적 정의의 역사와 구성 요소

③ 참여형 교육을 통한 경찰활동 인식 변화

④ 사례학습으로 현장 법집행 대응력 강화

(3) 교과편성

절자적 정의 과정은 <표 6-11>, <표 6-12>와 같이 소양, 직무전문, 기타 교육으로 구성되어 있으며, 교육대상은 경정 이하이며. 입교요건은 수사, 지역경찰 등 대민접점부서 근무자이다, 또한 교육기간은 1주이며, 교육인원은 총 375명이다.

표 6-11   절차적 정의 과정 교과편성 I (비대면 교육)

구 분	교과목	시간
합계	12과목	35시간
소양 (1과목)	공직윤리	2시간
직무전문 (10과목)	시민과의 거리 / 함정피하기 / 내 마음 돌보기 경찰의 정당성과 절차적 정의 / 절차적 정의 특강 신뢰받는 대화법 / 절차적 정의 사례 실습 / 비전선언문 응급처치 및 생활체육 / 과정심화	32시간
기타 (1과목)	평가, 설문조사 및 수료	1시간

표 6-12   집합교육 교과편성 II (집합교육)

구 분	교과목	시간
합계	14과목	35시간
소양 (2과목)	공직윤리, 핵심가치	4시간
직무전문 (9과목)	시민과의 거리 / 경찰의 정당성과 절차적 정의 함정 피하기 / 경찰 영화 토론 / 신뢰받는 대화법 연습 절차적 정의 사례 연습 / 비전선언문 작성 응급처치 및 생활체육 / 과정심화	28시간
기타 (3과목)	생활안내 / 과정소개 / 평가, 설문조사 및 수료	3시간

4) 112 치안종합상황실 과정

(1) 교육목표

경찰인재개발원의 112 치안종합상황실 과정은 112신고 처리에 조직의 유기적 상황관리와 협업체계를 이해하고, 부서 간 조정을 통해 적정한 초동 조치를 취하는 것, 위치정보법의 적용범위에 따라 적법하게 위치정보 시스템 적용 여부를 판단하고 현장에 필요한 조치를 설계, 재해 재난 상황 발생 시 신고접수·지령·상황관리의 전문지식을 활용하여 신고자(요구조자 및 피해자)의 안전확보를 교육목표로 한다.

(2) 중점 교육내용

① 접수・지령・종결・상황관리 등 각 기능별 임무 및 초동조치에 필요한 전문 지식 습득과 숙달을 통하여 112종합상황실의 핵심역량을 향상

② 시뮬레이션 참여형 교육을 통해 교육 후 현장업무에서 교육 성과를 바탕으로 현업적용도 향상

③ 팀별 토론과 피드백을 통해 현장 문제해결에 필요한 핵심 업무능력을 배양, 위기상황 속의 국민안전을 확보하여 112에 대한 대국민 신뢰도 향상

(3) 교과편성

112 치안종합상황실 과정은 <표 6-13>, <표 6-14>와 같이 소양, 직무전문, 기타교육으로 구성되어 있으며, 교육대상은 경정 이하이며, 입교요건은 112종합상황실(접수, 지령, 상황관리, 분석반) 현재 근무자와 112종합상황실 신규 발령자 우선으로 하고 있다. 또한 교육기간은 1주이며, 교육인원은 총 240명이다.

표 6-13 112 치안종합상황실 과정 교과편성 I (비대면 교육)

구 분	교과목	시간
합계	7과목	35
소양 (1과목, 2시간)	공직윤리(국정과제, 시책교육, 인권 등)	2
직무전문 (9과목, 31시간)	112요원의 역할과 임무	2
	위치추적의 이해	5
	중요 사건 사례 연습	5
	분임 토의 및 사례발표	2
	112신고 처리 현장 사례 연구	3
	영상전송 시스템 이해	3
	112시스템 이해	3
	112신고 지령 연습	3
	과정심화	5
기타 (2과목, 2시간)	과정소개	2
	평가, 수료 및 설문조사	

표 6-14	112 치안종합상황실 과정 교과편성Ⅱ(집합교육)	
구 분	**교과목**	**시간**
합계	7과목	35시간
소양 (2과목, 4시간)	공직윤리(국정과제, 시책교육, 인권 등)	2시간
	핵심가치(시책교육, 특강, 문화공연 등)	2시간
직무전문 (10과목, 29시간)	112요원의 역할과 임무	2시간
	위치추적의 이해	5시간
	중요 사건 사례 연습	5시간
	분임 토의 및 사례발표	2시간
	112신고 처리 현장 사례 연구	3시간
	영상전송 시스템 이해	3시간
	112시스템 이해	3시간
	112신고 지령 연습	3시간
	과정심화	5시간
기타 (2과목, 2시간)	과정심화	2시간
	평가, 수료 및 설문조사	

5) 안전운전과정

(1) 교육목표

경찰인재개발원의 안전운전과정은 바른 운전자세와 핸들조향으로 안전운전, 다양한 운전기술 체득으로 운전역량의 증대, 운전 중 위급상황 및 돌발상황에 대한 대처역량을 증대를 교육목표로 한다.

(2) 중점 교육내용

① 바른 운전자세 및 핸들파지 등 운전실습

② 핸들조향 및 슬라롬 등 기본 운전실습

③ 타이어 특성과 제동 운전실습

④ 서로 다른 노면 상태에서 운전실습

⑤ 돌발상황 및 드리프트 운전실습

(3) 교과편성

안전운전과정은 <표 6-15>와 같이 직무전문, 기타교육으로 구성되어 있

표 6-15 안전운전과정 교과편성

구 분	교과목	시간
합계	8과목	35시간
직무전문 (5과목, 32시간)	한국교통안전공단 교통안전체험교육센터 위탁 교육	18시간
	운전시뮬레이터 및 음주측정 실습	4시간
	자동차 보험의 이해	3시간
	사례로 보는 교통사고 원인과 안전운전 방법	5시간
	과정심화	2시간
기타 (3과목, 3시간)	생활안내 / 과정소개	3시간
	평가, 설문조사 및 수료	

으며, 교육대상은 제한 없으며. 입교요건은 안전운전 능력 희망자면 누구나 교육을 받을 수 있다. 또한 교육기간은 1주이며, 교육인원은 총 160명이다.

6) 대화경찰 기본과정

(1) 교육목표

경찰인재개발원의 대화경찰 기본과정은 한국형 대화경찰에 대한 전반적인 이해와 함께, 집회시위 현장에서 참가자·시민과의 대화기법 및 갈등조정 능력 향상시키고, 대화경찰 인력풀 확대로 교육대상자 증원에 맞춰 현장에서의 대화경찰 역할 강조를 교육목표로 한다.

(2) 중점 교육내용

① 대화 지속기법 등 현장에서 즉시 활용 가능한 참여형 수업 중심으로 과목 구성

② 집회시위 현장 권련 개성 판례, 인권위 권고사례 등을 확인 후 토론 등 참여형 수업을 통해 업무능력 향상 제고

(3) 교과편성

대화경찰 기본과정은 <표 6-16>과 같이 비대면(실시간 원격과정)으로 직무 전문교육으로 구성되어 있으며, 교육대상은 경감 이하 대화경찰 인력풀에 신 규 포함 직원에 한한다. 또한 교육기간은 3일이며, 교육인원은 총 400명이다.

표 6-16	대화경찰 기본과정 교과편성(비대면, 실시간 원격과정)	
구 분	교과목	시간
합계	7과목	21시간
직무전문 (7과목, 21시간)	한국형 대화경찰의 이해 / 대화경찰 시뮬레이션 훈련(토론)	6시간
	집회시위 관련 인권위 권고사례 연구	3시간
	집회시위 현장사례 연구	3시간
	상황별·인물별 대화기법 / 갈등과정 속 대화지속 방안	6시간
	과정심화	3시간

4. 중앙경찰학교

1) 교육개요

중앙경찰학교는 1987년 9월 개교하여, 2009년 현장실습 강의동(3강의동)과 홍보관 준공, 2014년 종합실습타운, 실내사격장, 중앙 4관(생활관 1개동, 112실) 준공, 2021년 조직개편 등을 진행하며 실무중심의 신임교육을 하고 있다.

중앙경찰학교의 교육비전은 "가장 안전한 나라, 존경과 사랑받는 경찰"이며, 교육목표는 1) 현장중심, 국민우선의 경찰, 2) 법과 원칙을 준수하는 믿음직한 경찰, 3) 올바른 인성과 업무역량을 겸비한 경찰이다. 교육과정은 신임경찰관 과정으로 일반순경, 특채(순경·경장), 101경비단 과정 등이다.

2) 교육훈련체계 및 교육과정

2021년 중앙경찰학교의 교육훈련체계는 <표 6-17>과 같이 현장대응능력 향상을 위한 사례 중심의 시뮬레이션 교육강화를 위하여 이론 중심 수업에서 실습·사례 중심의 시뮬레이션 수업으로 교과과정을 개편하였다. 이에 신임

표 6-17	신임순경 교육훈련체계					
구분	단계 1	단계 2	단계 3	단계 4	현장실습	졸업
내용	적응교육 (2주간)	학과교육 (10주간)	시뮬레이션교육 (2주간)	졸업평가 (1주간)	현장실습 (16주간)	졸업

자료: 2021년 경찰교육훈련 기본계획.

순경의 경우 <표 6-17>에서 보는 것과 같이, 신임적응교육 2주, 학과교육 10주, 시뮬레이션 교육 2주, 졸업평가 1주, 현장실습 16주 등 총 34주 동안 교육훈련이 행해진다.

2021년 신임순경(일반)의 교육과정은 <표 6-18>과 같이 인권소양(인권교양, 공직가치, 경무·정보통신), 수사법률(수사, 형사, 법률), 현장실무(생활안전, 생활질서, 여성청소년, 교통, 경비, 정보·보안·외사), 현장대응, 시뮬레이션 교육, 현장실습, 기타 교육으로 구성되어 있다. 중점 교육내용은 실질적인 체력강화, 현장대응력 향상, 청렴의식 제고와 공직가치관 확립이다.

표 6-18 신임순경(일반)의 교육과정

구 분	과 목	요 목		
인권소양 (69h)	인권교양 (26h)	인권		
		성평등		
		역사의 이해		
		사회적 가치	사회적 약자보호	
			범죄피해자 이해	
			다문화이해	
	공직가치 (27h)	<통합청렴 교육프로그램>	요소	세부 내용
			청렴 민감성	1.부패와 청렴의 이해(개념)
				2.최근사례 통한 문제점 발견
			청렴 판단력	1.공직가치
				2.경찰청렴 규범:경찰청 공무원 행동강령
			청렴 동기화	청렴을 포기하는 순간(마음의 소리)
			청렴 수행력	역량 강화: 청렴십천디짐
		경찰역사/경찰정신		
		민원응대(경찰대화법)		
		부정탁금지법		
		마음건강증진(생명지킴이+마음건강 증진)		
		국정철학		
	경무실무	인사관리(복무, 승진, 징계 등)		
	공문서작성	온나라시스템을 활용한 이론과 실습		

구 분	과 목		요 목	
경무 정보통신 (16h)	무전기활용법		무전약호 활용법	
	개인정보		개인정보보호법 침해사례 등	
	적극행정		소극행정·적극행정 사례를 통한 학습	
수사 (16h)	기본이론		수사절차, 수사기관, KICS 개요	
	서류작성실습		현행범체포 관련 서류/발생보고서/진술조서/형사법 처리절차 및 체포절차, 범죄사실 등 필수 입력사항 작성	
	평가		모의사건을 이용한 시뮬레이션 수행 평가	
형사 (16h)	기초이론		초동수사(초동조치, 현장보존)이론 및 실습	
	과학수사		증거물채취·분석 실습	
	평가		모의사건을 이용한 시뮬레이션 수행 평가	
	온라인		십지지문분류	
수사 법률 (64h)	법률 (32h)	강·폭력	<강·폭력사건 유형별 범죄사실 등 작성요령>	
			기초이론	범죄유형별 구성요건 및 최근 판례
			실습	범죄사실 및 수사보고서 작성
			평가	실제 사례이용, 범죄사실 및 수사보고서 작성
		지능	정신질환자	지능범죄의 이해·정신질환자 범죄
			보이스피싱	보이스피싱범죄 민원대응요령
			집시법	집시법 관련법률 및 판례연습
			수사구조개혁	수사구조개혁 의의 및 개정법률
		경제	기초이론	경제범죄 개념 및 사기,횡령범죄
			토론·평가	모의사례 토론 및 수행평가
		사이버	사이버범죄이해	사이버범죄의 개념과 유형, 유형별 민원응대요령 및 초동조치
			디지털증거압수	디지털증거의 개념/디지털증거 압수절차/전자정보확인서 작성
		마약	온라인수업	마약 정의 및 종류
			수사요령	마약류 사범 수사요령
			처리절차	112신고 처리시 처리요령
생안(22h)			지역경찰의 이해, 112실습 및 이론, 초동조치 실습 및 이론, 장비·장구 등 실습 및 이론, 경직법, 스마트워크시스템 실습, 수행평가	
생질(16h)			풍속법, 음악산업진흥에관한 법률, 식품위생법, 경범죄 처벌법, 즉결심판, 수행평가	

구 분	과 목	요 목
현장 실무 (96h)	여청(19h)	가정폭력의 이해 및 대응, 아동학대 이해 및 대응, 소년범·학교폭력의 이해 및 대응, 성폭력의 이해 및 대응, 실종아동 등 가출인 업무, 피해자보호 및 2차피해 예방
	교통(23h)	교통안전, 교통사고, 중과실사고, 수행평가
	경비(10h)	경호경비·대테러·화생방, 집시법, 기동경찰훈련
	정보·보안외사(6h)	외사실무, 견문보고서 작성, 안보의 이해
현장 대응 (111h)	경찰 차량(28h)	신임교육생 경찰 운전 매뉴얼
		수업 내용소개 및 조기패스제 운영
		경찰차량 운용 실습
		종합평가
		이륜차 소개 및 주행
		(온라인) 긴급자동차 안전교육
	사격(33h)	사격이론 및 예비
		연습사격·평가사격·현장사격
		(온라인) 사격술 강의
	실전 체포술(50h)	경찰실전체포술
		운동량평가
		경찰 신체능력평가 프로그램(PST)
		(온라인) 경찰물리력 정의와 사용원칙 등
	시뮬레이션 교육(40h)	핵심역량 평가
	현장실습(560h)	관서 실습
		시도경찰청 교육센터
기타 (250h)	학생지도(67h)	경찰정신(특강) 등
		동료평가·생활지도교수평가·인성평가
		학교생활 설명회 등
		루키의 출사표 등
		경찰예절교육(12), 생활예절 안내(3)
		트레킹(6), 응급상황훈련(3) 등
		기타(교육행정시스템 입력, 특강 등)
	운영지원(6h)	입교식
		신임인사(내신서·인사기록 작성)
	방학주간(35h)	신임교육생 방학

구 분	과 목	요 목
기타 (250h)	졸업주간(35h)	졸업식 행사
		졸업식 예행연습
		교육만족도 조사 등
	예비(77h)	예비(기획인재 교육(8h), 형법·형소법 외래수업* 등)
	기타(30h)	통일교육
		객관식 평가
		강의 평가
		휴일

* 형법·형소법·경행법·헌법·민사법·형사법 이해 수업 차시(총 48h) 배정
자료: 2021년 경찰교육훈련 기본계획.

5. 경찰수사연수원

1) 교육개요

경찰의 수사역량 강화를 위해 1984년 1월에 경찰수사간부연수소로 개소를 하여 2007년 3월 경찰수사연수원으로 직제 개정 및 개원하였다. 이후, 2013년 9월에 최첨단 시설을 갖춘 아산 신청사로 이전하여 수사경찰의 직무전문교육 및 타 부처 수사관을 대상으로 전문수사교육을 비롯하여, 개발도상국 경찰관을 대상으로 수사교육 프로그램을 운영하고 있다. 경찰수사연수원은 2021년 <표 6-19>와 같이 직무전문과정 90개 과정, 총 4,937명의 수사관을 교육하였다. 경찰수사연수원에서 실시하는 각 과정의 대표적인 교육과정을 소개하면 다음과 같다.

표 6-19 경찰수사연수원의 교육과정

	경찰수사연수원				
직무 전문과정	교육과정 90개 과정	대상	기간 ㈜	총인원 4,987	비고
융합 (14)	수사부서장과정(총경)	총경	1	15	신설
	수사지휘과정	과장	2	120	
	수사심사관과정	심사관	2	30	신설
	변호사경채자과정	경감	12	20	

경찰수사연수원					
직무 전문과정	교육과정 90개 과정	대상	기간 (주)	총인원 4,987	비고
융합 (14)	수사요원선발과정	경위이하	2	60	
	수사전문강사양성과정	경감이하	2	45	
	추적수사기초과정	경감이하	1	15	신설
	추적수사전문과정	경감이하	3	900	
	추적수사전문과정(심화)	경감이하	1	100	
	수사정보분석기초과정	경감이하	1	450	
	수사정보분석전문과정	경감이하	3	900	
	수사정보분석전문과정(심화)	경감이하	1	100	
	공판연계수사과정(지휘)	과장	2	200	
	공판연계수사과정(일반)	경감이하	2	200	
지능 (14)	책임수사관연수과정(수사)	경정이하	1	200	
	책임수사관과정(수사)	경정이하	2	60	
	경제범죄수사팀장과정	팀장	2	120	
	경제범죄수사관과정	경감이하	2	40	
	경제범죄수사관양성과정	경감이하	4	180	
	경제범죄수사심화과정	경감이하	2	20	
	기업회계부정수사전문과정	경감이하	3	40	
	사기방지 및 피해자보호	경감이하	1	40	
	지능수사팀장과정	팀장	2	60	
	반부패수사과정	경감이하	1	60	
	공공범죄수사과정	경감이하	1	60	
	보건의료수사과정	경감이하	1	60	
	조직사기범죄수사과정	경감이하	1	60	
	자금추적범죄수익환수과정	경감이하	1	40	
사이버 (15)	사이버수사지휘과정	사이버수사대장,팀장	2	30	
	책임수사관연수과정(사이버)	경정이하	1	100	
	책임수사관과정(사이버)	경정이하	2	30	
	사이버수사팀장과정	팀장	2	60	
	사이버수사과정	경정이하	3	90	
	사이버경채과정	경장(사이버특채)	2	60	
	사이버테러수사과정	경감이하	4	20	

경찰수사연수원					
직무 전문과정	교육과정	대상	기간 ㈜	총인원	비고
	90개 과정			4,987	
사이버 (15)	사이버사기수사과정	경감이하	2	60	
	사이버도박범죄수사과정	경감이하	2	30	
	디지털성범죄수사과정	경정이하	1	60	
	디지털증거압수수색과정	경감이하	1	30	
	디지털포렌식과정	경감이하	2	60	
	컴퓨터포렌식전문과정	경감이하	2	40	
	모바일포렌식전문과정	경감이하	1	40	
	영상포렌식전문과정	경감이하	1	40	
강력 (14)	책임수사관연수과정(형사)	경정이하	1	200	
	책임수사관과정(형사)	경정이하	2	60	
	강폭력범죄수사팀장과정	팀장	2	120	
	강폭력범죄수사과정	경감이하	2	150	
	수사면담전문과정	경감이하	2	40	
	수사면담전문과정(심화)	경감이하	1	20	
	위기협상전문과정	경감이하	2	40	
	위기협상전문과정(심화)	경감이하	1	20	
	마약류범죄수사기초과정	경감이하	2	40	
	마약류범죄수사심화과정	경감이하	2	20	
	강·절도범죄수사과정	경감이하	1	40	
	조직폭력범죄수사과정	경감이하	1	40	
	안전사고수사과정	경감이하	1	40	
	미제사건 수사과정	경감이하	1	40	
여청 (11)	여청수사지휘과정	과장	2	40	
	여청수사팀장과정	팀장	2	150	
	여청수사실무과정	경감이하	2	180	
	여청수사실무기초과정	경감이하	2	60	
	여청수사현장전문가양성과정	경감이하	2	20	
	신임여청수사관양성과정	경감이하	1	40	
	아동·장애인조사기법전문과정	경감이하	2	15	
	여성폭력피해자조사심화과정	경감이하	1	45	
	성폭력범죄수사심화과정	경감이하	1	40	

경찰수사연수원					
직무 전문과정	교육과정	대상	기간 ㉮	총인원	비고
	90개 과정			4,987	
	가정폭력범죄수사심화과정	경감이하	1	60	
	학대범죄수사심화과정	경감이하	1	60	
과수 (15)	과학수사팀장과정	팀장	2	15	
	현장감식기초과정	경정이하	2	40	
	현장감식전문과정	경정이하	3	40	
	현장감식전문과정(심화)	경정이하	1	30	
	지문감식과정	경정이하	1	20	
	법사진과정	경정이하	1	20	
	화재감식기초과정	경정이하	2	20	
	화재감식전문과정(심화)	경정이하	1	30	
	폴리그래프전문과정	경정이하	12	20	
	혈흔분석전문과정(심화)	경정이하	1	20	
	법최면수사전문과정(심화)	경정이하	1	20	
	수중과학수사전문과정	경정이하	3	20	
	지문감정(AFIS)과정	경정이하	2	20	
	법영상분석과정	경정이하	1	20	
	신임검시조사관과정	검시조사관(신임)	6	72	
안보 (7)	안보경찰양성과정	경정이하	2	60	
	첨단안보포렌식수사과정	경정이하	2	40	
	국제안보범죄수사과정	경정이하	1	40	
	안보수사신임과정	경정이하	4	120	
	안보수사심화과정	경정이하	2	120	
	안보경찰전문화과정	경정이하	4	60	
	산업기술유출수사과정	경정이하	1	40	

자료: 2021년 경찰교육훈련 기본계획.

2) 경제범죄수사관양성

(1) 교육목표

경찰수사연수원의 경제범죄수사관양성 과정은 경제범죄수사에 필요한 법률지식 및 수사기법 습득과 이론·사례·실습이 융합된 실무 중심 역량 강화를 교육목표로 한다.

(2) 중점 교육내용

① 경제범죄수사팀 근무를 위한 기초 역량 습득

② 민원응대·증거수집·서류작성법 학습

③ 경제범죄사건 해결을 위한 법률지식 학습

④ 기초 형법 및 민사법률 이해

(3) 교과편성

경제범죄수사관양성은 <표 6-20>과 같이 소양, 직무전문, 기타교육으로 구성되어 있으며, 교육대상은 경위 이하이며, 입교요건은 순환보직 중 경찰대 졸업생 및 간부후보생, 기타 경찰청에서 지정하는 교육생이다. 또한 교육기간은 4주이며, 교육인원은 총 180명이다.

표 6-20 경제범죄수사관양성 교과편성

구 분	교과목	시간
합계	16과목	140시간
소양 (3과목)	경찰역사 등	3시간
직무전문 (10과목)	경제팀 수사개관	134시간
	주요 경제범죄 법리의 이해	
	피의자신문기법	
	수사결과보고서 작성법	
	민사구제절차	
	피해자 심리의 이해와 대응	
	금융정보활용수사	
	사기방지 및 피해자보호	
	압수수색이론 및 실습	
	추적수사 이론 및 실습	
기타 (3과목)	과정 안내 및 평가	3시간
	설문 및 수료	

3) 책임수사관(형사) 과정

(1) 교육목표

수사연수원의 책임수사관과정은 책임수사관 대상 지식 심화 교육과 법령, 기법, 서면화 역량의 융합을 교육목표로 한다.

(2) 중점 교육내용

① 수사 관련 법령·규칙 도해

② 인증·물증 수사 실습

③ 지휘서, 결정서 작성 실습

(3) 교과편성

책임수사관 과정은 <표 6-21>과 같이 소양, 직무전문, 기타교육으로 구성되어 있으며, 교육대상은 경위에서 경정까지며, 입교요건은 책임수사관이면 교육을 받을 수 있다. 또한 교육기간은 1주이며, 교육인원은 총 60명이다.

표 6-21 책임수사관(형사) 교과편성

구 분	교과목	시간
합계	12과목	70시간
소양 (2과목)	리더십 심화	6시간
	수사행정	
직무전문 (7과목)	수사 관련 법령·규칙 도해	7시간
	인적증거 수사 이론 및 실습	7시간
	물적증거 수사 이론 및 실습	14시간
	지휘서 작성 실습	7시간
	결정서 작성 실습	7시간
	모의재판	7시간
	책임수사 세미나	7시간
기타 (3과목)	교육안내	8시간
	자기주도 힐링	
	평가 및 설문	

4) 사이버수사 과정

(1) 교육목표

경찰수사연수원의 사이버수사 과정은 경찰서 사이버수사팀과 시도경찰청 사이버수사대 소속 사이버수사관을 대상으로 사이버범죄수사에 필요한 컴퓨터 및 네트워크 지식, 추적수사기법 등을 가르쳐 현장에서 바로 활용할 수 있도록 하는 것을 교육목표로 한다.

(2) 중점 교육내용

① 사이버수사를 위한 컴퓨터 및 네트워크의 이해
② 인터넷추적기법 등을 배워 피의자검거를 위한 기본 지식 습득
③ 현장실무 중심의 사이버범죄 유형별 수사기법 습득

(3) 교과편성

사이버수사 과정은 <표 6-22>와 같이 직무전문, 기타교육으로 구성되어

표 6-22 사이버수사 교과편성

구 분	교과목	시간
합계	26과목	105시간
직무전문 (21과목)	컴퓨터와 네트워크 이해, 인터넷추적 이론 및 실습	100시간
	불법촬영물 추적 및 인텔리전스 시스템	
	가상화폐 추적, 가상화폐 이더리움 추적 사례 및 실습	
	사이버사건 분석 기법, 사이버수사 판례 분석	
	사이버수사 포털사이트 활용, 사이버수사국제공조	
	통신사 회신자료 분석 기법, 다크웹과 토렌트의 이해	
	추적수사(통신영장), 추적수사(휴대전화 실시간)	
	디지털증거 압수의 이해, 디지털증거분석 절차 및 사례	
	CIP 및 공개툴을 이용한 디지털포렌식 기법	
	i2를 이용한 사이버수사 데이터분석 실습	
	사이버수사 초동조치, 사이버수사서류작성기법	
	복제기 실습, 사이버사건 현장 압수수색 기법	
기타 (5과목)	입교안내 / 과정안내	5시간
	사전 평가, 사후 평가 및 설문, 수료	

있으며, 교육대상은 경위이하 경찰관 및 수사관이며, 입교요건은 경찰서 사이버팀 근무자 또는 시도경찰청 사이버수사부서 근무자이다. 또한 교육기간은 3주이며, 교육인원은 총 90명이다.

5) 여성·청소년 수사실무 과정

(1) 교육목표

경찰수사연수원의 여청수사실무 과정은 여청수사 관련 법률·판례 등 필요지식을 습득하고, 여성·아동·장애인·노인 등 맞춤형 수사역량 강화 그리고 성인지 감수성 및 피해자 보호역량 강화를 교육목표로 한다.

(2) 중점 교육내용

① 여청수사 전문지식 습득을 통한 실무능력 배양
② 수사에서 회복지원까지 문제해결형 수사능력 배양
③ 실습교육 확대로 수사기법 현장적용력 강화

(3) 교과편성

여청수사실무 과정은 <표 6-23>과 같이 소양, 직무전문, 기타교육으로 구성되어 있으며, 교육대상은 경감 이하이며, 입교요건은 시·도 경찰청, 경찰서 여청수사계·팀 근무자, 여청수사경력 1년 이상인 자이다. 또한 교육기간은 2주이며, 교육인원은 총 180명이다.

표 6-23   여청수사실무 교과편성

구 분	교과목	시간
합계	15과목	70시간
소양 (3과목)	국정가치(회복적 경찰활동 등)	3시간
	성·인권 감수성 및 2차 피해 방지	
	수사관의 인권(지정 심리 상담)	
직무전문 (9과목)	가정폭력 및 아동학대범죄, 실종사건 수사(피해자보호 포함)	10시간
	성폭력사건 법리분석 및 피해자 보호	4시간
	압수수색집행 이론 및 실습	7시간
	통신추적수사 이론 및 실습	7시간
	디지털 증거의 이해, CCTV 추적기법	6시간
	공판연계 수사보고서 작성	3시간
	피의자 신문기법 이론 및 실습	7시간
	수사결과보고 및 불송치 결정서 작성 이론·실습	8시간
	현장 사례 연구 발표	3시간
기타 (3과목)	입교 및 과정 안내	3시간
	평가, 설문 및 수료	

6) 현장감식 기초과정

(1) 교육목표

경찰수사연수원의 현장감식 기초과정은 과학수사 실무를 위한 기본개념 정립 및 현장에서 적용가능한 과학수사기법의 학습과 AFIS, FTIS 등 과학수사 시스템 활용능력 향상 및 사건유형별 현장대응 역량 강화를 교육목표로 한다.

(2) 중점 교육내용

① 현장감식 절차, 증거물 연계 등 과학수사 일반

② 현장사진 촬영기법 이론 및 특수촬영 기법

③ AFIS, FTIS, SCAS 과학수사 프로그램 활용기법

④ 지문, 족적, DNA, 미세증거 이론 및 실습교육

⑤ 화재감식, 혈흔형태분석, PBI 기초이론 등

(3) 교과편성

현장감식기초과정은 <표 6-24>와 같이 소양, 직무전문, 기타교육으로 구성되어 있으며, 교육대상은 경정 이하, 일반직이며, 입교요건은 과학수사요원이면 가능하다. 또한 교육기간은 2주이며, 교육인원은 총 40명이다.

표 6-24 현장감식기초 교과편성

구 분	교과목	시간
합계	15과목	70시간
소양 (1과목)	헌법적 가치와 인권(또는 경찰행정법 원리)	3시간
직무전문 (23과목)	범죄현장 사진촬영 지문·족적 채취 기법 DNA, 미세증거 수집 절차 화재감식 이론 혈흔형태분석 기법 AFIS 시스템 교육 등	62시간
기타 (4과목)	과정 안내 및 체육 설문 및 수료	5시간

6. 경찰교육센터

1) 교육개요

2000년부터 경찰교육의 질적·양적 영역 확대를 위해 경찰교육기관의 부담을 완화하고, 각 시도경찰청별로 지역특성에 맞는 현장 중심의 전문 직무교육을 강화하기 위하여 경찰교육센터(구 지방경찰학교)를 설치·운영하고 있으며, 2021년에는 <표 6-25>와 같이 58개 과정을 운영하여 67,149명을 교육하였다. 경찰교육센터에서 실시하는 각 과정의 대표적인 교육과정을 소개하면 다음과 같다.

표 6-25 경찰교육센터 교과과정

경찰교육센터	58개 과정	대상자	기간	비고
내근직장교육	32개 과정			
감사	청문감사실무과정	경찰서 기능별 업무 담당자 (경정이하, 일반직, 주무관)	2일	각 시도경찰청별 세부 교육계획에 따름
경무	경찰홍보실무과정			
경무	정보화장비기초과정			
경무	고객만족기초과정			
경무	경리실무과정			
경무	송무실무기초과정			
치안상황	112종합상황실 요원 실무과정			
생활안전	범죄예방진단과정			
생활안전	풍속실무과정			
생활안전	총포화약실무과정			
여성청소년	가정폭력아동학대대응실무과정			
여성청소년	학교폭력대응기초과정			
여청수사	여청수사기초과정			
여청수사	여청수사지휘기초과정			
여청수사	실종수사기초과정			
수사	사이버수사기초과정			
수사	수사심사실무과정			
수사	기록물 관리담당 실무과정			
수사	지능범죄수사실무과정			
수사	재산범죄수사실무과정			
수사	유치장관리업무실무과정			
형사	강력범죄수사실무과정			
교통	교통행정기초과정			
교통	교통조사관기초과정			
교통	교통안전홍보기초과정			
교통	교통외근과정			
경비	경비실무과정			
경비	작전전문화과정			
정보	정보실무과정			
안보	안보수사첩보전문화과정			
안보	북한이탈주민신변호호전문과정			
외사	외사실무기초과정			

전문교육	26개 과정	대상자	기간	비고
감사	인권주체성확립과정	각 시도경찰청별 세부 교육계획에 따름	2일	각 시도경찰청별 세부 교육계획에 따름
경무	고객만족실무과정		1일	
경무	민원응대전문화과정		1일	
경무	인사담당실무과정		1일	
경무	마음돌봄교육과정		1일	
경무	기록물 관리과정		1일	
경무	사격술향상과정		1일	
경무	행정관역량향상실무과정		3일	
경무	장기재직자자기개발교육과정		5일	
생활질서	유실물실무과정		2일	
여청수사	성폭력피해자조사기법과정		2일	
수사	디지털포렌식 기초과정		1일	
수사	현장감식 입문과정		2일	
수사	과학수사의 이해		2일	
수사	신임수사관 수사실무과정		5일	
수사	신임수사팀장과정		2일	
수사	수사자료분석실무과정		2일	
수사	불송치사건기록작성기법		1일	
형사	마약류범죄수사실무과정		1일	
수사	발달장애인전담조사과정		2일	
경비	화생방테러대응과정		3일	
경비	현장경찰관위기협상초급과정		3일	
안보	첨단안보전문화과정		2일	
안보	합동정보조사전문화과정		2일	
경무	중간관리자리더십과정		2일	
경무	현장팀장훈련과정		5일	
경찰교양아카데미		경찰서 전직원	미정	직장훈련 세부계획에 따름
현장순회교육 · 집중훈련일		경찰서 경정이하	미정	현장순회교육 시행계획에 따름

2) 청문감사실무과정

(1) 교육목표

대표적인 경찰교육센터의 내근직장교육과정 중 하나인 청문감사실무과정은 공감받는 감찰행정 실현, 경청과 역지사지 자세를 갖춘 따뜻한 감찰관 양성, 감찰요원 업무역량 향상, 회복적 경찰활동에 대한 이해를 교육목표로 한다.

(2) 중점 교육내용

① 감찰·감사활동 관련 주요 정책사항 안내
② 감찰관으로서 필요한 인성·소양 교육
③ 감찰·감사업무 관련 전문지식 전달
④ 회복적 대화모임의 과정과 내용 이해

(3) 교과편성

청문감사실무과정은 <표 6-26>과 같이 소양, 직무교육으로 구성되어 있으며, 교육대상은 청문감사관실 경정 이하, 일반직, 주무관이며, 교육기간은 2일(12시간)이다.

표 6-26 청문감사실무과정 교과편성

구 분	교과목	시간
합계	5과목	12시간
소양 (1과목, 2시간)	인권교육	2시간
직무 (4과목, 10시간)	주요 감찰정책 이해	3시간
	감찰 활동시 주의사항	3시간
	유형별 징계·소청 대응 요령	2시간
	회복적 경찰활동의 이해	2시간

3) 고객만족실무과정

(1) 교육목표

대표적인 경찰교육센터의 전문교육과정 중 하나인 고객만족실무과정은 고

개만족 정책의 이해, 고객접점 관리 및 불만고객 대응 역량 강화, 내·외부 소통역량 강화를 교육목표로 한다.

(2) 중점 교육내용

① 내·외부 소통과 불만고객 응대 기법 숙지

② 서비스품질 개선과 고객접점 관리

③ 고객만족 정책의 기본 방향성 이해

(3) 교과편성

고객만족실무과정은 <표 6-27>과 같이 소양, 직무전문교육으로 구성되어 있으며, 교육대상은 경정 이하, 5급 이하 일반직, 주무관이다. 주로 경찰서, 지구대·파출소 근무자가 입교하며 교육기간은 1일(7시간)이다.

표 6-27 고객만족실무과정 교과편성

구 분	교과목	시간
합계	4과목	7시간
소양 (1과목, 1시간)	국정과제 및 청렴·인권교육	1시간
직무 (3과목, 6시간)	고객만족 정책의 이해	2시간
	내·외부 소통과 불만고객 응대	2시간
	서비스 품질과 고객접점 관리	2시간

7. 해양경찰교육원

1) 교육개요

해양경찰교육원은 2013년 직제개편과 함께 전라남도 여수시로 이전하여 신임·기본·각종 전문 교육을 중점적으로 실시해오고 있다(고명석 외, 2021: 20). 해양경찰교육원의 2020년 기본·전문 교육과정 운영현황은 <표 6-28>과 같다.

표 6-28 해양경찰교육원 교육과정 운영현황(2019–2020)

구 분			교육과정 수 (개)		교육 인원 (명)	
			2019년	2020년	2019년	2020년
교육원	신임과정		7	5	2,045	2,048
	기본과정	여수	4	2	663	116
		천안	–	3	–	552
	전문과정	여수	76	36	3,094	821
		천안	15	21	654	438
	외부과정		10	2	1,089	45
지방교육 훈련센터			140	76	11,514	4,636
위탁교육	국 내		226	183	2,675	835
	국 외 (장·단기)		15	5	35	5
① 집체교육 소계			493	333	21,769	9,496
② 사이버 교육			35	227	17,194	453,481
교육운영 총계 (① + ②)			528	560	38,963	462,977

출처: 해양경찰청, 「2021년 해양경찰 교육훈련 계획」.

2) 신임교육

(1) 신임경찰(순경) 과정

신임교육 프로그램은 크게 공채, 경채, 특임 등 특성화 교육으로 운영되고 있다. 신임경찰(순경·경장·경사), 특임(구조·구급) 분야 교육 프로그램은 함정에 관한 기초지식 습득 및 해양특수구조(잠수, 항공, 로프구조, 심리기술훈련) 교육을 확대하고, 구조대, 중특단으로 연계되는 현장실습을 통해 현장 구조역량을 강화하는데 초점을 맞춘 프로그램으로 구성되어 있다. 신임경찰 교육과정 운영현황은 <표 6-29>와 같다.

| 표 6-29 | 신임경찰 교육과정 운영현황 |

구분	공채		구조
	항해	기관	
1단계	해양의 역사(해양경찰 史), 각종 법, 핵심가치, 행정실무 등 8개 교과목(114시간)		
1단계	항해실무1, 항해실무2 해양통신 등 7개 96시간	기관실무1, 기관실무2 기관실무3 등 6개 102시간	항해실무1, 항해실무2 해양통신 등 8개 97시간
2단계	시뮬레이션, 해양 수색구조 등 5개 76시간	시뮬레이션, 해양경비 수색구조 등 5개 90시간	시뮬레이션, 해양경비, 수색구조 등 5개 40시간
2단계	안전관리 파출소업무 2개 24시간		연안구조장비운용술, 파출소 시스템운용 안전관리, 파출소업무 등 5개 50시간
2단계			해양특수구조 4개 119시간
공통	비상탈출, 근접제압술 사격, 응급처치, 수영, 방제, 수사, 정보 8개 127시간	비상탈출, 근접제압술 사격, 응급처치, 수영, 방제, 수사, 정보 7개 133시간	비상탈출, 근접제압술, 사격, 응급처치, 방제 수사·정보 7개 122시간
실습	실습함 140시간		실습함 35시간

자료: 해양경찰교육원 내부자료.

(2) 간부후보생 과정

간부후보생 과정은 적응교육, 기본교육, 전문교육, 외부위탁교육, 실습교육 등으로 구분하여 운영하고 있다. 간부후보생 과정의 교육목표는 해양경찰 핵심가치 및 초급간부 리더십을 함양하고, 현장배치 시 즉시 임무수행이 가능한 현장형 인재를 양성하고자 함이다. 간부후보생 교육과정은 <표 6 30>과 같이 초급간부로서 필요한 리더십 및 직무 교육에 중점을 둔 교육 프로그램으로 구성되어 있다.

| 표 6-30 | 해양경찰간부후보생 교육과정 운영현황 |

교과목		표준교과서	교육시간			
			계	강의	실습	기타
기본 교육	해양의 역사	해양경찰학개론	10	10		
	해양현상의 이해	함정운용실무	10	10		
	양성평등	기획운영 실무Ⅰ	3	3		
	예절, 민원응대	기획운영 실무Ⅰ	13	13		
	해양법	기획운영 실무Ⅰ	20	20		
	행정법	별도교재	20	20		
	형사법	별도교재	28	28		
	핵심(공직)가치	해양경찰학개론	30	30		
	공문서, 보고서	기획운영 실무Ⅰ	21	21		
	인사, 조직, 감사	기획운영실무Ⅰ,Ⅱ	8	8		
	초급간부 리더십	해양경찰학개론	25	25		
	장비, 물품관리	기획운영 실무Ⅰ	11	11		
	생활체육	별도교재	45		45	
	특강, 선배와 만남	별도교재	45	45		
	4차산업의 이해	별도교재	14	14		
전문	해양경비	해양경비실무	13	13		
	상황관리	해양경비실무	24	24		
	수색구조	수색구조실무	16	16		
	시뮬레이션실습	함정운용실무	94		94	
	해양통신	기획운영 실무Ⅰ	13	13		
	안전관리	안전관리 실무	19	21		
	파출소 업무	파출소 운용실무	19	19		
	선박 비상탈출훈련	함정운용실무	16	5	11	
	기초수영	구조구급운영실무	70	10	60	
	(동력)연안구조장비 운용술	파출소운용실무	12	3	9	
	(무동력)장비이용 운용술	파출소운용실무	12	3	9	
	사격	기획운영실무Ⅰ	24	3	21	
	함정보수	함정운용실무	16	8	8	
	수사	수사정보실무	32	32		
	정보	수사정보실무	8	8		
	외사	수사정보실무	16	16		

교과목		표준교과서	교육시간			
			계	강의	실습	기타
전문	해양환경 제도	해양오염방제실무	10	10		
	방제실습	해양오염방제실무	10		10	
	해양 응급처치	구조구급운영실무	24	5	19	
	해사영어	함정운용실무	10	10		
	근접제압술	별도교재(근접제압술)	45		45	
외부위탁	경찰대학교	별도교재	70			70
	해군교육사령부	별도교재	70			70
	중앙소방학교	별도교재	35			35
	USCGA	별도교재	70			70
	정보교육원	별도교재	35			35
실습	관서실습	교육실습기록부	280		280	
	바다로함 실습	별도교재(바다곁해)	210		210	
교육일반	입학, 졸업식 등	-	174		174	
총계			1,820	499	1,041	280

자료: 2021년 해양경찰 교육훈련 계획.

3) 기본교육

해양경찰 재직자 기본교육은 <표 6-31>과 같이 경찰관과 일반직을 대상
으로 교육 프로그램이 구성되어 있고, 지휘관의 기본 소양, 지휘역량, 리더십
등 역량 개발, 비전제시, 통솔력, 조직관리, 문제해결 능력 등 전략적 사고 함
양, 기획, 상황대응, 갈등관리, 문제해결 등 현장관리 역량 강화 프로그램을

표 6-31 기본교육과정 운영현황(2020)

연번	구분	과정명	기간
1	경찰관	고급 지휘관(경정)	3주
2		중급 지휘관(경감)	2주
3		초급 지휘관(경위)	1주
4		일선 담당자(경사)	1주
5	일반직	일반직 5급(방제)	1주

자료: 2021년 해양경찰 교육훈련 계획.

중심으로 운영되고 있다.

4) 전문교육

해양경찰의 전문교육은 <표 6-32>와 같이 크게 지휘, 현장·직무, 소양, 외부교육으로 구분되고 있다. 또한, 점차적으로 현장직무 중심, 교육과정 통합·폐지 등 전문과정 분야별 비중이 높아지고, 직급별 직무역량 향상을 위한 기본과정을 확대 개편하는 등 교육의 전문화를 강화하고 있다.

표 6-32 해양경찰간부후보생 교육과정 운영현황

구분	2020년 교육과정
보직	상황관리관 보직과정
교육 훈련	교수요원 강의스킬 향상
	연구논문 작성역량 향상
	훈련교수 양성
	HRD역량 향상
	파출소 교육훈련지원
상황	상황요원 역량강화(레벨1)
	상황요원 역량강화(레벨2)
	해경 구조대원 구조기본
	해양로프구조 전문화
구조구급	현장응급처치
	응급구조사 역량강화
수사	형사기동정 수사실무
	수사전담요원
	수사신문기법
	선박, 해양시설 화재감식
	불법외국어선 조사요원
정보	정보보안 지원요원
	정보실무
방제	해양오염예방 실무
VTS	VTS 관제사 실무
	VTS 관리자

구분	2020년 교육과정
항공	CN-235 기장승급
함정	방제정 승조원 양성
	함정 운용실무(기관, 보수)
	함정 운용실무(항해, 안전)
	함정 운용실무(구조, 구급)
기타소양	드론운영 전문화
	컴퓨터 활용능력 자격 취득
	해양영토순례
	라이프 플랜 컨설팅
	현장실무 중국어
	사격역량강화

자료: 2021년 해양경찰 교육훈련 계획.

Ⅲ. 위탁교육

1. 위탁교육의 개념

위탁교육이란 「경찰공무원법」 제22조 제3항의 규정에 의한 국내·외의 교육기관 등에 위탁하여 행하는 교육훈련을 말한다(동 규정 제2조 제4호). 위탁교육은 계급과는 상관없이 조직의 특수한 업무나 직책을 담당해야 하는 전문인을 필요로 할 때 적임자를 선발하여 특수한 교육훈련을 실시하는 것을 의미한다.

2. 위탁교육을 받을 자의 선발

「경찰공무원법」 제22조 제3항의 규정에 의한 위탁교육을 받을 자는 다음에 해당하는 자 중에서 경찰청장이 따로 정하는 방법으로 선발한다. 다만, 교수요원은 그러하지 아니할 수 있다(동 규정 제12조).

(1) 위탁교육분야에 대하여 경찰청장이 정하는 기준에 해당하는 자

(2) 「공무원 인재개발법 시행령」 제32조 각호에 해당하는 자[1]

(3) 징계처분을 받은 자는 그 집행이 종료된 날부터 1년이 경과된 자

(4) 휴직중이 아닌 자

3. 위탁교육과 학교교육의 관계

경감 또는 경위로서 당해 직부와 관련된 전문분야의 위탁교육을 받은 자는 그에 상응하는 제8조 제3항의 규정에 의한 전문화교육을 받은 것으로 본다. 위탁교육기관에서 받은 포상 또는 징계는 경찰교육기관에서 받은 포상 또는 징계로 본다(동 규정 제13조).

4. 수탁교육

경찰청장은 중앙행정기관의 장으로부터의 요청이 있을 때에는 경찰교육기관에서 수탁교육을 할 수 있다. 수탁교육을 할 때에는 당해 중앙행정기관의 장으로 하여금 그 교육에 필요한 비용을 납부하게 할 수 있다. 특히, 국민안전처 및 그 소속기관 등의 경찰공무원에 대한 교육훈련은 경찰교육기관에 위탁하여 실시한다(동 규정 제11조).

---

[1] 「공무원 인재개발법 시행령」제32조(국내훈련 대상자의 선발)
국내훈련을 주관하는 인사혁신처장 또는 중앙행정기관의 장은 다음 각 호의 요건을 갖춘 공무원 중에서 훈련대상자를 선발하여야 한다. 다만, 징계처분을 받은 사람은 그 처분이 끝난 날부터 1년이 지나지 아니하면 훈련 대상자로 선발될 수 없다.
  1. 국가관과 직무에 대한 사명감이 투철한 사람
  2. 근무성적이 우수한 사람
  3. 필요한 학력·경력 등을 갖춘 사람
  4. 훈련 이수 후 훈련과 관련된 직무분야에 상당 기간 근무할 수 있는 사람
  5. 필요한 외국어능력을 갖춘 사람
  6. 인사혁신처장이 정하는 나이·건강·적성과 그 밖의 자격요건을 갖춘 사람

Ⅳ. 직장훈련

1. 직장훈련의 개념

직장훈련이란 경찰기관의 장이 소속 경정 이하 경찰공무원의 직무수행능력을 향상시키기 위하여 일상업무를 통하여 행하는 훈련을 의미한다(동 규정 제2조 제5호).

2. 직장훈련의 체계

직장훈련은 소집, 순회, 과제, 실습, 시청각 및 직접지도 등의 방법에 의하여 실시되는데, 직장훈련의 체계는 [그림 6-2]와 같다.

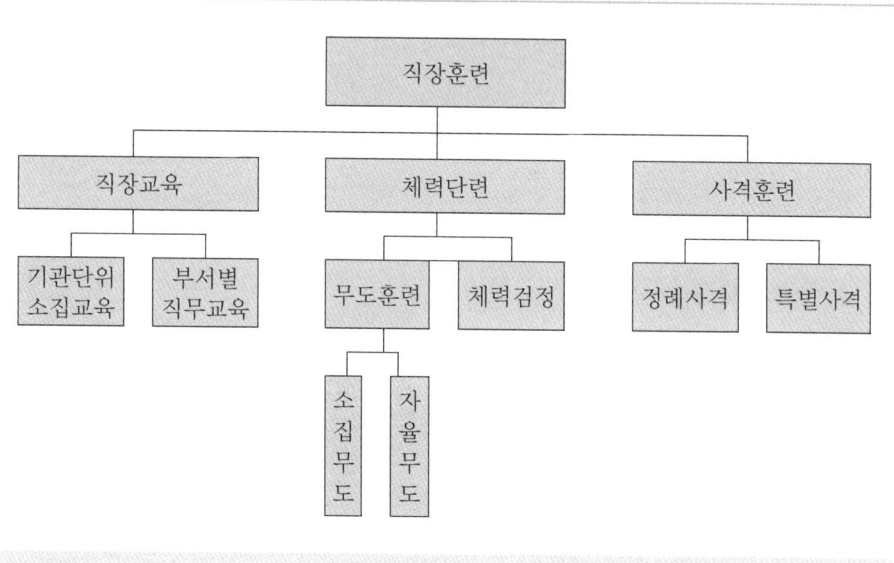

그림 6-2 직장훈련의 체계도

직장훈련은 직장교육·체력단련 및 사격훈련으로 구분한다. 직장교육은 기관·부서·그룹단위의 업무관련 교육으로 한다. 체력단련은 무도훈련(호신체포술 훈련을 포함) 및 체력검정으로 한다. 사격훈련은 정례사격과 특별사격으로 구분 실시한다.

3. 직장훈련의 내용

직장훈련은 직장교육, 체력단련, 사격훈련으로 구분되는데 개괄적인 내용 및 일정은 <표 6-33>과 같다.

표 6-33 직장훈련 일정

구 분	일정
직장교육	• 직무교육은 월 2회 이상 • 1회는 기관단위 소집교육(사이버교육을 포함) • 1회 교육시간은 1시간 이상
체력단련	• 무도훈련은 월 2회 이상 실시(1회 훈련시간은 1시간 이상) • 체력검정은 매년 10월까지 연 1회 정기적으로 실시
사격훈련	• 정례사격은 연 2회(2, 3분기 각 1회) • 외근요원 특별사격은 연 2회(1, 4분기 각 1회), 다만 사격성적 등 특별한 사정에 따라 횟수를 증감하여 실시할 수 있다.

자료:「경찰공무원 직장훈련 규칙」제9조.

1) 직장교육

(1) 기관단위 교육

① 주요내용

경찰청과 시도경찰청의 경우 연간 일정에 따라 소집 또는 사이버교육으로 실시, 본청 소집교육 주제는 국·관별 소관교육 수요조사를 통해 선정한다. 경찰서의 경우 지역경찰은 경찰서에서 현장순회교육(4교대 지역경찰은 집중훈련일 운영), 기타 기능은 시·도청 교육센터에서 기능별 직장교 실시, 관서장주관 교육, 경찰교양아카데미, 사이버 교육은 지역경찰 및 내·외근 구분 없이 실시한다.

② 교육주제

사이버 교육은 국정철학, 법정교육, 주요정책 교육 중에서 국·관별 요청 사항을 반영하여 선정하고, 콘텐츠는 순차 개설한다. 또한 관서장 주관 교육은 피해자 보호 이해, 가정폭력·성매매 예방, 성평등 감수성 교육을 주제로 진행한다.

(2) 부서별 교육

부서별 교육은 월 1회 이상, 부서별 특성에 맞게 자체 교육계획을 수립하여 과(課) 단위 이상으로 교육을 실시하며, 지구대·파출소는 팀 단위 이상 지역경찰 교육훈련 시간 등을 활용한다. 교육은 업무사례 발표, 토론회, 간담회 등 다양한 형식으로 진행하되, 현장 직무수행과 직결되는 사안을 주제로 선정하여 교육한다.

2) 체력단련

(1) 무도훈련
① 소집무도훈련

소집무도훈련 운영일정을 살펴보면, 경찰청과 시도경찰청은 매월 1회 1시간 진행하던 것을 2개월 1회 2시간 운영하며, 경찰서는 시·도경찰청과 같이 2개월 2시간으로 운영하되, 집중훈련일 해당 관서는 4교대 지역경찰 대상으로 분기별 3시간 훈련 시행한다.

소집무도훈련 운영방법을 살펴보면, 훈련 주제는 「경찰 물리력 행사의 기준과 방법에 관한 규칙」에 따른 신호신체포술 매뉴얼 활용하여, 상황 기반 체포술 훈련에 중점을 둔다. 훈련 교관은 관서별 경찰 부도 강사 인력-풀 정비·구성하고, 훈련 진행은 교대 근무자 등 참석 편의를 위해 훈련 횟수를 관서별 실정에 맞게 탄력적 운영하되, 현장 활동 및 팀 단위 근무 기능(형사·여성청소년 수사 등)은 가급적 팀 단위로 훈련 참여 권장한다. 또한, 타(他) 관서에서도 무도훈련 참석이 가능하도록 시·도경찰청 및 소속 경찰서 게시판 등을 활용하여 관서별 무도훈련 일정 공유한다.

② 자율운동

자율운동의 운영방법은 체포술 훈련과 연관성이 높고 현장에서 물리력 사용 시 도움이 될 수 있는 종목(9개 종목: 태권도, 유도, 검도, 레슬링, 복싱, 헬스, 마라톤, 수영, 등산)에 한하여 개인별 훈련 진행한다.

(2) 체력검정
① 검정방법

체력검정의 대상은 치안감 이하 전 경찰관이며, 만 55세 이상, 경무관 이상은 자율로 실시한다. 횟수는 연 2회 실시하며 상반기에 본 검정을 실시하며, 하반기는 미실시자 대상으로 추가 검정을 실시한다. 체력검정 종목은 100m 달리기, 팔굽혀펴기, 교차 윗몸일으키기, 악력이며 검정 제외자는 경찰공무원 체력관리 규칙 제9조·제13조를 따른다.

② 안전사고 발생 예방

체력검정시에는 반드시 구급차·구급요원을 배치(심장제세동기 등 구급장비 구비), 응급후송 체계를 구축한다. 그리고 철저한 준비 운동 및 충분한 휴식 후 검정을 실시하고, 안전사고 우려자 사전 배제 및 전일 야간 근무자 검정 지양하며, 식후 신체리듬을 고려하여 체력검정 시간 지정·운영(12:00 이전, 13:30 이후)한다.

|참고| 체력검정제

2010년부터 자신의 신체상태를 진단할 기회를 부여하고, 스스로 체력을 관리할 수 있도록 동기를 유발하기 위하여 경찰관 체력검정제를 도입·시행하게 되었다. 경찰청 소속 치안감 이하 전 경찰관을 검정대상으로 하고, 경무관 계급 이상, 만 55세 이상자는 본인 희망에 따라 자율적으로 실시 여부를 결정할 수 있다.

매년 10월까지 관서별로 자체계획을 수립하여 개인별 연 1회 체력검정을 실시하게 되며, 최종등급 4등급자 및 불참자 중 희망자는 추가검정을 실시할 수 있도록 하였다.

검정종목은 (1) 악력, (2) 팔굽혀 펴기, (3) 윗몸 일으키기, (4) 100m달리기 등 4종목을 검정하며, 성별·연령별로 평가기준을 달리하여 종목별 1등급부터 4등급까지 총 4개 등급으로 평가하게 된다.

　검정결과는 경정 이하 근무성적평정에 반영하고, 총경급 보직인사에 반영하도록 하는 한편, 개인별 측정기록을 교육통합시스템에서 누적 관리하도록 하여 제도의 실효성을 확보할 수 있도록 하였다.

3) 사격훈련

(1) 정례사격

　정례사격은 경감급 이하 전 경찰관이 연 2회(2, 3분기 각 1회), 1회에 실탄 35발, 사거리 15미터에서 실시한다. 안전사고 예방을 위해 사격실시자 및 안전요원 전원 방탄복 착용 후 실시하며, 사격에는 영점사격과 기록완사, 기록속사가 있다. 훈련내용은 총기취급 및 안전관리 요령, 총기 조작요령 및 기본 사격술, 관서별 권총 마스터를 교관으로 지정 및 활용한다.

(2) 외근요원 특별사격

　특별사격은 외근부서에서 근무하는 경감급 이하 전 경찰관이 연 2회(1, 4분기 각 1회, 사격성적 등 특별한 사정에 따라 횟수를 증감하여 실시할 수 있음), 회에 실탄 35발, 사거리 15미터에서 실시한다. 훈련내용이나 방법은 정례사격과 동일하다.

제 6 절　경찰공무원 교육훈련제도의 개선방안

　우리나라는 국립경찰 초창기부터 교육훈련의 중요성이 꾸준히 강조되어 왔으나, 다른 기관의 경우와 마찬가지로 장기적이고도 종합적인 교육훈련 계획과 그 적절한 실시는 미흡한 상황이다. 경찰관의 자질향상과 능력발전을 위해서는 교육훈련 여건을 개선하고 직무와의 연계성을 증진할 수 있도록 교육내용과 방법을 개선하고 전문인력의 양성에 주력하여야 한다.

　경찰공무원 교육훈련의 개선방안을 제시함에 있어서는 학교교육 중 신임순경 교육훈련의 중요성을 인식하여, 중앙경찰학교에서의 신임순경 교육훈련을 중심으로 살펴보고, 필요한 영역에서는 경찰대학과 경찰인재개발원의 교육훈련, 직장훈련, 위탁교육 등의 개선방안을 살펴보고자 한다.

Ⅰ. 교수요원 측면의 개선방안

1. 우수 교수요원의 확충

우수한 교수요원이 안정된 신분 속에서 연구 및 교육에 전념하여야 경찰 교육훈련의 질이 향상될 수 있다.

1) 교수요원의 개방직화
교수요원의 수업부담을 줄일 수 있는 바람직한 방안은 교수요원의 정원을 늘리는 것이지만 다른 국가교육기관과의 형평성 문제와 경찰공무원의 총정원 때문에 쉽지는 않다. 따라서, 일부 교과목의 경우에는 경찰대학처럼 전임교수를 채용하여 신임순경 교육훈련이 안정적으로 이루어지도록 해야 할 것이다.

2) 교수요원의 복지 및 대우향상
교수요원에 대한 복지혜택 및 각종 대우를 향상시킨 후에 교수요원을 공개모집한다면 우수한 교수요원 희망자가 지원할 것이다. 따라서 현직 교수요원들을 대상으로 교수요원에 대한 각종 복지혜택 및 대우의 향상방안에 관한 의견을 수렴한 후 획기적인 방안들을 적극적으로 시행해야 할 것이다.

3) 교수요원 정액연구비의 지급, 해외연수의 실시 및 승진상 혜택
경찰대학 교수요원에게 지급하고 있는 교수요원 정액연구비를 각급 경찰 교육기관의 모든 교수요원에게 확대 지급하여야 한다. 또한, 우수한 교수요원에 대해서는 관련 분야의 해외연수를 실시하여 더욱 자기노력을 할 수 있도록 해야 한다. 게다가 교수요원에 대해서는 시험승진이든 특별승진이든 T/O

를 늘려서 보다 더 많은 인원이 승진할 수 있도록 하는 것도 좋은 방안이 될 것이다.

2. 교육훈련기법의 향상

초임 교수요원에 대해서는 시범강의를 실시함으로써 강의능력 및 다양한 교수기법을 습득할 수 있도록 하고, 교수요원 양성과정에서 교육훈련기법을 이수하도록 하여야 한다. 교수요원의 사전훈련은 교수요원 역할의 중요성을 인식하여 자신감을 고취시키고 교육훈련의 기법을 습득시켜, 교수요원능력을 배양하려는 데 목적을 두고 있다.

또한, 교수요원으로 임용된 후에도 연구전문기관 등의 연수 및 자료수집으로 실무와 연계된 교육내용을 준비할 수 있는 연구여건이 마련되어야 하는데, 이를 위하여 외부전문기관에의 위탁교육도 고려할 필요가 있다. 수시로 경찰현장을 탐방하여 교재개편 및 매뉴얼을 발간할 수 있도록 하여야 하고, 그 결과 교육현장과 실무현장이 연계된 실천적 교육을 실시할 수 있다.

또한, 지금과 같은 주입식 강의 위주의 교육에서 탈피하여 시청각방법, 워크샵, 시뮬레이션, 사례 연구, 게임, 분임조 중심의 패널 토의식 등 다양한 교육훈련기법을 도입하여야 한다. 최근 4차산업혁명 시대의 AI기술 발전과 더불어 확장현실 기반 교육훈련 프로그램을 개발하고 이에 맞는 교육기법 또한 개발하여 운영하여야 할 것이다.

경찰이라는 특수성 때문에 모든 교육과정은 강의를 기본으로 하되 현장에 맞는 교육방법을 적절히 배합하여야 할 것이다. 강의식 수업의 경우도 질의·응답 및 대화식으로 전환도록 하고, 가능한 한 사례연구식 수업을 해야 한다.

3. 연구교수요원제도의 도입

교수요원이 교재연구를 위해 사용할 수 있는 시간이 부족하기 때문에 현재 사용 중인 교재 또한 그 내용이 부실할 수 밖에 없다. 따라서 강의를 담당하는 교수요원 외에 연구교수요원을 따로 두어 교재연구에 전념할 수 있도록 해야 한다.

Ⅱ. 교육생 측면의 개선방안

자기효능감이 높은 교육생일수록 교육내용의 숙달을 위한 정성과 노력을 투입할 것으로 여겨진다(Ford et. al, 1992: 511-527). 교육생의 자존감을 강화시켜서 교육생의 만족도를 높이기 위해서는 다음과 같은 정책이 필요하다.

1. 셀프리더십 등의 교육훈련

교육생 개개인의 자존감을 높여줄 수 있는 셀프리더십(self leadership) 등의 동기부여 교과목이 교육훈련 초기에 개설되어야 한다. 교육훈련 초기에 실시하는 셀프리더십 교육으로 인해 교육생의 기강과 규율이 약화된다는 지적이 있지만, 지역사회 경찰활동시대의 바람직한 경찰관 이미지를 고려해 본다면 계급중심의 엄격한 관료주의적 접근보다는 관계중심의 인간관계적 접근이 교육훈련에 있어서 더욱 필요하다고 여겨진다.

2. 교수요원의 변혁적 리더십 발휘

교육생의 자존감을 증진시키기 위해서 교수요원은 변혁적 리더십(transformational leadership)을 발휘할 수 있어야 한다. 이러한 변혁적 리더십은 부하에게 자존감을 증진시켜 주고, 개인적 차원에서 부하를 존중한다는 것을 보여주며, 창조적인 사고를 할 수 있는 여건을 마련해 주고, 부하에게 영감을 제공함으로써 기대 이상의 성과를 이끌어 낼 수 있다(임창호, 2008: 205).

Ⅲ. 교육환경 측면의 개선방안

1. 교육시설의 개선

연차적으로 필요한 예산을 확보하여 부족한 시설을 확충하고, 낙후된 시설을 현대화된 시설로 대체하여야 할 것이다. 신임순경의 실무 교육훈련의 경우 일선 경찰서에서 직접 체험하는 현장체험식 실습교육이 가장 큰 효과를 거둘 수 있다. 따라서, 중앙경찰학교 내에 교통실습장, 형사·수사실습장, 외근경찰관 활동실습장 등을 현실에 맞도록 개선하여 실습교육환경을 활성화시켜야 할 것이다.

2. 외부 교육기관과의 적극적인 협력

중앙경찰학교는 경찰행정학과가 설치되어 있는 전국 4년제 대학교 중에서 신임순경 교육훈련에 실질적 도움을 줄 수 있는 대학교와 협력체제를 마련하여야 할 것이다. 특히, 경·학 협력을 더욱 적극적으로 실시하여 중앙경찰학교가 각종 외부기관과 협력을 한다면, 더욱 우수한 외래강사를 확보할 수 있음은 물론이고 각종 교육훈련상 도움을 받을 수 있을 것이다. 또한, 외국의 경찰교육기관과도 협력체계를 구축할 필요가 있다.

3. 경찰교육행정의 전문화

중·장기적으로는 각 학교기관의 장을 개방하여 민간인 교육행정 전문가를 채용하여 교육행정 전문가가 경찰교육기관의 학사운영을 전담토록 하면 교육의 질적 향상과 관료조직에서 형성된 마인드를 탈피하여 유연한 사고체계를 지닌 교육훈련을 도모할 수 있다. 또한 학교장 임기제를 도입하여 안정적이고 체계적인 교육과정을 확립할 필요가 있다.

단기적으로는 단순히 교육일정을 관리하는 수준의 교육행정분야 근무자의 역량을 강화하여 경찰교육 운영역량을 강화하는 방법이다. 교육업무 담당자를 교육시켜 교육커리큘럼 설계 역량과 평가역량을 갖추도록 하여 현장에 적합한 교육을 제공하고 현장대응력을 강화할 필요가 있다.

4. 자기주도형 학습환경의 조성

경찰공무원 스스로가 자기능력 개발의 책임을 지고 효과적인 직무수행을 위하여 자발적으로 학습할 수 있도록 체계적인 교육훈련 계획을 수립하여야 한다. 스스로 학습의 주도자가 될 수 있도록 긍정적 학습환경을 제공하여, 단순히 형식적인 학습이 아닌 능동적이고 자기주도적 학습을 유도할 수 있어야 한다. 그리고 동료 간 지식공유 활성화를 통해 유용한 지식을 확산·재생산하고, 사이버 강좌 반복학습을 인정하여 필요한 강의 집중 수강 및 자발적 학습을 유도 하여야 한다.

특히, 직무능력 개발 등의 연구모임에 대해서는 운영비 및 학습 기자재를 지원하고, 연구모임간 상호교류와 정보공유를 추진하고, 우수 연구모임 사례집을 발간·배포할 수 있도록 연구모임에 대한 적극적인 지원이 필요하다.

IV. 교육과정 측면의 개선방안

1. 실질적 교육프로그램 개발

1) 전문화된 사례 위주의 교재 개발

교재개발과 관련된 연구비가 매우 낮게 책정되어 있으므로 전문화된 교재개발이 가능하도록 관련된 연구비를 대폭 증액할 필요가 있다. 특히, 형법, 형사소송법, 헌법, 경찰행정법 교과목의 경우에는 이론보다는 사례 위주의 교육이 이루어질 수 있도록 이에 적합한 교재개편을 하여야 할 것이다.

2) 봉사기관 연계 교육훈련 프로그램 개발

기존의 실무에 투입되어 함양해야 할 지식습득은 매우 중요하다. 그러나 시민과 함께 경찰활동을 하는 신임경찰관의 소양을 위해 대외 봉사활동과 같은 참여형 교육프로그램을 개발하는 것도 의미있을 것으로 보인다. 또한, 단순히 교육프로그램으로서 한시적인 봉사활동으로 그치기보다, 유관기관과의 연계를 통해 중앙경찰학교 졸업 이후까지도 이어지게 된다면 사회적 약자에 대한 인식과 봉사자로서의 역할 함양에 있어서도 의미있을 것으로 보인다(박재풍 외, 2019: 111-112).

3) 맞춤형 교육과정 개발

교육생의 특성(예: 학력, 전공)에 따라 교육훈련 과목의 조정이 이루어져야 한다. 교육훈련수요는 직무수행에 필요한 자질-현재의 자질이기 때문이다. 예를 들어 고졸자와 대졸자 혹은 전공의 차이는 현재의 자질에 분명한 차이가 있으며, 교육훈련 기간과 내용을 달리하는 별도의 교육훈련 프로그램이 마련되어야 할 것이다(권해수·신민철, 2000: 583).

고졸자에게는 1년 정도의 교육훈련을 통하여 9개월은 법률과 교양을 중점적으로 교육하고, 나머지 3개월은 사격, 무술, 감식 등과 같은 직무관련 교육을 중점적으로 실시한다. 또한 비전공 대졸자에는 1년 동안의 교육훈련 중 법률과목, 경찰학, 범죄학 등을 교육하고, 나머지는 무도훈련을, 관련학과 졸업자에게는 6개월의 무도훈련만을 부과하는 차별화된 프로그램을 실시하는 것도 고려해 볼 필요가 있다.

그러나 이러한 프로그램이 실행되기 위해서는 경찰공무원 채용과정에서부터 고졸자와 대졸자를 달리 채용하여야 할 것이다. 또한, 교육생의 수준과 필요에 따른 선택식 과목수강제도를 도입하는 것도 바람직할 것으로 생각된다.

2. 합리적인 교과목 편성

교육운영의 근간이 되는 교과목 편성은 고도의 전문성 및 계속성과 연계성이 요구되는 분야이다. 따라서 신임순경과정의 전체적인 교과목은 일선현장의 치안상황과 변화하는 미래의 치안여건에 부합하는 교과목으로 구성되어야 한다.

교육을 마친 졸업생과 일선의 경찰관서 근무자, 교직원의 교과목에 대한 중요도·실행도 분석결과를 바탕으로 종합적으로 수렴하여 신중한 검토를 한 뒤에 교과목이 편성되어야 하고, 한번 편성된 교과목에 대해서는 학교장의 가치판단에 따라 자주 변경되지 않도록 해야 할 것이다.

교육훈련 교과목 일람표를 배포하여 경찰관에게 수상하기를 원하는 과목에 표시하도록 하는 메뉴에 의한 조사방법(menu survey)을 통해서 수집한 자료를 교육훈련 수요결정에 활용하여야 한다.

또한, 교육훈련 프로그램에 대한 진단평가를 주기적으로 실시하여 교육훈련의 내실화를 기해야 한다. 교육훈련 프로그램은 직무와 연계되어야 하고 각 과정별 단계성이 유지되어야 한다. 교육훈련 프로그램의 개발에 있어서 사회환경과 과학기술의 급속한 발전과 변화에 대응할 수 있는 새로운 지식과 기술을 습득할 수 있도록 해야 한다(Talley, 1985: 195).

3. 상황중심 시뮬레이션·사례 중심 교육의 활성화

상황중심 시뮬레이션 교육을 강화하여 현장대응역량을 갖춘 경찰관을 양성하여야 한다. 기존의 단편적인 수행평가 방식에서 벗어나 사건·상황별 흐름에 따라 업무 수행능력을 제고할 수 있는 시뮬레이션 교육을 개발·확대 추진하여야 한다.

이를 위하여 시뮬레이션 교육센터 운영, 관련 교안 연구·지원 및 교과개발, 수업컨설팅, 만족도 조사분석, 평가관리 등 지원 및 종합적 관리가 필요하며 교육 효과 극대화를 위한 인프라를 구축할 필요도 있다.

또한, 사례연구식 수업은 5명 1조로 조 편성을 하여 주제발표조 및 질문조를 선정한 후 주요사례를 문제형태로 구성하여 사전에 유인물을 배부하고, 각 조별로 공동 연구하여 발표 및 질문을 하도록 하고, 교수요원은 주요 쟁점을 정리하고 오류를 정정해 주어야 할 것이다.

이러한 사례연구식 수업을 통하여 학업 열의를 고취시킬 수 있고, 수업의 사전 준비로 인하여 내실 있는 수업을 진행할 수 있고, 주제발표 내용에 대해서 깊이 있는 이해를 할 수 있고, 현장대응능력을 향상시킬 수 있다.

4. 교육훈련의 엄격한 평가

중간평가 및 종합평가를 엄격히 실시하고 생활지도를 철저히 실시하여, 부적격자라고 판명될 때에는 퇴교조치를 하여야 한다. 이러한 엄격한 교육훈련평가를 통하여 자질이 부족한 교육생으로 하여금 능력향상을 위해서 최선의 노력을 다 하도록 유도할 수 있으며, 더 나아가 자질이 부족한 신임순경이 정규 경찰공무원으로 임용되지 못하도록 할 수 있다.

V. 위탁교육 및 직장훈련의 개선방안

1. 위탁교육의 확대

앞으로는 정보화, 통신, 감사, 회계, 조세, 건축, 환경 등 특수전문분야에 대한 경찰공무원의 위탁교육을 확대하고, 특수한 전문분야는 우수 민간위탁 교육기관을 적극 발굴하여야 한다. 특히, 업무중심으로 교육대상자를 선발하고 사후관리를 철저히 할뿐만 아니라, 위탁교육훈련의 실효성 제고를 위해서 수요조사를 내실화하고, 위탁교육훈련심의위원회를 개최하여 위탁교육훈련의 적임자를 선발하여야 하고, 장기위탁 교육훈련 이수자에 대한 보직관리를 철저히 하여야 할 것이나(소농운, 2004: 88).

국외훈련 중인 경찰관에 대한 관리체제 확립을 위하여 해외 주재관에 의한 지도·점검을 실시하고, 훈련 진행상황 등 정기보고의 누락자에 대해서는 훈련기간의 연장을 불허하고, 훈련 이수자에 대해서는 훈련분야와 관련된 부서에 배치하여 훈련과 업무의 연계를 추진하고, 훈련결과보고서를 업무개선 자료로 활용하여야 할 것이다.

2. 직장훈련의 강화

본래 경찰업무는 학교교육만으로는 충족될 수 없는 한계성을 가지고 있기 때문에, 직장훈련을 통해서 보완되어야 한다. 이러한 직장훈련 또는 현장훈련 (On-the-Job Training)의 중요성을 인식하여 직장훈련 계획을 철저하게 수립하여 실시해야 한다. 특히, 체포술 훈련을 강화하여 모든 경찰관이 완전하게 체득할 수 있도록 체포술 훈련계획을 수립하고, 전담 무도사범을 지정하여야 한다.

또한, 직장훈련시 인권관련 NGO, 인권변호사 등을 초빙하여 인권교육을 실시하되, 구체적 사례 위주의 내실 있는 인권교육을 실시하고, 공직자의 국가관과 윤리의식을 증진시킬 수 있는 교육이 이루어져야 한다(양재승, 2008: 75).

 연습문제

1. 경찰교육훈련의 요소를 설명하세요.

2. 경찰교육훈련의 종류를 설명하세요.

3. 경찰교육훈련의 방법을 설명하세요.

4. 현행 경찰교육훈련의 개선방안을 논하세요.

 참고문헌

〈국내문헌〉

고명석·임창호·함혜현·주성빈. (2021). 「제2캠퍼스 설립 기반 마련을 위한 정책연구 용역」, 해양경찰청.

강성철·김판석·이종수·진재구·최근열·하태권. (2008). 「새인사행정론」(제6판), 서울: 대영문화사.

권해수·신민철. (2000). "효과적인 신임순경 교육프로그램 개발에 관한 연구,"「치안논총」, 16.

경찰청. (2016). 「2016 경찰백서」, 서울: 경찰청.

김병준. (2002). 「경찰전문인력 확보 및 운영대책」, 치안연구소.

김복영·유문무. (1996). 「경찰교육제도 개선방안」, 치안연구소.

_____. (1998). 「경찰교육 프로그램 적정화 연구」, 치안연구소.

김중양. (2002). 「한국인사행정론」(제4판), 서울: 법문사.

김형훈·오경석·이현주·박재일·김세미, (2020). 「외국 경찰 교육제도」. 치안정책연구소.

박기선. (2015). "프랑스 신임경찰관 채용제도의 고찰 및 시사점,"「경찰학 연구」, 15(3): 39-69.

박재풍·김가은·박주혁. (2019). 「한국경찰의 개인 및 조직특성에 관한 패널연구」, 치안정책연구소.

박동서. (2001). 「인사행정론」(제5전정판), 서울: 법문사.

박현호. (2007). "영국 경찰의 입직 및 승진과 관련한 교육훈련체계에 관한 연구,"「경찰학연구」, 7(1): 9-43.

양재승. (2008). "경찰교육훈련 개선에 관한 연구," 원광대학교 행정대학원 석사학위논문.

유민봉. (2010). 「한국인사행정론」(제3판), 파주: 박영사.

이관희·임준태. (1999). "독일 경찰교육제도에 관한 연구,"「치안정책연구」, (13): 29-66.

_____. (1999). "독일 경찰교육제도에 관한 연구: 우리나라 경찰교육제도 개선방안 모색",「한국경찰학회보」, 1(1): 107-149.

이윤근. (2002). 「비교경찰제도론」, 서울: 법문사.

이황우. (2007). 「경찰행정학」(제5판), 서울: 법문사.

임창호. (2008). "지방경찰학교 교육훈련의 실태분석 및 개선방안,"「사회과학논문집」, 26(1).

_____. (2013). "경찰직무교육훈련 만족도에의 영향요인에 관한 연구,"「한국경찰연구」, 12(2): 185-212.

정진환. (2002).「비교경찰제도」, 서울: 책사랑.

조동운. (2004). "경찰교육훈련의 효율성 제고방안에 관한 연구," 대전대학교 경영행정・사회복지대학원 석사학위논문.

치안본부. (1987).「일본경찰」. 서울.

한국행정연구소. (1994). "경찰교육훈련체제의 개선방안," 서울대학교 행정대학원.

〈국외문헌〉

Bayley, D. H., E. Bittner. (1993). "Learning the Skills of Policing," in R. C. Dunham & G. P. Alpert (eds), *Critical Issuess in Policing: Contemporary Reading* (2nd ed.), Prospect Heights, IL: Waveland Press, Inc.

Boehm, N. C.. (1987). "Developing Better Law Enforcement Officers: Police Executives Discuss Innovations in Education and Training," *Police Chief,* November.

Dantzker, G., A. J. Lurigio, S. Hartnett, S. Houmes, S. Davidsdottir, & K. Donovan. (1995). "Preparing Police Officers for Community Policing: An Evaluation of Training for Chicago's Alternative Policing Strategy," *American Journal of Police*, 18(1): 45-69.

Ford, J. K., Quinones, M. A., Sego, D. J., & Sorra, J. S. (1992). "Factors affecting the opportunity to perform trained tasks on the job," *Personnel Psychology*, 45: 511-527.

Gaines, Larry K., John L. Worrall, Mittie D. Southerland, & John E. Angell. (2003). *Police Administration*(2nd ed.), New York, NY: McGraw-Hill Companies.

Haley, K..(1992). "Training," in G. Cordner and D. Hale (eds), *What Works in Policing? Operations and Administration Examined*, Cincinnati, OH: Anderson Publishing Co.

Leonard, V. Λ., & Harry W. More. (1993). *Police Organization and Management* (8th ed.) , Mineola, New York: The Foundation Press, Inc.

Mathis, R. L., & J. H. Jackson. (1991). *Personnel: Human Resource Management,* St. Paul, MN: West Publishing Co.

McCampbell, M. S.. (1987). *Field Training for Police Officers: The State of the Art,* Washington, D. C.: U. S. Government Printing Office.

Meadows, Robert J.. (1985). "Police Training Strategies and the Role Perceptions of Police Recruits," *Journal of Police Science and Administration,* 13(3): 40-47.

Merina, V., "Third of Sheriff's Officers Feel Undertrained," *Los Angeles Times,* Metro Section, Oct. 31.

Nietherhoffer, A. (1967). *Behind the Shield: The Police in Urban Society,* New York, NY: Doubleday.

Saunders, Charles B. Jr. (1970). *Upgrading the American Police,* Washington D. C.: The Brookings Institution.

Stahl, O. Glenn, & Richard A. (1974). Staufenberger(eds.), *Police Personnel Administration,* Washington, D. C.: Policy Foundation.

Talley, Richard A.. (1986). "A New Methodology for Evaluating the Curricula Relevancy of Police Academy Training," *Journal of Police Science and Administration,* 14(2): 112-120.

The President's Commission on Law Enforcement and Administration of Justice. (1967). *Task Force Report:* The Police, Washington, D. C.: U. S. Government Printing Office.

Wilson, O. W., & Mclaren, R. C. (1977). *Police Administration*(4th ed.), New York: McGraw Hill Book Co., Inc.

〈인터넷관련 자료〉

http://www.intromet.co.uk/training/index.asp.

https://www1.nyc.gov/site/nypd/about/police-academy/police-academy-landing.page

Chapter 07

경찰공무원 보직관리

제1절 경찰공무원 보직관리의 개념 및 중요성

I. 경찰공무원 보직관리의 개념 및 기능

1. 경찰공무원 보직관리의 개념

보직관리는 기존 경찰 인력을 효율적으로 활용하기 위한 인사관리의 한 방법으로서 일반적으로 동일 직렬 내에서 동일 직급으로 이동하는 전보와 상이한 직렬로 이동하는 전직을 포괄하는 수평적 이동에 관한 인사관리를 말한다. 전보와 파견근무 등을 합쳐서 부르는 배치전환(reassignment & transfer)은 조직에 활력을 불어넣고, 경찰관의 넓은 안목과 종합적이고 일반적인 조정능력을 향상시키는 데 기여한다. 다른 국가공무원은 배치전환의 일환으로 전직(轉職)을 허용하는 경우가 많으나, 경찰공무원으로의 전직은 허용되지 않는다.

경찰관리자는 경찰관으로 하여금 다양한 경험을 축적하여 자신의 적성과 능력을 개발하고 직위에 상응한 임무를 효율적으로 수행할 수 있도록 적재적소에 배치할 필요가 있다. 따라서 보직관리는 경찰관 개인과 경찰 조직의 발전을 위해서 신중하게 이루어져야 한다.

2. 경찰공무원 보직관리의 기능

전보와 전직의 기능을 살펴보면 다음과 같다(박천오 외 5인, 2017: 277-278).

첫째, 전보와 전직은 능력과 적성이 맞지 않아서 생길 수 있는 직무 부적응을 해소함으로써 경찰공무원을 적재 적소에 배치할 수 있다.

둘째, 전보는 경찰조직을 개편하거나 직무수행 방법, 업무량 및 기술의 변동에 따라 경찰인력을 재배치하는 경우에 효과적으로 이용될 수 있다.

셋째, 전보로 인하여 경찰공무원은 어느 한 직무만을 장기적으로 수행하기보다는 여러 가지 직무를 경험하게 되어 유용한 교육훈련이 될 수 있다.

넷째, 전보로 인하여 경찰공무원이 승진기회가 적은 기관에서 승진기회가 많은 기관으로 이동할 수 있게 되어 균등한 승진기회를 부여 받을 수 있다.

다섯째, 전보가 적절하게 활용됨으로써 경찰공무원은 능력이 정체되거나 사기가 저하되는 현상을 방지하고 공직의 생동감을 유지할 수 있다.

Ⅱ. 경찰공무원 보직관리의 한계

1. 경찰관 전보시 융통성 부족

일반적으로 법집행분야의 경력개발(career development) 노력은 경찰관이 채용되고, 전보되고, 승진되는 방법을 제한하는 공무원 제도(civil service)의 제약에 의하여 제한을 받아 왔다. 특히, 경찰관서의 계급구조는 매우 엄격해서 경찰행정가는 경찰관을 전보시킬 때 거의 융통성을 갖고 있지 못하며, 경찰조직에서 경찰관이 어떤 보직을 맡을 가능성은 주로 계급에 의존하고 있다.

2. 전보권 남용시 조직 침체 및 경찰행정 전문성 저하

특정 보직은 특정 계급을 요구하고 있기 때문에 경찰행정가는 경찰조직구조를 변경하지 않는 한 이러한 요구조건에서 벗어날 수 없다(Guyot, 1979: 253-284). 경찰공무원이 직무상 직무를 위반하거나 직무를 태만히 하여 징계사유에 해당되는 경우에 공식적인 징계절차를 밟지 않고 한직으로 전보시키는 경우도 있다. 그러나 인사권자가 전보권을 파행적으로 행사하거나 빈번하게 행사하면 조직이 침체되고 경찰행정의 전문성도 저하될 우려가 있다.

3. 행정 능률 저하 및 공직부패 야기 가능

좋은 보직과 나쁜 보직을 구별하는 조직문화가 형성되어 있는 상황에서 특정 경찰관을 의도적으로 좋은 보직으로 전보시키는 것은 행정 능률을 저하시키거나 공직부패를 야기할 수 있으므로 경찰관리자는 신중하게 전보권을 행사하여야 한다.

Ⅲ. 경찰공무원 보직관리의 중요성

효과적인 경찰공무원 보직관리는 능력개발, 전문성 증대, 사기 진작, 직무만족, 조직몰입 등을 증대시켜 조직발전과 성과향상을 야기한다. 경찰공무원 보직관리의 조직적 차원의 중요성과 개인적 차원의 중요성을 설명하면 다음과 같다.

1. 조직적 차원의 중요성

경찰보직관리는 조직적 차원에서 (1) 조직 구성원에게 능력발전 기회를 제공하고, (2) 조직 내 인간관계 갈등을 해결하며, (3) 승진 불만을 해소시키고 승진 기회를 균등하게 만든다. 특히 순환보직제도는 개인에게 능력발전 기회를 제공한다.

2. 개인적 차원의 중요성

경찰보직관리는 개인적 차원에서 (1) 능력발전을 위해 활용되고, (2) 생활근거지나 생활비 등을 고려하여 특정지역 또는 특정보직을 선호할 때 활용되며, (3) 부서 내의 불편한 대인관계를 회피하기 위해서도 활용되고, (4) 승진이 보다 빠른 부서 또는 사회적 평가가 보다 좋은 부서로 이동할 때도 활용될 수 있다.

IV. 경찰공무원 경력개발

1. 경찰공무원 경력개발의 개념

미국의 몇몇 경찰관서에서 실시되고 있는 경력개발(career development)은 모든 계층에 있는 개인의 성장 및 발전을 위한 기회를 제공하기 위하여 경찰기관에 의해서 이용되는 과정을 의미한다. 경력개발은 생산적이고 능률적이고 효과적으로 직무성과를 향상시키고 개인의 전반적인 직무만족 수준을 높이기 위해서 설계된다. 미국에서도 1979년에 「법집행기관 인증위원회」(Commission on Accreditation for Law Enforcement Agencies: CALEA)가 설립될 때까지 경찰분야에서 경력개발은 거의 관심을 끌지 못했다. 경력개발 프로그램은 직무기술 개발, 직무만족, 리더십 개발의 향상을 통하여 전반적인 조직성과에 영향을 미칠 수 있다.

1) 직무기술 개발

밴딕스(Bandics)(1997)는 관리자가 조직구성원으로 하여금 다양한 분야를 학습하도록 허용한다면 경찰조직은 더욱 유연해질 수 있고 다양한 도전을 더 잘 다루도록 준비될 것이라고 제안하였다. 경력개발 프로그램은 조직구성원에게 직무기술을 개발할 수 있는 폭 넓은 기회를 제공해 줄 수 있다.

2) 직무만족

경력기획은 조직구성원으로 하여금 그들의 기술을 평가하도록 도와주고, 그 결과 구성원은 개인적 목표 및 계획과 더욱 일치하는 직무로 이동할 수 있게 된다. 경력개발 프로그램은 경찰관의 직무만족에 긍정적인 영향을 미치고, 그 다음에 직무성과를 높이고 이직을 줄일 수 있다.

3) 리더십 개발

미국에서 경찰서장 후보자를 위한 자격은 경찰관 경험과 책임 있는 지위에서 수년 동안의 경험을 요구하고, 몇몇 경찰기관은 학위를 요구할 수 있다. 경찰조직의 다양한 계층 및 부서에서의 경험은 경찰서장 후보자로 하여금 경찰관서 내 여러 부서를 더욱 능률적으로 관리하고 조정할 수 있는 역량을 갖추도록 할 것이다(Gibbons, 1995).

2. 세인트 루이스 카운티 경찰국의 사례

흥미 있는 경력개발제도가 미주리(Missouri)주 세인트 루이스(St. Louis) 카운티 경찰국에서 실시되었다. 세인트 루이스 카운티는 소속 경찰관이 특정부서, 특히 수사부서로 가기를 희망한다는 것을 인식하였다.

세인트 루이스 경찰국은 보직 임기제를 실시하였으며, 그 결과 모든 경찰관은 다양한 수사부서에서 일정하게 순환되었다. 각각의 수사부서마다 근무할 수 있는 최대기간이 설정되었다. 예를 들면, 한 경찰관은 최대 5년 동안 주거침입강도 수사부서에 있을 수 있고, 최대 2년 6개월 동안 마약단속부서에 있을 수 있으며, 최대 4년 동안 신원조사부서에 있을 수 있었다. 대부분의 특정 직위는 최대 5년까지 맡을 수 있었다. 일단 수사관이 특정한 보직기간을 마치게 되면 순찰부서로 되돌아가야 했다.

세인트 루이스 경찰국은 이러한 임기 정책이 경찰관 사기를 증진시키고, 모든 경찰관의 수사능력을 향상시키며, 중요범죄 및 경범죄와 관련된 경찰국의 사건 해결률이 전국 평균을 초과하도록 만든다는 것을 파악하였다(Kleinknecht & Dougherty, 1986: 66 67). 또한, 그러한 프로그램은 젊은 경찰관으로 하여금 빠른 시기에 수사부서로 전보되기 위하여 유능한 순찰경찰관으로서 최선의 노력을 다하도록 유도하였다.

제2절 경찰공무원 보직관리의 영향 요인

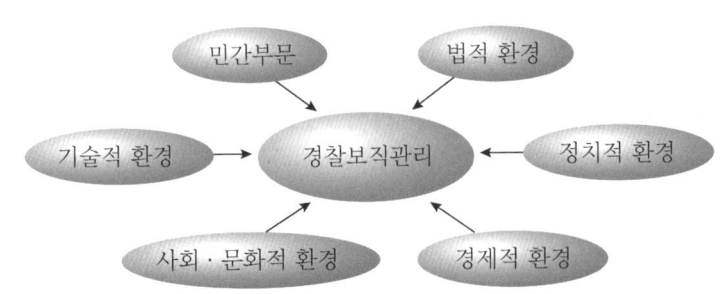

그림 7-1 경찰공무원 보직관리에의 영향 요인

I. 법적 환경

경찰공무원 보직관리의 합리성과 공정성을 확보하기 위한 방법은 법규에 근거하여 보직을 관리하는 것이다. 오늘날 개인에 대한 충성심이나 정실을 기준으로 경찰공무원 보직을 관리할 수는 없으므로 경찰공무원 인사행정은 민간분야의 인사행정에 비하여 법적 제약을 강하게 받는다.

II. 정치적 환경

공식적으로는 국회의 국정감사를 통하여 경찰공무원 보직관리의 공정성, 민주성, 능률성 등을 조사할 수 있고, 비공식적으로는 지역의 정치세력이 지역경찰의 보직관리에도 관여할 수 있으며, 더 나아가 시민단체와 언론 등의 여론조사 발표나 보도가 경찰공무원 보직관리에 보이지 않는 힘으로 작용하기도 한다.

Ⅲ. 경제적 환경

사회경제적 상황이 어려우면 국가예산이 긴축 운영되고, 이로 인해 경찰조직 또한 교육예산 등을 줄임으로써 교육기간을 단축하고 교육 대상자를 축소하게 된다. 반면에 사회경제적 상황이 좋아지면 경찰기관은 다양한 교육 프로그램을 운영하고 국내·외 위탁교육도 확대하게 되는데 이것은 경찰공무원 보직관리에도 영향을 미칠 수 있다.

Ⅳ. 사회·문화적 환경

우리나라는 오랜 유교문화에 뿌리를 둔 장유유서의 정서로 인하여 연공서열을 중시하는 분위기가 팽배해 있어서 합리적인 경찰관 보직관리에 많은 장애가 되어 왔다. 특히, 온정주의 및 연고주의에 바탕을 둔 인사청탁은 거절하기 어려워서 경찰인사행정의 제약요인으로 작용하고 있으며, 어렵고 힘든 부서를 기피하는 풍조, 문화생활 및 여가를 즐기고자 하는 욕구 또한 경찰공무원 보직관리에 적지 않은 영향을 미치고 있다.

Ⅴ. 기술적 환경

현대사회에서 기계·기술의 발달이 눈부실 정도로 발전을 거듭하고 있다. 그 중에서도 컴퓨터의 발달은 시간적·공간적 제약을 뛰어넘어 이제는 사회 전반에 많은 변화를 야기하고 있다. 그 결과, 일하는 환경이 공동작업에서 개별작업으로 변화되고, 사이버범죄수사대 같은 신종 보직이 생겨나고 있어서 경찰조직은 사회변화로 인해 필요로 되는 유능한 전문기술인력을 적극적으로 확보해야 할 것이다.

VI. 민간부문

경찰기관은 효율성과 탄력성을 생명으로 하는 민간부문의 새로운 인사행정제도를 벤치마킹해 왔다. 최근에 경찰기관이 일반적으로 활용하고 있는 연공서열 탈피와 실적주의 인사 또한 민간부분으로부터 영향을 받았다. 따라서, 성공적인 민간부문의 인사행정제도가 경찰인사행정에도 많은 영향을 주고 있다.

제 3 절   한국의 경찰공무원 보직관리제도

Ⅰ. 보직관리의 일반 원칙

1. 직위 부여

임용권자 또는 임용제청권자는 법령에서 따로 정하거나 다음에 해당하는 경우를 제외하고는 소속 경찰공무원에게 하나의 직위를 부여하여야 한다(경찰공무원 임용령 제22조 ①).

(1) 「국가공무원법」 제43조에 따라 별도정원이 인정되는 휴직자의 복직, 파견된 자의 복귀 또는 파면・해임・면직된 자의 복귀 시에 그에 해당하는 계급의 결원이 없어 그 계급의 정원에 최초로 결원이 생길 때까지 해당 경찰공무원을 보직없이 근무하게 하는 경우

(2) 직제의 신설・개편 또는 폐지 시 2개월 이내의 기간 동안 기관의 신설 준비 등을 위하여 보직 없이 근무하게 하는 경우

2. 경과 · 교육훈련 · 근무경력 등의 고려

경찰공무원을 보직할 때에는 경과 · 교육훈련 · 근무경력 등을 고려하여 능력을 적절히 발전시킬 수 있도록 하여야 한다(동 임용령 제22조 ②).

3. 상위계급 보직에 하위계급인 사람을 보직할 수 있는 경우

상위계급의 직위에 하위계급인 사람을 보직할 수 있는 경우는 다음의 어느 하나에 해당하는 경우로 한정한다(동 임용령 제22조 ③).
⑴ 승진후보자를 임용예정 계급의 직위에 보직하는 경우
⑵ 해당 기관의 상위계급에 결원이 있으나 승진후보자가 없는 경우

4. 연고지 고려

경찰공무원을 보직할 때에는 특별한 사정이 없으면 배우자 또는 직계존속이 거주하는 지역을 고려해야 한다(동 임용령 제22조 ④).

Ⅱ. 초임 경찰관의 보직관리

1. 경위 이상으로 신규채용된 경우

경위 이상으로 신규채용된 경찰공무원은 관리능력을 배양할 수 있도록 전공 및 적성을 고려하여 합리적으로 보직하여야 한다(동 임용령 제23조 ①).

2. 경사 이하로 신규채용된 경우

경사 이하로 신규채용된 경찰공무원은 지구대, 파출소, 기동순찰대, 경찰

기동대나 그 밖에 경비업무를 수행하는 부서에 보직하여야 한다(동 임용령 제 23조 ②).

3. 순환보직

경위 이상의 간부로 신규임용된 경찰공무원은 순환보직을 함에 있어서 기간은 2년으로 하며, 고시 경력경쟁채용 경감은 <표 7-1>에서 보는 것처럼 1차 보직과 2차 보직을 복무하여야 한다.

표 7-1   고시 경력경쟁채용 경감의 순환보직

보 직	내 용
1차 보직	생활안전, 교통, 경비 중 1개 부서 1년
2차 보직	수사, 형사, 정보, 보안 중 1개 부서 1년

또한, 경찰대학 졸업 경위 및 경찰간부후보생 출신 경위는 <표 7-2>의 1차 보직, 2차 보직, 3차 보직을 복무하여야 한다.

표 7-2   경찰대학 졸업 경위 및 경찰간부후보생 출신 경위의 순환보직

보 직	내 용
1차 보직	경찰서 6월
2차 보직	수사부서(경찰서) 1년
3차 보직	지구대 또는 파출소 6월

Ⅲ. 교육훈련 이수자의 보직관리

「경찰공무원법」 제22조 제3항(위탁 교육훈련)에 따라 1년 이상의 교육훈련을 받은 경찰공무원은 특별한 사정이 없으면 그 교육훈련 내용과 관련되는 직위에 보직하여야 한다. 그럼에도 불구하고 2년 이상 교육훈련을 받은 경찰

공무원은 「경찰공무원법」 제22조 제2항(교육훈련기관의 설치)에 따른 교육훈련기관의 인력현황을 고려하여 교수요원으로 보직할 수 있다(동 임용령 제24조).

IV. 전　　보

1. 전보의 개념

전보란 동일한 직급에 속하는 어떤 직위에서 다른 직위로 횡적 이동하는 것을 의미한다. 경찰공무원이 동일 직위에서 장기근무함으로 인한 직무수행의 침체현상을 방지하여 직무성과를 높이고, 지나치게 잦은 전보로 인한 능률저하를 방지하여 안정적으로 직무를 수행할 수 있도록 하기 위해서 정기적으로 전보를 실시하고 있다. 임용권자 또는 임용제청권자는 장기근무 또는 잦은 전보로 인한 업무 능률 저하를 방지하기 위하여 특별한 사정이 없으면 정기적으로 전보를 실시하여야 한다(동 임용령 제26조).

2. 전보의 제한

임용권자 또는 임용제청권자는 소속 경찰공무원이 해당 직위에 임용된 날로부터 1년 이내(감사업무를 담당하는 경찰공무원의 경우에는 2년 이내)에 다른 직위에 전보할 수 없다(동 임용령 제27조 ①).

3. 1년 이내에 전보가 가능한 경우

다음의 경우에는 해당 직위에 임용된 날로부터 1년이 지나지 않았더라도 전보가 가능하다(동 임용령 제27조 ① 단서).
　⑴ 직제상 최저단위인 보조기관 또는 보좌기관 내에서 전보하는 경우
　⑵ 경찰청과 소속기관등 또는 소속기관등 상호 간의 교류를 위하여 전보하는 경우

(3) 기구의 개편, 직제 또는 정원의 변경으로 해당 경찰공무원을 전보하는 경우

(4) 승진임용된 경찰공무원을 전보하는 경우

(5) 전문직위로 경찰공무원을 전보하는 경우

(6) 징계처분을 받은 경우

(7) 형사사건에 관련되어 수사기관에서 조사를 받고 있는 경우

(8) 경찰공무원으로서의 품위를 크게 손상하는 비위(非違)로 인한 감사 또는 조사가 진행 중이어서 해당 직위를 유지하는 것이 부적절하다고 판단되는 경찰공무원을 전보하는 경우

(9) 경찰기동대 등 경비부서에서 정기적으로 교체하는 경우

(10) 교육훈련기관의 교수요원으로 보직하는 경우

(11) 시보임용 중인 경우

(12) 신규채용된 경찰공무원을 해당 계급의 보직관리기준에 따라 전보하는 경우 및 이와 관련한 전보의 경우

(13) 감사담당 경찰공무원 가운데 부적격자로 인정되는 경우

(14) 경정 이하의 경찰공무원을 배우자 또는 직계존속이 거주하는 시·군·자치구 지역의 경찰기관으로 전보하는 경우

(15) 임신 중인 경찰공무원 또는 출산 후 1년이 지나지 않은 경찰공무원의 모성보호, 육아 등을 위하여 필요한 경우

4. 전문직위에 임용된 경찰공무원의 보직관리

임용권자 또는 임용제청권자는 「공무원임용령」 제43조의3[1]에 따른 전문

---

1) 「공무원임용령」 제43조의3(직위유형별 보직관리 및 전문직위의 지정 등)
② 소속 장관은 해당 기관의 직위 중 전문성이 특히 요구되는 직위를 전문직위로 지정하여 관리할 수 있고, 제3항에 따른 직무수행요건이나 업무분야가 동일한 전문직위의 군(群)을 전문직위군으로 지정하여 관리할 수 있다.
③ 소속 장관은 제2항에 따라 지정된 전문직위(이하 "전문직위"라 한다) 중 인사혁신처장이 정하는 전문직위에 대해서는 직무수행요건을 설정하고, 직무수행요건을 갖춘 사람을 전문직위 전문관으로 선발하여 임용하여야 한다.
④ 전문직위에 임용된 공무원은 4년의 범위에서 인사혁신처장이 정하는 기간이 지나야 다른 직위에 전보할 수 있고, 제2항에 따라 지정된 전문직위군(이하 "전문직위군"이라 한다)에서는 8년의 범위에서 인사혁신처장이 정하는 기간이 지나야 해당 전문직위군 외의 직위로 전보할 수 있다. 다만, 직무수행요건이 같은 직위 간 전보 등 인사혁신처장이 정하는 경우에는 기간에

직위에 임용된 경찰공무원을 해당 직위에 임용된 날부터 3년의 범위에서 경찰청장이 정하는 기간이 지나야 다른 직위에 전보할 수 있다. 다만, 직무수행요건이 같은 직위 간의 전보 등 경찰청장이 정하는 경우에는 기간에 관계없이 전보할 수 있다(동 임용령 제25조 ①).

5. 교육훈련기관의 교수요원

교육훈련기관의 교수요원으로 임용된 사람은 그 임용일부터 1년 이상 3년 이하의 범위에서 경찰청장이 정하는 기간 안에는 다른 직위에 전보할 수 없다. 다만, 기구의 개편, 직제·정원의 변경이나 교육과정의 개편 또는 폐지가 있거나 교수요원으로서 부적당하다고 인정될 때에는 그렇지 않다(동 임용령 제27조 ②).

6. 섬·외딴곳 등 특수지역에서의 근무

「경찰공무원법」 제10조 제3항 제5호(섬, 외딴곳 등 특수지역에서 근무할 사람을 임용하는 경우)에 따라 채용된 경찰공무원은 그 채용일부터 5년의 범위에서 경찰청장이 정하는 기간(휴직기간, 직위해제기간 및 정직기간은 포함하지 아니한다) 안에는 채용조건에 해당하는 기관 또는 부서 외의 기관 또는 부서로 전보할 수 없다(동 임용령 제27조 ③).

7. 새로운 임용으로 보지 않는 경우

다음의 어느 하나에 해당하는 임용은 전보제한기간을 계산할 때에는 새로운 임용으로 보지 아니한다(동 임용령 제27조 ④).
(1) 직제상의 최저단위 보조기관 또는 보좌기간 내에서의 전보
(2) 승진 또는 강등 임용
(3) 시보임용 중인 경찰공무원을 정규 경찰공무원으로 임용하는 경우

관계없이 전보할 수 있다.

⑷ 기구의 개편, 직제 또는 정원의 변경에 따라 담당직무의 변경 없이 소속·직위만을 변경하여 재발령하는 경우

Ⅴ. 인사자기내신제

1. 인사자기내신제의 개념

인사자기내신제는 경찰공무원 개개인이 자신의 보직희망과 생활여건 등을 스스로 제출함으로써 공적 생활과 사적 생활 간의 자기설계가 가능하도록 인사행정에 대한 의사소통경로를 열어주는 제도이다. 이러한 인사자기내신제는 경정 이하 전 계급에 적용된다.

2. 인사자기내신제의 도입 배경

인사권자가 대상자 개개인을 제대로 알기 어렵고, 구체적인 의견개진이 없는 경우에는 보직인사 후에도 후유증이 심각하게 남는 경우가 생긴다. 그 결과 인사자기내신제가 1996년 3월 경기도 여주경찰서에서 처음으로 개발·시행되었던 것을 1998년 6월 「서울지방경찰청 인사관리규칙」에서 도입하여 제도화하였다.

3. 인사자기내신제의 운용

인사자기내신서를 제출하는 본인이 희망 근무관서 및 희망 보직을 구체적으로 내신하되 직접 자필로 작성하고, 작성된 인사자기내신서를 밀봉 제출한다.

VI. 부서장 추천제

1. 부서장 추천제의 개념

부서장 추천제란 인력을 실제로 운용하는 부서장이 능력 있는 경찰관을 추천하여 함께 근무할 수 있게 함으로써 조직의 팀워크를 살려 직무효율성을 높이려는 제도이다. 평소 함께 근무하고 싶었던 부하나 개성과 능력을 정확히 알고 있는 부하를 추천하여 함께 근무하면 직무능률이 향상되고 해당 경찰관의 사기가 향상될 수 있다.

2. 부서장 추천제의 도입 배경

부서장 추천제는 원래 민간기업에서 시행되던 제도를 경찰인사행정에 접목시킨 제도로서, 1999년에 인사자기내신제와 함께 서울지방경찰청에 도입되었고, 2000년에 전국 경찰에 확산되었다.

3. 부서장 추천제의 운용

부서장 추천제는 <표 7-3>에서 보는 것과 같이 시·도경찰청과 경찰서에서 운용되고 있다.

표 7-3 부서장 추천제의 내용

구분	시·도경찰청	경찰서
소속부서장의 추천	경찰서장 추천의견 반영 • 전입대상 경정·경감 • 현소속 경정·경감급의 유임·교체 요청 및 사유	과장 추천의견 반영 • 전입대상 경위 이하 • 현소속 경위 이하의 유임·교체 요청 및 사유 • 계장의 의견을 들어 작성
내신사항의 운용	해당기능별 부서장 추천의견 반영 • 경정·경감급 인사자기내신서, 경찰서장 추천서 자료를 활용 • 개인별 업무능력과 적성·인성 등 최대 고려	경찰서장은 추천의견을 고려하여 합리적으로 보직인사

Ⅶ. 직위공모제

1. 직위공모제의 개념

직위공모제는 특정 직위에 대하여 결원을 보충하거나 보직을 부여함에 있어서 우수인재의 유입이 필요하다고 판단되는 경우에 해당 직위의 직무수행 요건에 맞는 적격자를 널리 공개 모집하여 충원하는 제도이다.

경찰청은 공정하고 투명한 보직인사를 위해 전문 지식 및 경험이 요구되거나 선호도가 높은 경찰청·서울시경찰청의 과·계장급 및 다른 시·도경찰청의 계장급 직위에 대해 직위공모제를 시행하고 있다.

직위공모제는 인터넷과 공문을 통하여 응모요건·자격기준·평가방법 등을 공개하고, 접수된 응모자를 대상으로 공모요건에 대한 자격 심사를 거쳐서, 외부인사가 포함된 평가위원이 자기소개서, 업무추진 계획서, 연구실적 등 응모자가 제출한 자료를 토대로 평가를 하여, 해당 분야의 전문성과 역량을 갖춘 적임자를 최종 선발한다.

2. 공모대상 직위

1) 총   경
(1) 주 관: 경찰청 인사담당관실에서 전국 단위로 시행
(2) 직위선정: 경찰청·서울시경찰청 참모직위 중 승진 등으로 인한 공석 직위

2) 경   정
(1) 주 관: 소속기관 별로 자체 계획에 따라 시행

(2) 직위선정·선발
- 경찰청: 국·관별 공석직위에 대하여 소속 계장을 자체 보직 조정 후 최종 공석직위를 공모대상직위로 선정, 추천배수 인원 인사담당관실 통보
- 시·도경찰청: 경찰청 기준을 준용 또는 별도 자체기준 마련 가능

3) 경감 이하
- 소속기관별 실정에 따라 자체 지정

3. 응모자격

1) 총   경
(1) 서울권 총경 승진자로서 총경 근무기간 2년 이상인 자
(2) 서울권 외 총경 승진자로 부속기관 전입 후 1년 이상 경과하고, 총경 근무기간 2년 이상인 자
(3) 해외주재관으로 선발되어 주재관 근무를 마친 자

2) 경   정
(1) 공고일 현재 현계급 임용 2~6년 이내인 자(승진지역 관계 없음)

(2) 해당 직위별 별도 개별요건 부여 가능

4. 직위공모 절차

1) 공고 · 접수
(1) 공모대상직위, 직위별 응모자격, 선발절차 등 공고
(2) 전자메일 또는 직접 접수

2) 자격심사 · 직무수행실적 평가
(1) 현계급 임용년도, 소속기관 및 근무기간 등 자격심사 후 평가에 회부
(2) 인사부서에서 자체 평가위원회 구성, 평가실시

3) 직무수행능력 · 면접 평가
(1) 별도 평가단 구성(평가위원 3인 이상), 평가실시
※ 경정 직무수행실적 · 직무수행능력 · 면접 평가는 국 · 관별로 평가단 구성 · 실시
(2) 면접평가는 "다수 vs 다수" 집단면접으로 진행
※ 평가위원에게 면접질문지 · 자기소개서 · 업무추진계획서 등을 사전에 배부

4) 추   천
(1) 직무수행실적 · 직무수행능력 · 면접 평가점수를 합산, 추천심사위원회 회부
(2) 선발예정인원의 2~3배수를 경찰청장에게 추천

5) 선   발
(1) 경찰청장이 적임자를 최종 선정
(2) 선발결과 공고, 보직인사에 반영

Ⅷ. 인사교류 및 파견근무

1. 인사교류

1) 인사교류의 개념

인사교류란 인력의 균형 있는 배치와 효율적인 활용 및 경찰공무원의 능력발전 등을 위하여 경찰기관 상호 간에 이동시키는 것을 말한다. 소속기관 등의 장은 그 소속 경찰공무원과 다른 소속기관등의 경찰공무원의 인사교류를 할 때에는 미리 경찰청장의 승인을 받아야 한다(동 임용령 제28조).

2) 특수지 근무 경찰공무원

임용권자는 2년의 범위에서 경찰청장이 정하는 기간 이상 특수지에서 근무한 총경 이하 경찰공무원에 대하여는 따로 인사교류계획을 수립하여 해당 지역 외의 지역으로 전보를 하여야 한다.

이 경우 전보는 경찰청장이 정하는 범위에서 본인이 희망하는 기관 또는 부서로 함을 원칙으로 한다. 다만, 본인이 다른 지역으로의 전보를 희망하지 아니하거나 그 밖의 부득이한 사유가 있는 경우에는 전보대상에서 제외할 수 있다(동 임용령 제29조 ②).

2. 파견근무

1) 파견근무의 개념

국가기관의 장은 국가적 사업의 수행 또는 그 업무 수행과 관련된 행정지원이나 연수, 그 밖에 능력 개발 등을 위하여 필요하면, 소속 공무원을 다른 국가기관·공공단체·정부투자기관·국내외의 교육기관·연구기관, 그 밖의 기관에 일정 기간 파견근무하게 할 수 있다(국가공무원법 제32조의4). 파견은 임시적인 배치전환의 한 형태이다.

2) 파견사유 및 파견기간

임용권자 또는 임용제청권자는 다음의 어느 하나에 해당하는 경우에는
「국가공무원법」 제32조의4의 규정에 의하여 경찰공무원을 파견할 수 있다(경
찰공무원 임용령 제30조 ①, ②).

(1) 국가기관 외의 기관·단체에서의 국가적 사업의 수행을 위하여 특히
    필요한 경우(2년 이내, 5년 이내 연장 가능)(동조 ① 제1호)

(2) 다른 기관의 업무폭주로 인한 행정지원의 경우(2년 이내, 5년 이내 연장
    가능)(동조 ① 제2호)

(3) 관련 기관 간의 긴밀한 협조가 필요한 특수업무를 공동으로 수행하기
    위하여 필요한 경우(2년 이내, 5년 이내 연장 가능)(동조 ① 제3호)

(4) 「공무원 인재개발법」에 따른 교육훈련을 위하여 필요한 경우(그 교육훈
    련·업무수행 및 능력개발을 위하여 필요한 기간)(동조 ① 제4호)

(5) 「공무원 인재개발법」에 따른 공무원교육훈련기관의 교수요원으로 선발
    된 경우(1년 이내, 2년 이내 연장 가능)(동조 ① 제5호)

(6) 국제기구, 외국의 정부 또는 연구기관에서의 업무수행 및 능력개발을
    위하여 필요한 경우(그 교육훈련·업무수행 및 능력개발을 위하여 필요한
    기간)(동조 ① 제6호)

(7) 국내의 연구기관·민간기관 및 단체에서의 관련업무수행·능력개발이
    나 국가 정책수립과 관련된 자료수집 등을 위하여 필요한 경우(2년 이
    내, 5년 이내 연장 가능)(동조 ① 제7호)

3) 파견 요청과 협의 및 승인

(1) 2)의 제1호부터 제3호까지 및 제5호에 따른 파견의 경우에는 미리 파
    견 받을 기관 또는 단체의 장의 요청이 있어야 한다.

(2) 다음의 어느 하나에 해당하는 경우에는 인사혁신처장과 협의하여야 한
    다. 다만, 인사혁신처장과 협의된 파견기간 범위에서 경감 이하 경찰공
    무원의 파견기간을 연장하거나 경감 이하 경찰공무원의 파견기간이 종
    료된 후 그 파견자를 교체하는 경우에는 인사혁신처장과의 협의를 생
    략할 수 있다(동 임용령 제30조 ③).

① 2)의 제1호부터 제3호까지 및 제6호・제7호에 따른 소속 경찰공무원을 파견하거나 그 파견기간을 연장하는 경우

② 2)의 제1호에 따른 파견 중 파견기간 종료 전에 파견자를 복귀시키는 경우로서 인사혁신처장이 정하는 사유에 해당하는 경우

(3) 소속기관 등의 장은 2)의 제1호부터 제3호까지, 제6호 및 제7호에 따른 파견을 하거나 그 기간을 연장할 때에는 경찰청장의 승인을 받아야 한다(동 임용령 제30조 ④).

제4절 경찰공무원 보직관리제도의 개선방안

경찰공무원 보직관리는 인사권자가 독선으로 흐를 가능성을 방지하고 직위분류제의 취지를 살려 일반적인 적용원칙에 따라서 적절하게 활용되어야 한다. 경찰공무원 보직관리의 개선방안을 제시하면 다음과 같다(조용연, 1999: 89-112; 이유준・이송호, 1996: 50-52).

Ⅰ. 경찰보직관리의 공정성 확보

경찰보직관리의 공정성은 제도만으로 해결되는 것이 아니라 인사 환경, 인사권자 태도, 조직구성원 가치 등이 복합적으로 영향을 주는 어려운 문제이다. 그러한 측면에서 다음과 같은 공정성 확보방안이 필요하다.

1. 객관적인 보직관리기준의 설정

경찰인사권자의 자의적 운용이나 인사권 남용 문제는 조직구성원의 불신을 초래하고, 조직의 미성숙 행태를 야기하고, 창의적 직무수행을 좌절시키며, 그 결과 형식주의를 초래하게 된다. 따라서, 객관적인 보직관리기준을 마련하

여 조직구성원이 충분히 이해하고 예측할 수 있도록 하여야 있다.

2. 보직관리 규정의 실질적으로 준수

채용, 승진, 퇴직 등 신분의 기본 변동에 대하여는 규정에 대한 엄격한 해석이 이루어지고 있으나, 보직관리 규정에 관하여는 훈시규정으로 해석하는 경향이 있다. 따라서 엄격한 인사감사 등을 통하여 자의적으로 보직관리 규정을 해석하거나 남용하지 않도록 해야 한다.

3. 경찰인사 관련 법령의 통합

경찰인사 관련 법령은 「경찰공무원법」, 「경찰공무원 임용령」, 「동 시행규칙」, 「경찰공무원 승진임용 규정」, 「동 시행규칙」 등이 기본을 이루고 있으며, 각종 기능 및 부서의 인사관리를 위한 규정이 훈령 또는 예규로 산재하고 있으므로 「경찰인사행정법」으로 통합할 필요가 있다. 이렇게 산재해 있는 인사 관련 법령을 통합하여 규정함으로써 보다 효과적인 인사행정의 준거로 활용될 수 있다.

4. 경찰인사행정 요원의 전문화

전국 경찰인력을 관장하는 경찰청 경무인사기획관은 현실적으로는 정기적인 인사수요 외에도 끊임 없이 발생하는 수시 인사수요를 처리하는 것도 쉽지 않다. 따라서 인사기획부서의 구성원이 더욱 전문성을 지닐 수 있도록 관련 교육훈련을 강화할 뿐만 아니라 인사기획 분야의 외부 전문가를 채용할 필요도 있다.

Ⅱ. 비선호부서에 대한 근무 유인책 개발

최근 선호부서의 기준이 최소한의 여가를 확보할 수 있는 자리, 좀 더 근무하기 수월한 자리로 바뀌고 있다. 경찰공무원에 대한 보수인상 등 처우가 점차 개선되면, 선호도에 대한 기준은 인간다운 삶에 가치를 두게 될 것이다. 따라서, 비선호부서는 여전히 존재하고, 또한 비선호부서의 기능이 필요하다고 볼 때 다음과 같은 비선호부서에 대한 근무 유인책이 필요하다.

첫째, 격무이든 위험한 업무이든, 민원의 소지로 인한 신분상 피해의식이든 간에, 이에 대한 적절한 경제적 보상이 이루어져야 한다.

둘째, 승진과 보직에 있어서 우대제도가 있어야 한다. 특히, 근무성적평정상의 가점평정, 승진기준에 있어서 우대조항 신설, 희망보직 경합 시 우선배치 등의 다양한 제도적 보상이 고려될 수 있다.

셋째, 내부적인 자격 인증제도가 인정되어야 할 것이다. 그 결과, 교통사고조사요원 자격을 가진 경우에는 자동차학원, 보험조사업, 교통관련 산하단체 등에 취업하고, 경비지도사자격증을 소지하고 관련 경찰부서에서 장기 근무한 경우에는 경비 관련 업체에 취업하는데 유리하도록 해야 할 것이다.

Ⅲ. 탄력적인 정원·현원 관리

경찰인력관리의 기본은 정원·현원 관리로서 정원·현원의 100% 관리가 가장 바람직하지만, 현실적으로 그러한 운영은 지나치게 이론적이어서 긴박한 치안수요에 대한 탄력적 대응을 어렵게 만들고 있다. 결국 수시로 변하는 정원 외 배치부서와 정원 미배치 부서는 인력의 왜곡현상을 심하게 야기하고 있다. 이것은 단순히 보직의 난맥상을 넘어서서 승진인사 적체 등의 문제가 되므로, 최소한 정원 외 배치수요가 발생하면 수개월 내에 이를 정원화하거나 아니면 제한된 기간 동안 파견 처리할 필요가 있다.

IV. 인사자기내신제, 부서장 추천제, 직위공모제의 개선

1. 인사자기내신제의 개선

인사자기내신을 할 수 있는 적정한 시간이 부여되어야 한다. 다른 소속으로 이동하는 경우에는 어느 정도 충분하게 생각하고 결정할 수 있는 시간 배려가 필요하다. 또한, 인사자기내신서에 기재하는 희망지를 1~4 희망지에서 1~2 희망지로 줄여서 인사자기내신의 결과에 좀 더 만족할 수 있도록 해야 한다(마경석·박주상, 2008: 123).

2. 부서장 추천제의 개선

부서장 추천이 실적에 의해서 이루어져야 한다. 실적 위주가 아니 학연·지연 등 연고주의에 의해서 정실 운영된다면 그 폐해가 클 것이다. 또한, 앞에서 살펴본 인사자기내신제와 상호 보완적으로 활용하여야 한다. 부서장이 해당 경찰관을 추천할 때 객관적인 근거를 제시하도록 보완하고, 2배 수 이상을 추천하도록 하여 정실주의적 운영을 예방하여야 한다.

3. 직위공모제의 개선

직위공모제의 심사과정에 대한 신뢰성을 향상시키기 위하여 직위공모시 객관적 평가지표와 주관적 평가지표의 비율을 산정하고, 객관적 지표의 항목을 구체적으로 제시하여야 한다. 현재 경찰조직 내에서 활용 가능한 객관적 지표에는 경찰공무원 직무적성검사(NPAT), 다면평가, 포상 실적, 근무성적평정, 해당 직무와 관련된 자격증, 교육훈련 경력 등이 있다. 특히, 공모 심사시에 외부 심사위원의 위촉을 의무화하여 공모 심사에 대한 신뢰성을 높일 수 있어야 한다(홍태경·박동균, 2012: 379).

V. 효과적인 경력개발제도의 도입·시행

경력개발제도란 개인의 경력욕구와 조직의 목표를 조화시켜 직무 만족도를 제고하고, 나아가 조직의 목표를 효율적으로 달성하기 위한 장기적이며 계획적인 인사관리활동을 의미한다. 이러한 경력개발제도에 있어서는 경력목표의 설정과 경력목표를 구체적으로 달성하기 위한 경력계획 및 경력경로가 주요한 요소를 이루고 있다.

경찰청이 경력개발제도를 도입·시행하기 위해서는 먼저, 부서마다 직무 관련 정보, 인사평가 정보, 승진 및 직무이동 정보, 교육 정보 등을 생산해 낼 수 있도록 부서 미션 및 비전을 명확히 하고, 이에 따른 추진전략 및 과제를 구체화해야 한다. 특히, 경력개발제도는 조직의 다양한 인적 자원 관리 시스템과 통합되어 시행되어야 한다(박천오 외 5인, 2017).

 ## 연습문제

1. 경찰보직관리에 영향을 미치는 요인을 설명하세요.

2. 경찰보직관리의 원칙을 설명하세요.

3. 경찰보직관리의 개선방안을 논하세요.

 참고문헌

〈국내문헌〉

경찰청. (2013). 「인사실무 매뉴얼」.

마경석·박주상. (2008). "한국 경찰공무원의 보직관리 효율화 방안에 관한 연구," 「한국경찰학회보」, 10(1): 99-129.

박천오 외 5인. (2017). 「인사행정론」, 파주: 법문사.

서울지방경찰청. (1998). 「신인사관리기법의 도입」.

서울지방경찰청 인사관리규칙(서울지방경찰청 훈령 제114호, 1998. 6. 30.).

이유준·이송호. (1996). 「경찰인사제도 개선방안」, 연구보고서 96-08, 치안연구소.

이윤근. (2002). 「비교경찰제도론」, 서울: 법문사.

이황우. (2007). 「경찰행정학」(제5판), 서울: 법문사.

조용연. (1999). "경찰보직인사의 개선방안에 관한 연구," 석사학위논문, 동국대학교 행정대학원.

홍태경·박동균. (2012). "경찰보직관리에 대한 인식분석 및 함의," 「한국경찰학회보」, 14권(6): 355-384.

〈국외문헌〉

Bandics, G. R. (1997). "Cross-training: A step toward the future," *FBI Law Enforcement Bulletin*, 66: 8-10.

Gaines, L. K. & Kappeler, V. E. (2003). *Policing in America*(4th ed.), Cincinnati, OH: anderson publishing co.

Gibbons, G. F. (1995). "Career development in smaller departments," *FBI Law Enforcement Bulletin*, 64: 16-18.

Guyot, D. (1979). "Bending Granite: Attempts to Change the Rank Structure of American Policing Department," *Journal of Police Science and Administration*, 7(3): 253-284.

Kleinknecht G. H. & Dougherty, M. (1986). "A Career Development Program that Works," *Police Chief*, August.

Chapter 08

경찰공무원 근무성적평정

제1절 경찰공무원 근무성적평정의 개념 및 중요성

Ⅰ. 경찰공무원 근무성적평정의 개념

근무성적평정은 service rating, personnel evaluation, employee apprai-sal, merit rating, performance evaluation, performance appraisal 등과 같이 불리며, 조직 및 구성원의 활동을 발전시키고, 조직구성원에게 공정한 기회를 부여하기 위해 조직구성원의 능력·태도 등과 같은 필요한 정보를 수집하여 객관적 평가를 하고 그 결과를 각종 인사행정에 활용하는 인사행정이다 (Iannone, 1987: 236).

경찰공무원 근무성적평정은 경찰관의 직무수행 내용을 객관적으로 평가할 수 있는 자료가 되며 이것을 통하여 경찰관의 자질 및 특성에 부합하는 업무 배치를 함으로써 경찰조직의 생산성을 더욱 향상시킬 수 있다. 또한, 경찰공무원 근무성적평정은 경찰관 직무수행의 개선사항을 파악하여 취약점을 보완할 수 있도록 도와주는 역할을 함으로써 경찰관의 능력발전을 도모하게 된다.

총경 이하의 경찰공무원에 대해서는 매년 근무성적을 평정하여야 하며 근무성적 평정의 결과는 승진 등 인사관리에 반영하여야 한다(경찰공무원 승진임용 규정 제7조 ①).

Ⅱ. 경찰공무원 근무성적평정의 중요성

높은 질의 경찰서비스를 유지하고자 하는 경찰행정가의 노력에 있어서 중요한 요소 중 하나는 근무성적평정이다. 경찰공무원 근무성적평정은 다음과 같은 여러 영역에서 이용된다(Gaines et al., 2003: 383-384).

1. 공식화된 환류

근무성적평정은 부하 경찰관에게 직무수행에 대한 공식화된 환류(formalized feedback)를 제공하기 위하여 이용된다. 근무성적평정을 통하여 경찰관의 장점과 단점을 확인하고 생산성을 향상시키도록 유도할 수 있다. 심지어 숙달된 경찰관 조차도 주기적으로 이러한 유형의 환류를 필요로 한다.

2. 교육훈련

근무성적평정을 통하여 경찰조직의 문제점 및 교육훈련의 부족 여부 등을 확인할 수 있다. 예를 들면, 일부 경찰관은 제대로 교육을 받지 못했기 때문에 또는 업무를 올바르게 이해하지 못하기 때문에 경찰조직의 절차를 따르지 못하고 있을 수 있다.

3. 전   보

범죄수사, 가정폭력, 범죄예방과 같은 전문부서로의 전보(horizontal job change)는 주요 영역에 있어서 경찰관 근무성적평정을 조사함으로써 효과적으로 행해질 수 있다. 전문부서의 장은 경찰관이 새로운 직무에 대한 경험 및 기술을 지니고 있는지를 확인하기 위하여 과거 근무성적평정을 조사해야 할 것이다.

4. 보   상

많은 경찰관서는 경찰관으로 하여금 급여인상 등 보상(compensation)을 받기 위해서는 근무성적평정에 있어서 일정 점수를 획득하도록 요구한다.

5. 징   계

근무성적평정 점수가 계속해서 낮게 나온다면 이것은 경찰관서가 징계조치(disciplinary actions)를 취할 수 있는 정당화 사유가 된다. 몇몇 경찰관서의 경찰관은 계속된 부정적인 근무성적평정으로 인해서 경찰직을 그만두게 될 수도 있다.

제2절 경찰공무원 근무성적평정의 요건

경찰공무원 근무성적평정은 경찰관의 근무성적을 평가하는 하나의 측정도구이기 때문에 그 평정방법은 타당성, 신뢰성, 식별력을 갖추어야 하고, 근무성적평정방법을 실제 적용하는 과정에서 수용성과 실용성이 요구된다. 경찰공무원 근무성적평정의 각 요건을 살펴보면 다음과 같다(최종술, 2000: 253-254).

I. 타 당 성

먼저, 근무성적평정이 직무수행 실적에서 우수한 경찰관을 실제로 우수하게 평가하기 위해서는 평정요소가 직무수행 실적과 직접적인 관련성을 가진 척도로 구성되어야 한다. 관련 직무에 대한 전문지식을 갖춘 전문가의 판단을 근거로 하여 타당성 있는 평정척도가 확보되어야 한다.

II. 신 뢰 성

근무성적평정에 있어서 신뢰성이란 동시적 일관성과 내적 일관성을 의미한다. 동시적 일관성이란 두 사람 이상이 독립적으로 행한 평정 결과를 비교하는 평정의 객관성과 유사한 개념이다. 또한, 내적 일관성은 근무실적의 어느 한 측면을 측정하기 위하여 다수의 측정항목을 포함시킬 때 이들 항목이 모두 동일한 속성을 지녀야 하는 것을 의미한다(Carroll & Schneier, 1982: 58-62).

Ⅲ. 식 별 력

근무성적평정은 탁월한 사람과 무능한 사람을 뚜렷하게 구분할 수 있는 식별력을 갖추어야 한다. 우리나라와 같이 근무성적평정 결과를 승진기준으로 사용하는 경우에는 개인 간 차별을 두어야 하기 때문에 근무성적평정의 식별력은 더욱 중요한 요건이 된다.

Ⅳ. 수 용 성

근무성적평정은 평정자와 평정대상자의 지지와 이해를 확보할 수 있어야 한다. 유용한 근무성적평정은 평정자가 평정의 중요성을 인식하고 평정 결과를 평정대상자의 능력발전과 조직의 목표달성을 위해 활용할 수 있어야 한다. 또한, 평정대상자의 입장에서도 평정결과를 적극적으로 받아들이고, 평정에서 좋은 점수를 받기 위해 열심히 근무할 수 있어야 한다.

Ⅴ. 실 용 성

근무성적평정은 평정자나 평정대상자 모두에게 쉽게 이해되고 평정이 단순해야 한다. 평정방법 중에서 자유서술법보다는 평정척도법이나 체크리스트법이 이러한 측면에서 훨씬 실용성이 높다. 근무성적평정은 개발 및 운영비용이 적게 들고, 여러 가지 다양한 용도로 활용될 수 있을 때 실용성이 높아진다.

제 3 절   경찰공무원 근무성적평정의 종류

Ⅰ. 방법을 기준으로 한 평정종류

1. 도표식 평정척도법

도표식 평정척도법(graphic rating scale)은 도표로 된 평정표를 쓰는 방법으로서 근무실적, 직무수행능력, 직무수행태도 등에 관한 평가요소마다 주어진 척도에 따라 평정대상자의 특성과 평가내용을 표시하는 형태를 취한다. 척도는 일반적으로 3~5단계로 이루어지고 척도에 점수를 배정하여 결과를 수치로 표시할 수 있어서 평정결과의 신뢰도와 정확도를 높일 수 있기 때문에 지금까지 널리 활용되고 있는 방법이다.

2. 강제 배분법

강제 배분법(forced distribution)은 분포제한법이라고도 하며, 근무성적평정상 흔히 발생하는 집중화 또는 관대화 현상을 제한하기 위해 등급을 강제배분하는 방법이다(예를 들면 5개 등급의 경우, 수; 10%, 우; 20%, 미; 40%, 양; 20%, 가; 10%).

3. 산출 기록법

산출 기록법(production records)은 조직구성원이 일정한 단위시간에 달성한 일의 양 또는 일정한 일을 달성하는 데 소요된 시간을 기준으로 평가하는 방법이다. 산출 기록법은 단순히 계량적인 측정만을 할 수 있어 직무수행의 질을 평가하기 어렵다.

4. 지도 · 교정 기록법

지도 기록법(correction records)의 목적은 단순히 평정대상자의 장 · 단점에 대한 평가보다는 근무상황을 지도 · 교정하는 데 있다. 표에는 평정대상자의 장 · 단점 기록에 근거하여 장점 발진과 단점 교정을 위한 지도내용과 그 효과를 기록한다. 이 방법은 근무성적을 계량화하는 것이 아니므로 지도 · 감독 수단 또는 다른 평정방법의 보조수단으로 활용된다.

5. 서 열 법

서열법(rank method)은 평정대상자의 근무성적을 비교하여 서열을 정하는 평정방법이다. 여기에는 종합적 순위법(전체적인 근무상황을 포괄적으로 비교 통합)과 분석적 순위법(평정요소를 선정, 요소별로 비교 통합)이 있다. 한 집단의 포괄적 순위 제시는 가능하지만 다른 집단과 비교할 수 있는 객관적 자료제공이 어렵다.

6. 대인 비교법

대인 비교법(man to man Comparison)은 먼저 지도력, 기획력, 적극성, 지식, 태도 등의 평정요소를 선정하고, 다음에 각 요소 별로 평정등급을 정한 후 각 평정등급 별로 표준인물을 선택하여 다른 평정대상자를 평가할 때 평가기준으로 한다.

7. 체크리스트법

체크리스트법(check list)은 평정자가 직접 평정점수를 산출하지 않고 일상의 구체적인 업무수행상태 체크리스트를 작성하여 그 자료를 중앙인사기관에서 평가한다. 체크리스트법에는 가중치 부여 체크리스트법과 강제선택식 체크리스트법이 있다.

8. 서술식 보고법

서술식 보고법(performance report)은 평정자가 평정대상자의 능력, 실적, 인품, 적성 등과 근무성적을 서술적인 문장으로 기록하는 방법이다.

위에서 설명한 근무성적평정 방법 외에도 여러 가지 평정방법이 계속해서 개발되고 있다.

Ⅱ. 평정자를 기준으로 한 평정종류

1. 자기 평정법

자기 평정법(self rating)은 평정대상자가 자신의 근무성적을 스스로 평가하는 방법이다. 자기 평정법은 상벌의 자료로 활용되기보다는 구성원의 능력을 개발하는 데 효과적인 방법으로 인정받고 있다.

2. 동료 평정법

동료 평정법(peer rating)은 집단 내에서 동등한 위치에 있는 평정대상자가 서로를 평정하는 일종의 집단평정방법이다. 동료 평정법은 자기 평정법과 마찬가지로 감독자 평정법 등 다른 평정방법을 보완하는 수단으로 활용되는 것이 바람직하다.

3. 감독자 평정법

감독자 평정법(supervisor rating)은 평정대상자의 상관인 감독자가 평정하는 방법이다. 감독자인 평정자가 평정대상자인 부하의 직무수행에 대해서 잘 파악하고 있으므로 감독자 평정법이 원칙적으로 활용되고 있다.

4. 부하 평정법

부하 평정법(subordinate rating)은 부하가 상관을 평정하는 방법으로 아직 널리 사용되고 있지 않은 방법이다.

제4절 경찰공무원 근무성적평정의 오류

경찰인사관리에 있어서 근무성적평정이 다양한 목적과 용도로 활용되고 있으나, 학자에 따라서는 비판적 태도를 표시하기도 한다(Iannone, 1987: 264-269). 근무성적평정의 주요한 문제점은 평정자가 평정에 있어서 때때로 주관적이라는 점에 있다. 그러한 주관성에서 나올 수 있는 경찰근무성적평정의 오류는 다음과 같다.

I. 연쇄적 효과

연쇄적 효과(halo effect)는 평정자가 평정표의 첫째 평정요소에 특정등급의 평정을 한 경우 그 후의 평정요소를 평정할 때 그 영향을 받기 쉽다는 것이다. 예를 들면, 개인의 한 면만 보고 개인의 전체를 평가하는 것인데, 어떤 직원이 한 부분에서 탁월하다고 느끼면 다른 부분에서도 탁월하다고 평가한다는 것이다.

Ⅱ. 일관된 착오

일관된 착오(constant error)는 다른 평정자보다 항상 박한 점수를 주는 평정자나 항상 후한 점수를 주는 평정자가 범하는 것이다. 이것은 한 사람의 평정자가 지닌 평정기준이 다른 사람보다 더 높거나 낮은 데서 비롯된다.

Ⅲ. 최근의 착오

최근의 착오(recency error)는 평정실시 시점에 근접한 시기에 행한 근무가 평정에 더 많은 영향을 미치는 것을 의미한다. 근무성적평정은 대개 1년 동안의 근무성적을 평가하도록 되어 있지만, 그 기간 동안에 행하는 근무를 종합하여 평가하지 못하고 최근의 근무에 대해서 평정하는 경향이 있다.

Ⅳ. 집중화 경향

집중화 경향(central tendency)은 거의 모든 평정요소와 평정대상자를 평균에 가깝게 평정하는 경향이다. 이것은 극단적인 평가를 하지 않으려는 것을 나타낸다. 평정지기 평정기준에 자신이 없거나 평정대상자를 잘 모를 때 또는 무사안일에 빠질 때 우열의 차이가 없다고 평정하는 것이다.

Ⅴ. 편   견

편견(bias)은 인종, 종교, 성별, 개성, 생활정도, 의복, 인간관계, 매너리즘,

외모와 같은 영향이 평정자의 가치, 편견, 고정관념 등에 영향을 미쳐서 평정하는 것이다. 아마도 편견은 평정자의 가장 중요하고 광범위한 착오일 것이다.

VI. 그릇된 가정

효과적인 평정에 대한 장애는 과정에 관한 그릇된 가정(faulty assumption)으로 인해서 자주 나타난다. 그릇된 가정이란 전문가에 의해서 설계된 제도는 기술적으로 잘못될 수 없으므로 그 도구는 실제로 사용할 수 있다는 맹목적인 믿음을 의미한다.

VII. 관 대 화

관대화(leniency)는 평점이 관대한 쪽에 집중되는 것이다. 모든 평정요소와 평정대상자에게 만점에 가까운 평점을 주는 경향이다. 직근 상급감독자인 평정자는 부하와의 비공식적 유대 때문에 우수한 평점을 주는 경향이 뚜렷하다.

VIII. 불명확한 표준

불명확한 표준(unclear standard)은 평정자가 평정요소의 의미에 대하여 잘 이해하지 못하는 것이며, 그 결과 근무성적평정이 임의적으로 행해지게 된다.

제 5 절   경찰공무원 근무성적평정의 구성요소

경찰공무원 근무성적평정이 기본적 요건을 충족시키면서 제도적으로 확립
되기 위해서 갖추어야 할 구성요소는 [그림 8-1]에서 보는 것과 같이 평정자,
평정 요소, 평정대상자, 평정 방법, 평정 결과이다(최종술, 2000: 254-258).

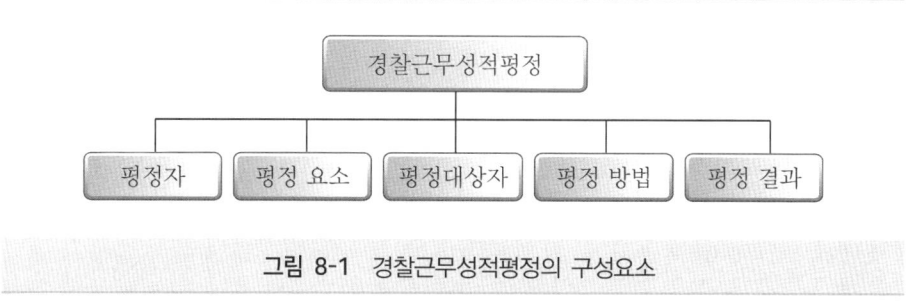

그림 8-1   경찰근무성적평정의 구성요소

I. 근무성적 평정자

평정자는 평정대상자의 근무성적을 평정하는 상위감독자를 말하는데, 구
체적으로 여러 상위 감독자 중에서 누구를 평정자로 할 것인지가 결정되어야
한다. 평정자는 먼저 평정대상자와 항상 접촉하고, 그들의 근무상황을 구체적
으로 관찰할 수 있고, 평정대상자의 직무와 책임의 구체적 내용뿐만 아니라
직무수행 기준으로서 요청되는 자격 정도를 잘 알고 있으면서 평정대상자를
매일 지휘·감독하는 지위에 있는 사람이어야 한다(Lopez, 1968: 32).

II. 평정 요소

평정 요소는 크게 실적 측면 및 인적 측면으로 나눌 수 있다(Kondrasuk, 1981). 실적 측면은 상사가 부하에 대하여 기대하고 요구하는 업무의 내용과 수준을 얼마나 달성했는가를 평가하는 것으로 업무의 질과 양을 주로 평가범위에 포함시킨다. 실적 중심의 평정 요소는 직무를 구성하는 구체적인 과업을 평정범위에 포함시키기 때문에 객관적이고 과업목표 중심의 평가가 가능하다.

인적 측면은 실적뿐만 아니라 개인적 측면의 직무수행능력이나 태도까지도 포함한다. 또한, 근무성적평정이 지난 과거의 실적평가와 그에 의한 상벌 결정에 그치지 않고, 개인의 능력발전이나 승진 자료로 이용되는 경우에는 잠재적 능력과 태도도 평가의 중요한 기준이 된다.

III. 평정대상자

근무성적평정체계를 확립하기 위해서는 평정대상자의 범위를 정해야 한다. 평정대상자의 범위는 전체 구성원 중에서 근무성적평정 대상에 포함시킬 평정대상자의 범위이며, 또 하나는 동일한 평정표를 적용할 평정대상자의 범위이다.

IV. 평정 방법

평정자가 근무성적평정을 실시하면서 평정자의 능력, 평정태도, 가치관 등의 차이로 인하여 평정절차상 발생할 수 있는 여러 가지 오류를 제거하여 정확한 평정을 할 수 있도록 해야 한다. 근무성적평정의 방법에는 구성원 개인과 관련된 방법, 행동에 의한 방법, 그리고 결과에 의한 방법이 있다. 또한 직무상황을 포함하여 위의 모든 요소를 복합적으로 측정하는 방법이 있다.

V. 평정 결과

근무성적평정 결과는 승진자 결정 등 여러 가지 용도로 이용되기 때문에 평정자로 인한 편차를 조정하여 공정성을 확보할 필요가 있다. 평정결과 공개는 그 정도에 따라 (1) 평정 결과에 대한 평정대상자의 접근을 허용하는 것, (2) 적극적으로는 평정 결과를 놓고 문제점에 대하여 평정자와 평정대상자 간에 평정면접을 하는 것, 그리고 (3) 가장 적극적인 의미로 평정 결과에 대하여 부당하다고 여기는 평정대상자에게 시정을 호소할 수 있는 소청기회를 제도적으로 보장해 주는 것까지 생각할 수 있다.

제6절   한국의 경찰공무원 근무성적평정제도

I. 근무성적 평정자

근무성적 평정자는 3명으로 하되, 제1차 평정자는 평정대상자의 바로 위

표 8-1   경찰서 소속 경위 이하 경찰관의 근무성적 평정자

평정대상자		평정자		
		1차	2차	3차
경찰서	계·팀장	소속과장	소속과장	경찰서장
	계·팀원	계장·팀장		
지구대	순찰팀장	지구대장	소속과장	
	순찰요원	순찰팀장	지구대장	

감독자가 되고, 제2차 평정자는 제1차 평정자의 바로 위 감독자가 되며, 제3
차 평정자는 제2차 평정자의 바로 위 감독자가 된다. 그러나 경찰청장은 평
정자를 특정하기가 곤란하다고 인정하는 경우에는 따로 평정자를 지정할 수
있다(경찰공무원 승진임용 규정 시행규칙 제6조). 따라서, 경찰서 소속 경위 이하
경찰관의 근무성적 평정자를 살펴보면 <표 8-1>에서 보는 것과 같다.

Ⅱ. 평정대상자

경찰공무원 근무성적평정의 대상은 총경 이하의 경찰공무원이다. 다만 다
음의 경우에는 예외로 한다(경찰공무원 승진임용 규정 제8조).
  (1) 휴직·직위해제 등의 사유로 해당 연도의 평정기관에서 6개월 이상 근
      무하지 아니한 경찰공무원에 대해서는 근무성적을 평정하지 아니한다.
  (2) 교육훈련 외의 사유로 국가기관·지방자치단체 또는 인사혁신처장이
      지정하는 기관에 2개월 이상 파견근무하게 된 경찰공무원에 대해서는
      파견 받은 기관의 의견을 고려하여 근무성적을 평정하여야 한다.
  (3) 평정대상자인 경찰공무원이 전보된 경우에는 그 경찰공무원의 근무성
      적 평정표를 전보된 기관에 이관하여야 한다. 다만, 평정기관을 달리하
      는 기관으로 전보된 후 2개월 이내에 정기평정을 할 때에는 전출기관
      에서 전출 전까지의 근무기간에 대한 근무성적을 평정하여 이관하여야
      하며, 전입기관에서는 받은 평정 결과를 고려하여 평정하여야 한다.
  (4) 정기평정 이후에 신규채용되거나 승진임용된 경찰공무원에 대하여는 2
      개월이 지난 후부터 평정을 하여야 한다.

Ⅲ. 평정 요소

경찰공무원의 근무성적은 제1평정요소(객관적 평정요소: 경찰업무 발전에 대
한 기여도, 포상 실적, 그 밖에 행정안전부령으로 정하는 평정요소)와 제2평정요소

(주관적 평정요소: 근무실적, 직무수행능력, 직무수행태도)에 따라 평정한다. 다만, 총경의 근무성적은 제2평정요소로만 평정한다(동 규정 제7조 ②).

IV. 평정 방법

근무성적 평정과 경력 평정은 연 1회 실시하되, 근무성적 평정은 10월 31일을 기준으로 하고, 경력 평정은 12월 31일을 기준으로 한다. 다만, 총경과 경정의 경력 평정은 10월 31일을 기준으로 한다(경찰공무원 승진임용 규정 시행규칙 제4조). 경찰공무원의 근무성적평정에 대한 구체적인 사항은 「경찰공무원 승진임용 규정」과 「경찰공무원 승진임용 규정 시행규칙」에 규정되어 있다.

1. 총경의 근무성적평정

근무성적의 총평정점은 50점을 만점으로 한다. 총경인 경찰공무원의 근무성적 평정점은 제2평정요소(주관적 평정: 근무실적, 직무수행능력, 직무수행태도)에 대하여 제1차 평정자가 20점을 최고점으로 하여 평정한 점수와 제2차 평정자와 제3차 평정자가 각각 15점을 최고점으로 하여 평정한 점수를 합산한다(동 규정 시행규칙 제7조 ①).

총경의 근무성적 평정은 수 20%, 우 40%, 양 30%, 가 10%의 분포비율에 맞도록 하여야 하지만, 평정 결과 가에 해당하는 사람이 없는 경우에는 가의

표 8-2 근무성적 평정점의 분포비율(제2평정요소)

등급 \ 계급	총 경	경정 이하
수	47점 이상	19점 이상
우	40점 이상 47점 미만	16점 이상 19점 미만
양	25점 이상 40점 미만	10점 이상 16점 미만
가	25점 미만	10점 미만

자료: 「경찰공무원 승진임용 규정 시행규칙」 제9조.

비율을 양의 비율에 가산하여 적용한다(동 규정 제7조 ③). 제2평정요소에 대한 수·우·양·가의 구분은 <표 8-2>의 근무성적 평정점 분포비율에 따라 정한다.

제1차 평정자 및 제2차 평정자는 총경인 평정대상자의 성격, 적성, 발전성 및 그 밖에 필요한 사항을 평가하여 근무성적 평정표의 해당란에 적어야 한다(동 규정 시행규칙 제8조).

2. 경정 이하의 근무성적평정

1) 제1평정요소와 제2평정요소

근무성적의 총평정점은 50점을 만점으로 한다. <표 8-3>에서 보는 바와 같이 경정 이하 경찰공무원의 근무성적 평정점은 제1평정요소(경찰업무 발전에 대한 기여도, 포상 실적, 그 밖에 행정안전부령으로 정하는 평정요소)와 제2평정요소(근무실적, 직무수행능력, 직무수행태도)에 대한 평정점을 산정하여 합산한다(동 규정 시행규칙 제7조 ③).

⑴ 제1평정요소에 대한 평정점은 30점을 최고점으로 하고, 제2평정요소에 대한 평정점은 20점을 최고점으로 한다.

⑵ 제1평정요소에 대해서는 제1차 평정자가 30점을 최고점으로 하여 평정한 점수를 제2차 평정자와 제3차 평정자가 확인한다. 이 경우 평정기준은 <참고: 제1평정요소 평정기준>의 기준을 따른다.

⑶ 제2평정요소에 대해서는 제1차 평정자가 10점을 최고점으로 하여 평정한 점수와 제2차 평정자와 제3차 평정자가 각각 5점을 최고점으로 하여 평정한 점수를 합산한다.

표 8-3 근무성적 평정표(경정 이하)

○ 평정연도 :
○ 대상계급 :

○ 평정대상자
　소 속 :
　성 명 :

항목 / 평정	제1평정요소					제2평정요소				단계별 평정자
	경찰업무 발전에 대한 기여도	포상	교육 훈련	근무 태도	계	근무실적	직무수행 능력	직무 수행 태도	계	
배점	6	9	13	2	30	6	8	6	20	
내용	중요 업무 계획 수립, 중요 범죄 검거 등을 평가	상훈으로 인한 상점과 징계 등으로 인한 벌점을 상계	체력단련, 상시학습 이수 등을 평가	근무태도 일반을 평가	소계	·담당 직무의 양 ·직무수행의 정확성 ·직무수행의 신속성	·직무 지식 및 기술 ·직무의 이해력 ·창의력 및 기획력 ·관리 및 통솔력	·성실성 및 준법성 ·친절도 및 협조성 ·적극성 및 책임감	소계	
제1차 평정						3	4	3		계급 성명 　　　(인)
제2차 평정						1.5	2	1.5		계급 성명 　　　(인)
제3차 평정						1.5	2	1.5		계급 성명 　　　(인)
비고										

※ 제1평정요소는 별표1의 평정기준에 따라 제1차 평정자가 평가하고,
　제2차·제3차 평정자는 관련 자료로 확인

○ 제2평정 분포비율

·수(19점 이상)	20%
·우(16점 이상 19점 미만)	40%
·양(10점 이상 16점 미만)	30%
·가(10점 미만)	10%

자료: 「경찰공무원 승진임용 규정 시행규칙」 별지 제2호.

2) 수, 우, 양, 가의 분포비율

제2평정요소에 따른 근무성적평정은 평정대상자의 계급별로 평정 결과가
<표 8-2>의 평정점에 따라서 수 20%, 우 40%, 양 30%, 가 10%의 분포비율
에 맞도록 해야 하지만, 가에 해당하는 사람이 없는 경우에는 양에 가산하여
적용한다(동 규정 제7조 ③).

「경찰공무원 승진임용 규정」 제11조 제2항 단서의 규정에 해당하는 경찰
공무원[1]과 경찰서 수사과에서 고소·고발 등에 대한 조사업무를 직접 처리
하는 경위 계급의 경찰공무원을 평정할 때에는 수·우·양·가의 비율을 적
용하지 아니할 수 있다(동 규정 제7조 ④).

V. 평정 결과

근무성적평정점은 심사승진대상자 명부 작성에 있어서 65%의 비율을 차
지하고, 시험승진의 최종합격자 결정에 있어서 40%의 비율을 차지하고 있다.
그러나 경찰공무원의 근무성적 평정 결과는 공개하지 아니한다. 다만, 경찰청
장은 근무성적 평정이 완료되면 평정대상 경찰공무원에게 해당 근무성적 평
정 결과를 통보할 수 있다(동 규정 제7조 ⑤).

경찰청장은 다음의 근무성적 평정 결과를 평정대상 경찰공무원에게 통보
할 수 있다(동 규정 시행규칙 제9조의2 ①).

⑴ 제1평정요소에 대한 평정점(경정 이하 경찰공무원에 한한다)

⑵ 제2평정요소에 대한 평정점의 분포비율에 따른 등급

⑶ 그 밖에 경찰청장이 통보가 필요하다고 인정하는 사항

평정대상 경찰공무원은 제1평정요소의 근무성적 평정 결과에 이의가 있는
경우에는 제2차평정자에게 이의를 신청할 수 있다. 이의신청을 받은 제2차평

---

1)「경찰공무원 승진임용 규정」 제11조 ②
다만, 법 제8조 제3항 제2호 또는 제4호에 따라 경정 이하의 경찰공무원으로 신규채용할 수
있는 사람으로서 「경찰공무원 임용령」 제39조 제1항의 응시연령에 이르지 아니한 경감 이하 경
찰공무원에 대해서는 그가 경정으로 승진할 때까지 근무성적 평정만으로 승진대상자 명부를 작
성할 수 있다.

정자는 이의신청의 내용이 타당하다고 판단하는 경우에는 해당 경찰공무원에 대한 제1평정요소의 근무성적 평정 결과를 조정할 수 있으며, 이의신청을 받아들이지 않는 경우에는 그 사유를 해당 경찰공무원에게 설명하여야 한다(동 규정 시행규칙 제9조의2 ②, ③).

VI. 다면평가제

1. 다면평가제의 개념 및 가치

다면평가제(multi-rater feedback)란 인사평가 과정에 상사·동료·부하를 참여시켜 입체적으로 평가하고, 그 결과를 승진·보직인사 등에 반영하여 공감 받는 공정하고 투명한 인사시스템을 구축하기 위한 평가방법이다.

여러 사람이 평가에 참여하는 집단평정은 편파적인 평가의견을 견제함으로써 균형 있는 평가를 할 수 있다. 또한, 감독자 이외의 다른 구성원에게도 평정에 참여할 기회를 제공함으로써 조직에 대한 참여감 및 일체감을 증진시킬 수 있다. 본인에 대한 평가결과도 확인할 수 있어서 다면평가가 자기 성찰과 개인 발전에 기여하고, 나아가 치안경쟁력 제고에도 영향을 미치고 있다.

2. 다면평가제 실시

2003년에 경찰청은 총경과 승진소요 최저근무연수를 경과한 경정·경감에 대하여는 본청에서 시행하고, 경위는 소속기관 자율에 맡겨 다면평가제를 실시하였다. 평가단은 함께 근무하는 상사·동료·부하 각 7인 이상으로 구성하고, 절대평가와 상대평가를 병행하여 평가점수의 오차 범위를 최소화하였으며, 모든 평가과정이 온라인으로 시작되고 완성됨으로써 평가자의 익명성 보장이 가능해짐에 따라 공정성이 향상되었으며, 평가에 투입되는 시간 및 노력 또한 대폭 절감되었다. 또한, 2005년 초부터는 경무관과 총경 등 승진심사에서 다면평가 점수가 활용되면서 공정한 인사행정에 기여하고 있다.

제7절   경찰공무원 근무성적평정제도의 개선방안

Ⅰ. 평정자 측면의 개선방안

1. 객관적인 근무성적 평정

경찰조직 발전은 그 구성원의 근무실적 및 태도가 얼마나 생산적이고 능률적인가에 달려 있다. 근무성적평정제도가 원래의 목적을 달성하기 위해서는 평정목적과 직무특성에 부합하는 평정요소를 선정하여 평정표를 만들고 객관적 관찰이 가능한 평정자를 확보하여 그로 하여금 일상적인 관찰에 근거한 기록을 토대로 공정하게 평정하도록 함으로써 근무성적평정의 객관성을 높일 수 있도록 하여야 한다(임창호, 2006: 451).

2. 근무성적 평정에 대한 신뢰 분위기 조성

국민의 삶의 질에 직접적으로 영향을 미치는 경찰활동의 생산성을 높이기 위해서 경찰조직 구성원의 효율적 인사관리 차원에서 합리적이고 공정하게 근무성적평정제도가 운영되어야 한다. 근무성적평정의 공정성에 대한 경찰관의 인식 수준이 여전히 낮은 편이므로 평정자는 투명하고 공정하게 근무성적평정을 함으로써 조직 내 신뢰 분위기를 조성하여야 한다(석청호, 2005: 63).

Ⅱ. 평정 요소 측면의 개선방안

1. 계급별 근무성적평정요소의 개발

경정 이하의 경찰관의 경우 동일한 근무성적평정표가 모든 경찰관에게 적용되고 있어 각 계급별 특성이 평정요소에 반영되지 못하고 있다. 따라서 미국 뉴욕시 경찰처럼 근무성적평정표를 계급별로 세분화하여야 하고, 가능하다면 경과에 따라서도 달리하여야 한다. 직무분야의 특성에 알맞는 평정요소를 선정하여 평가를 함으로써 실제의 직무수행과 평정요소를 연계시킬 필요가 있다.

2. 지역사회 경찰활동 요소의 반영

현재 근무성적평정요소에는 지역사회 경찰활동의 철학이 반영되어 있지 못하다. 지역사회 경찰활동의 활성화 측면에서 다음과 같은 개선이 필요하다.

첫째, 제1차 평정자에게 더 많은 평정점수를 부여해야 한다.

둘째, 근무성적평정에 지역사회 구성원을 참여시켜야 한다.

셋째, 개인 평가와 구별되는 것으로서 팀, 부서, 조직에 대한 평가를 해야 한다.

이를 위해서 제1평정요소의 경우에는 사전에 문제를 해결한 사례, 각종 정책제안, 지역주민과 협력한 사례, 경찰관서 전체에 대한 평가(직원 자체 사고율, 주민의 만족도 등) 등이 반영될 필요가 있고, 제2평정요소의 경우에는 지역사회 봉사, 문제해결능력 등을 반영해야 한다.

III. 평정 방법 측면의 개선방안

1. 1년 2회 실시

현재 근무성적평정을 1년에 한번 실시하고 있는데, 이것은 공정하고 정확한 평가를 하는데 문제를 야기한다. 따라서 주관적 평정요소의 경우 상반기와 하반기로 나누어서 평정해야 하고, 각종 사건·사고가 발생한 경우에도 수시로 기록하도록 하여 정확한 평가를 해야 한다.

2. 서술식 기록법의 병행

현행 도표식 평정척도법에 간단한 서술식 기록법을 병행할 필요가 있다. 기록 내용은 가능한 한 주요사건을 중심으로 날짜와 시간, 세부내용, 증언을 포함하는 것이어야 한다(이유준·이송호, 1996: 42). 또한, 평정방법에 있어서 애매모호한 직무수행능력과 직무수행태도 항목에 대해서 보다 구체적인 척도를 마련할 필요가 있다.

IV. 다면평가제의 개선방안

다면평가제를 효율적으로 운영하기 위해서는 첫째, 다면평가 결과는 승진이나 보수 등의 인사처우에 직접적으로 활용되기보다는 관리자의 역량을 향상시키기 위해서 활용되는 것이 바람직하다.

둘째, 다면평가 실시에 대한 홍보를 해야 한다. 왜 다면평가제를 도입하게 되었고, 평가내용은 어떤 것이고, 평가자 선정은 어떻게 이루어졌으며, 평가결과는 어디에 활용되는가를 상세하게 알려 줌으로써 다면평가제에 대한 지지를 얻을 수 있다.

셋째, 평가자의 익명성이 보장되어야 한다. 하위 계급자는 자신의 신분이 해당 관리자에게 노출되지 않는다는 확신이 설 때에 상급자에 대해서 솔직하고 진지한 평가를 할 수 있기 때문이다(홍정연, 2003: 51-52).

넷째, 다면평가 대상자를 더욱 확대한다면 경찰인사행정에 있어서 보다 많은 공감을 이끌어 낼 수 있을 것이다. 특히, 평가대상자를 전 계급으로 확대함으로써 자기 스스로 조직구성원을 평가하고 평가대상이 된다는 마음을 가지게 됨으로써 조직 참여가 증대되어 조직몰입 또한 증가하게 될 것이다(전은주, 2009: 120).

 연습문제

1. 경찰공무원 근무성적평정요소를 설명하세요.

2. 경찰공무원 근무성적평정의 오류를 설명하세요.

3. 한국의 경찰공무원 근무성적평정제도를 설명하세요.

4. 현행 경찰근무성적평정의 개선방안을 논하세요.

 참고문헌

〈국내문헌〉

공상수. (2000). "경찰공무원 승진제도의 문제점과 개선방안," 석사학위논문, 부산대학교 행정대학원.

김정규. (2008). "경찰 근무성적평정제도의 개선방안에 관한 연구,"「한국공안행정학회보」, 32: 151-193.

석청호. (2005). "경찰관의 근무성적평정에 대한 공정성 인식이 직무태도에 미치는 영향,"「한국경찰학회보」, 10: 39-65.

손창현. (1995). "경찰승진구조의 개선방안에 관한 연구," 석사학위논문, 서울대학교 행정대학원.

이상호. (1995). "경찰관 사기관리방안에 관한 연구," 연구보고서 95-09, 치안연구소.

이유준·이송호. (1996). "경찰인사제도 개선방안," 연구보고서 96-06, 치안연구소.

이윤근. (2002).「비교경찰제도론」, 서울: 법문사.

이황우. (2007).「경찰행정학」(제5판), 서울: 법문사.

임창호. (2006). "경찰승진제도의 실태분석 및 개선방안,"「한국공안행정학회보」, 22: 421-464.

전은주. (2009). "경찰공무원의 다면평가제도에 관한 인식 연구," 박사학위논문, 동국대학교 대학원.

정윤수. (1995). "경찰관 성과평가척도의 발전방향에 관한 연구," 연구보고서 95-18.

주재진. (2007). "경찰공무원의 근무성적평정 공정성 인식이 조직효과성에 미치는 영향에 관한 연구," 박사학위논문, 동국대학교 대학원.

최종술(a). (1999). "경찰공무원의 근무성적평정제도에 관한 연구," 박사학위논문, 동국대학교 대학원.

_____(b). (2000). "경찰공무원 근무성적평정의 문제점과 개선방안에 관한 연구,"「한국경찰학회보」, 2: 252-292.

홍정연. (2003). "경찰청 다면평가제의 도입방안에 관한 연구," 석사학위논문, 성균관대학교 행정대학원.

〈국외문헌〉

Bopp, W. J. & Whisenand, P. M. (1980). *Police Personnel Administration,* Boston: Allyn and Bacon, Inc..

Brown, L. P. (2000). *Performance Evaluation Guide: Police Officer, Detective Specialists,* New York: The City of New York Police Department.

Carroll, S. J. & Schneier, C. E. (1982). *Performance Appraisal and Review System,*

Glenview, IL: Scott Foresman.

Gaines, L. K., Worrall, J. L., Southerland, M. D., & Angell, J. E. (2003). *Police Administration*(2nd ed.), New York, NY: McGraw-Hill Companies, Inc.

Iannone, N. F. (1987). *Supervision of Police Personnel*(4th ed.), Englewood Cliffs, New Jersey: Prentice Hall, Inc.

Kelly, R. W., Pritchard Ⅲ, J. S., & O' Sullivan, W. J. (2000). *Performance Evaluation Guide,* New York: Employee Management Division, City of New York Police Department.

Kondrasuk, N. J. (1981). "Studies in MBO Effectiveness," *Academy of Management Review,* 6(3): 419-430.

Lopez, Felix M., Jr. (1968). *Evaluating Employee Performance,* Chicago: Public Personnel Association.

Swank, C. J. & Conser, J. A. (1983). *The Police Personnel System,* New York: John Wiley & Sons.

〈인터넷관련 자료〉
http://www.adit.fr/GOUV/GOUV.html
http://www.police.uk/
http://lawschools.findlaw.com/schools/index.html

Chapter **09**

경찰공무원 승진

제 1 절   경찰공무원 승진의 개념 및 중요성

Ⅰ. 경찰공무원 승진의 개념

승진(promotion)은 조직구성원을 하위 계급에서 상위 계급으로 이동하는 것을 의미하며, 승진하는 경우에는 보수와 함께 직무의 책임성 및 곤란성 또한 증대된다. 승진은 보수만 증액되는 승급이나 횡적 인사이동을 의미하는 전보와 구별된다(Eastman, 1969: 188).

경찰공무원 승진은 경찰조직 구성원의 사기 제고와 업무 능률화를 위해 중요한 요소가 되고, 유능한 인재의 확보 및 유치를 위해서도 좋은 수단이 되고 있다. 그러나 바람직하지 않은 승진 결정은 경찰조직의 효과성과 조직 구성원의 사기에 악영향을 미칠 수 있다.

Ⅱ. 경찰공무원 승진의 중요성

1. 경찰조직 차원의 중요성

경찰공무원 승진은 경찰조직 차원에서 다음과 같은 가치를 지니고 있다. 첫째, 경찰관의 능력을 적절하게 평가하여 적재적소에 배치함으로써 경찰인 력을 효율적으로 활용할 수 있다. 둘째, 경찰관의 기대 충족을 통해 이직을 방지함으로써 우수한 경찰관을 확보할 수 있다. 셋째, 승진을 통해 전보를 함 으로써 인적 자원을 더 효율적으로 이용할 수 있다.

2. 경찰공무원 개인 차원의 중요성

경찰공무원 승진은 경찰관 개인 차원에서 다음의 가치를 지니고 있다. 첫째, 개개 경찰관의 성공에 대한 기대감을 충족시킴으로써 경찰행정의 목적 달성에 기여할 수 있다. 둘째, 경찰관의 사기를 앙양시킬 수 있다. 셋째, 경찰관으로 하여금 승진을 위해 자신의 능력을 발전시킬 수 있도록 만든다.

3. 경찰인사행정 차원의 중요성

경찰공무원 승진은 경찰인사행정 차원에서 다음과 같은 가치를 지니고 있다. 첫째, 성과에 대한 보상의 의미를 지니고 있다. 둘째, 교육훈련으로 인한 결과로서의 효과를 지니고 있다. 셋째, 경찰관의 동기부여와 행태 개선의 효과를 지니고 있다.

제 2 절 경찰공무원 승진기준

Ⅰ. 경찰공무원의 일반적 승진기준

승진기준에는 일반적으로 실적과 경력이 있다. 승진을 결정함에 있어서는 단일한 기준을 사용하는 경우는 드물며, 여러 가지 기준을 혼합하여 적용하는 것이 일반적이다.

1. 실적 위주 기준

실적 위주 기준은 인사권자의 판단, 승진심사위원회 결정, 근무성적평정, 면접시험, 필기시험 등을 의미한다. 객관적인 방법인 시험을 제외하고는 일반적으로 인사권자의 주관적 판단에 따르게 되어 정실 개입의 가능성이 있으므로, 실적 위주의 기준을 더욱 합리적으로 운영해야 한다. 실적 위주의 기준은 개인 및 조직의 침체성을 방지하고 적응력·근면성·협동성·충성심 등을 평가하는데 유용할 수 있다.

2. 경력 위주 기준

경력 위주 기준이란 근무연수·학력·경험 등을 의미하나, 이것을 승진기준으로 할 경우에는 계급과 직책에 따라 비중을 달리할 필요가 있다. 경력 평정에 있어서는 아래의 몇 가지 사항이 고려되어야 한다.

(1) 과거보다는 최근의 경력을 중요시한다.
(2) 승진예정 직무와의 관련성 또는 유사성이 있는 경력은 높은 가치를 부여한다.
(3) 숙련도, 곤란성, 책임도가 높은 직무의 경력은 상대적으로 높은 가치를 부여하고, 직무수행능력은 근무연수에 비례하여 증대됨을 고려한다.
(4) 발전 가능성을 평가할 수 있는 학력이나 교육훈련 경력을 고려한다.

경력 위주의 기준은 고도의 객관성, 정실 배제, 행정의 안정성을 확보할 수 있다는 장점이 있으나, 경력이 짧은 유능한 인재의 등용이 어렵고 개인 및 조직이 침체되어 비능률적이며 유능한 인재의 이직률이 높다는 단점도 있다.

Ⅱ. 경찰공무원의 구체적 승진기준

1. 필기시험

필기시험(written examinations)은 승진하려는 경찰관이 갖추고 있어야 하는 직무관련 지식(법률, 경찰관서의 각종 절차, 리더십 이론 등)을 평가하기 때문에

경찰공무원 승진체계에 있어서 중요한 부분이다. 이러한 지식영역을 타당하
게 측정할 수 있도록 필기시험이 개발되어야 하고, 필기시험 항목은 경찰직
무의 중요한 영역에 중점을 두어야 한다.

2. 근무성적평정

근무성적평정(performance appraisals)은 경찰관의 지식을 측정하는 것이 아
니라 경찰관이 경찰직무를 얼마나 잘 수행하는가를 측정하기 때문에 경찰공
무원 승진체계에 있어서 자주 이용되는 방법이다.

승진대상자가 지식을 갖고 있다고 해서 필연적으로 그 지식을 이용할 수
있는 것은 아니다. 승진을 위하여 근무성적평정을 이용하고자 한다면 근무성
적평정은 직무 관련성이 있어야 한다. 즉, 근무성적평정은 현 계급이 아닌 승
진대상자가 승진하고자 하는 특정 계급의 중요한 직무특성을 측정해야 한다.

3. 면접위원회

면접위원회(oral interview board)가 승진에서 일상적으로 이용될지라도 문
제 가능성이 있는 시험방법이다. 면접위원회가 야기할 수 있는 문제는 그 절
차가 매우 피상적이고, 평가자는 일반적으로 승진대상자의 잠재력을 깊이 있
게 평가할 수 있는 광범위한 기회를 제공받지 못한다는 점이다.

평가는 제한된 자료에 의존하는 경향이 있으며, 승진대상자의 수가 증가
함에 따라 평가자는 승진대상자를 상호 비교하는 것이 어렵다. 따라서 체계
적인 접근방법을 사용하지 않는다면 면접위원회 활용 여부를 신중하게 결정
해야 한다.

4. 선임자 우선

선임자 우선(seniority)은 승진에서 종종 이용되는 방법이다. 근무경력은 다
음과 같은 두 가지 측면에서 이용될 수 있다. 첫째, 승진시험에 참여할 수 있

는 적격성을 위하여 최소한의 근무경력이 요구되어야 한다. 예를 들면 경사로 승진할 수 있기 위해서는 순경에서 5년 정도 근무해야 한다는 것이다. 둘째, 승진점수에 있어서 동점자가 있을 경우에 승진 후보자를 결정하기 위하여 근무경력이 이용될 수 있다.

5. 교육이수 경력

승진대상자는 각종 전문화 교육을 받고 수료한 경우에 교육훈련 접수(education & training points)를 부여 받을 수 있다. 교육이수 경력이 상위 계급의 직무를 수행하는데 필요한 것이라면 승진을 위한 필수요건으로 하거나 승진 후보자 결정시 일정비율을 반영하여야 한다.

6. 징   계

징계(discipline)는 승진과정에 있어서 중요한 역할을 한다. 즉, 만약 어떤 경찰관이 징계를 받았다면 일정기간 동안 승진과정에 참여할 수 없도록 해야 한다. 예를 들면, 신시내티(Cincinnati) 경찰국의 지침은 전년도에 강등되지 않았을 경우에만 승진과정에 참여하도록 허용한다.

7. 모의상황 테스트

미국에서 많은 경찰관서는 승진대상자로 하여금 상위 계급의 직무를 수행해 보도록 하는 모의상황 테스트(situational test)을 이용하고 있다. 예를 들면, 승진대상자는 역할 연기자인 문제 경찰관과 상담하도록 요구되고, 평가자는 승진대상자가 모의상황에서 행하는 의사소통, 의사결정, 감독능력, 분석기술 등을 평가한다.

이러한 통제된 면접은 평가자가 승진대상자의 지식뿐만 아니라 행동을 평가할 수 있기 때문에 효과적이다. 게다가, 상황이 통제되기 때문에 특정 행동의 적절성 여부가 사전에 판단될 수 있다. 만약 모의상황 테스트가 적절하게 구성된 상황에서 이용된다면 신뢰할 수 있는 시험방법이 될 수 있다.

8. 평가센터 평가

평가센터(assessment center)는 전문교육훈련을 받은 다수의 관리자가 평가대상자를 여러 상이한 상황에서 관련된 자료를 바탕으로 종합 평가하는 것이다. 평가센터는 집단면접을 더욱 발전시킨 것으로서 평가자 평균 4인 내외와 약 4~5배의 응시자가 함께 1~5일간 합숙하면서 한 번에 6인 정도의 응시자에게 토의, 면접, 테스트, 게임 등 7~8가지 방법으로 평가하는 것이다. 평가센터는 한, 두 시간에 끝나는 집단면접보다 유용하지만 상당한 준비와 비용이 소요된다.

제 3 절 한국의 경찰공무원 승진제도

Ⅰ. 경찰공무원 승진의 종류 및 제한

1. 경찰공무원 승진의 종류

경찰공무원 승진의 종류에는 <표 9-1>에서 보는 것과 같이 심사승진, 시험승진, 근속승진, 특별승진이 있다. 경찰공무원은 바로 아래 하위 계급에 있는 경찰공무원 중에서 근무성적평정, 경력평정, 그 밖의 능력을 실증하여 승진임용한다. 경무관 이하 계급으로의 승진은 심사승진에 의한다. 다만 경정 이하 계급으로의 승진은 대통령령으로 정하는 비율에 따라 승진시험과 승진심사를 병행할 수 있다(경찰공무원법 제15조 ①, ②).

표 9-1 경찰공무원 계급별 승진인원(2020년)

(단위: 명)

구분	계	총경	경정	경감	경위	경사	경장	순경
계	19,593	107	446	2,675	4,456	5,071	6,838	
심사승진	4,676	107	238	693	606	1,307	1,725	
시험승진	4,415		208	606	593	1,297	1,711	
근속승진	9,616			1,241	3,121	2,213	3,041	
특별승진	886			135	136	254	361	

자료: 경찰청, 2021: 350.

2. 승진임용 예정 인원 결정

1) 계급별 또는 직무분야별 결정

경찰청장은 승진임용 예정 인원을 정할 당시의 실제 결원과 해당 연도 예상 결원을 고려하여 승진임용 예정 인원을 계급별로 정한다. 다만, 경찰청장이 필요하다고 인정하는 경우에는 경과별 또는 직무의 특수성 등을 고려하여 경찰청장이 따로 정하는 특수분야 별로 정할 수 있다(경찰공무원 승진임용 규정 제4조 ①).

2) 경무관 및 총경으로의 승진임용 예정 인원

승진임용 예정 인원 중 경무관으로의 승진임용 예정 인원은 경무관 정원의 25퍼센트, 총경으로의 승진임용 예정 인원은 총경 정원의 20퍼센트를 초과할 수 없다. 다만, 승진임용 예정 인원이 승진임용 예정 인원을 정할 당시의 실제 결원과 해당 연도 예상 결원을 합한 것보다 적을 경우에는 그 승진임용 예정 인원에 부족한 인원을 더하여 승진임용 예정 인원을 정할 수 있다(동 규정 제4조 ②).

3) 경감 이하 계급으로의 특별승진임용 예정 인원

승진임용 예정 인원 중 경감 이하 계급으로의 승진임용 예정 인원을 정하는 경우에는 해당 계급으로의 승진임용 예정 인원의 30퍼센트 이내에서 특별승진임용 예정 인원을 따로 정할 수 있다. 다만, 「경찰공무원 승진임용 규정」 제37조 제1항 제1호(포상)·제4호(명예퇴직) 및 같은 조 제3항 제1호(간첩·무장공비의 사살·검거)·제6호(특별경비부서에서의 현실적 직무수행)에 해당하는 특별승진의 경우에는 그 비율을 초과하여 정할 수 있다(동 규정 제4조 ③).

4) 심사승진과 시험승진의 승진임용 병행시 예정 인원

「경찰공무원법」 제15조 제2항 단서에 따라 경정 이하 계급으로의 승진시 승진심사에 의한 승진과 승진시험에 의한 승진을 병행하는 경우에 승진임용 예정 인원은 다음의 방법에 따라 정한다(동 규정 제4조 ④).

⑴ 계급별로 전체 승진임용 예정 인원에서 특별승진임용 예정 인원을 뺀 인원의 50퍼센트씩을 각각 심사승진임용 예정 인원과 시험승진임용 예정 인원으로 한다.

⑵ 다만, 특수분야의 승진임용 예정 인원을 정하는 경우에는 심사승진임용 예정 인원과 시험승진임용 예정 인원 중 어느 한쪽의 예정 인원이 50퍼센트를 초과하게 정할 수 있다.

⑶ 승진심사를 하기 전에 승진시험을 실시한 경우에 그 최종합격자 수가 시험승진임용 예정 인원보다 적을 때에는 심사승진임용 예정 인원에 그 부족한 인원을 더하여 심사승진임용 예정 인원을 산정한다. <표 9-1>을 보면 심사승진과 시험승진의 인원이 거의 비슷하다.

5) 승진임용 예정 인원의 기관별 배정

경찰청장은 「경찰공무원 승진임용 규정」 제4조 제1항~제4항까지의 규정에 따라 정해진 승진임용 예정 인원을 승진대상자 명부를 작성한 기관별로 배정한다(동 규정 제4조 ⑤).

3. 승진소요 최저근무연수

1) 계급별 승진소요 최저근무연수

경찰공무원이 승진하려면 <표 9-2>에 따른 기간 동안 해당 계급에 재직

| 표 9-2 | 계급별 승진소요 최저근무연수 |

계 급	총경	경정, 경감	경위, 경사	경장, 순경
최저근무연수	4년 이상	3년 이상	2년 이상	1년 이상

자료: 「경찰공무원 승진임용 규정」 제5조.

하여야 한다.

2) 승진소요 최저근무연수에 포함되지 않는 기간

(1) 휴직기간, (2) 직위해제기간, (3) 징계처분기간, (4) 제6조 제1항 제2호의 승진임용 제한기간[1])은 승진소요 최저근무연수에 포함하지 아니한다. 다만, 일부 휴직기간 및 일부 직위해제기간은 승진소요 최저근무연수에 포함한다 (동 규정 제5조 ②).

또한, 경찰대학을 졸업하고 경위로 임용된 사람이 「의무경찰대 설치 및 운영에 관한 법률」에 따라 의무경찰대의 대원으로 복무한 기간은 승진소요 최저근무연수에 포함하지 아니한다(동 규정 제5조 ③).

3) 승진소요 최저근무연수에 포함되는 기간

다음 기간은 승진소요 최저근무연수에 포함한다.

(1) 「국가공무원법」 제71조에 따른 휴직 기간 중 다음의 기간(동 규정 제5 조 ② 제1호)

- 「공무원 재해보상법」에 따른 공무상 질병 또는 부상으로 인하여 「국 가공무원법」 제71조 제1항 제1호(신체·정신상의 장애로 장기 요양이 필 요할 때)에 따라 휴직한 경우에 그 휴직 기간
- 「국기공무원법」 제71조 제1항 제3호(「병역법」에 따른 병역 복무를 마치

---

1) 「경찰공무원 승진임용 규정」 제6조(승진임용의 제한)
   ① 다음 각 호의 어느 하나에 해당하는 경찰공무원은 승진임용될 수 없다.
   2. 징계처분의 집행이 끝난 날부터 다음 각 목의 구분에 따른 기간[「국가공무원법」 제78조의2 제1항 각 호의 어느 하나에 해당하는 사유로 인한 징계처분과 소극행정, 음주운전(음주측정 에 응하지 않은 경우를 포함한다), 성폭력, 성희롱 및 성매매에 따른 징계처분의 경우에는 각각 6개월을 더한 기간]이 지나지 않은 사람
      가. 강등·정직: 18개월
      나. 감봉: 12개월
      다. 견책: 6개월

기 위하여 징집 또는 소집된 때)·제5호(그 밖에 법률의 규정에 따른 의무를 수행하기 위하여 직무를 이탈하게 된 때) 또는 같은 조 제2항 제1호(국제기구, 외국 기관, 국내외의 대학·연구기관, 다른 국가기관 또는 대통령령으로 정하는 민간기업, 그 밖의 기관에 임시로 채용될 때)에 따라 휴직한 경우에 그 휴직 기간

- 「국가공무원법」 제71조 제2항 제2호(국외 유학을 하게 된 때)에 따라 휴직한 경우에 그 휴직 기간의 50퍼센트에 해당하는 기간

- 「국가공무원법」 제71조 제2항 제4호(만 8세 이하 또는 초등학교 2학년 이하의 자녀를 양육하기 위하여 필요하거나 여성공무원이 임신 또는 출산하게 된 때)에 따라 휴직한 경우에 그 휴직 기간. 다만, 자녀 1명에 대하여 총 휴직 기간이 1년을 넘는 경우에는 최초의 1년으로 하되, 다음의 어느 하나에 해당하는 경우에는 그 휴직 기간 전부로 한다.
  - 첫째 자녀에 대하여 부모가 모두 휴직을 하는 경우로서 각 휴직 기간이 「공무원임용령」 제31조 제2항 제1호 다목에 따라 인사혁신처장이 정하는 기간 이상인 경우
  - 둘째 자녀 이후에 대하여 휴직을 하는 경우

(2) 다음에 해당하는 경우에 그 직위해제 기간(동 규정 제5조 ② 제2호)

- 「국가공무원법」 제73조의3 제1항 제3호(파면·해임·강등 또는 정직에 해당하는 징계 의결이 요구 중인 자)에 따라 직위해제처분을 받은 사람에 대한 징계의결 요구에 대하여 관할 징계위원회가 징계하지 아니하기로 의결한 경우와 해당 직위해제처분의 사유가 된 징계처분이 소청심사위원회의 결정 또는 법원의 판결에 따라 무효 또는 취소로 확정된 경우

- 「국가공무원법」 제73조의3 제1항 제4호(형사 사건으로 기소된 자[약식명령이 청구된 자는 제외한다])에 따라 직위해제처분을 받은 사람의 처분사유가 된 형사사건이 법원의 판결에 따라 무죄로 확정된 경우

- 「국가공무원법」 제73조의3 제1항 제6호에 따라 직위해제처분을 받은 사람의 처분사유가 된 비위행위가 <표 9-3>의 내용에서 (1) 및 (2)에 모두 해당하는 경우

표 9-3	비위행위로 인한 직위해제 기간이 승진소요 최저근무연수에 포함되는 경우
항목	내용

(1)
비위행위에 대한
징계절차와 관련하여
다음의 어느 하나에
해당하는 경우
	가) 경찰기관의 장이 「경찰공무원 징계령」 제9조에 따른 징계
	  의결 요구를 하지 않기로 한 경우
	나) 해당 경찰공무원에 대한 징계의결 요구에 대하여 관할 징
	  계위원회가 징계하지 않기로 의결한 경우
	다) 징계처분이 소청심사위원회의 결정이나 법원의 판결에 따
	  라 무효 또는 취소로 확정된 경우

(2)
비위행위에 대한 조사
또는 수사 결과가
다음의 어느 하나에
해당하는 경우
	가) 형사사건에 해당하지 않는 경우
	나) 사법경찰관이 불송치를 하거나 검사가 불기소를 한 경우.
	  다만, 「형사소송법」 제247조에 따라 공소를 제기하지 않
	  는 경우와 불송치 또는 불기소를 했으나 해당 사건이 다
	  시 수사 및 기소되어 법원의 판결에 따라 유죄가 확정된
	  경우는 제외한다.
	다) 형사사건으로 기소되거나 약식명령이 청구된 사람이 법원
	  의 판결에 따라 무죄로 확정된 경우

자료: 「경찰공무원 승진임용 규정」 제5조 제2항 제2호 다목

(3) 「경찰공무원법」 제10조 제3항 제4호(「국가공무원법」에 따른 5급 공무원의 공개경쟁채용시험이나 「사법시험법」에 따른 사법시험에 합격한 사람을 경정 이하의 경찰공무원으로 임용하는 경우)에 따라 경찰공무원으로 채용된 사람이 채용 전에 5급 이상 공무원(이에 상당하는 특정직공무원을 포함한다)으로 5년 이상 근무한 경우에는 그 기간의 20%에 해당하는 기간을 채용 당시의 계급에서 근무한 것으로 보아 승진소요 최저근무연수에 포함한다(동 규정 제5조 ④).

(4) 「법원조직법」 제72조에 따른 사법연수생으로 수습한 기간은 경정 이하 경찰공무원으로의 승진소요 최저근무연수에 포함한다(동 규정 제5조 ⑤).

(5) 「국가공무원법」 제26조의2 및 「공무원임용령」 제57조의3에 따라 통상적인 근무시간보다 짧은 시간을 근무하는 경찰공무원(시간선택제전환경찰공무원)의 근무기간은 다음 기준에 따라 승진소요 최저근무연수에 포함한다(동 규정 제5조 ⑥).

• 해당 계급에서 시간선택제전환경찰공무원으로 근무한 1년 이하의 기간은 그 기간 전부

• 해당 계급에서 시간선택제전환경찰공무원으로 근무한 1년을 넘는 기

간은 근무시간에 비례한 기간

- 해당 계급에서 「국가공무원법」 제71조 제2항 제4호의 사유로 인한 휴
  직을 대신하여 시간선택제전환경찰공무원으로 지정되어 근무한 기간
  은 둘째 자녀부터 각각 3년의 범위에서 그 기간 전부

(6) 강등되었던 사람이 강등되기 직전의 계급으로 승진한 경우 강등되기
　　직전의 계급에서 재직한 기간은 승진소요 최저근무연수에 포함한다(동
　　규정 제5조 ⑦).

(7) 강등된 경우 강등되기 직전의 계급에서 재직한 기간은 승진소요 최저
　　근무연수에 포함한다(동 규정 제5조 ⑧).

4. 승진임용 제외자

다음의 어느 하나에 해당하는 경찰공무원은 승진임용될 수 없다(동 규정
제6조 ①).

(1) 징계의결 요구·징계처분·직위해제·휴직(「공무원 재해보상법」에 따른
　　공무상 질병 또는 부상으로 인하여 「국가공무원법」 제71조 제1항 제1호에 따
　　라 휴직한 사람을 제37조 제1항 제4호 또는 같은 조 제2항에 따라 특별승진임
　　용하는 경우는 제외한다) 또는 시보임용기간 중에 있는 사람(제1호)

(2) 징계처분의 집행이 끝난 날로부터 강등·정직은 18개월, 감봉은 12개
　　월, 견책은 6개월의 기간이 지나지 아니한 사람. 단, 「국가공무원법」
　　제78조의2 제1항 각 호[2]의 어느 하나에 해당하는 사유로 인한 징계처

---

2) 「국가공무원법」 제78조의2(징계부가금)
① 제78조에 따라 공무원의 징계 의결을 요구하는 경우 그 징계 사유가 다음 각 호의 어느
하나에 해당하는 경우에는 해당 징계 외에 다음 각 호의 행위로 취득하거나 제공한 금전 또는
재산상 이득(금전이 아닌 재산상 이득의 경우에는 금전으로 환산한 금액을 말한다)의 5배 내
의 징계부가금 부과 의결을 징계위원회에 요구하여야 한다.
1. 금전, 물품, 부동산, 향응 또는 그 밖에 대통령령으로 정하는 재산상 이익을 취득하거나 제
　　공한 경우
2. 다음 각 목에 해당하는 것을 횡령(橫領), 배임(背任), 절도, 사기 또는 유용(流用)한 경우
　　가. 「국가재정법」에 따른 예산 및 기금
　　나. 「지방재정법」에 따른 예산 및 「지방자치단체 기금관리기본법」에 따른 기금
　　다. 「국고금 관리법」 제2조제1호에 따른 국고금
　　라. 「보조금 관리에 관한 법률」 제2조제1호에 따른 보조금
　　마. 「국유재산법」 제2조제1호에 따른 국유재산 및 「물품관리법」 제2조제1항에 따른 물품
　　바. 「공유재산 및 물품 관리법」 제2조제1호 및 제2호에 따른 공유재산 및 물품
　　사. 그 밖에 가목부터 바목까지에 준하는 것으로서 대통령령으로 정하는 것

분과 성폭력, 성희롱 및 성매매에 따른 징계처분의 경우에는 각각 6개
월의 기간을 더한다(제2호).

(3) 징계에 관하여 경찰공무원과 다른 법령의 적용을 받는 공무원으로 재
직하다가 경찰공무원으로 임용된 사람으로서, 종전의 신분에서 징계처
분을 받고 그 징계처분의 집행이 끝난 날부터 다음의 구분에 따른 기
간이 지나지 아니한 사람(제3호)
- 강등: 18개월
- 근신·영창 그 밖에 이와 유사한 징계처분: 6개월

(4) 「경찰공무원법」 제30조 제3항에 따라 계급정년이 연장된 사람(제4호)

5. 승진임용 제한기간 중에 다시 징계처분을 받은 경우

위의 규정에 의하여 승진임용 제한기간 중에 있는 사람이 다시 징계처분
을 받은 경우 승진임용 제한기간은 전(前) 처분에 대한 승진임용 제한기간이
끝난 날부터 계산하고, 징계처분으로 승진임용 제한기간 중에 있는 사람이
휴직하는 경우 징계처분에 따른 승진임용 제한기간은 복직일부터 계산한다
(동 규정 제6조 ②).

6. 승진임용 제한기간의 단축

경찰공무원이 징계처분을 받은 후 해당 계급에서 (1) 훈장, (2) 포장, (3) 모
범공무원 포상, (4) 대통령 표창 또는 국무총리 표창, (5) 제안이 채택·시행되
어 포상을 받은 경우에는 제1항 제2호 및 제3호에 나른 승진임용 제한기간의
2분의 1을 단축할 수 있다(동 규정 제6조 ③).

7. 승진대상자 명부 작성

1) 승진대상자 명부 작성자
총경 이하 경찰공무원에 대한 승진대상자 명부는 다음의 구분에 따른 경

찰기관의 장이 계급별로 작성한다(동 규정 제11조 ①).

(1) 경정 이상 경찰공무원과 경찰청 소속 경위 이상 경찰공무원: 경찰청장

(2) 경감 이하 경찰공무원(제4호에 해당하는 사람은 제외한다): 경찰대학·경찰인재개발원·중앙경찰학교·경찰수사연수원·경찰병원 및 시·도경찰청의 장

(3) 경찰청 소속 경사 이하 경찰공무원: 경찰청의 각 국(局) 단위급 부서별 국장급 부서장

(4) 경찰서 소속 경사 이하 경찰공무원: 경찰서장

2) 경찰청과 시·도경찰청장의 계급별 통합 작성

위의 규정에도 불구하고 경찰청장은 제1호의 각 승진대상자 명부를, 시·도경찰청장은 제2호의 각 승진대상자 명부를 계급별로 통합하여 작성하되, 통합된 명부에 기록하는 순서는 각 명부의 총평정점 순위에 따른다(동 규정 제11조 ④).

1. 경찰청 소속 경위 이하 계급으로의 승진: 경찰청 국장급 부서장이 작성한 각 승진대상자 명부

2. 제17조 제1항 단서에 따른 경위 이하 계급으로의 승진: 시·도경찰청장 또는 경찰서장이 작성한 각 승진대상자 명부

3) 승진대상자 명부의 작성기준

승진대상자 명부는 「경찰공무원 승진임용 규정」 제7조부터 제9조까지의 규정에 따라 산정된 평정점(評定點)을 근무성적 평정점 65퍼센트, 경력 평정점 35퍼센트의 비율로 반영하여 작성한다(동 규정 제11조 ②).

다만, 「국가공무원법」 제10조 제3항 제2호 또는 제4호에 따라 경정 이하의 경찰공무원으로 신규채용할 수 있는 사람으로서 「경찰공무원 임용령」 제39조 제1항의 응시연령에 이르지 아니한 경감 이하 경찰공무원에 대해서는 그가 경정으로 승진할 때까지 근무성적 평정만으로 승진대상자 명부를 작성할 수 있다.

4) 경과별 또는 특수분야별 작성 가능

승진대상자 명부작성자는 필요한 경우 승진대상자 명부를 경과별 또는 특수분야별로 작성할 수 있다(동 규정 제11조 ⑤).

5) 승진대상자 명부의 작성 기준

승진대상자 명부는 매년 1월 1일을 기준으로 작성한다. 다만, 경무관 및 총경으로의 승진대상자 명부는 매년 11월 1일을 기준으로 작성한다(동 규정 제11조 ⑥).

6) 근무성적 평정

총경 이하의 경찰공무원에 대해서는 매년 근무성적을 평정하여야 하며, 근무성적 평정의 결과는 승진 등 인사관리에 반영하여야 한다(동 규정 제7조 ①).

(1) 총경~경사의 근무성적 평정점

근무성적 평정점은 명부 작성기준일부터 최근 3년 이내에 해당 계급에서 평정한 평정점을 대상으로 하여 산정한다([(최근 1년 이내에 평정한 평정점×50/100)+(최근 1년 전 2년 이내에 평정한 평정점×30/100)+(최근 2년 전 3년 이내에 평정한 평정점×20/100)]×1.3).

(2) 경장 및 순경의 근무성적 평정점

다만, 경장 및 순경의 근무성적 평정점은 최근 2년 이내에 해당 계급에서 평정한 평정점을 대상으로 산정한다([(최근 1년 이내에 평정한 평정점×60/100)+(최근 1년 전 2년 이내에 평정한 평정점×40/100)]×1.3) (동 규정 시행규칙 제17조 ③).

7) 경력평정

(1) 기본경력과 초과경력

경찰공무원의 경력평정은 승진소요 최저근무연수가 지난 총경 이하의 경찰공무원(제11조 ② 단서3)에 해당하는 경찰공무원은 제외)이 해당 계급에서 근무

---

3) 다만, 「경찰공무원법」 제10조 제3항 제2호(공개경쟁시험으로 임용하는 것이 부적당한 경우에 임용예정 직무에 관련된 자격증 소지자를 임용하는 경우) 또는 제4호(「국가공무원법」에 따른 5급 공무원의 공개경쟁채용시험이나 「사법시험법」에 따른 사법시험에 합격한 사람을 경정 이하

표 9-4	계급별 기본경력과 초과경력

	당해 계급	경력평정기간
기본경력	총경, 경정, 경감	평정기준일부터 최근 4년간
	경위, 경사	평정기준일부터 최근 3년간
	경장	평정기준일부터 최근 2년간
	순경	평정기준일부터 최근 1년 6개월간
초과경력	총경	기본경력 전 3년간
	경성, 경감	기본경력 전 5년간
	경위	기본경력 전 4년간
	경사	기본경력 전 1년 6개월간
	경장	기본경력 전 1년간
	순경	기본경력 전 6개월간

자료: 「경찰공무원 승진임용 규정」 제9조 ③.

한 연수에 대하여 실시하며, 경력평정 결과는 승진대상자 명부 작성에 반영한다.

경력평정은 해당 경찰공무원의 인사기록을 기준으로 하여 실시하며, 필요하다고 인정될 때에는 인사기록이 정확한지를 조회·확인할 수 있다. 경력평정은 기본경력과 초과경력으로 구분하되, 계급별로 기본경력과 초과경력에 포함되는 기간은 <표 9-4>와 같다(동 규정 제9조).

(2) 경력평정에서의 제외

경력평정 대상기간 중 다음의 기간은 평정에서 제외한다(동 규정 시행규칙 제10조 ①).

① 「경찰공무원 승진임용 규정」 제2항 제1호 및 제2호에 해당하는 휴직기간 및 직위해제기간을 제외한 휴직기간·정직기간 또는 직위해제기간

② 경찰대학을 졸업하고 경위로 임용된 사람이 「의무경찰대 설치 및 운영에 관한 법률」 제2조의3 제2항에 따라 의무경찰대 대원으로 복무한 기간

의 경찰공무원으로 임용하는 경우)에 따라 경정 이하의 경찰공무원으로 신규채용할 수 있는 사람으로서 「경찰공무원 임용령」 제39조 제1항의 응시연령에 이르지 아니한 경감 이하 경찰공무원에 대해서는 그가 경정으로 승진할 때까지 근무성적 평정만으로 승진대상자 명부를 작성할 수 있다(경찰공무원 승진임용 규정 제4조 ② 단서).

(3) 경력평정에의 포함

다음의 기간은 해당 계급의 경력평정 대상기간에 산입한다(동 규정 시행규칙 제10조 ②).

① 「경찰공무원 승진임용 규정」 제5조 제2항 제1호[4]의 규정에 의하여 승진소요 최저근무연수에 산입되는 휴직기간

② 「경찰공무원 승진임용 규정」 제5조 제2항 제2호[5]의 규정에 의한 직위해제기간

③ 퇴직한 경찰공무원이 퇴직 당시의 계급 또는 그 이하의 계급에 재임용되는 경우 제4조 제2항에 따른 경력 평정 기준일 전 10년 이내의 기간 중 재임용된 계급 이상으로 근무하였던 기간

④ 시보임용기간

⑤ 「경찰공무원 승진임용 규정」 제5조 제4항~제8항[6]까지의 규정에 따라

---

4) 「경찰공무원 승진임용 규정」 제5조(승진소요 최저근무연수) ②
1. 「국가공무원법」 제71조에 따른 휴직 기간 중 다음 각 목의 기간
   가. 「공무원연금법」에 따른 공무상 질병 또는 부상으로 인하여 「국가공무원법」 제71조제1항제1호에 따라 휴직한 경우에 그 휴직 기간
   나. 「국가공무원법」 제71조제1항제3호·제5호 또는 같은 조 제2항제1호에 따라 휴직한 경우에 그 휴직 기간
   다. 「국가공무원법」 제71조제2항제2호에 따라 휴직한 경우에 그 휴직 기간의 50퍼센트에 해당하는 기간
   라. 「국가공무원법」 제71조제2항제4호에 따라 휴직한 경우에 그 휴직 기간. 다만, 자녀 1명에 대하여 총 휴직 기간이 1년을 넘는 경우에는 최초의 1년으로 하되, 셋째 자녀부터는 총 휴직 기간이 1년을 넘는 경우에도 그 휴직 기간 전부로 한다.
5) 「경찰공무원 승진임용 규정」 제5조 ②
2. 다음 각 목의 어느 하나에 해당하는 경우에 그 직위해제 기간
   가. 「국가공무원법」 제73조의3제1항제3호에 따라 직위해제처분을 받은 사람에 대한 징계 의결 요구에 대하여 관할 징계위원회가 징계하지 아니하기로 의결한 경우와 해당 직위해제처분의 사유가 된 징계처분이 소청심사위원회의 결정 또는 법원의 판결에 따라 무효 또는 취소로 확정된 경우
   나. 「국가공무원법」 제73조의3제1항제4호에 따라 직위해제처분을 받은 사람의 처분 사유가 된 형사사건이 법원의 판결에 따라 무죄로 확정된 경우
6) 「경찰공무원 승진임용 규정」 제5조(승진소요 최저근무연수)
④ 법 제8조제3항제4호에 따라 경찰공무원으로 채용된 사람이 채용 전에 5급 이상 공무원(이에 상당하는 특정직공무원을 포함한다)으로 5년 이상 근무한 경우에는 그 기간의 20퍼센트에 해당하는 기간을 채용 당시의 계급에서 근무한 것으로 보아 제1항의 기간에 포함한다.
⑤ 「법원조직법」 제72조에 따른 사법연수생으로 수습한 기간은 제1항에 따른 경정 이하 경찰공무원으로의 승진소요 최저근무연수에 포함한다.
⑥ 「국가공무원법」 제26조의2에 따라 통상적인 근무시간보다 짧게 근무하는 경찰공무원(이하 "시간제근무경찰공무원"이라 한다)의 근무기간은 다음 각 호의 기준에 따라 제1항의 기간에 포함한다.
1. 해당 계급에서 시간제근무경찰공무원으로 근무한 1년 이하의 기간은 그 기간 전부
2. 해당 계급에서 시간제근무경찰공무원으로 근무한 1년을 넘는 기간은 근무시간에 비례한 기간
⑦ 강등되었던 사람이 강등되기 직전의 계급으로 승진한 경우 강등되기 직전의 계급에서 재직

승진소요연수에 산입되는 기간

8) 가점평정

승진대상자 명부를 작성할 때에는 (1) 자격증 소지자, (2) 국어 또는 외국어 능력이 우수한 사람, (3) 재직 중 학사·석사 또는 박사 학위를 취득한 사람에게 행정안전부령으로 정하는 바에 따라 가산점을 줄 수 있다(동 규정 제11조 ③). 가점 평정 대상 및 내용은 <표 9-5>, <표 9-6>, <표 9-7>에서 보는 것과 같다.

표 9-5 가점평정 대상

대 상	내 용	
국어능력, 외국어능력 (가산점의 최대치는 0.5점)	경찰공무원이 국어능력이나 외국어능력이 있는 경우에는 <표 9-5>에 규정된 점수를 더하여 평정한다.	하위계급에서 가점으로 평가한 사항에 대해서는 다시 가점으로 평정하지 아니한다.
자격증 (가산점의 최대치는 1점)	경찰공무원이 자격증을 소지하거나 학위를 취득한 경우에는 <표 9-6>에 규정된 점수를 가산하여 평정한다. 다만, 규정된 자격증을 두 가지 이상 소지한 경찰공무원에 대해서는 그 중 유리한 것 하나만을 더하여 평정한다.	

자료: 「경찰공무원 승진임용 규정 시행규칙」 제15조 ①.

표 9-6 언어능력 가산점

구분	국어능력(0.3)			외국어능력(0.5)		
	1급	2급	3급	토익 870점 이상	토익 790점 이상	토익 730점 이상
평정점	0.3	0.2	0.1	0.5	0.3	0.2

※ 비고
1. 국어능력 가산점과 외국어능력 가산점은 합산하여 0.5점을 초과할 수 없고, 유효기간이 있는 경우 매년 가점 평정일을 기준으로 유효한 것이어야 한다.
2. 국어능력의 평정점은 「국어기본법」 제23조 및 같은 법 시행령 제18조에서 정한 국어능력 검정시험에서 취득한 자격등급에 따라 위 표를 적용한다. 다만 시행기관이나 검정방법이 각각 다른 경우에는 경찰청장이 따로 정할 수 있다.
3. 토익 외에 텝스, 토플 등 영어시험과 그 밖의 외국어능력의 취득점수별 평정점은 위 표와 같은 수준으로 경찰청장이 따로 정한다.
자료: 「경찰공무원 승진임용 규정 시행규칙」 별표 3.

한 기간은 제1항의 기간에 포함한다.
⑧ 강등된 경우 강등되기 직전의 계급에서 재직한 기간은 제1항의 기간에 포함한다.

표 9-7	자격증 및 학위 가산점

구 분		평정점
자격증 (0.5)	변호사, 변리사, 공인회계사, 공인노무사, 세무사, 통신·전자·교통·환경·건축·토목·항공·조선·화공·위험물·정보처리 분야의 기술사 및 기능장, 청소년 상담사 1급, 상담심리사 1급, 화약류 관리기술사	0.5
	경비지도사, 통신·전자·교통·환경·건축·토목·항공·조선·화공·위험물·정보처리 분야의 기사, 청소년 상담사 2급, 상담심리사 2급, 임상심리사 1급, 청소년 지도사 1급, 화약류 관리기사, 도로교통사고감정사, 컴퓨터활용능력 1급, 수화통역사, 점역교정사 1급	0.3
	법무사, 행정사, 공인중개사, 통신·전자·교통·환경·건축·토목·항공·조선·화공·위험물·정보처리 분야의 산업기사, 청소년 상담사 3급, 임상심리사 2급, 청소년 지도사 2급, 화약류 관리 산업기사, 워드프로세서, 컴퓨터활용능력 2급, 점역교정사 2급 및 3급	0.2
학위 (0.5)	박사	0.5
	석사	0.3
	학사	0.2

※ 비고
1. 자격증 가산점과 학위 가산점을 합산하여 1점을 초과할 수 없고, 해당 계급(승진후보자로 근무한 기간을 포함한다)에서 취득한 것이어야 한다.
2. 「경찰공무원 임용령」 제16조에 따른 채용 시 위 표에 규정된 자격증을 소지함으로써 필기시험이 면제되거나 응시자격이 주어진 경우에는 그 자격증에 대하여 다시 가산하여 평정할 수 없다.
3. 외국에서 취득한 자격증 중 위 표에 규정된 자격증과 같거나 같은 수준이라고 경찰청장이 인정하는 자격증은 위 표와 같은 수준으로 가산하여 평정할 수 있다.
자료: 「경찰공무원 승진임용 규정 시행규칙」 별표 4.

Ⅱ. 심사승진

1. 심사승진의 개념

심사승진이란 근무성적평정 점수와 경력평정 점수 및 승진심사위원회의 승진심사를 통해서 경찰공무원을 승진시키는 제도이다. 경찰공무원의 승진심사는 계급별로 실시하되, 경찰청장이 필요하다고 인정할 때에는 경과별 또는 특수분야별로 구분하여 실시할 수 있다(동 규정 제14조 ①).

경정 이하 계급으로의 승진심사는 1월 2일부터 3월 31일 사이에 연 1회 실시한다. 다만, 경찰청장이 그 기간 내에 승진심사를 할 수 없다고 인정할 때에는 그 기간을 연장할 수 있으며, 경찰공무원의 증원이나 그 밖에 특별한 사유가 있으면 경우에는 추가로 승진심사를 할 수 있다(동 규정 제14조 ②).

2. 승진심사 대상

1) 심사승진임용 예정 인원의 5배수

승진심사는 승진대상자 명부의 선순위자순(승진시험에 합격한 사람은 제외한다)으로 심사승진임용 예정 인원의 5배수를 대상으로 한다. 다만, 경찰청장은 부득이한 사유가 있을 때에는 승진심사대상자의 범위를 심사승진임용 예정 인원의 5배수 이하로 하게 할 수 있다(동 규정 제20조).

2) 승진심사 대상 제외자

경찰공무원이 다음의 어느 하나에 해당하는 경우에는 승진심사대상에서 제외한다(동 규정 제21조).

(1) 「경찰공무원 교육훈련규정」 제8조 제1항~제3항까지의 규정에 따른 교육을 받지 아니하였거나 해당 교육성적이 만점의 60% 미만인 자
(2) 승진임용의 제한사유(제6조 ① 각 호의 1)에 해당하는 자
(3) 총경 이하 경찰공무원이 「경찰공무원 교육훈련규정」 제6조의2 제1항에 따른 승진임용에 필요한 교육훈련 시간을 충족하지 못한 경우. 다만, 같은 조 제2항 제1호7)에 해당하는 경우는 제외한다.

3. 승진심사위원회

1) 승진심사위원회 관할

승진심사위원회는 <표 9-8>의 구분에 따라 경찰공무원의 승진심사를 관할한다. 다만, 경찰청장은 승진예정 인원 등을 고려하여 부득이할 때에는 경찰서의 보통승진심사위원회에서 실시할 경위 이하 계급으로의 승진심사를

---

7) 1. 직무수행상의 특별한 사유로 승진임용에 필요한 교육훈련시간을 충족하지 못한 경찰공무원에 대하여 경찰청장이 필요하다고 인정하는 경우

| 표 9-8 | 승진심사위원회 관할 |

관할 위원회	심사 대상
중앙승진심사위원회	총경 이상 계급으로의 승진심사(제1호)
해당 경찰관이 소속한 경찰기관의 보통승진심사위원회	경정 이하 계급으로의 승진심사(제2호) (제3호의 경우는 제외)
시·도경찰청 보통승진심사위원회	경찰서 소속 경찰공무원의 경감 이상 계급으로의 승진심사(제3호)

자료: 「경찰공무원 승진임용 규정」 제17조.

시·도경찰청의 보통승진심사위원회에서 하게 할 수 있다(동 규정 제17조 ①).

2) 중앙승진심사위원회 구성

중앙승진심사위원회는 위원장을 포함한 5명 이상 7명 이하의 위원으로 구성한다. 위원은 회의 소집일 전에 승진심사대상자보다 상위계급인 경찰공무원 중에서 경찰청장이 임명하되, 승진심의위원회를 두는 경우 중앙승진심사위원회 위원은 승진심의위원회 위원 중에서 임명한다. 위원장은 위원 중 최상위계급 또는 선임인 경찰공무원이 된다(동 규정 제15조).

3) 승진심의위원회 구성

경무관으로의 승진심사를 위하여 구성되는 중앙승진심사위원회 회의에 부칠 사항을 사전에 심의하기 위하여 중앙승진심사위원회에 복수의 승진심의위원회를 둘 수 있으며, 각각의 승진심의위원회는 위원장을 포함한 5명 이상 7명 이하의 위원으로 구성한다(동 규정 제15조 ②).

위의 승진심의위원회의 사전심의에 관하여는 제24조를 준용한다. 이 경우 "승진심사위원회"는 "승진심의위원회"로, "승진심사"는 "승진심의"로, "승진심사위원"은 "승진심의위원"으로 본다(동 규정 시행규칙 제24조의2 ①).

승진심의위원회의 사전심의를 거친 경우 승진심사위원회는 각 승진심의위원회에서 중복 선발된 사람을 최종 심사승진임용예정자로 선발한다. 이 경우 중복 선발된 사람이 심사승진임용 예정 인원보다 적을 때에는 각 승진심의위원회에서 선발된 나머지 인원 중에서 제24조 제2항 제3호의 선발방법에 준하여 선발한다(동 규정 시행규칙 제24조의2 ②).

4) 보통승진심사위원회 구성

보통승진심사위원회는 경찰청·소속기관등(경찰대학·경찰인재개발원·중앙경찰학교·경찰수사연수원·경찰병원 및 시·도경찰청) 및 경찰서에 둔다(동 규정 제16조 ①). 보통승진심사위원회는 위원장을 포함한 5명 이상 7명 이하의 위원으로 구성한다(동 규정 제16조 ②). 보통승진심사위원회 위원은 그 보통승진심사위원회가 설치된 경찰기관의 장이 승진심사대상자보다 상위계급인 경위 이상 소속 경찰공무원 중에서 임명하며, 위원장은 위원 중 최상위계급 또는 선임인 경찰공무원이 된다(동 규정 제16조 ③).

제3항에도 불구하고 시·도경찰청 및 경찰서에 두는 보통승진심사위원회 위원 중 2명은 승진심사대상자보다 상위계급인 경위 이상 소속 경찰공무원 중에서 「국가경찰과 자치경찰의 조직 및 운영에 관한 법률」 제18조제1항에 따른 시·도자치경찰위원회의 추천을 받아 그 보통심사위원회가 설치된 경찰기관의 장이 임명한다(동 규정 제16조 ④).

5) 승진심사위원회 회의

중앙승진심사위원회의 회의는 경찰청장이 소집하며, 보통승진심사위원회의 회의는 해당 경찰기관의 장이 경찰청장(경찰서 보통승진심사위원회 회의의 경우 지방경찰청장을 말한다)의 승인을 받아 소집한다. 승진심사위원회의 회의는 재적위원 과반수의 찬성으로 의결한다. 승진심사위원회의 회의는 비공개로 한다(동 규정 제18조). 승진심사위원회에 간사 1명과 서기 몇 명을 둔다(동 규정 제19조 ①).

4. 승진심사 절차

승진심사위원회의 승진심사는 3단계로 구분하되, 각 단계별로 경찰청장이 정하는 심사기준에 따라 실시한다. 다만, 경찰청장이 정한 단계별 심사기준을 적용하는 것이 적절하지 아니하다고 인정될 때에는 승진심사위원회의 의결로 심사기준을 조정하여 적용할 수 있다(동 규정 시행규칙 제24조 ①).

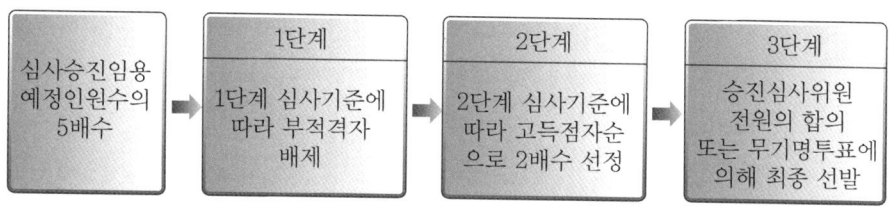

그림 9-1 심사승진의 절차

자료: 「경찰공무원 승진임용 규정 시행규칙」 제24조.

1) 제1단계 심사

단계별 심사는 [그림 9-1]의 방법으로 하되, 전(前) 단계 승진심사에서 배제(排除)된 사람은 다음 단계의 심사 대상에서 제외한다(동 규칙 제24조 ①).

제1단계 심사에서는 제1단계 심사기준에 맞지 않는 사람을 배제한다(동 규칙 제24조 ① 제1호). 심사기준으로는 첫째, 각 계급별로 실시하는 기본교육과정을 이수하고 그 교육성적이 60점 이상인 자

둘째, 승진시험 응시제한기간 중에 있지 아니한 자

셋째, 연령 정정 및 파렴치한 행위 등 대내·외적으로 물의를 야기하지 아니한 자

넷째, 정신질환 등 질병이나 인성상 문제 등으로 상위직 근무이수능력이 곤란하다고 판단되지 아니한 자로 규정하고 있다.

2) 제2단계 심사

제2단계 심사에서는 승진심사위원회의 위원이 제2단계 심사기준에 따라 근무성적 등을 수, 우, 양, 가 4등급으로 평가하여 그 결과를 승진심사표에 저고, 위원별로 평가 결과에 따른 개인별 성적을 집계하여 고득점자 순으로 승진심사 종합평가서를 작성하여 심사승진임용 예정 인원의 2배수 내의 인원을 제3단계 심사에 회부한다(동 규정 시행규칙 제24조 ② 제2호).

승진심사위원회가 승진심사대상자에 대하여 심사할 사항은 경력(경험한 직책, 승진기록), 근무성과(현 계급에서의 연도별 근무성적, 상벌, 소속 경찰기관의 장의 평가·추천), 적성 등이다(동 규정 제22조).

3) 제3단계 심사

제3단계 심사에서는 승진심사위원 전원의 합의로 최종 심사승진임용 예정자를 선발하되, 합의에 이르지 못한 경우에는 무기명 투표를 실시하여 과반수의 찬성을 얻은 사람을 최종 심사승진임용 예정자로 선발한다(동 규정 시행규칙 제24조 ② 제3호).

5. 동료 · 민원인 등의 평가 반영

임용권자나 임용제청권자는 승진심사를 거쳐 소속 경찰공무원을 승진임용하거나 승진임용을 제청할 때 승진심사대상자에 대한 동료 평가 및 민원 평가를 실시하여 그 결과를 반영할 수 있다.

이 경우 동료평가는 승진심사 대상자의 상위·동일·하위 계급의 경찰공무원이 하고, 민원 평가는 승진심사 대상자의 업무와 관련된 민원인 등이 한다. 위의 평가 결과는 특별승급, 성과상여금 지급, 교육훈련, 보직 관리 등 각종 인사관리에 반영할 수 있다(동 규정 제22조의 2).

6. 심사승진후보자 명부 작성

임용권자나 임용제청권자는 승진심사위원회에서 승진임용예정자로 선발된 사람에 대하여 심사승진후보자 명부를 작성하여야 한다(동 규정 제24조 ①). 승진임용예정자로 선발된 사람의 명부는 승진심사 종합평가성적이 우수한 사람순으로 작성하되, 동점자가 있는 경우에는 행정안전부령으로 정하는 순서에 따라 선순위자를 결정한다(동 규정 제24조 ②).

임용권자나 임용제청권자는 심사승진후보자 명부에 기록된 사람이 승진임용되기 전에 정직 이상의 징계처분을 받은 경우에는 심사승진후보자 명부에서 그 사람을 제외하여야 한다(동 규정 제24조 ③).

7. 심사승진후보자 승진임용

경찰공무원의 승진임용 시 심사승진후보자와 시험승진후보자가 있을 경우에 승진임용 인원은 각각 승진임용 인원의 50퍼센트로 한다. 심사승진임용은 심사승진후보자 명부에 기록된 순서에 따라 결원이 있을 때마다 수시로 한다(동 규정 제25조).

Ⅲ. 시험승진

1. 시험승진의 개념

시험승진은 승진소요 최저근무연수의 기준에 도달한 경찰관에게 승진시험 과목을 치르게 하여 그 시험성적 점수와 근무성적평정 점수를 합한 총점의 고득점자 순으로 승진대상자를 결정하는 방법이다.

경찰공무원의 승진시험은 경찰청장 또는 해양경찰청장이 실시하나, 경찰청장 또는 해양경찰청장이 필요하다고 인정할 때에는 대통령령이 정하는 바에 의하여 그 권한의 일부를 소속기관의 장, 시·도경찰청장에게 위임할 수 있다(경찰공무원법 제20조 ①). 따라서, 경찰청장은 위 규정에 의하여 경감 이하 계급으로의 시험을 소속기관 등의 장에게 위임할 수 있다(경찰공무원 승진임용 규정 제28조).

경찰공무원의 승진시험은 매년 1회 실시한다. 시험을 실시하려는 경우에는 그 일시·장소, 그 밖에 시험 실시에 필요한 사항을 시험 실시 15일 전까지 공고하여야 한다(동 규정 제30조).

2. 계급별 또는 경과별·특수분야별 승진시험 실시

경찰공무원의 승진시험은 계급별로 실시하되, 경찰청장이 필요하다고 인정할 때에는 경과별 또는 특수분야별로 구분하여 실시할 수 있다. 경과별 또는 특수분야별로 시험을 실시하는 경우에는 승진임용 후 2년 이상 5년 이하의 범위에서 행정안전부장관이 정하는 기간 동안 경찰청장이 지정하는 직무부서에서 근무할 것을 조건으로 할 수 있다(동 규정 제27조).

3. 승진시험의 응시자격

승진시험에 응시하려는 경찰공무원은 다음 요건을 갖추어야 한다(동 규정 제29조).

   (1) 시험을 실시하는 해의 1월 1일을 기준으로 승진소요 최저근무연수 이상 해당 계급에서 재직하였을 것

   (2) 「경찰공무원 교육훈련규정」 제8조 제1항 또는 제2항의 규정8)에 따른 교육을 받은 사람으로서 그 교육성적이 만점의 60% 이상일 것

   (3) 「경찰공무원 승진임용 규정」 제6조 제1항의 규정에 의한 승진임용 제한사유에 해당하지 아니할 것(동 규정 제29조).

   (4) 총경 이하 경찰공무원의 경우 「경찰공무원 교육훈련규정」 제6조의2 제1항에 따른 승진임용에 필요한 교육훈련시간 이상 교육훈련을 받았을 것. 다만, 같은 조 제2항 제1호9)에 해당하는 경우는 제외한다.

승진시험에서 「경찰공무원 승진임용 규정」 제35조 제1항에 규정된 부정행위를 한 경찰공무원에 대해서는 그 시험을 정지하거나 무효로 하거나 합격을 취소하고, 그 처분이 있은 날부터 5년간 시험에 응시할 수 없게 한다(동 규정 제35조).

---

8) 「경찰공무원 교육훈련규정」 제8조(신임·기본·전문교육)
① 경찰공무원으로 신규채용된 자로서 제6조제2항의 규정에 의한 임용전 신임교육을 받지 아니한 자는 신규채용된 후 신임교육을 받아야 한다. 다만, 경사이상의 경찰공무원으로 신규채용된 자로서 제2항의 규정에 의한 해당교육을 받은 자는 그러하지 아니하다.
② 경정·경감·경위 및 경사(경찰공무원 승진임용 규정 제24조제1항 및 제36조제1항에 따라 경정·경감·경위 및 경사 승진후보자명부에 등재된 자를 포함한다)는 해당 계급별 기본교육을 받아야 한다.
9) 「경찰공무원 교육훈련규정」 제6조의2 ②
  1. 직무수행상의 특별한 사유로 승진임용에 필요한 교육훈련시간을 충족하지 못한 경찰공무원에 대하여 경찰청장이 필요하다고 인정하는 경우

4. 승진시험의 방법 및 절차

1) 제1차 시험, 제2차 시험, 제3차 시험의 구분

시험은 제1차 시험, 제2차 시험, 제3차 시험으로 구분하여 <표 9-9>와 같이 실시한다(동 규정 제31조 ①). 경찰청장이 필요하다고 인정할 때에는 제3차 시험을 생략할 수 있으며, 제1차 시험과 제2차 시험을 동시에 실시할 수 있다. 제1차 시험에 합격하지 아니하면 제2차 시험에 응시할 수 없고, 제2차 시험에 합격하지 아니하면 제3차 시험에 응시할 수 없다.

다만, 제1차 시험과 제2차 시험을 동시에 실시하는 경우에는 그러하지 아니하다. 제1차 시험과 제2차 시험을 동시에 실시하는 경우 제1차 시험에 불합격한 사람의 제2차 시험은 무효로 한다(동 규정 제31조 ②, ③, ④). 분야별·계급별 승진시험 과목과 과목별 배점비율은 <표 9-10>, <표 9-11>에서 보는 것과 같다.

표 9-9 승진시험의 방법

시험	내 용
제1차 시험	• 선택형으로 하는 것을 원칙으로 하되, 과목별로 기입형을 포함할 수 있다. • 다만, 경과별 또는 특수분야별로 구분하여 실시하는 경우에는 실기시험으로 하거나 실기시험을 병행할 수 있다.
제2차 시험	• 논문형으로 하는 것을 원칙으로 하되, 과목별로 주관식 단답형을 포함할 수 있다. • 다만, 경과별 또는 특수분야별로 구분하여 실시하는 경우에는 실기시험으로 하거나 실기시험을 병행할 수 있다.
제3차 시험	면접시험으로 하며, 직무수행에 필요한 응용능력과 적격성을 검정한다.

자료: 「경찰공무원 승진임용 규정」 제31조 ①.

표 9-10   경찰공무원 승진시험 과목(1)

(단위: 퍼센트)

계급	시험	일반경찰 (수사 경과 및 보안 경과 포함) 과목	배점비율	정보통신경찰 과목	배점비율	항공경찰 과목	배점비율	일반경찰 (교수요원) 과목	배점비율	경비경찰 (전투경찰, 기동경찰) 과목	배점비율
경정	제1차 시험	헌법 경찰행정학	30 30	헌법 경찰행정학	30 30	형사소송법 경찰행정학	30 30	경찰실무(종합) 경찰행정학	30 30	경찰실무(종합) 경찰행정학 형사소송법	30 30 40
경정	제2차 시험	형사소송법	40	정보체계론	40	항공법	40	형사소송법	40	체력검정 사격	70 30
경감	제1차 시험	경찰실무(종합) 형법	30 30	경찰실무(종합) 형법	30 30	경찰실무(종합) 형법	30 30	경찰실무(종합) 형법	30 30	경찰실무(종합) 형법 경찰행정법	30 30 40
경감	제2차 시험	경찰행정법	40	정보통신시스템	40	항공법	40	경찰행정법	40	체력검정 사격	70 30
경위	제1차 시험							필수 형법 형사소송법	35 35	형법 형사소송법 경찰실무(종합)	35 35 30
경위	제2차 시험							선택 경찰실무(1) 경찰실무(2) 경찰실무(3) 중 택1	30	체력검정 사격	70 30
경사	제1차 시험									형법 형사소송법 경찰실무(1)	35 35 30
경사	제2차 시험									체력검정 사격	70 30
경장	제1차 시험									형법 형사소송법 경찰실무(1)	35 35 30
경장	제2차 시험									체력검정 사격	70 30

※ 비고
1. 경찰실무(1)은 경무(윤리 포함)와 경비·교통을 포함하고, 경찰실무(2)는 생활안전·수사를 포함하며, 경찰실무(3)은 정보·보안·외사를 포함한다.
2. 경찰행정법의 출제 범위는 행정법총론(행정법 I)과 행정법각론(행정법 II) 중 경찰행정법 분야로 한정한다.

자료: 「경찰공무원 승진임용 규정 시행규칙」 별표 6.

2) 경감 이하 계급으로의 시험방법 등의 특례

경감 이하 계급으로의 시험의 경우 특수분야 중 경찰청장이 지정하는 분야에 대해서는 필기시험과 면접시험으로 구분하여 실시할 수 있다. 다만, 경찰청장이 필요하다고 인정할 때에는 면접시험을 생략할 수 있다(동 규정 제31조의 2 ①). 필기시험은 선택형으로 하는 것을 원칙으로 하되, 과목별로 기입형을 포함할 수 있고, 면접시험에서는 직무수행에 필요한 응용능력과 적격성을 검정한다(동 규정 제31조의2 ②). 필기시험에 합격하지 아니하면 면접시험에 응시할 수 없다(동 규정 제31조의2 ③). 「경찰공무원 승진임용 규정 시행규칙」제31조의2에 따른 필기시험의 과목과 과목별 배점비율은 <표 9-11>에서 보는 것과 같다.

표 9-11 경찰공무원 승진시험 과목(2)

(단위: 퍼센트)

계급	시험	분야 일반 (수사경과 및 보안경과 포함) 과목	배점 비율	정보통신 과목	배점 비율	항공 과목	배점 비율
경위	필수	형법 형사소송법 실무종합	35 35 30	형법 형사소송법	35 35	형법 형사소송법	35 35
	선택			정보통신기기론 컴퓨터일반 중 택1	30	항공법 항공역학 중 택 1	30
경사	필수	형법 형사소송법 실무종합	35 35 30	형법 형사소송법	35 35	형법 형사소송법	35 35
	선택			정보통신기기론 컴퓨터일반 중 택1	30	항공기체 항공발동기 중 택 1	30
경장	필수	형법 형사소송법 실무종합	35 35 30	형법 형사소송법	35 35	형법 형사소송법	35 35
	선택			정보통신기기론 컴퓨터일반 중 택1	30	항공기체 항공발동기 중 택 1	30

※ 비고
경찰실무(1)은 경무(윤리 포함)와 경비·교통을 포함하고, 경찰실무(2)는 생활안전·수사 및 윤리를 포함하며, 경찰실무(3)은 정보·보안·외사 및 윤리를 포함한다.
자료: 「경찰공무원 승진임용 규정 시행규칙」 별표 7.

5. 승진시험의 합격자 결정

1) 시험성적 60% + 근무성적 40%

제1차 시험 및 제2차 시험에 있어서는 각 과목 만점의 40% 이상 득점한 사람 중에서 선발예정 인원을 고려하여 고득점자 순으로 합격자를 결정한다. 제3차 시험에서는 합격·불합격만을 결정한다(동 규정 제33조 ①, ②).

최종 합격자는 제3차 시험에 합격한 사람(제3차 시험을 실시하지 아니하는 경우에는 제2차 시험에 합격한 사람) 중에서 다음의 비율로 합산한 성적의 고득점자 순으로 결정한다(동 규정 제33조 ③).

- 제1차 시험성적 36퍼센트(경비경찰의 경우에는 30퍼센트)
- 제2차 시험성적 24퍼센트(경비경찰의 경우에는 30퍼센트)
- 해당 계급에서의 근무성적 40퍼센트

2) 해당 계급에서의 근무성적

해당 계급에서의 근무성적은 경장 이하의 경찰공무원의 경우에는 시험 실시연도 기준일부터 최근 1년 이내에 그 계급에서 평정한 평정점에 의하여 산정하며, 경사 이상 경찰공무원의 경우에는 시험 실시연도 기준일부터 최근 2년 이내에 그 계급에서 평정한 평정점으로 <표 9-12>의 계산방식으로 산정한다(동 규정 제33조 ④).

표 9-12 경사 이상 경찰공무원의 근무성적 계산방식

(최근 1년 이내에 평정한 평정점 × 60 / 100) + (최근 1년 전 2년 이내에 평정한 평정점 × 40 / 100)

6. 특례 시험의 합격자 결정

1) 필기시험 및 면접시험의 합격자 결정

「경찰공무원 승진임용 규정」 제31조의2(경감 이하 계급으로의 시험 방법 등

의 특례)에 따라 시험을 실시하는 경우에 필기시험 및 면접시험의 합격자 결정은 다음의 방법에 따른다(동 규정 제33조의2 ①).

- 필기시험에서는 각 과목 만점의 40퍼센트 이상 득점한 사람 중에서 선발예정 인원을 고려하여 고득점자순으로 합격자를 결정한다.
- 면접시험에서는 합격·불합격만을 결정한다.

2) 최종합격자 결정

최종합격자는 면접시험에 합격한 사람(제31조의2 제1항 단서에 따라 면접시험을 생략한 경우에는 필기시험에 합격한 사람을 말한다) 중에서 다음의 비율로 합산한 성적의 고득점자순으로 결정한다. 이 경우 해당 계급에서의 근무성적 계산방법에 관하여는 제33조 제4항을 준용한다(동 규정 제33조의2 ②).

- 필기시험성적 60퍼센트
- 해당 계급에서의 근무성적 40퍼센트

7. 동점자가 있는 경우

「경찰공무원 승진임용 규정」 제33조 제3항(승진시험) 및 제33조의2 제2항 (특례시험)에 따라 최종합격자를 결정할 때 동점자가 있는 경우에는 순서에 따라 선순위자를 합격자로 한다(동 규정 시행규칙 제29조의 2).

(1) 근무성적이 우수한 사람
(2) 해당 계급에서 장기근무한 사람
(3) 바로 아래 계급에서 장기근무한 사람
(4) 그 밖에 경찰청장이 정한 기준에 따른 선순위자에 해당하는 사람

8. 시험승진후보자 명부 작성

임용권자 또는 임용제청권자는 시험에 합격한 사람에 대하여 각 계급별로 시험승진후보자 명부를 작성하되, 합산성적 고득점자 순으로 작성하여야 한다. 시험승진 임용은 시험승진후보자 명부에 기록된 순서에 따른다(동 규정 제

36조 ①, ②).

그러나 임용권자나 임용제청권자는 시험승진후보자 명부에 기록된 사람이 승진임용되기 전에 정직 이상의 징계처분을 받은 경우에는 시험승진후보자 명부에서 그 사람을 제외하여야 한다(동 규정 제36조 ③).

IV. 특별승진

1. 특별승진의 개념 및 요건

1) 특별승진의 개념

특별승진이란 모든 경찰공무원의 귀감이 되는 공적을 세운 사람을 승진시켜, 사기를 제고시키며, 동시에 성실하고 발전적인 직무수행 풍토를 유도하기 위한 승진제도이다.

경찰공무원의 특별승진은 경찰청장이 특히 필요하다고 인정하는 경우에 수시로 실시할 수 있다. 다만, 「경찰공무원 승진임용 규정」 제37조 제1항 제2호에 해당하는 경찰공무원의 특별승진은 경찰청장이 특히 필요하다고 인정하는 경우에 수시로 실시할 수 있다(동 규정 제39조).

2) 특별승진의 요건

경찰공무원으로서 다음의 어느 하나에 해당되는 사람에 대하여는 「경찰공무원법」 제15조에도 불구하고 1계급 특별승진시킬 수 있다. 다만, 경위 이하의 경찰공무원으로서 모든 경찰공무원의 귀감이 되는 공을 세우고 전사하거나 순직한 사람에 대하여는 2계급 특별승진 시킬 수 있다(경찰공무원법 제19조).

(1) 「국가공무원법」 제40조의4 제1항 제1호부터 제4호[10]까지의 규정 중

---

10) 「국가공무원법」 제40조의4(우수 공무원 등의 특별승진)
① 공무원이 다음 각 호의 어느 하나에 해당하면 제40조 및 제40조의2에도 불구하고 특별승진임용하거나 일반 승진시험에 우선 응시하게 할 수 있다.
1. 청렴하고 투철한 봉사 정신으로 직무에 모든 힘을 다하여 공무 집행의 공정성을 유지하고 깨끗한 공직 사회를 구현하는 데에 다른 공무원의 귀감(龜鑑)이 되는 자
2. 직무수행 능력이 탁월하여 행정 발전에 큰 공헌을 한 자
3. 제53조에 따른 제안의 채택·시행으로 국가 예산을 절감하는 등 행정 운영 발전에 뚜렷한

어느 하나에 해당되는 사람

(2) 전사하거나 순직한 사람

(3) 직무 수행 중 현저한 공적을 세운 사람

2. 특별승진의 대상

1) 특별승진의 대상

「경찰공무원법」제19조,「경찰공무원 승진임용 규정」제37조, 제38조에 의한 특별승진의 대상은 <표 9-13>에서 보는 것과 같다. 특별승진임용 예정 인원에 대해서는 앞에서 설명하였다.

표 9-13 특별승진대상자와 계급 범위

번호	특별승진대상자		계급 범위
1 (제37조 ① 제4호)	재직 중 공적이 특히 뚜렷한 자가 제74조의2에 따라 명예퇴직 할 때	20년 이상 근속하고 정년 1년 전까지의 기간 중 자진하여 퇴직하는 사람으로서 재직 중 특별한 공적이 있다고 인정되는 사람	치안정감 이하
2 (제37조 ②)	전투, 대간첩작전, 그 밖에 이에 준하는 업무수행 중 현저한 공을 세우고 사망하였거나 부상을 입어 사망한 사람		
	직무수행 중 다른 사람의 모범이 되는 공을 세우고 사망하였거나 부상을 입어 사망한 사람		
3 (제37조 ① 제1호)	청렴하고 투철한 봉사 정신으로 직무에 모든 힘을 다하여 공무집행의 공정성을 유지하고 깨끗한 공직 사회를 구현하는 데에 다른 공무원의 귀감(龜鑑)이 되는 자에 해낭하는 경우	인사혁신처장이 정하는 포상을 받은 4급 이하 공무원	경정 이하
		가. 행정 능률을 향상시키고 예산을 절감하는 등 직무 수행능력이 탁월하여 경찰행정 발전에 기여한 공이 매우 크다고 임용권자가 인정하는 사람	

실적이 있는 자
4. 재직 중 공적이 특히 뚜렷한 자가 제74조의2에 따라 명예퇴직 할 때
5. 재직 중 공적이 특히 뚜렷한 자가 공무로 사망한 때

번호	특별승진대상자		계급 범위
4 (제37조 ① 제2호)	직무수행 능력이 탁월하여 행정 발전에 큰 공헌을 한 자	나.「공무원임용령」제35조의 2제1항제2호나목에 따른 포상을 받은 사람	경감 이하
		다. 경찰청장이 정하는 포상 을 받은 사람	
5 (제37조 ① 제3호)	제53조에 따른 제안의 채택·시 행으로 국가 예산을 절감하는 등 행정 운영 발전에 뚜렷한 실 적이 있는 자	「공무원제안규정」에 따른 창 안등급 동상 이상을 받은 사 람으로서 경찰행정 발전에 기여한 실적이 뚜렷한 사람	
6 (제37조 ③ 제1호)	헌신적인 노력으로 간첩 또는 무장공비를 사살 또는 검거한 사 람		
7 (제37조 ③ 제2호)	국가안전을 해하는 중한 범죄의 주모자를 검거한 사람		경감 이하
8 (제37조 ③ 제3호)	전시·사변 또는 이에 준하는 비상사태에서 위험을 무릅쓰고 헌신·분투하여 사태 진압에 특별한 공을 세운 사람		
9 (제37조 ③ 제4호)	살인, 강도, 조직폭력 등 중한 범죄의 범인 검거에 헌신·분투 하여 그 공이 특히 현저한 사람		
10 (제37조 ③ 제5호)	천재·지변 그 밖의 재난 발생시 위험을 무릅쓰고 인명을 구조 하거나 재산을 보호한 공이 특별히 현저한 사람		
11 (제37조 ③ 제6호)	행정안전부령으로 정하는 특별경비부서11)에서 헌신적으로 직 무를 수행한 공이 있고, 상위직의 직무수행능력이 있다고 인정 되는 사람		경위 이하

※ 6, 7, 9번에 해당하는 특별승진대상자에는 첩보 제공 등 공조수사를 하여 사건 해결에 결정 적인 기여를 한 사람을 포함한다.
자료:「경찰공무원 승진임용 규정」제37조, 제38조 참고.

2) 승진소요 최저근무연수 등의 적용배제

<표 9-14>에 해당하는 경우에는 특별승진시 승진소요 최저근무연수 등의 적용이 배제된다.

---

11) 특별경비부서는 서울특별시지방경찰청 101경비단, 22경찰경호대 및 정부중앙청사경비대, 국무총리공관경비파견대로 한다.

| 표 9-14 | 승진소요 최저근무연수 등의 적용 배제 |

적용 대상		내 용
제37조 ① 제4호	• 20년 이상 근속하고 정년 1년 전까지의 기간중 자진하여 퇴직하는 사람으로서 재직 중 특별한 공적이 있다고 인정되는 사람 • 국가안전을 해하는 중한 범죄의 주모자를 검거한 사람 • 전시·사변 또는 이에 준하는 비상사태에서 위험을 무릅쓰고 헌신·분투하여 사태진압에 특별한 공을 세운 사람 • 살인·강도·조직폭력 등 중한 범죄의 범인 검거에 헌신·분투하여 사태진압에 특별한 공을 세운 사람 • 천재·지변 그 밖의 재난 발생시 위험을 무릅쓰고 인명을 구조하거나 재산을 보호한 공이 특별히 현저한 사람	승진소요 최저근무연수 규정(제5조 ①)을 적용하지 아니함
제37조 ②	• 전투, 대간첩작전, 그 밖에 이에 준하는 업무수행 중 현저한 공을 세우고 사망하였거나 부상을 입어 사망한 사람 • 직무수행 중 다른 사람의 모범이 되는 공을 세우고 사망하였거나 부상을 입어 사망한 사람	승진소요 최저근무연수 규정(제5조 ①) 및 승진임용제한규정 (제6조)을 적용하지 아니함
제37조 ③ 제1호	헌신적인 노력으로 간첩 또는 무장공비를 사살 또는 검거한 사람	승진소요 최저근무연수 규정(제5조 ①) 및 정년연장 대상자 제외 규정(제6조 ① 제4호)을 적용하지 아니함

자료: 「경찰공무원 승진임용 규정」 제40조.

3. 특별승진심사 절차

1) 공적조서와 인사기록카드 제출

임용권자나 임용제청권자는 「경찰공무원 임용령」 제41조에 따라 소속 경찰공무원을 특별승진시키기 위하여 승진심사위원회의 심사를 받게 하려는 경우에는 해당 경찰공무원의 공적조서와 인사기록카드를 관할 승진심사위원회가 설치되는 경찰기관의 장에게 제출하여야 한다(동 규정 시행규칙 제33조 ①).

2) 중앙승진심사위원회 심사

임용권자나 임용제청권자는 소속 경찰공무원을 특별승진시키려면 중앙승진심사위원회의 심사를 거쳐야 한다(동 규정 제41조 ①).

3) 보통승진심사위원회 심사

다만, 경위 이하의 경찰공무원을 특별승진시키려는 경우에는 경찰청장이 정하는 바에 따라 보통승진심사위원회의 심사로 중앙승진심사위원회의 심사를 갈음할 수 있다(동 규정 제41조 ①).

4) 과반수 찬성

특별승진심사에서는 찬반 투표 결과 과반수의 찬성을 얻은 사람을 승진임용예정자로 결정한다(동 규정 시행규칙 제33조 ②).

4. 특별승진후보자 명부 작성

임용권자나 임용제청권자는 특별승진임용예정자로 선발된 사람에 대하여 특별승진후보자 명부를 작성하여야 한다(동 규정 제42조 ①). 특별승진후보자 명부에 기록하는 순서는 승진심사위원회의 특별승진 의결일 순으로 하되, 의결일이 같을 경우에는 근무성적 평정점 순으로 한다(동 규정 제42조 ②).

특별승진임용은 특별한 경우 외에는 특별승진후보자 명부에 기록된 순서에 따른다(동 규정 제42조 ③). 임용권자나 임용제청권자는 특별승진후보자 명부에 기록된 사람이 승진임용되기 전에 정직 이상의 징계처분을 받은 경우에는 특별승진후보자 명부에서 그 사람을 제외하여야 한다(동 규정 제42조 ④).

V. 근속승진

1. 근속승진의 개념

근속승진은 성실히 근무하고 헌신적으로 직무를 수행한 자로서 상위직의 직무수행능력이 인정되는 자를 상위계급으로 1계급 승진임용하는 제도를 말한다.

2. 근속승진 대상자

경찰청장은 「경찰공무원법」 제15조 제2항의 규정에 불구하고 해당 계급에서 <표 9-15>의 기간 동안 재직한 사람을 경장, 경사, 경위, 경감으로 각각 근속승진임용할 수 있다. 다만, 인사교류 경력이 있거나 주요 업무의 추진 실적이 우수한 공무원 등 경찰행정 발전에 기여한 공이 크다고 인정되는 경우에는 대통령령으로 정하는 바에 따라 그 기간을 단축할 수 있다(경찰공무원법 제16조 ①).

표 9-15 근속승진임용 대상자

대상자	근속기간
순경을 경장으로 근속승진임용	해당계급 4년 이상 근속자
경장을 경사로 근속승진임용	해당계급 5년 이상 근속자
경사를 경위로 근속승신임용	해당계급 6년 6개월 이상 근속자
경위를 경감으로 근속승진임용	해당계급 8년 이상 근속자

자료: 「경찰공무원법」 제16조 ①.

3. 근속승진 선발절차

1) 근속승진기간의 계산

근속승진기간은 「경찰공무원 승진임용 규정」 제5조 제2항부터 제8항까지의 규정에 따른 승진소요 최저근무연수의 계산방법에 따라 계산한다(경찰공무원 승진임용 규정 제26조 ①). 따라서, 징계의결요구·징계처분·직위해제·휴직·시보임용기간 중에 있는 자, 징계처분의 집행이 종료된 날로부터 강등·정직의 경우 18개월을, 감봉의 경우 12개월을, 견책의 경우 6개월을 경과하지 아니한 자 등은 근속승진대상에서 배제된다.

2) 근속승진기간의 단축

「경찰공무원법」 제16조 제1항 각 호 외의 부분 단서에 따라 다음 각 호의 경찰공무원을 근속승진임용하는 경우에는 해당 각 호의 구분에 따른 기간을 근속승진 기간에서 단축할 수 있다(동 규정 제26조 ②).

1. 「공무원임용령」 제48조 제1항 제1호에 따른 인사교류 기간 중에 있거나 인사교류 경력이 있는 경찰공무원: 인사교류 기간의 2분의 1에 해당하는 기간
2. 국정과제 등 주요 업무의 추진실적이 우수한 경찰공무원이나 적극행정 수행 태도가 돋보인 경찰공무원: 1년. 이 경우 근속승진 기간을 단축하는 경찰공무원의 인원수는 인사혁신처장이 제한할 수 있다.

3) 근속승진 대상자 기준일

경위 이하 근속승진 임용대상자는 매월 1일을 기준으로, 경감 근속승진 임용대상자는 매년 1월 1일을 기준으로 「경찰공무원법」 제16조 규정에 따른 기간 이상 동안 재직하여야 한다(경찰공무원 근속승진 운영규칙 제2조).

4) 경감 근속승진임용 심사

임용권자는 경감으로의 근속승진임용을 위한 심사를 연 1회 실시할 수 있

다. 이 경우 해당 기관의 근속승진 대상자의 100분의 30에 해당하는 인원수 (소수점 이하가 있는 경우에는 1명을 가산한다)를 초과하여 근속승진임용할 수 없 다(동 규정 제26조 ④).

5) 근속승진한 경찰공무원의 직급 정원

근속승진한 경찰공무원이 근무하는 기간에는 그에 해당하는 직급의 정원 이 따로 있는 것으로 보고, 종전 직급의 정원은 감축된 것으로 본다(경찰공무 원법 제16조 ②).

VI. 대우공무원제도

1. 대우공무원제도의 도입 배경

경찰은 위험한 업무수행과 야간·교대근무 등 강도 높은 근무체계에 비해 보수 및 각종 수당체계에서 불합리한 처우를 받고 있었다. 일반직·공안직 공무원 등은 1990년 7월부터 대우공무원제를 도입하여 장기근무로 인한 인센 티브를 제공받아 왔으나, 경찰은 예산·직급체계 등을 이유로 대우공무원수 당을 지급 받지 못해 왔다.

경찰청에서는 경찰공무원의 사기진작 및 급여 차원에서의 보상을 위해 2009년부터 경위 이하 5년 이상 근무한 경찰공무원을 대상으로 대우공무원을 선발하여 수당을 지급하였다. 이후 2012년부터는 총경 이하 경찰공무원까지 선발대상을 확대하여 경찰공무원의 사기진작에 기여하고 있다.

임용권자나 임용제청권자는 소속 경찰공무원 중 해당 계급에서 승진소요 최저근무연수 이상 근무하고 승진임용 제한 사유가 없는 근무실적 우수자를 바로 위 계급의 대우공무원으로 선발할 수 있다(경찰공무원 승진임용 규정 제43 조).

2. 대우공무원 선발을 위한 근무기간

1) 선발 대상

대우공무원으로 선발되기 위해서는 승진소요 최저근무연수가 지난 총경 이하 경찰공무원으로서 해당 계급에서 다음 구분에 따른 기간 동안 근무하여 야 한다(동 규정 시행규칙 제35조 ①).

(1) 총경·경정: 7년 이상

(2) 경감 이하: 5년 이상

다만, 국정과제를 담당하여 높은 성과를 내거나 적극적인 업무수행으로 경찰공무원의 업무행태 개선에 기여하는 등 직무수행능력이 탁월하고 경찰행정 발전에 공헌을 했다고 경찰청장 또는 소속기관등의 장이 인정하는 경우에는 그 기간을 1년 단축할 수 있다(동 규정 시행규칙 제35조 ① 단서).

2) 근무기간 산정 기준

근무기간의 산정은「경찰공무원 승진임용 규정」제5조 제2항, 제4항부터 제8항까지 및「동 규정 시행규칙」제3조 제2항[12])에 따른다. 이 경우 제3조 제2항에 따라 근무기간을 산정할 때에는 재임용된 계급 이상에 해당하는 퇴직 전의 재직기간은 현재 계급의 재직기간과 합하여 근무기간에 산입하되, 대우공무원 발령 기준일(매월 1일을 말한다) 전 10년 이내의 재직기간만 산입한다(동 규정 시행규칙 제35조 ②).

3. 대우공무원의 선발 절차 및 시기

임용권자나 임용제청권자는 매 분기 말 5일 전까지 대우공무원 발령일을

---

12)「경찰공무원 승진임용 규정 시행규칙」제3조(승진소요 최저근무연수의 계산)
② 퇴직한 경찰공무원이 퇴직 당시의 계급 또는 그 이하의 계급에 재임용된 경우에는 제1항에 따른 기준일 전 10년 이내의 기간 중 재임용된 계급 이상의 계급에서 재직한 기간은 현재 계급의 재직연수와 합하여 승진소요 최저근무연수에 산입(算入)한다.

표 9-16		2020년 대우공무원 선발결과(2020년 12월 31일 기준)						
구분	계	경무관 대우	총경 대우	경정 대우	경감 대우	경위 대우	경사 대우	경장 대우
인원	8,598	31	239	1,404	4,296	2,377	210	41

자료: 경찰청, 2021: 354.

기준으로 하여 대우공무원 선발요건을 충족하는 대상자를 결정하여야 하고, 그 다음 달 1일에 일괄하여 대우공무원으로 발령하여야 한다(동 규정 시행규칙 제36조). 2020년 경찰공무원의 대우공무원 선발결과는 <표 9-16>에서 보는 것과 같다.

4. 대우공무원수당의 지급

(1) 대우공무원으로 선발된 경찰공무원에게는 「공무원수당 등에 관한 규정」[13] 에 따라 대우공무원수당을 지급한다(동 규정 시행규칙 제37조 ①).

(2) 대우공무원이 징계 또는 직위해제 처분을 받거나 휴직하여도 대우공무 원수당은 계속 지급한다. 다만, 「공무원수당 등에 관한 규정」에서 정하 는 바에 따라 대우공무원수당을 줄여 지급한다(동 규정 시행규칙 제37조 ②).

(3) 대우공무원의 선발이나 수당 지급에 중대한 착오가 발생한 경우에는 임용권자나 임용제청권자는 그 잘못을 정정하고 대우공무원수당을 소 급하여 지급할 수 있다(동 규정 시행규칙 제37조 ③).

5. 대우공무원이 자격 상실

대우공무원이 다음의 어느 하나에 해당하는 경우 그 해당일에 대우공무원 의 자격은 별도 조치 없이 당연히 상실된다(동 규정 시행규칙 제38조).

---

13) 「공무원수당 등에 관한 규정」 제6조의2(대우공무원수당)
① 「경찰공무원 승진임용 규정」 제43조에 따라 대우공무원으로 선발된 사람에게는 예산의 범 위에서 해당 공무원 월봉급액의 4.1퍼센트를 대우공무원수당으로 지급할 수 있다. 다만, 대우 공무원수당과 월봉급액을 합산한 금액이 상위직급으로 승진 시의 월봉급액을 초과할 경우에는 해당 직급 월봉급액과 상위 직급 월봉급액의 차액을 대우공무원수당으로 지급한다.

(1) 상위계급으로 승진임용되는 경우: 승진임용일

(2) 강등되는 경우: 강등일

제 4 절   경찰공무원 승진제도의 개선방안

우리나라의 경찰공무원 승진제도는 경정 이하의 경찰관에게 시험승진 및 심사승진의 기회를 함께 제공하고 있어서 시험승진제도를 채택하고 있지 않은 다른 조직에 비해 큰 활력소가 되고 있다. 또한, 현저한 업적을 세운 경찰관에게는 특별승진의 기회도 함께 부여하고 있어서, 업적에 대한 보상이라는 관점에서 실적주의에 충실한 편이다. 우리나라의 경찰공무원 승진제도의 개선방안을 제시하면 다음과 같다.

Ⅰ. 경찰승진제도의 일반적 개선방안

1. 심사승진과 시험승진의 비율 조정

현재 심사승진과 시험승진을 병행하는 경우 임용비율을 계급별로 특별승진임용 예정인원수를 제외한 승진임용 예정인원수의 각 50%로 하고 있으나 계급에 따라 심사승진과 시험승진의 비율을 달리할 필요가 있다. 경장·경사·경위계급으로의 승진의 경우에는 직무 관련 전문지식의 습득을 위해서 시험승진 60%, 심사승진 40의 비율이 바람직하다. 다만, 경감·경정계급으로의 승진의 경우에는 심사승진 60%, 시험승진 40%의 비율이 바람직하다. 경찰간부의 경우에는 직무 관련 지식도 중요하지만 조직 내의 리더십, 관리능력, 업무 숙달도 등도 중요하기 때문이다.

2. 지방근무 경찰관의 승진 T/O 상향 조정

경무관·총경 계급으로 승진한 경찰관 중 대부분은 수도권에서 근무하고 있는 경찰관이다. 그 결과 대부분의 경정 계급의 경찰관은 총경 승진을 위해서 경찰청 및 서울시경찰청으로 가기 위해 노력을 하고, 다른 시·도경찰청 근무에 대해서는 잠시 거쳐 가는 자리로 여기는 경향이 있다.

승진 T/O는 당해 계급의 승진대상자 수에 비례하여 배정되므로, 지방의 경우에는 승진요건을 갖춘 대상자가 상대적으로 적기 때문에 승진 T/O 또한 적어지게 된다. 따라서, 경찰청 및 서울시경찰청 이외의 지방에 근무하는 경찰관에 대해서 승진 T/O를 좀 더 늘려서 지방 근무에 대해서도 선호하도록 유도해야 한다.

3. 승진소요 최저근무연수의 조정

현재 승진소요 최저근무연수가 합리적이지 못하다. 최근 순경·경장의 경우 1년 근무한 후에 승진시험을 치를 수 있도록 한 것은 유능한 경찰관이 빠른 시간 내에 승진할 수 있도록 하기 위한 것으로 여겨지지만, 경사·경위 2년과 경감·경정 3년은 바람직하지 못하다.

따라서, 경위부터는 최소한 조직 통솔능력을 함양해야 하는 차원에서 경사·경위는 3년, 경감은 4년, 경정은 5년이 지난 후에 심사승진 및 시험승진에 응시할 수 있도록 하는 것이 바람직하다.

II. 심사승진의 개선방안

1. 심사승진의 공정성 확보

경찰승진제도가 중앙관서와 지방관서 간에, 내근부서와 외근부서 간에 공

정하지 않거나 경찰승진에 유리한 특정부서가 있는 것으로 인식되면, 직무만
족 및 조직몰입에 부정적인 영향을 초래할 수 있다. 따라서, 부서·보직·학
연·지연에 상관없이 모든 경찰관이 승진을 위한 공정한 기회를 가질 수 있
는 환경을 조성하여 경찰관의 직무만족과 조직몰입을 향상시킬 수 있어야 한
다(황창호·이선우, 2014: 151). 특히, 경찰승진 시 경찰대학 출신, 경찰간부후보
생 출신, 고시 출신, 순경 출신이 균형 있게 배정될 필요가 있다.

2. 심사범위 축소

심사승진의 경우 5배수 범위의 후보자 추천은 승진심사 대상자로 하여금
심사승진 과정의 공정성을 의심케 하는 요인으로 작용할 수 있다(이유준·이
송호, 1996: 45). 따라서 심사승진 대상자 추천을 3배수 정도로 줄여서 그 중에
서 심사승진 후보자를 결정하는 것이 바람직하다.

3. 제2단계 심사의 개선

3단계 승진심사 중에서 제2단계 심사항목인 소속 경찰기관의 장의 평가·
추천은 경찰기관장이 근무성적 평정자이기 때문에 이중적 평가요소라고 볼
수 있다. 근무성적평정시 경찰기관장이 평점을 했음에도 불구하고 제2단계에
서 소속 경찰기관장의 평가 점수를 다시 반영하는 것은 문제의 소지가 있다.
심사승진의 객관성을 확보하고 정실개입의 여지와 오해를 불식시키기 위해서
소속 경찰기관의 장의 평가·추천점수 항목을 삭제해야 한다(손봉선, 1993: 70).
또한, 적성평가(국가관, 청렴도, 적격성 및 발전성, 인품)는 심사위원이 모든
심사승진 대상자의 특징을 정확히 파악하는 것도 아니고 그 기준도 모호하기
때문에 심사승진이 자의적으로 행해질 위험성이 높다. 따라서 적성 및 능력
의 평가를 위해 면접을 실시하는 방안, 2배수 범위 내에서 평가센터 제도를
도입하는 방안, 스스로 자기평가서를 제출하도록 하는 방안, 추천인을 포함시
키는 방안 등을 고려할 필요가 있다.

Ⅲ. 시험승진의 개선방안

1. 경력평정의 인정

시험승진의 경우에도 경력평정 점수를 반영할 필요가 있다. 심사승진의 경우에는 승진대상자 명부 작성시 경력평정점수가 35%나 반영되지만, 시험승진의 경우에는 사실상 객관성이 가장 보장되는 경력점수가 거의 반영되지 않고 있다. 경찰조직에 수년간 근무한 경찰관이 사회경험 및 실무경험이 더 많다는 것을 인정할 때 시험승진에서도 경력평정 점수가 어느 정도 반영되어야 한다.

2. 승진시험과목의 조정

승진시험과목은 경찰관 직무를 정확히 분석한 뒤 선정되어야 할 것이다. 그렇다면 수사경찰의 경우에 업무의 특성상 형법 및 형사소송법 지식이 필요하겠지만, 일반경찰의 경우에 과연 형법 및 형사소송법을 모든 계급에서 승진시험과목으로 학습할 필요가 있는지가 의문이다. 따라서, 경찰임무의 특성상 경찰-지역사회 관계, 지역사회 경찰활동이라는 과목이 추가될 필요가 있다. 또한, 일본 기후현(岐阜縣)처럼 경찰승진시험과목에 체포술을 도입할 필요가 있다.14)

---

14) 공무집행방해 사건과 경찰관에 대한 위해 사건이 지속 증가하고 있음에 따라 경찰관 개개인의 체포술을 향상시켜 현장에서 범죄자에 대한 적정한 실력행사와 함께 피습에 따른 사상자가 발생치 않도록 하기 위한 목적에서 시행하는 것이라고 한다. 이와 관련, 동(同) 본부에서는 체포술의 승진시험 도입에 대비, 경찰본부·경찰서 소속 체포술 지도자를 대상으로 기본법, 응용기법, 방어기법 등 체포술 강습회를 개최하였으며, 향후 각급 경찰관서를 순회 지도하면서 체포술 지도자에 대한 교양·훈련기법 향상을 도모, 全경찰관의 체포술 고도 평준화에 주력할 방침이라고 한다.

IV. 특별승진의 개선방안

1. 특별승진의 남용 제한

특별승진은 뚜렷한 공적이 있는 대상자에 한해서 실시해야 한다. 현재「경찰공무원 승진임용 규정」상 특별승진의 요건이 추상적이어서 일반적 수준의 공적이 있음에도 불구하고 특별승진을 행하는 경우도 있다. 단지 일반적 수준의 공적만이 있을 때에는 특별승진보다는 각종 표창을 줌으로써 심사승진 또는 시험승진에 도움이 되도록 해야 한다.

2. 일정점수 이상의 근무성적평정 점수

경찰공무원 승진에는 상위직급 수행능력을 검증하는 절차를 거쳐야 하나, 특별승진의 경우 특별승진 공적에 대한 심사만을 진행하고 있는 실정이다(장광, 2009: 135). 일부 대상의 경우에는 승진소요 최저근무연수를 채울 필요가 없고, 계급별 기본교육을 받지 않아도 특별승진할 수 있지만, 일정 수준 이상의 근무성적평정 점수를 받은 경찰관이 특별승진의 영예를 누릴 수 있도록 개선해야 평상시의 근무기강이 확립될 수 있다.

V. 근속승진의 개선방안

1. 근무성적평정 요건의 강화

근속승진제도는 승진 적체로 인한 구성원의 사기저하를 방지하기 위한 것이지만, 일선기관에서 지휘권 확립과 대립되는 사례가 있어 문제가 되기도 한다. 따라서, 근속승진기간이 경과한 모든 경찰관을 근속승진 시킬 것이 아니라 근속승진시 근무성적평정 점수를 상향 조정하여 성실하게 근속한 경찰관에 한하여 근속승진하도록 해야 한다.

2. 다른 공무원과의 격차 최소화

지금까지 대부분의 경찰관이 근속승진을 하더라도 일반공무원 7급에 해당되는 경위 계급에서 정년을 맞게 되므로, 보수와 연금에 있어서 적지 않은 차이가 있었다. 따라서, 앞으로는 성실하게 근무한 경찰공무원이 타 공무원과 비교해서 차별을 받지 않도록 해야 한다.

경찰관은 승진 적체로 인하여 동일한 연수를 근무한 일반직 공무원에 비해서 보수 및 연금 등에서 불이익을 당하고 있다는 불만이 팽배해 있으므로, 이러한 불만을 해소시킬 수 있는 합리적인 인사시스템을 도입할 필요가 있다(박종주·류지원, 2006: 43). 특히, 경찰조직의 현행 11개 계급구조를 일반행정조직과 유사하게 9개 계급구조로 개편하는 것도 적극적으로 고려해 볼 필요가 있다(임창호, 2016: 26).

연습문제

1. 경찰승진의 기준을 설명하세요.

2. 경찰승진의 종류를 설명하세요.

3. 경찰승진절차를 설명하세요.

4. 경찰승진제도의 개선방안을 논하세요.

 참고문헌

〈국내문헌〉

경찰청. (2021). 「2021 경찰백서」, 서울: 경찰청.

공상수. (2000). "경찰공무원 승진제도의 문제점과 개선방안," 석사학위논문, 부산대학교 행정대학원.

김형만 외 8인. (2002). 「비교경찰제도론」, 서울: 법문사.

박종주·류지원. (2006). "공무원이 조직공정성 지각이 조직유효성과 행정서비스 품질에 미치는 영향: 전라북도 일반직공무원과 경찰공무원의 비교를 중심으로," 「지방정부연구」, 10(1): 25-48.

박현호. (2007). "영국 경찰의 입직 및 승진과 관련한 교육훈련체계에 관한 연구," 「경찰학연구」, 7(1): 9-43.

손봉선. (1993). "경찰공무원 승진제도의 개선방안에 관한 연구," 석사학위논문, 전북대학교 행정대학원.

손창현. (1995). "경찰승진구조의 개선방안에 관한 연구," 석사학위논문, 서울대학교 행정대학원.

신상석. (2009). "경찰공무원 승진제도의 합리적 개선방안," 석사학위논문, 동국대학교 행정대학원.

안태성. (2009). "사기제고를 위한 경찰승진제도의 개선방안에 관한 연구," 석사학위논문, 원광대학교 행정대학원.

이유준·이송호. (1996). "경찰인사제도 개선방안," 연구보고서 96-06, 치안연구소.

이윤근. (2002). 「비교경찰제도론」, 서울: 법문사.

이황우. (2007). 「경찰행정학」(제5판), 서울: 법문사.

임창호. (2006). "경찰승진제도의 실태분석 및 개선방안," 「한국공안행정학회보」, 22: 421-464.

_____. (2016). "경찰관의 조직공정성 인식이 직무만족 및 조직몰입에 미치는 영향: 경찰승진을 중심으로," 「한국경찰학회보」, 18(6): 55-88.

장광. (2009). "경찰공무원 승진제도 혁신방안 연구," 석사학위논문, 연세대학교 행정대학원.

황창호·이선우. (2014). "경찰관들의 조직몰입에 영향을 미치는 요인에 대한 연구: 직급구조, 승진제도, 조직문화를 중심으로," 「한국행정학보」, 48(4): 133-155.

〈국외문헌〉

Eastman, G. (ed.). (1969). *Municipal Police Administration*, Washington D. C.: International City Management Association.

Gaines, L. K., Southerland, M. D., & Angell, J. E. (1991). *Police Administration,* New York, NY: McGraw-Hill Book Co.

Glastris, P. (1994). "The thin white line: City struggles to mix standardized testing and racial balance", *U.S. News and World Reports,* 117(7).

Gaines, L. K., Worrall, J. L., Southerland, M. D., & Angell, J. E. (2003). *Police Administration*(2nd. ed.), New York, NY: McGraw-Hill Companies, Inc.

Roberg, R. & Laramy, J. E. (1980). "An empirical assessment of the criteria utilized for promotion police personnel: A secondary analysis," *Journal of Police Science and Administration,* 8(2): 183-187.

Stahl, O. Glen & Staufenberger, R. A. (eds.). (1974). *Police Personnel Administration,* Washington, D. C.: Police Foundation.

Wilson, O. W. & Mclaren, R. C. (1977). *Police Administration*(4th ed.), New York: McGraw Hill Book Co., Inc.

Yeager, S. J. (1986). "Use of Assessment Center by Metropolitan Fire Department in North America," *Public Personnel Management,* 15(1): 51-64.

Chapter **10**

경찰공무원 보수

제1절 경찰공무원 보수의 개념 및 성격

I. 경찰공무원 보수의 개념

경찰 보수(police pay; police salary)란 경찰공무원이 직무수행의 대가로 받는 금전적 보상을 말한다. 보수는 조직구성원과 그 가족의 생계유지 및 사회적 품위를 유지하도록 해 주는 조직관리상 필수요소이다. 특히, 보수는 조직구성원의 근무의욕 및 사기에 큰 영향을 미치고, 조직에 필요한 유능한 인재를 확보하고 유지하는 데 중요한 역할을 하고 있다.

보수는 봉급과 수당으로 구성되고, 연금 및 의료보험, 주택지원, 금융공제, 유급휴가 등과 같은 간접적이거나 유예적인 재정적 보상 등은 복리후생으로 여겨져서 보수와 구별된다. 직장으로서 경찰직의 매력은 첫째가 생활 안정이고, 그 다음으로는 실력 승진, 사회봉사, 남성다운 직장, 정의 실현, 규율 있는 직장의 순서라고 주장되고 있다(西村春夫, 1975: 106).

II. 공무원 보수의 성격

공무원 보수는 개념상으로는 민간부문의 임금과 유사하지만 그 성격 측면에서는 차이가 있다(유민봉, 2006: 505).

첫째, 공무원 보수에는 보수의 일반적 성격인 노무에 대한 반대 급부적 성격 이외에도 공무원과 그 가족의 최저생활을 보장하기 위한 생활보장적 급부 성격을 가지고 있다.

둘째, 근무에 대한 반대 급부적 성격을 갖고 하더라도, 근무 가치를 정확하게 계산할 수 없으므로 합리적 보수 수준이 어느 정도인지를 결정하기 곤란하다.

셋째, 보수 수준의 결정에서 상당한 법적·정치적·경제적 환경의 영향을 받는다. 특히, 보수의 출처가 국민의 세금이라는 점에서 국회나 국민의 직·간접적인 통제를 받는다.

Ⅲ. 경찰공무원 보수의 기능

경찰공무원 보수는 경찰조직 차원, 개인적 차원, 국가적 차원에서 중요성을 지니고 있는데, 다음과 같은 기본적 역할을 하고 있다.

1. 경제적 기능

경찰공무원 보수는 경찰관의 근무활동에 대한 물질적 보상뿐만 아니라 직무 헌신에 대한 보상으로서 주로 경찰관의 생계를 보장하는 기능을 한다.

2. 심리적 기능

경찰공무원 보수는 경찰관이 민주적 봉사자로 근무할 수 있게 하는 것으로 그 역할이 확대되었다. 이러한 심리적 기능은 조직구성원의 직무에 대한 자기만족, 자기실현, 자존감과 같은 동기부여를 하게 한다.

3. 정치적 기능

경찰공무원 보수수준이 상대적으로 높은 자치경찰체제의 선진국에서는 높은 보수 수준이 다른 기관에 대한 경찰의 힘을 상징하는 정치적 도구로 여겨진다. 또한, 경찰관이 단체교섭이나 파업을 하고자 할 때 경찰공무원 보수가 정치적 협상에 이용되기도 한다.

4. 신분상 기능

대부분의 경찰공무원은 정부 내 다른 기관의 보수수준에 대해 관심을 갖고 있으며, 경찰관의 보수수준이 다른 기관의 보수수준과 비교하여 낮을 경우에는 자신의 신분상 위상이 침해 당하는 것으로 생각한다.

제2절 경찰공무원 보수수준의 결정요인

Ⅰ. 공무원 보수수준의 결정요인

「국가공무원법」 제46조에서는 보수 결정의 원칙으로서, "① 공무원의 보수는 직무의 곤란성과 책임의 정도에 맞도록 계급별·직위별 또는 직무등급별로 정한다. ② 공무원의 보수는 일반의 표준 생계비, 물가 수준, 그 밖의 사정을 고려하여 정하되, 민간 부문의 임금 수준과 적절한 균형을 유지하도록 노력하여야 한다. ③ 경력직 공무원 간의 보수 및 경력직 공무원과 특수경력직 공무원 간의 보수는 균형을 도모하여야 한다"라고 규정하고 있다.

보수는 본질적으로 분배적 특성을 지니고 있어서 조직과 개인 간 자원분배 문제를 야기하며, 이로 인해 조직과 개인 간 갈등의 주요 원인이 되고 있다. 보수와 관련된 갈등문제를 극복하고 서로가 받아들일 수 있는 합리적인 보수수준을 결정하기 위해서는 보수의 공정성이 확보되어야 한다. 보수 공정성은 구성원이 지급 받는 보수 규모와 관련되는 분배 공정성(distributive justice)과 보수 규모가 결정되는 근거 및 과정에 대한 절차 공정성(procedural justice)으로 구분될 수 있다. 공무원의 보수수준의 결정요인을 설명하면 다음과 같다.

1. 생계비의 수준

민간부문의 근로자에게 최저임금법을 두어 최저생계비를 보장하듯이 공무원의 경우에도 사회에서 인간다운 생활유지에 필요한 적정한 수준의 보수를 보장해야 한다.

2. 민간기업의 임금수준

공무원 보수수준을 결정할 때에는 민간기업의 임금수준을 고려해야 한다. 그러나 공무원 업무는 독점적 성격 또는 비시장성으로 말미암아 민간기업의 임금수준과 균형을 맞추는 것은 쉽지 않다. 따라서 민간기업의 임금수준은 간접적인 참고자료로 활용될 수밖에 없다.

3. 정부의 지불 능력

공무원 보수수준은 정부의 지불능력에 의해 직접적인 영향을 받는다. 균형예산을 지향하는 정부에서 공무원 보수는 세입과 세출의 재정규모를 고려하여 결정하여야 한다. 따라서 정부의 지불능력은 공무원 보수수준의 상한선 역할을 한다.

4. 편익과 특혜의 정도

공무원이 보수 이외에 받는 편익과 특혜는 다른 기관과 비교하여 불리한 입장에 있다. 근무시간이 길고, 신분보장도 약하고, 보건 및 후생에 관한 지원도 열악하며, 승진기회도 제한되어 있는 편이다. 따라서 다른 편익이 크면 보수는 상대적으로 적어도 되지만, 그러한 편익이 적으면 보수가 많아야 공평하게 된다.

Ⅱ. 경찰공무원 특수성에 따른 보수수준 결정요인

경찰공무원 보수는 생활비 변동에 부응하여 경찰관의 적당한 기본생활을 보장할 수 있는 정도이어야 하고, 업무상 책임에 상응하는 임금수준이 되어야 한다. 경찰공무원 보수수준을 결정함에 있어서 고려해야 할 주요 요소는 다음과 같다(박광훈, 2010: 151-155).

1. 경찰직무의 중요성

경찰직무는 사회 전반에 걸쳐 매우 중대한 업무를 수행하며, 경찰직무 특성상 책임 및 긴급한 상황이 항상 뒤따르는 경향을 가지고 있다. 경찰이 경찰 본연의 임무를 제대로 수행하지 못한다면, 우리 사회에 미치는 부정적인 파급효과는 클 것이고, 사회적·경제적 손실비용 또한 막대하여 국가의 존립에까지 악영향을 미칠 수 있다. 따라서, 경찰공무원 보수수준은 이러한 경찰직무의 중요성을 반영하여야 한다.

2. 법집행기관으로서의 엄격한 책임

경찰은 일반행정부서의 공급행정과는 달리 질서행정을 수행하며, 국민의 권익에 직접적인 영향을 미치는 법집행 업무를 수행하고 있다. 이러한 법집행기관의 특성으로 인해서 경찰의 위법·부당한 행위에 대해서는 일반직 공무원보다 더욱 엄격한 책임이 부과되고 있다.

3. 직무의 곤란성 및 위험성

경찰이란 직업은 위험을 감수해야 하며, 24시간 근무해야 하는 특수성을 갖고 있다. 범죄진압 및 수사라는 경찰업무의 특성상 경찰관은 항상 위험부담을 수반하고 있다. 경찰관은 주취자 및 범죄자 등에 의해서 시달리며, 흉악범 검거, 폭력시위 진압, 대테러 및 대간첩작전 업무수행, 교통단속 등 생명과 신체에 대한 위험성이 높은 상황에서 직무를 수행하고 있다.

4. 직무의 불규칙성 및 긴급성

경찰은 범죄예방과 진압 및 교통지도·단속 등 시시각각 일어나는 각종 사건·사고 처리를 위해 24시간 비상 근무체제를 유지하고 있어서, 야간근무 및 교대근무 등으로 인해 다른 직업군에 비해 건강상 발병률이 높게 나타난다.

또한, 범죄발생, 교통사고 등의 주요사건·사고는 야간에 집중적으로 발생하여 야간 근무자의 업무부담이 가중되며, 공휴일에도 평일과 비슷한 치안수요가 발생하고 있어서 경찰은 평일과 공휴일의 구분 없는 24시간 근무를 하고 있다.

제 3 절   한국의 경찰공무원 보수제도

보수체계란 보수의 종류와 구체적인 보수지급 항목에 대한 구성을 말한다. 보수체계는 조직이 처해 있는 내·외의 사정 및 필요를 반영하고, 보수정

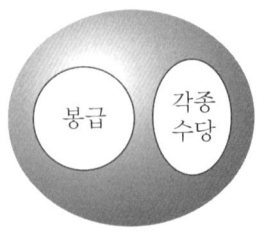

그림 10-1   경찰공무원 보수

책의 기본방향에 부합하는 것이어야 한다. 그리고 보수 구성은 객관적이고 타당한 기준에 따라 결정되어야 한다. 경찰인사행정에 있어서 보수는 [그림 10-1]에서 보는 것과 같이 기본급여인 봉급과 각종 수당으로 구성되어 있다.

I. 봉 급

기본급여인 봉급은 직무의 곤란성·책임 정도에 따라 계급별 및 호봉별로 지급되는 직무급과 계급에 관계 없이 재직기간에 따라 지급되는 근속급을 합한 개념이다. 순경에서 치안정감까지 각 등급별 호봉차액은 호봉수가 높아질수록 좁아지고 있다. 「공무원보수규정」에 근거한 2022년 경찰공무원의 봉급표는 <표 10-1>과 같다.

표 10-1 경찰공무원·소방공무원 및 의무경찰 등의 봉급표(제5조 및 별표 1 관련)

(월지급액, 단위: 원)

계급 호봉	치안정감 소방정감	치 안 감 소 방 감	경 무 관 소방준감	총 경 소방정	경 정 소방령	경 감 소방경	경 위 소방위	경 사 소방장	경 장 소방교	순 경 소방사
1	4,189,900	3,771,900	3,403,000	3,055,500	2,747,600	2,373,500	2,120,600	1,965,600	1,784,900	1,686,500
2	4,336,700	3,911,800	3,528,900	3,174,600	2,852,900	2,475,500	2,220,600	2,053,600	1,868,500	1,732,900
3	4,487,300	4,053,600	3,658,600	3,295,600	2,962,300	2,579,500	2,321,800	2,146,800	1,956,600	1,816,000
4	4,641,300	4,196,800	3,789,200	3,419,500	3,075,900	2,686,700	2,425,800	2,244,800	2,046,600	1,904,000
5	4,799,000	4,341,900	3,921,900	3,545,100	3,192,500	2,795,600	2,532,400	2,346,200	2,140,100	1,993,000
6	4,958,600	4,487,200	4,055,900	3,671,900	3,311,500	2,907,200	2,640,000	2,450,100	2,235,900	2,083,900
7	5,120,600	4,634,500	4,191,500	3,799,800	3,432,300	3,021,000	2,748,700	2,554,600	2,332,000	2,171,000
8	5,284,000	4,781,500	4,327,500	3,928,400	3,554,600	3,136,000	2,857,500	2,659,900	2,424,400	2,254,800
9	5,449,700	4,929,600	4,464,600	4,057,400	3,677,300	3,252,000	2,966,800	2,760,000	2,512,500	2,335,200
10	5,616,300	5,077,500	4,601,600	4,186,200	3,800,900	3,360,400	3,070,100	2,855,600	2,595,900	2,412,500
11	5,782,600	5,226,200	4,738,800	4,316,200	3,916,300	3,463,000	3,166,900	2,945,700	2,676,600	2,486,200
12	5,954,500	5,379,900	4,881,100	4,438,500	4,027,700	3,562,900	3,262,300	3,034,300	2,755,500	2,559,300
13	6,127,300	5,534,600	5,013,300	4,552,900	4,133,400	3,657,300	3,353,000	3,118,400	2,831,300	2,629,600
14	6,300,700	5,674,600	5,136,100	4,659,600	4,232,000	3,747,500	3,438,100	3,198,700	2,903,700	2,697,800
15	6,452,100	5,803,700	5,249,200	4,760,100	4,325,100	3,832,000	3,520,300	3,275,500	2,973,300	2,763,000
16	6,586,600	5,922,000	5,354,700	4,855,000	4,412,700	3,913,300	3,597,100	3,348,100	3,040,500	2,826,100

계급 호봉	치안정감 소방정감	치 안 감 소 방 감	경 무 관 소방준감	총 경 소방정	경 정 소방령	경 감 소방경	경 위 소방위	경 사 소방장	경 장 소방교	순 경 소방사
17	6,705,900	6,031,000	5,452,700	4,943,100	4,495,100	3,988,800	3,670,700	3,417,800	3,103,200	2,887,800
18	6,812,100	6,130,500	5,543,800	5,025,300	4,572,900	4,061,500	3,740,200	3,484,500	3,164,000	2,945,200
19	6,907,200	6,222,500	5,628,000	5,102,100	4,646,200	4,129,600	3,806,300	3,547,300	3,222,400	3,001,700
20	6,992,400	6,306,400	5,707,000	5,173,900	4,714,900	4,194,100	3,869,000	3,607,100	3,278,100	3,055,400
21	7,071,000	6,383,100	5,780,000	5,241,000	4,779,500	4,254,900	3,928,800	3,664,200	3,331,200	3,106,000
22	7,140,900	6,453,500	5,847,700	5,303,900	4,840,200	4,313,700	3,985,200	3,718,000	3,382,200	3,154,900
23	7,200,100	6,517,900	5,910,100	5,363,000	4,897,600	4,367,600	4,038,500	3,770,200	3,430,800	3,201,400
24		6,570,500	5,968,500	5,418,700	4,951,100	4,419,700	4,089,800	3,819,600	3,477,700	3,246,000
25		6,620,800	6,016,300	5,469,600	5,001,800	4,468,700	4,138,600	3,866,400	3,522,200	3,288,300
26			6,062,100	5,512,700	5,049,500	4,515,200	4,183,300	3,911,400	3,565,300	3,326,900
27			6,104,500	5,552,500	5,089,100	4,558,600	4,221,500	3,949,300	3,601,300	3,360,000
28				5,590,500	5,127,000	4,595,800	4,258,400	3,984,700	3,635,900	3,391,800
29					5,161,900	4,630,300	4,293,100	4,018,900	3,668,700	3,422,600
30					5,195,900	4,664,200	4,326,000	4,051,600	3,700,400	3,452,600
31						4,695,400	4,357,200	4,082,300	3,731,200	3,481,800
32						4,725,100				

비고
1. 경찰대학생: 1학년 756,800원, 2학년 793,600원, 3학년 829,400원, 4학년 923,900원
2. 경찰간부후보생 및 소방간부후보생: 임용예정 계급의 1호봉에 해당하는 봉급의 80퍼센트에 상당하는 금액
3. 의무소방원: 특방은 지원에 의하지 않고 임용된 하사 봉급 상당액, 수방은 병장 봉급 상당액, 상방은 상등병 봉급 상당액, 일방은 일등병 봉급 상당액, 이방은 이등병 봉급 상당액
4. 의무경찰: 특경은 지원에 의하지 않고 임용된 하사 봉급 상당액, 수경은 병장 봉급 상당액, 상경은 상등병 봉급상당액, 일경은 일등병 봉급 상당액, 이경은 이등병 봉급 상당액
자료: 「공무원 보수규정」 별표 10.

경찰직, 일반직, 공안직 공무원의 월 봉급액을 살펴보면, 경찰직은 총경 이하에서는 일반직 공무원보다 높은 수준의 보수를 지급 받고 있지만, 경무 관 이상에서는 일반직 공무원과 동일한 수준의 보수를 지급 받고 있는 것으 로 나타났다. 또한, 경찰직과 공안직 공무원의 월 봉급액을 비교하면, 경찰은 경감 이하에서는 공안직 공무원보다 더 많은 보수를 지급 받고 있으나, 경정 이상에서는 공안직 공무원보다 더 적은 보수를 지급 받고 있는 것으로 나타 났다.

Ⅱ. 수   당

1. 수당의 개념

수당은 경찰관의 직책·능력·자격에 따라 일률적으로 지급되는 것이 아니라 근무조건의 특수성에 따라 지급된다. 수당은 기본급의 미비점을 보완해 주기 때문에 보수제도의 탄력성을 유지해주는 수단이 된다. 경찰은 공안업무의 대표적인 직종임에도 상시 야간·휴일근무, 직무 위험성, 직무 특수성, 책임성 등 직무특성이 경찰공무원 보수에 충분히 반영되지 않았다.

그 결과, 수당이 경찰직무의 특수성과 전문성을 반영할 수 있도록 「공무원 수당 등에 관한 규정」을 개정하여 과학수사요원에 대한 범죄수사수당(6만원), 검시관에 대한 검시업무수당(24만원)을 신설하였다. 또한, 근무 강도에 따라 시간대별·근무유형별로 차등화된 초과근무수당을 지급하기 위하여 2013년 2월부터 4월까지 광주·대전·경기·경북지방경찰청 등 4개 지방경찰청을 대상으로 초과근무수당 단가 차등제를 시범운영하였고, 관계부처 간 협의를 통해 초과근무수당 지급액을 조정할 수 있도록 「총액인건비제 세부 운영지침」을 개정하여 초과근무수당 책임운영권을 확보하였다.

2. 수당의 종류

경찰공무원에게 지급되는 수당의 유형은 <표 10-2>에서 보는 깃과 같다. 그러나 「공무원수당 등에 관한 규정」에 근거하지 않은 수당으로 일·숙직수당, 명예퇴직수당, 치안활동수당 등이 있다.

표 10-2 수당의 유형

수 당	내 용
상여수당	대우공무원수당, 정근수당, 성과상여금
가계보전수당	가족수당, 자녀학비 보조수당, 육아휴직수당
특수지근무수당	
특수근무수당 등	위험근무수당, 특수업무수당, 업무대행수당
초과근무수당	시간외근무수당, 야간근무수당, 휴일근무수당, 관리업무수당
실비변상 등	정액급식비, 명절휴가비, 연가보상비, 직급보조비

자료: 「공무원수당 등에 관한 규정」.

1) 상여수당

상여수당은 공무원의 직무수행에 대한 공로보상이면서 근무능률을 높이기 위한 것이나, 현재는 생활보조금적, 업무보수적 성격을 지니고 있다. 「공무원수당 등에 관한 규정」에 근거한 상여수당에는 대우공무원수당, 정근수당, 성과상여금이 있다.

(1) 대우공무원수당

대우공무원으로 선발된 사람에게는 예산의 범위에서 해당 경찰공무원의 월봉급액의 4.1%를 대우공무원수당으로 지급할 수 있다(공무원수당 등에 관한 규정 제6조의2).

(2) 정근수당

공무원에게는 예산의 범위 안에서 근무연수에 따라 매년 1월과 7월의 보수지급일에 정근수당을 지급한다. 근무연수에 따라 월 봉급액의 5~50%를 정근수당으로 지급하고, 5년 이상인 공무원에게는 근무연수에 따라 50,000~100,000원의 정근수당 가산금을 지급한다. 특히 추가 가산금으로서 근무연수가 20년 이상 25년 미만인 공무원에게는 월 10,000원을, 25년 이상인 사람에게는 월 30,000원을 지급한다(동 규정 별표 2). 다만, 의무경찰·경찰대학생·경찰간부후보생에 대하여는 정근수당을 지급하지 아니한다(동 규정 제7조).

(3) 성과상여금

근무성적·업무실적 등이 우수한 경감 이하 경찰공무원에 대하여 예산의 범위에서 계급 또는 등급별로 성과상여금 지급기준액표를 기준으로 연 1회 지급한다. 성과상여금은 S등급(상위 20% 이내)은 지급기준액의 172.5% 이상을, A등급(상위 20% 초과~60% 이내)은 125%를, B등급(상위 60% 초과~90% 이내)은 85%를 지급하고, C등급은 지급하지 않는다(동 규정 제7조의2; 별표 2의4).

2) 가계보전수당

(1) 가족수당

경찰공무원으로서 부양가족이 있는 사람에게는 예산의 범위에서 가족수당을 지급하되, 부양가족의 수는 4명 이내로 한다. 다만, 자녀의 경우에는 부양가족의 수가 4명을 초과하더라도 가족수당을 지급한다(배우자 40,000원, 배우자를 제외한 부양가족 1명당 20,000원, 첫째 자녀 20,000원, 둘째 자녀 60,000원, 셋째 이후 자녀 100,000원). 그러나 의무경찰·경찰대학생·경찰간부후보생에게는 가족수당을 지급하지 아니한다(동 규정 제10조 ①; 별표 5).

부양가족이란 부양의무를 가진 공무원과 주민등록표상 세대를 같이 하는 사람으로서 해당 공무원의 주소나 거소에서 현실적으로 생계를 같이 하는 다음 각 호의 어느 하나에 해당하는 사람(재외공무원의 부양가족은 제1호 및 제3호에 해당하는 사람으로 한정한다)을 말한다. 다만, 취학·요양 또는 주거의 형편이나 공무원의 근무형편에 따라 해당 공무원과 별거하고 있는 가족(제1호에 해당하는 사람, 제2호에 해당하는 사람 중 공무원의 배우자와 세대를 같이 하는 사람, 제3호에 해당하는 사람 중 공무원 본인과 배우자의 자녀로 한정한다)은 부양가족에 포함한다(동 규정 제10조 ②).

① 배우자

② 본인 및 배우자의 60세(여성인 경우에는 55세) 이상의 직계존속(계부 및 계모를 포함한다. 이하 이 호에서 같다)과 60세 미만의 직계존속 중 장애의 정도가 심한 사람

③ 본인 및 배우자의 19세 미만의 직계비속(재외공무원인 경우에는 자녀로 한정한다. 이하 이 호에서 같다)과 19세 이상의 직계비속 중 장애의 정도가 심한 사람

④ 본인 및 배우자의 형제자매 중 장애의 정도가 심한 사람과 본인및 배우자의 부모가 사망하거나 장애의 정도가 심한 사람인 경우 본인 및 배우자의 19세 미만의 형제자매

(2) 자녀학비 보조수당

「공무원수당 등에 관한 규정」 제11조 제1항에 규정된 학교 또는 시설(이하 "국외학교"라 한다)에 다니고 있는 자녀가 있는 재외공무원에게는 예산의 범위에서 자녀 1명당 지급 구분에 따라 자녀학비보조수당을 지급한다. 다만, 자녀가 법령에 따라 학비가 면제되거나 학비가 무상인 국외학교에 다니고 있는 경우에는 자녀학비보조수당을 지급하지 않는다(동 규정 제11조).

(3) 육아휴직수당

「국가공무원법」 제71조 제2항 제4호(만 8세 이하 또는 초등학교 2학년 이하의 자녀를 양육하기 위하여 필요하거나 여성공무원이 임신 또는 출산하게 된 때)에 따른 사유로 30일 이상 휴직한 공무원의 육아휴직수당은 육아휴직 시작일을 기준으로 한 월봉급액의 80퍼센트에 해당하는 금액으로 한다. 다만, 해당 금액이 150만원을 넘는 경우에는 150만원으로 하고, 해당 금액이 70만원보다 적은 경우에는 70만원으로 한다(동 규정 제11조의3 ①).

3) 특수지근무수당

교통이 불편하고 문화·교육시설이 거의 없는 지역이나 근무환경이 특수한 기관에 근무하는 공무원에 대하여는 예산의 범위 안에서 특수지근무수당을 지급한다(동 규정 제12조). 가지역 60,000원, 나지역 50,000원, 다지역 40,000원, 라지역 30,000원을 지급한다(동 규정 별표 7).

4) 특수근무수당 등

(1) 위험근무수당

공무원으로서 위험한 직무에 종사하는 자에 대하여는 예산의 범위 안에서 위험근무수당을 지급하는데(동 규정 제13조), 갑종은 60,000원, 을종은 50,000

원, 병종 40,000원이다(동 규정 별표 8). 수사외근, 교통외근, 집회·시위 등 현장에서 정보 채증업무에 종사하거나 의무경찰대·기동대·방범순찰대·파출소·검문소 소속의 경찰공무원 및 경찰기마대 소속 경찰공무원과 말을 관리하는 일반직 공무원은 갑종에 해당한다(동 규정 별표 9).

(2) 특수업무수당

공무원으로서 특수한 업무에 종사하는 사람에게는 예산의 범위 안에서 기술분야, 교육 및 연구분야, 특수업무분야, 재외직분야에 따라 특수업무수당을 지급한다(동 규정 제14조). 항공기 조종사 및 정비사인 경위인 조종사에게는 404,200원을 지급한다. 특수직무수당에 대해 자세하게 설명하면 다음과 같다.

① 대테러업무를 주된 임무로 하여 조직된 경찰특공대 소속 경찰 공무원 ⇨ 월 80,000원 이하

② 간첩의 침투봉쇄 및 그 작전에 종사하는 경찰공무원 ⇨ 월 20,000원 이하

③ 집회·시위 관리를 직접 담당하는 경찰부대(전투경찰대, 방범순찰대, 경찰기동대) 소속의 경찰공무원 ⇨ 월 80,000원 이하

④ 112신고 출동 현장에서 주요 범죄사건 처리 등 업무에 직접 종사하는 경찰공무원 ⇨ 야간근무(22시부터 다음날 06시까지) 중 112신고에 따라 주요 범죄사건 처리 등을 위하여 긴급 출동하는 경우 출동 건수마다 3,000원을 가산하여 지급하되, 1일 30,000원을 초과할 수 없다.

⑤ 고소·고발 등 민원사건을 전담하여 조사·처리하는 수사경찰공무원 ⇨ 월 40,000원 이하

(3) 업무대행수당

「경찰공무원임용령」 제30조의3 제1항의 규정에 의하여 병가, 출산휴가, 유산휴가, 사산휴가, 육아휴직 또는 공무상 질병휴직 중인 공무원(병가, 유산휴가 및 사산휴가의 경우에는 30일 이상 병가 또는 휴가를 사용하는 공무원, 공무상 질병휴직의 경우에는 6개월 미만의 휴직을 사용하는 공무원으로 한정한다)의 업무를 대행하는 공무원에게는 예산의 범위에서 월 20만원의 업무대행수당을 지급한다. 다만, 같은 업무를 대행하는 공무원이 여러 명인 경우 업무대행수당은 업

무대행 지정 인원 수로 나누어서 지급한다(동 규정 제14조의2).

5) 초과근무수당

초과근무수당에는 시간외근무수당, 야간근무수당, 휴일근무수당, 관리업무수당이 있다.

(1) 시간외근무수당

근무명령에 의하여 규정된 근무시간 외에 근무한 사람에게는 예산의 범위에서 시간외근무수당을 순경에서 경정까지 지급한다. 즉, 시간외근무수당은 매 시간에 대하여 해당 공무원에게 적용되는 기준호봉(해당 계급 10호봉)의 봉급액(봉급기준액)의 55%의 1/209의 150%를 지급한다(동 규정 제15조 ①, ②). 시간외근무수당이 지급되는 근무명령 시간은 1일에 4시간, 1개월에 57시간을 초과할 수 없다(예외 있음).

(2) 현업공무원등에 대한 야간근무수당

현업공무원등으로서 야간에만 근무하는 사람과 주간·야간 교대근무자로서 야간근무를 하는 사람에 대해서는 예산의 범위 안에서 야간근무수당을 지급한다. 야간근무는 1일 8시간을 기준으로 하되, 매 시간에 대하여 봉급기준액(해당 계급 10호봉)의 1/209의 50%를 지급한다(동 규정 제16조).

(3) 현업공무원등에 대한 휴일근무수당

현업공무원등으로서 휴일에 9시부터 18시까지 근무하는 사람에게는 예산의 범위 안에서 휴일근무수당을 지급한다. 휴일근무수당은 봉급기준액(해당 계급 10호봉)의 1/26의 150%를 지급한다(동 규정 제17조).

(4) 관리업무수당

총경 이상의 경찰공무원에 대하여 예산의 범위 안에서 월봉급액의 9%를 관리업무수당으로 지급한다. 다만, 관리업무수당을 지급 받는 자에 대하여는 시간외근무수당, 야간근무수당, 휴일근무수당을 지급하지 아니한다(동 규정 제17조의2).

6) 모범공무원 수당

모범공무원 수당은 공무원으로서 직무를 성실히 수행하여 공적이 탁월한 공무원을 발굴·포상하고 인사상 특전을 부여하기 위한 제도로서 1969년 12월부터 전 부처 공무원을 대상으로 시행되어 왔다. 경찰청에서는 경감 이하 경찰공무원과 6급 이하 또는 이에 상응하는 일반직 공무원으로 5년 이상 재직한 자를 대상으로 모범공무원을 선발·포상하고 있다.

모범공무원으로 선발된 공무원은 모범공무원 규정과 각 정부 부처별 인사지침에 의해 인사상 특전을 부여 받는다. 경찰에서는 국무총리 표창과 동일한 표창점수를 인정하고, 3년간 매월 5만원의 모범공무원 수당을 지급하며, 심사승진시 포상점수를 만점으로 평가하는 인사상 특전을 부여하고 있다.

Ⅲ. 실비변상 등

실비변상은 법령상 인건비인 공무원 보수가 아니라 세출예산 집행지침에 따라 운영되는 보상 성격의 물건비이다. 이에는 정액급식비, 명절휴가비, 연가보상비, 직급보조비 등이 있다. 한편, 경찰공무원에게는 치안활동비(경정 이하, 월 17만원)와 각종 활동비(총 41종, 1인당 평균 월 20만원)로 구성되어 있는 업무활동비를 별도로 지급하고 있다.

1) 정액급식비

공무원에게는 예산의 범위 안에서 월 14만원의 정액급식비를 보수지급일에 지급한다(동 규정 제18조).

2) 명절휴가비

설날 및 추석날 현재 재직 중인 공무원에게는 예산의 범위에서 명절휴가비를 지급한다. 다만, 제7조 제1항 단서[1]에 해당되는 의무경찰, 경찰대학생, 경찰간부후보생 등에게는 명절휴가비를 지급하지 아니한다.

---

1) 다만, 의무경찰·경찰대학생·경찰간부후보생 등에게는 정근수당을 지급하지 아니한다.

명절휴가비는 지급기준일 현재 월봉급액의 60퍼센트를 보수지급일 또는 지급기준일 전후 15일 이내에 각 기관장이 정하는 날에 각각 지급한다. 다만, 지급기준일 현재 징계처분에 따른 감봉으로 봉급이 감액 지급되는 경우에는 감액되기 전의 월봉급액을 기준으로 지급한다(동 규정 제18조의3).

3) 연가보상비

1급 이하 공무원, 고위공무원단(「감사원법」 제17조의2에 따른 고위감사공무원단을 포함한다. 이하 같다)에 속하는 공무원, 12등급 이하 외무공무원 및 이에 상당하는 공무원에게는 「국가공무원 복무규정」 제16조 제5항, 제16조의2, 제16조의3 및 제17조에 따라 예산의 범위에서 연가보상비를 지급한다(동 규정 제18조의5). 다만, 다음의 어느 하나에 해당하는 사람에게는 이를 지급하지 아니한다.

- 해당 연도 중 중징계에 의하여 파면 또는 해임된 사람
- 해당 연도 중 「국가공무원법」 제29조 제3항 또는 제70조 제1항 제5호부터 제7호까지의 규정에 따라 직권 면직된 사람
- 해당 연도 중 「경찰공무원법」 제13조 제3항 및 제28조 제1항 제1호(「국가공무원법」 제70조 제1항 제5호에 따른 직권 면직의 경우로 한정한다)·제2호에 따라 직권 면직된 사람
- 해당 연도 중 「국가공무원법」 제69조 제1호 또는 「경찰공무원법」 제27조에 따라 당연퇴직된 사람

4) 직급보조비

공무원에게는 예산의 범위에서 <표 10-3>의 지급 구분표에 따라 직급보조비를 보수지급일에 지급한다(동 규정 제18조의6).

| 표 10-3 | 경찰공무원 직급보조비 |

계급	직급보조비
치안총감	950,000원
치안정감	750,000원
치안감	650,000원
경무관	500,000원
총경	400,000원
경정	250,000원
경감 · 경위	165,000원
경사	155,000원
경장 · 순경	145,000원

자료: 「공무원수당 등에 관한 규정」 별표 15.

<표 10-4>는 2021년 순경 1호봉(여경)의 보수지급 명세서를 보여주고 있다. 경찰업무의 특성상 보수 중에서 시간외수당, 야간수당, 휴일수당이 차지하고 있는 비중이 높은 편이다.

| 표 10-4 | 경찰공무원 보수지급 명세서 |

2021년 7월분(순경 1호봉)		보수 2,774,530원	
봉급	1,659,500	시간외수당	281,130
정근수당		야간수당	199,930
정근수당 가산금		휴일수당	225,970
가족수당(부양자)		정액급식비	140,000
위험근무수당(갑)	60,000	직급보조비	145,000
치안활동비		여가부상비	
		출동업무수당	63,000

IV. 연   금

1. 연금의 개념 및 유형

연금은 공무원의 퇴직 또는 사망과 공무로 인한 부상·질병·장애에 대하여 적절한 급여를 지급함으로써 공무원 및 그 유족의 생활안정과 복리 향상에 이바지함을 목적으로 지급하는 급여를 말한다. 이러한 연금제도는 공무원의 (1) 사회보장, (2) 경제생활 안정, (3) 복지향상, (4) 장기복무 유도 등을 목적으로 한다. 공무원의 퇴직·사망 및 비공무상 장해에 대하여 <표 10-5>에서 보는 것과 같은 급여를 지급한다(공무원연금법 제28조).

표 10-5 급여의 유형

퇴직급여	퇴직유족급여	비공무상 장해급여	퇴직수당
가. 퇴직연금 나. 퇴직연금일시금 다. 퇴직연금공제일시금 라. 퇴직일시금	가. 퇴직유족연금 나. 퇴직유족연금부가금 다. 퇴직유족연금특별부가금 라. 퇴직유족연금일시금 마. 퇴직유족일시금	가. 비공무상 장해연금 나. 비공무상 장해일시금	

자료: 「공무원연금법」 제28조.

2. 퇴직연금

공무원이 10년 이상 재직하고 퇴직한 경우에는 다음의 어느 하나에 해당하는 때부터 사망할 때까지 퇴직연금을 지급한다(공무원연금법 제43조 ①).

(1) 65세가 되는 때

(2) 법률 또는 국회규칙, 대법원규칙, 헌법재판소규칙, 중앙선거관리위원회규칙 및 대통령령(이하 "공무원임용관계법령등"이라 한다)에서 정년 또는 근무상한연령(공무원임용관계법령등에서 근무상한연령을 정하지 아니한 공무원의 근무상한연령은 공무원임용관계법령등에서 정한 그 공무원과 유사한 직

위의 공무원의 근무상한연령 등을 고려하여 대통령령으로 정하는 연령을 말한
다)을 60세 미만으로 정한 경우에는 그 정년 또는 근무상한 연령이 되
었을 때부터 5년이 경과한 때

⑶ 공무원임용관계법령등에서 정한 계급정년이 되어 퇴직한 때부터 5년이
경과한 때

⑷ 직제와 정원의 개정과 폐지 또는 예산의 감소 등으로 인하여 직위가
없어지거나 정원을 초과하는 인원이 생겨 퇴직한 때부터 5년이 경과한
때

⑸ 대통령령으로 정하는 장해 상태가 된 때

제4절 경찰공무원 보수제도의 개선방안

자질 있는 지원자를 경찰조직으로 유인하기 위한 중요한 요소 중 하나는
보수이다. 최근 민간기업에서 제공되는 높은 보수 때문에 공조직은 자질 있
는 유능한 인재를 흡수하지 못하고 민간기업으로 빼앗기는 실정이며, 특히
경찰조직은 열악한 보수와 근무조건으로 인해 그러한 현상이 더욱 심하다.
경찰보수의 개선방안을 제시하면 다음과 같다(이상안, 2000: 110-125; 김옥두,
1999: 88-97).

Ⅰ. 보수제도의 개선방안

1. 승진적체 완화를 통한 보수수준의 증진

직급별 보수체계에 있어서 경찰공무원 보수수준은 다른 공무원과 큰 차이
가 나지 않을지라도 장기간에 걸쳐 비교해 보면 경찰공무원 승진적체로 인해
서 상대적으로 보수수준이 낮아진다. 경찰공무원 승진적체의 원인은 경찰인

력구조에 있다. 경찰공무원의 경우 상위계급으로의 승진기회가 적을 뿐만 아
니라 대부분의 경찰관이 경위 이하의 계급이므로 1인당 평균 보수수준이 일
반공무원에 비해서 낮다. 따라서 경찰관 사기에 악영향을 주는 승진 적체, 이
에 따른 보수수준 악화 등을 고려하여 새로운 인력구조 개편이 요구된다.

2. 독자적인 경찰보수체계의 확립

경찰관 보수에 있어서 가장 중요한 문제는 독자적인 경찰보수체계를 갖고
있지 못하다는 점이다. 현재 경찰보수에 관한 일체의 사항은 「공무원보수규
정」의 적용을 받지만, 이러한 규정은 경찰직무의 특수성을 반영하고 있지 못
하다. 그리고 보수체계 역시 경찰직은 소방직과 통합되어 있어 독자적인 보
수체계를 반영하지 못하고 있다.

군인에게는 「군인보수법」이 있고, 법관에게는 「법관 등의 보수에 관한 법
률」이 있으며, 검사에게는 「검사의 보수에 관한 법률」이 있어서 각 업무의
특성을 반영하는 독자적인 보수체계를 갖추고 있다(조희배, 2009: 67). 따라서,
경찰공무원의 업무상 특수성 및 처우개선 필요성을 고려하여 「경찰공무원 보
수에 관한 법률」(가칭)이 제정될 필요가 있다.

3. 경찰계급 축소를 통한 경찰보수 현실화

일반직 및 공안직 공무원은 9단계 직급체계를 갖고 있는 반면에, 경찰직은
2단계 더 많은 11단계 직급체계를 갖고 있다. 이와 같은 경찰 직급체계로 인해
서 승진이 적체되고, 평균 승진소요연수가 장기화되는 문제가 발생한다. 따라
서, 경찰 계급체계를 일반직 및 공안직 공무원 직급체계와 같은 9단계 계급
체계로 개편한다면 각 계급에 맞는 실질적인 보수체계를 마련할 수 있을 것
이다(박광훈, 2010: 166).

Ⅱ. 수당제도의 개선방안

1. 비현실적인 수당의 통·폐합

규정에 근거하지 않고 예산에 의해 지급되는 수당을 폐지하거나 그 성격에 따라 기본급에 포함시키는 등 수당의 기본급화를 도모해야 한다. 수당 통·폐합의 구체적인 추진방안을 보면, 첫째, 「공무원수당규정」에 근거하지 않은 치안활동수당을 폐지하고 액수를 조정하여 봉급에 산입하여야 한다. 둘째, 경호수당과 비상경계 근무수당은 초과근무시 시간외근무수당을 지급하여야 한다. 셋째, 비상동원수당은 업무위험도를 고려하여 수당액을 상향 조정하여 특수업무수당으로 산입하여야 한다(박종환, 2008: 105).

2. 위험수당 현실화

경찰관은 다른 공무원에 비해 상대적으로 위험에 노출되는 정도가 높다. 정년퇴직을 하지 못하고 사망하는 비율이 일반직 4.9%보다 높은 7.5% 수준에 이르고 있다. 경찰업무의 돌발성, 예측 불가성, 위험 노출성 등으로 인해 순직자나 공상자가 해마다 증가일로에 있다. 이러한 경찰직무의 위험성을 보수에 반영하기 위해서는 위험수당을 현실화해야 한다.

3. 시간외근무수당 개선

현재 시간외근무수당은 야간근무수당, 관리업무수당과 함께 초과근무수당에 포함되어 있는데, 시간외근무수당은 초과 근무한 매시간당 당해 공무원에게 적용되는 기준호봉의 봉급액의 55%의 1/209의 150%를 지급하도록 되어 있지만 초과근무시간의 상한선을 두고 있다. 따라서, 시간외근무시간의 상한을 폐지하고 모든 초과근무시간에 대해 수당을 지급하는 방안도 고려할 필요

432   제10장   경찰공무원 보수

가 있다.

4. 주택수당의 신설

경찰공무원은 직무특성상 승진·전보에 따른 다른 시·도간 교류인사 등으로 인해서 군인과 유사한 주거환경을 가지고 있으나 주거안정에 대한 보조가 미흡하여 대부분 자부담으로 해결함으로씨 생활비에 큰 부담으로 작용하고 있다. 그러므로 관사를 지급받지 못하는 경찰공무원에게도 하사에서 중령까지의 군인에게 지급하는 주택수당(월 80,000원)이 지급되어야 한다.

5. 각종 활동비 현실화

경찰관의 활동비 부족은 바로 부정부패와 연루될 수 있으므로 수사·형사·정보부서 등의 근무자에게 현실에 맞는 활동비를 지급하여야 한다. 그 결과, 업무수행을 위한 활동비를 개인의 봉급에서 충당하는 일이 없도록 해야 한다.

 연습문제

1. 경찰공무원 보수의 기능을 설명하세요.

2. 경찰보수수준의 결정요인을 설명하세요.

3. 현행 경찰공무원 보수제도의 개선방안을 논하세요.

 참고문헌

〈국내문헌〉

경찰대학. (2001). 「경찰학개론」, 용인: 경찰대학.

권경득. (2009). "경찰보수 현실화 방안 연구," 연구보고서, 치안정책연구소.

김병섭. (1998). "경찰공무원의 근로생활의 질(QWL)에 관한 연구," 치안연구소.

김옥두. (1999). "경찰관처우개선 방안모색," 국정감사 정책자료집.

라광도·이병도. (2018). "미국 및 영국경찰의 복지정책 및 시사점," 「한국공안행정학회보」, 27(4): 41-68.

박광훈. (2010). "경찰과 일반직 및 공안직 공무원의 보수체계 비교·분석을 통한 경찰보수의 현실화 방안," 「한국민간경비학회보」, 15: 145-173.

박원규. (2018). "독일 경찰의 복지정책 및 시사점," 한국공안행정학회 학술대회 자료집.

박종환. (2008). "경찰업무 특수성에 따른 보수 적정화 방안에 관한 연구," 석사학위논문, 연세대학교 행정대학원.

박행렬. (2018). "일본경찰의 복지정책 및 시사점," 「한국공안행정학회보」, 27(4): 13-40.

연정훈. (2003). "우리나라 경찰공무원 보수체계의 개선방안에 관한 연구," 석사학위논문, 연세대학교 행정대학원.

오윤성. (2000). "경찰의 보수·수당체계에 관한 연구: 동기유발 관련이론을 중심으로," 「한국경찰학회보」, 2(1): 89-109.

유민봉. (2006). 「한국행정학」, 서울: 박영사.

이상안. (2000). "경찰보수예산의 국부창출 효과와 체계개선," 제10회 치안정책 학술세미나, 치안연구소.

이황우. (2007). 「경찰행정학」(제5판), 서울: 법문사.

_____. (1982). "경찰공무원의 자질향상에 관한 고찰," 「행정논집」, 제11~12집, 동국대학교 행정대학원.

임효창 외. (2006). "경찰업무 특수성에 따른 보수 결정요인 비교분석," 경찰청 연구용역 보고서.

정의롬. (2019). "경찰공무원 보수체계 개선에 관한 연구: 기본급을 중심으로," 「한국공안행정학회보」, 28(3): 503-528.

조희배. (2009). "경찰보수체계의 합리적 개선방안에 관한 연구," 석사학위논문, 동국대학교 행정대학원.

최종원. (1996). "경찰보수체계에 관한 비교연구," 치안연구소.

한국능률협회컨설팅. (2011). "경찰 보수체계 개선방안 연구," 경찰청 연구용역.

한상암. (2004). "경찰공무원 보수체계의 합리적 개선방안에 관한 연구," 「한국경찰학회보」, 8: 291-315.

〈국외문헌〉

Davis, R. C. (1951). *The Fundamentals of Top Management,* New York: Harper & Row.

French, J. R. P., Cobb, S., & Rogers, J. R. W. (1972). "Adjustment as Person Environment Fit," G. V. Coelho, D. A. Hanburg, and J. F. Adams (eds.), *Coping and Adoptation,* New York: Basic Book.

Souryal, S. S. (1981). *Police Organization and Administration,* New York: Harcourt Brace Jovanovich, Inc.

Stahl, O. G. (1983). *Public Personnel Administration*(8th ed.), Harper & Row.

Sullivan, J. L. (1977). *Introduction to Police Science,* New York: McGraw Hill.

Chapter 11

경찰공무원 스트레스 관리

제1절 경찰공무원 스트레스의 개념 및 중요성

Ⅰ. 경찰공무원 스트레스의 개념

1. 스트레스의 개념

우리 사회에서 경찰직은 다른 직업과는 달리 불법행위를 통제하기 위한 사회의 첫 번째 메커니즘이다. 그 결과 사회는 경찰관에게 다른 공무원이 갖고 있지 않은 상당한 권한을 부여하고 있다. 이러한 경찰업무 환경은 경찰관에게 역효과를 줄 수 있는데 특히, 신체적·감정적 긴장을 야기하는 스트레스를 야기한다.

일반적으로 스트레스란 개인과 내적·외적 환경 간의 상호작용으로서, 인간에게 해로운 육체적·정신적 자극이 가해졌을 때 나타나는 반응을 의미한다. 특히, 스트레스 연구의 아버지라고 불리는 셀리에(Selye, 1986)에 의하면 신체와 관련하여 스트레스란 유기체에 가해진 어떤 외부적 자극에 대하여 신체가 행하는 일반적이고 불특정한 반응이라고 하였다. 스트레스는 인체가 자극에 직면할 때 발생하는 일반적이고 불특정한 에너지의 동원상태이며, 개인이 스트레스를 경험한다는 것은 개인의 인체 내에서 일반적인 에너지가 동원되고 있다는 것을 반영한다.

스트레스는 긍정적 성격과 부정적 성격을 갖고 있다. 긍정적 스트레스는 유스트레스(eustree)라고 불리고, 부정적 스트레스는 디스트레스(distress)라고 불린다. 사람은 스트레스에 관해서 주로 부정적 상황에 중점을 둔다. 그러나 우리의 삶에서 긍정적 사건 또한 스트레스를 야기할 수 있다. 예를 들면, 경위 계급 승진은 긍정적 경험이지만, 동시에 그것은 스트레스를 야기할 수 있다. 승진한 경찰관은 새로운 직위에 적응하는 과정에서 심리적으로 혼란을 느낄 수 있다.

2. 외상후 스트레스 장애의 개념

심리적 스트레스의 최악의 징후는 외상후 스트레스 장애(Post Traumatic Stress Disorder: PTSD)이다. PTSD는 각종 외상사건으로 인하여 나타나는 여러 가지 정신적·신체적 증상을 의미한다. 즉 생명을 위협하는 신체적·정신적 충격을 경험한 후 나타나는 정신적 질환이다. 일반적으로 PTSD는 폐쇄성 질환이어서 조기발견과 진단 및 치료가 어렵고 발생 시기를 예측하기 곤란하고 완치 후에도 다시 재발할 가능성이 있지만, 치유가 전혀 불가능한 것은 아니다.

싸움, 강간, 차량 충돌 등 외상사건을 경험한 후에 PTSD를 겪고 있는 개인은 악몽, 정서적 무감각, 사건에 대한 생각 통제 어려움 등을 보여준다. 이러한 증상은 줄어들거나 사라지는 반면에 분노, 다른 사람으로부터 분리되어 있다는 느낌, 깜짝 놀라는 반응, 수면 장애, 집중 장애, 위장 장애, 가슴 통증과 같은 다른 증상이 나타날 수 있다. PTSD를 겪고 있는 몇몇 사람은 심지어 자살하고 싶다고 느낀다.

3. 일반 적응 증후군

셀리에(1981)는 스트레스 과정을 설명하기 위하여 일반 적응 증후군(General Adaptive Syndrome: GAS)을 제시하였다. 일반 적응 증후군은 (1) 경고, (2) 저항, (3) 탈진의 3단계로 구성되어 있다.

먼저, 경고(alarm) 단계는 스트레스를 야기하는 사건이 발생하고 개인이 그 사건을 인식했을 때 발생한다. 심리적·생리적 반응이 뒤따라온다. 두려움, 걱정, 우울, 불안, 공격성 등을 포함한 다양한 심리적 반응이 나타날 수 있다. 생리적 반응은 심장박동과 아드레날린 증가를 포함한다. 위협상황이 진정되면 개인은 정상상태로 되돌아 온다.

둘째, 저항(resistance) 단계는 개인이 스트레스에 맞서거나 공존하고자 시도하는 과정이다. 위협이 여전히 남아 있어서 개인은 그러한 상황에 대응하기 위한 힘을 계속해서 모은다. 저항은 계속된 심리적·생리적 변화 또는 적응인 것이다.

셋째, 탈진(exhaustion) 단계는 개인이 스트레스를 주는 상황에 더 이상 효과적으로 맞설 수 없는 단계이다. 스트레스가 계속되면 개인은 신체적·정서적·생리적 문제를 경험하게 될 것이다. 정서적 반응은 그만두기, 동기 부족, 걱정을 포함할 수 있다. 심리적으로 개인은 직장이나 가정에서 적절하게 활동할 수 없는 정도에 이를 수 있다. 생리적 반응은 심장마비(heart attack)와 같이 심한 것일 수 있다.

Ⅱ. 경찰공무원 스트레스 관리의 중요성

1. 미국에서 스트레스를 가장 많이 받는 직업

미국스트레스학회(The American Institute of Stress)는 경찰직이 미국에서 스트레스를 가장 많이 받는 직업 10순위 안에 든다고 한다. 또한 질병통제예방센터(Center for Disease Control and Prevention, 2006)에 의하면, 미국에서 첫 번째로 가장 많은 스트레스를 받는 직업은 도시 고등학교 선생이고, 두 번째로 가장 많은 스트레스를 받는 직업은 경찰이라고 한다.

2. 끔찍한 상황에의 노출

경찰관은 범죄 상황에 처음으로 개입한다. 사망 현장, 가정 학대, 약물 남용, 심각한 차량 충돌, 아동 성추행(child molestation) 등은 경찰관 생활의 일상적인 부분이다. 일반 시민은 일생 동안 단지 한, 두 건의 사체나 심각하게 상해를 당한 사람을 볼 수 있지만, 대도시에서 근무하는 경찰관은 매주 한, 두 건의 사체를 보고 끔찍한 상해를 겪은 사람을 종종 만나게 된다(Ortmeier

& Davis, 2012: 314).

3. 스트레스 축적

경찰관이 수년간 끔찍한 경험을 한 후에 이러한 비극에 의해 충격을 받지 않을지라도, 사건 현장은 여전히 경찰관의 마음 속에 흔적을 남긴다. 경찰관은 삶이 깨지기 쉽다는 것을 배우고, 많은 경찰관은 직무수행 과정에서 시민들을 도와주지 못해서 좌절을 느끼게 된다. 스트레스로 인한 신체적·정서적·정신적 피해가 쌓이고, 경찰관은 냉소적으로 되고 우울해지고 분노를 표출하게 된다.

4. 스트레스의 부정적 효과

스트레스는 수명(life span)을 줄일 수 있다. 미국에서 평균 기대수명(life expectancy)의 경우 남성은 74세 정도이고 여성은 80세 정도이다. 그러나 경찰직에서 10년~19년 동안 근무한 경찰관에게 있어서 기대수명은 단지 53세~66세에 불과하다(Lindsey & Kelly, 2004).

경찰관이 경험하는 각종 스트레스는 개인의 근무의욕, 건강, 심리상태 등에 부정적 영향을 미칠 뿐만 아니라 경찰조직 전체의 분위기, 생산성, 이직율 및 결근 등에도 악영향을 미친다. 이와 같이 경찰관 직무 스트레스는 경찰관 개인과 경찰조직 전체에 미치는 심각한 영향을 고려해 볼 때 경찰관 스트레스에 대한 종합적인 이해 및 관리가 필요하다.

제2절 경찰공무원 스트레스의 유형 및 원인

I. 경찰공무원 스트레스의 유형

1. 일반적 스트레스 유형

일반적으로 경찰관은 이혼, 자살, 스트레스의 비율이 높은 편인데, 경찰관 스트레스는 다음과 같이 분류될 수 있다.

1) 외적 스트레스

외적 스트레스는 실제적 두려움과 위험으로 인한 스트레스를 의미하며, 총기사건, 자동차 추적과 같은 위험상황에 직면했을 때의 반응이다.

2) 내적 스트레스

내적 스트레스는 경찰조직이 준 군대적인 성격을 지니고 있기 때문에 나타나는 스트레스를 의미하며, 계속되는 순찰구역 변화에 대한 적응, 불규칙한 업무시간과 휴일, 경찰관에게 부과된 엄격된 규칙 등으로 인하여 야기된다.

3) 개인적 스트레스

개인적 스트레스는 경찰조직에 속해 있는 경찰관 상호 간 성격 차이에 의하여 나타나는 스트레스를 의미하며, 동료 경찰관과 함께 업무를 수행하면서 야기된다.

4) 직무상 스트레스

직무상 스트레스는 직무수행 도중에 직면하는 스트레스를 의미하며, 마약 중독자를 상대하는 경우, 일반 주민이 위험상황에 직면하게 되는 경우, 직무수행 도중에 언제든지 범죄가 발생할 수 있는 가능성 등으로 인하여 야기된다.

2. 경찰관 경력에 따른 유형

디트리히(Dietrich)(1989)와 비올란티(Violanti)(1983)은 경찰관 경력을 기초로 경찰관 스트레스 패턴을 분석하였다. 이들은 니더호퍼(Niederhoffer)(1967)의 경찰경력 발전의 4단계에 기초하여 스트레스 단계를 다음과 같이 분석하였다.

1) 소외와 경고 단계

소외와 경고(alienation and alarm) 단계는 경찰관 경력의 처음 5년을 의미한다. 경찰관은 현실충격(reality shock)을 경험하면서 경찰직이 처음에 인식했던 것과 매우 다르다는 것을 알게 된다. 많은 부정적인 상황의 결과로 경찰관은 시민을 적으로 바라보게 된다. 이 단계에서 경찰관은 일반적으로 삶에 대해 부정적인 견해를 갖고 있다.

2) 환멸 단계

환멸(disenchantment) 단계는 경찰관 경력 중에서 6~13년 사이를 의미한다. 경찰관은 매우 실망하고, 정서적으로 분리되어 있고, 직무에 관하여 분노를 느낀다. 이 기간 동안 경찰관은 세상에 대한 자신의 인식과 경찰업무 현실 사이를 조화시킬 수 없어서 그만두기도 한다.

3) 개인화 단계

개인화(personalization) 단계는 경찰관 경력 중에서 14~20년 동안으로서 경찰관이 초창기 모습으로 돌아가는 단계이다. 이 단계 동안 경찰관은 가족과 외부 활동에 더 많은 관심을 갖게 된다. 경찰관은 자신의 관심을 충족시키기 위하여 취미와 두 번째 직업에 참여할 수 있다. 경찰직무가 삶에서 두 번째가 되는 것은 바로 이 시기이다. 이 단계 동안 경찰관은 경찰직이 자신의 삶이 아니며, 삶에는 다른 더 중요한 측면이 있다는 것을 깨닫게 된다. 경찰관은 경찰직무와 시민에 대해서 더 적게 분노를 느끼게 된다.

4) 자기반성 단계

자기반성(introspective) 단계는 경찰관이 20년 정도 근무한 시기를 의미한다. 이 단계에 있는 경찰관은 직무를 규정대로 처리하고, 승진에 실패하거나 시민 기대를 충족시키지 못하거나 상사 요구를 충족시키지 못하는 것과 같은 직무 관련 문제에 대해 걱정하지 않는다. 경찰관은 삶을 차분하게 살아가고, 경찰직은 삶의 작은 부분이라는 것을 깨닫게 된다. 경찰관은 가족과 개인적 요구에 더욱 집중하는 경향이 있다.

이와 같은 스트레스 단계는 감독 경찰관에게 두 가지 함의를 갖고 있다. 첫째, 감독 경찰관 또한 이러한 스트레스 단계에서 벗어나지 않는다. 감독 경찰관은 자신의 성과에 영향을 주는 스트레스 증상을 높이기도 한다. 감독 경찰관은 자신과 부하직원이 경찰조직의 목표를 향해서 직무를 수행하도록 가능한 모든 노력을 해야 한다. 둘째, 감독 경찰관은 스트레스 증상과 단계를 인식하고 부하직원이 스트레스를 해소하도록 도울 수 있어야 한다. 감독 경찰관은 사회적 지지, 훈련, 상담, 외부 개입을 제공해야 한다.

Ⅱ. 경찰공무원 스트레스의 원인

1. Peak 등의 분류

경찰관은 광범위한 문제상황의 결과로 직무 스트레스를 경험할 수 있다. 스트레스는 다차원적이어서 경찰관으로 하여금 많은 환경 및 개인적 사항에 대응하도록 만든다(Derogatis & Savitz, 1999). 경찰관 스트레스는 많은 원인으로부터 나올 수 있는데, 기본적으로 경찰관 스트레스를 야기하는 원인은 아래의 4가지 영역 중 하나이다(Peak, Gaines, & Glensor, 2010: 199-203).

1) 조직 차원의 원인

경찰관 스트레스의 첫 번째 원인은 경찰조직 그 자체이다. 경찰조직은 전형적으로 관료적이고 권위적인 조직이다. 관료주의의 부정적 측면은 경찰관에게 상당한 스트레스를 야기한다. 경찰조직은 경찰관이 경찰업무를 수행하는 방법에 많은 제한을 가한다. 경찰조직은 최고관리자가 지시하는 엄격한 규칙을 따라야 한다.

커쉬만(Kirschman)(1997)은 많은 조직 차원의 스트레스를 확인하였는데, 그러한 스트레스는 부적절한 훈련, 많은 서류작업, 제한된 승진기회, 교대근무, 인력 부족, 업무량 등을 포함한다. 여러 연구는 여성 경찰관의 주요 스트레스 원인은 성희롱 및 남성 경찰관과 나른 대우라는 점을 보여준다(Morash, Kwak, & Haarr, 2006). 또한, 조직적 차원의 스트레스와 관련된 주요 요인 중 하나는 경찰관서 크기이다. 더 큰 경찰관서에 있는 경찰관은 더 작은 경찰관서에 있는 경찰관보다 더 많은 스트레스를 경험하는 경향이 있다(Morash & Maarr, 1991).

2) 형사사법체계

경찰관이 다른 형사사법기관과 상호작용하거나 다른 형사사법기관에 의해서 내려진 결정이나 조치를 따르는 데 어려움이 있는 경우에 형사사법체계 그 자체는 경찰관 스트레스의 원인이 될 수 있다. 형사사법체계의 각 구성요소는 다른 구성요소에 영향을 미친다(Brooks & Piquero, 1998).

3) 일반 시민

대부분의 시민은 경찰이 사회 내에서 중요한 기능을 수행한다는 것을 인정한다. 그러나 많은 개인과 집단은 경찰에 대해 부정적으로 바라보기도 한다. 범죄행위와 싸우는 것 이외에 경찰은 많은 중요한 서비스를 제공한다. 그러나 경찰은 시민을 체포하고, 범칙금을 발부하고, 시민에게 명령을 내리기도 한다.

경찰관은 부정적 접촉의 결과로서 시민에 대하여 비현실적이거나 부정확한 생각을 형성하게 된다. 스콜닉(Skolnick)(1994)은 경찰관은 종종 시민에 대해서 우호적이지 않을 뿐만 아니라 잠재적으로 위험할 수 있는 상징적 공격자(symbolic assailant)로 바라본다고 지적한다. 이러한 이미지는 경찰관이 시민을 대할 때 경찰관에게 스트레스를 야기한다.

4) 경찰직무 차원의 스트레스

경찰직무는 경찰관에게 신체적 위험을 부과하는 상황으로 가득 차 있다. 언제든지 경찰관은 중범죄자와 만나서 신체적 폭력 상황에 직면할 수 있다. 가정폭력, 진행 중인 중대범죄, 폭력 신고 등은 종종 경찰관이 피의자와 직면하도록 요구한다. 경찰직무 그 자체는 위험한 경찰활동과 사람을 다루기 때문에 경찰직무 중 가장 스트레스를 주는 부분이다. 그러나 경찰직무 그 자체는 경찰관에 따라서는 과도하게 스트레스를 주지 않을 수 있다. 조직적으로 야기되는 스트레스가 훨씬 더 큰 문제라고 여겨진다(Peak, Gaines, & Glensor, 2010: 202).

2. 기타 원인

경찰조직 내 스트레스 원인에 관한 여러 선행연구를 토대로 (1) 물리적 환경, (2) 역할 과다, (3) 역할 갈등, (4) 대인관계, (5) 쇄신 지향이 경찰관 스트레스의 원인이 될 수 있다(임창호, 2016: 178-179).

1) 물리적 환경

적절한 물리적 환경은 직무능률 향상 및 사기진작, 효과적인 직무성과를 제공하는 필수적 요인이다. 따라서, 물리적 환경의 제한으로 인한 직무수행의 어려움은 경찰관 자신의 직무욕구를 제대로 충족시키지 못하기 때문에 직무 스트레스를 유발할 수 있다는 점에서 물리적·공간적 여건은 직무 스트레스의 주요 원인으로 볼 수 있다. 대체로 사무실 배치, 소음, 온도, 습도 등의 물리적 환경이 경찰관 스트레스에 많은 영향을 미지는 것으로 나타났다.

2) 역할 과다

직무 스트레스에 유의한 영향을 미치는 것으로 여겨지는 역할 특성에는 역할 과다와 역할 갈등을 들 수 있다. 역할 과다(role overload)의 경우 조직구성원에게 주어진 시간 내에 완수하기 어려운 정도의 많은 직무가 부여되거나, 직무 성과표준이 직원의 능력에 비하여 높게 설정될 경우에 직무 스트레스를 유발하는 주요 원인이 될 수 있다.

역할 과다에는 시간이 충분하지 못하여 직무를 끝마칠 수 없거나 업무량이 너무 많아 수행하기 어려운 상태인 양적 과다(quantitative overload)와 직무 성과표준이 너무 높아 능력 부족을 느낄 때 일어나는 질적 과다(quantitative overload)가 있다.

3) 역할 갈등

역할 갈등(role conflict)이란 조직구성원에 대하여 2가지 이상의 상반되는 역할기대가 존재할 경우에 발생하는 현상으로서 어느 한 역할을 성공적으로 수행하려고 하는 경우에 다른 역할을 제대로 수행하지 못하는 상태를 의미한다.

조직 내 구성원은 업무를 수행하는 과정에서 복수의 상급자로부터 서로 양립하기 어려운 일을 해 줄 것을 요청 받거나 상급자가 서로 모순되는 목표를 달성하도록 요구하는 경우, 또는 주어진 역할기대에 대하여 여러 사람의 인식이 각각 상이한 경우, 평소의 가치관이나 윤리의식과 배치되는 업무를 수행하도록 요구 받거나 양립하기 어려운 여러 역할로 인해서 갈등을 경험할 수 있다.

4) 대인관계

조직 내에서 상사, 동료, 부하 등과의 대인관계(interpersonal relations) 요인은 조직구성원에게 스트레스 요인으로 작용한다. 조직구성원은 직무수행과 관련하여 자신이 접촉하는 사람과 얼마나 긍정적 또는 부정적 관계를 형성하고 있느냐는 것은 직무 스트레스에 주된 영향을 주는 것으로 여겨지고 있다. 동료에 대한 만족은 스트레스와 연관이 있으므로, 동료 간 인간관계는 자칫 갈등이나 경쟁관계를 유발시켜 스트레스 요인으로 작용할 수 있다.

5) 쇄신 지향

쇄신 지향은 조직 내의 심리적 풍토(psychological climate)를 구성하고 있는 중요 요인으로 파악된다. 자신의 직무와 관련된 업무수행방식의 개선을 위한 적극적인 창의성 발휘, 고질적 문제해결을 위한 조직 전반에 걸친 적극적 노력 등을 행하는 경우에 조직구성원은 직무에 대한 자신감과 애착이 높아지며 직무 스트레스 수준이 낮아진다.

제3절 경찰공무원 스트레스의 영향

경찰관이 겪는 과도한 스트레스는 개인적·조직적·사회적으로 부정적인 결과를 초래한다. 경찰관을 대상으로 한 연구에서는 경찰관의 심리적 탈진, 사고 증가, 수면 장애, 부부 문제, 가정 폭력, 외상후 스트레스 장애(PTSD), 자살, 약물중독, 소화기 장애, 호흡기 질환, 심장병 등과 관련이 있으며, 직무만족과 조직몰입을 감소시킨다고 밝히고 있다(문유석, 2010: 42).

Ⅰ. 경찰관 자신에게 미치는 영향

1. 정신적·신체적 문제 야기

전문가는 스트레스가 독자적으로 질병을 야기하지는 않지만, 질병이 발생했을 때 상태를 악화시킬 수 있다고 한다. 스트레스는 신체 면역기능을 약화시키며, 고혈압, 위궤양, 심장혈관 질환을 비롯하여 암까지 유발할 수 있다.

스트레스와 관련된 정신적·신체적 문제에는 (1) 정신의학적 문제(후유증, 노이로제, 상황석 장애, 면역력의 감소 등), (2) 종양 문제, (3) 심장혈관 문제, (4) 동맥경화 문제, (5) 무기력 문제, (6) 뇌출혈 문제, (7) 요실금 문제, (8) 월경불순 문제, (9) 위궤양 문제 등이 있다.

과도한 스트레스는 경찰관의 건강에 많은 영향을 미치고 있다. 경찰관은 항상 위험에 노출되어 있고 매일 발생하는 스트레스에 직면하고 있다. 게다가 경찰관의 업무시간과 부적절한 생활조건은 그들의 건강에 큰 영향을 미치고 있다.

2. 관련 연구의 결과

불합리한 식사생활과 운동부족으로 인하여 상당수의 경찰관은 신체구성, 혈액, 신체건강 등의 측면에서 수준 미달에 속해 있다. 20개의 경찰서에 속해 있는 2,300여 명의 경찰관을 대상으로 한 미국에서의 연구에 의하면 37%가 심각한 신체적 문제를 갖고 있고, 36%는 건강 문제, 23%는 알코올 문제, 10%는 마약 문제를 갖고 있다고 한다.

미시간(Michigan) 주립대학의 연구 결과에 의하면, 직무수행 중 사람을 살해했던 경찰관은 퇴직을 비롯하여 각종 심각한 후유증에 시달리고 있으며, 대략 7년 후에는 70%의 경찰관이 경찰활동을 그만둔다고 한다.

Ⅱ. 경찰관 가족에게 미치는 영향

경찰직무는 경찰관 자신뿐만 아니라 가족·애인·친구에게도 영향을 미친다. 경찰관 아내의 10~20%는 남편의 직업에 대해 불만을 갖고 있으며, 심지어 경찰직을 그만둘 것을 기대하기도 한다. 또한, 자주 바뀌는 순찰업무는 생일·기념일과 같은 가족 행사나 휴일의 계획을 방해하기도 하고, 교대근무는 경찰관의 배우자가 다른 직업을 갖도록 하는 데에도 장애가 된다. 다음과 같은 경찰직무와 관련된 수많은 스트레스 문제는 경찰 가족의 붕괴에 기여하는 요인이 되고 있다.

1. 교대근무에 의한 가족 붕괴

교대근무는 자녀양육 문제, 휴일근무, 중요 가족행사 불참, 과도한 업무시간과 교대근무에 의한 신체적 문제를 야기하여 결국에는 가족을 붕괴시킬 수 있다.

2. 예측 불가능한 업무환경

경찰관은 계속된 위기상황과 긴급출동에 직면하게 되는데, 이로 인하여 죽음이나 부상에 대한 두려움을 증진시키고 경우에 따라서 경찰조직 내에서 조사를 받는 경우도 있다.

3. 업무와 관련된 개인적 변화

경찰관은 많은 비극적인 사건을 목격하게 되는데, 이것은 경찰관의 인성과 적성에 변화를 야기하여 결국 가족 전체에도 영향을 미치게 된다.

4. 사생활 침해

경찰관은 집에서 업무를 하기도 하고, 직무상 필요한 무기를 가정에 보관하기도 하고, 지역 주민은 다른 직업과 비교하여 경찰관에게 높은 수준의 행동을 요구하고 항상 긴급출동에 대비하여 준비하고 있을 것을 기대한다.

제4절 경찰공무원 스트레스의 해소방안

Ⅰ. 스트레스 증상 인식

심리적 스트레스 증상은 지루함, 우울증, 적개심, 편집증, 갑작스런 기분 변화 등을 포함할 수 있다. 이러한 증상을 목격하는 동료와 가족은 질문을 하고, 관심을 표현하고, 경찰관과 공감을 이룰 수 있다. 상관은 그러한 증상을 보이는 경찰관에게 기관 지원 프로그램을 통해서 도움을 받도록 권고할 수 있다. 그렇지만 대부분의 주변 사람은 스트레스와 관련된 관심을 다루기

표 11-1	3단계 스트레스 예방 프로그램		
1단계	**2단계**	**3단계**	

1단계	2단계	3단계
• 신임경찰, 감독자, 중간관리자, 최고관리자를 위한 기본적인 스트레스 관리 훈련 • 중요한 다른 훈련 • 외상사건 훈련 • 분노 관리 훈련	• 동료 카운슬링 훈련 및 개입 • 집단과 개인을 위한 외상사건 디브리핑	• 개인적 카운슬링과 위탁 서비스 • 입원 서비스 • 약물 남용 치료 프로그램 • 도박 치료 프로그램 • 정신 치료 및 관리

자료: Quick et al., 2003.

주저한다.

따라서 주변 사람이 스트레스 증상을 빠른 시간 내에 인식하고 해당 경찰관과 함께 스트레스 해소를 위해 함께 노력하는 것은 더욱 효과적일 것이다. 미국 북동부 지역에 있는 경찰기관은 <표 11-1>에서 보는 것과 같이 개인과 조직에 대한 스트레스의 부정적인 영향을 예방하기 위한 3단계 프로그램을 마련하였다.

Ⅱ. 업무종료시 일상생활 전환

경찰관의 많은 배우자는 경찰관이 업무를 종료하고 귀가할 때 다른 사람에게 명령하고, 의심하고, 공공장소에서도 경찰 안전조치를 행하는 활동을 계속해서 보여준다고 지적한다(Ortmeier & Davis, 2012: 317). 이러한 행동이 제대로 관리되지 않고 업무종료시에도 경찰관에서 가족 구성원으로 전환을 하지 못한다면 알코올 중독, 불성실, 감정적 무관심, 약물 남용 등을 포함해서 심각한 결과를 야기할 수 있다. 그것은 또한 정서적·신체적 건강문제뿐만 아니라 경찰관 자살이나 가정학대를 야기할 수 있다.

많은 경찰관은 효과적으로 스트레스를 관리하는 방법을 배워야 한다. 예를 들면, 격렬한 운전을 하고, 건강한 식사를 하고, 경찰활동과 관계가 없다는 인식을 하는 것이다. 이러한 활동은 직장 생활과 개인 생활을 분리하기 위한 확고한 몰입과 의식적인 노력을 요구한다(Ortmeier, 2006).

Ⅲ. 경찰업무량 조정

일선 경찰관의 업무시간 중 많은 시간을 차지하고 있는 서류업무나 타 행정기관에서 무리하게 위임한 업무를 합리적으로 조정해야 할 것이다. 경찰관은 과도하거나 과소한 스트레스보다는 오히려 적정 수준의 직무 스트레스를 갖는 것이 조직생활을 위해서 필요하며, 그 결과 지속적인 창조적 행위와 문제해결이 가능해 진다.

Ⅳ. 장래 불확실성에 대한 불만 해소

장래 불확실성에 대한 불만은 우선 경찰조직 내에서 자신의 자아실현 문제와 연결된다. 현실적으로 경찰관의 경우 계급구조가 상층부로 갈수록 급격히 좁아지는 피라미드 형태를 띠고 있는데, 이러한 조직구조 내에서는 자아실현이 좌절되기 쉽다. 장기적으로는 인사 체증을 해소하는 것도 한 방법이 될 수 있겠지만, 더 나아가 개인의 성장이나 자아실현을 지원할 수 있어야 한다. 구체적으로는 일정 기간 이상 경찰관으로 복무한 경찰관에 대해서는 각종 자격의 전체 또는 일부를 인정해 줌으로써 퇴직 후에도 직무경험을 민간영역에서 활용할 수 있도록 해야 한다.

Ⅴ. 긍정적인 사회적 평가의 유도

사회적 지지는 경찰관의 심리적 안정감에 크게 기여하고 있다. 직장동료, 상사, 부하에 의한 사회적 지지를 강화하기 위해서는 조직구성원이 서로 접촉하고 의사소통을 하고 함께 여가를 보낼 수 있는 기회를 다양하게 마련하여야 한다. 또한, 가족은 경찰관의 심리적 안정의 중요한 요인인데, 가족의 사회적 지지를 강화하기 위해서는 경찰가족을 위한 행사를 정기적으로 개최하여 경찰관 가족이라는 것에 대하여 자부심을 느낄 수 있도록 해야 한다.

VI. PTSD에 대한 효과적인 대응

경찰관이 직무수행과 관련하여 경험하는 스트레스는 자기 혼자만의 노력으로는 쉽게 해결할 수 없다. 일반기업에서는 상담전문가를 채용하여 조직생활에서 경험하게 되는 개인적 문제뿐만 아니라 직무 관련 스트레스 문제를 해결하고 있는데, 그 결과 조직 생산성이 향상되고 있다.

PTSD를 효과적으로 다루기 위해서 경찰관과 관리자는 PTSD 장애가 나타나는 현상을 이해해야 한다. 그러기 위해서 몇몇 경찰관서는 경찰관이 외상사건을 경험하기 전에 미리 알려주기 위해서 PTSD 훈련과정을 개설하였다. 경찰관서는 또한 외상사건에 의해 영향을 받는 경찰관에게 즉각적인 심리적 디브리핑과 추후의 카운셀링 서비스를 제공할 수 있어야 한다.

VII. 경찰관리자의 사회적 지지 강화

경찰관 스트레스를 줄일 수 있다면 그것은 경찰조직을 더욱 효과적이고 생산적으로 만들고 많은 인적 자원 문제를 해소할 것이다. 특히, 사회적 지지(social support)는 개인이 관심을 받고 있고, 소중하고, 상호의무의 중요한 부분이라고 믿도록 만드는 의사소통 및 행동을 의미한다. 사회적 지지는 업무조건을 완화시켜서 업무조건이 더 적은 스트레스를 야기하도록 만든다. 감독경찰관과 경찰관리자는 트라우마 상황에서뿐만 아니라 일상적인 상황에서 경찰관에게 사회적 지원 서비스를 제공해야 한다.

Ⅷ. 경찰조직 개선

경찰조직에서 스트레스의 첫 번째 원인은 경찰조직 그 자체일 수 있다. 따라서, 경찰활동에서 스트레스의 양을 줄이는 한 방법은 조직적 차원의 스트레스를 줄이는 것이다. 이것은 경찰조직을 더욱 분권화하고 경찰관과 업무집단이 의사결정, 목표 설정, 경찰전술 및 전략의 실행에 대하여 더 많은 통제권을 갖도록 허용함으로써 이루어질 수 있다. 또한 업무집단 내 의사소통뿐만 아니라 업무집단 간 의사소통이 더욱 촉진되어야 한다.

 연습문제

1. 경찰공무원 스트레스의 유형을 설명하세요.

2. 경찰공무원 스트레스의 원인을 설명하세요.

3. 경찰공무원 스트레스의 영향요인을 설명하세요.

4. 경찰공무원 스트레스의 해소방안을 논하세요.

 참고문헌

〈국내문헌〉

경찰대학. (2001). 「경찰학개론」, 용인: 경찰대학.

권용수. (2006). "사회복지전담공무원의 직무스트레스 유발요인 및 이직의도에 관한 실증적 연구," 「한국행정논집」, 18(3): 743-765.

김병섭. (1998). "경찰공무원의 근로생활의 질(QWL)에 관한 연구," 치안연구소.

_____. (1994). "경찰공무원의 스트레스와 심리적 탈진," 「한국사회와 행정연구」, 16(3): 59-87.

김옥두. (1999). "경찰관처우개선 방안모색," 국정감사 정책자료집.

김혜숙 외. (2003). "경찰공무원의 직무스트레스 비교분석 및 스트레스 관리 프로그램 개발연구," 연구보고서 2003-02, 치안연구소.

문유석. (2010). "경찰관 스트레스 수준과 영향요인," 「지방정부연구」, 14(4): 41-60.

박만순. (2000). "경찰공무원 직무스트레스가 이직에 미치는 영향에 관한 연구," 석사학위논문, 서울대학교 행정대학원.

박성수. (2001). "경찰공무원의 스트레스가 조직에 미치는 영향에 관한 연구," 박사학위논문, 동국대학교 대학원.

유영현. (1997). "경찰공무원의 스트레스에 관한 연구: 스트레스 완충요인을 중심으로," 박사학위논문, 원광대학교 대학원.

이완구. (1994). "정책집행에서의 직무스트레스에 관한 연구: 경찰공무원의 사례를 중심으로," 박사학위논문, 단국대학교 대학원.

이황우. (2007). 「경찰행정학」(제5판), 서울: 법문사.

임창호. (2016). "경찰관 직무스트레스와 이직의도의 관계: 직무만족의 매개효과," 「한국경찰학회보」, 18(3): 173-204.

정우일. (2007). "경찰공무원 피로수준의 영향요인에 관한 연구," 박사학위논문, 동국대학교 대학원.

한상암. (2004). "경찰공무원의 스트레스에 관한 연구," 「행정논집」, 제30집, 동국대학교 행정대학원.

〈국외문헌〉

Brooks, L. & Piquero, N. (1998). "Police stress: Does department size matter?," *Policing: An International Journal of Police Strategies and Management*, 21(1): 600-617.

Centers for Disease Control and Prevention. (2006). "Helicobacter pylori and peptic ulcer disease: Have a stressful job?," Retrieved August 5.

Derogatis, L. & Savitz, K. (1999). "The SCL-90-R, Brief Sympstom Inventory(BSI): An introductory report," in M. Maruish (ed.). *The use of psychological testing for treatment, planning and outcomes assessment.* Mahwah, NJ: Lawrence Erlbaum.

Dietrich, J. F. (1989). "Helping subordinates face stress," *Police Chief,* 56(11): 44-47.

Kirshman, E. (1997). *I love a cop: What police families need to know.* New York: Guilford Press.

Lawrence, R. A. (1984). "Police Stress and Personality Factors: A Conceptual Model," *Journal of Criminal Justice,* 12: 247-263.

Lindsey, D. & Kelly, S. (2004, July). "Issue in small town policing: Understanding stress," *FBI Law Enforcement Bulletin,* 73(7): 1-7.

Matteson, M. T. & Ivancevich, J. M. (1982). *Managing Job Stress and Health,* New York: The Free Press.

Morash, M. & Baarr, R. (1991). "Gender, workplace problems, and stress in policing," Paper presented at the annual meeting of the Academy of Criminal Justice Sciences, Nashville, TN.

Niederhoffer, A. (1967). *Behind the shield: The police urban society,* Garden City, NY: Doubleday.

Ortmeier, P. J. (2006). *Introduction to law enforcement and criminal justice*(2nd ed.), Upper Saddle River, NJ: Prentice-Hall.

Ortmeier, P. J. & Davis, J. J. (2012). *Police Administration: A Leadership Approach,* New York, NY: McGraw-Hill Companies.

Peak, K. J., Gaines, L. K., & Glensor, R. W. (2010). *Police Supervision And Management.* Upper Saddle River, New Jersey: Prentice Hall.

Quick, J. C., Quick, J. D., Nelson, D. L., & Hurrell, J. J. Jr. (2003). *Preventive stress management in organizations,* Washington, DC: American Psychological Association.

Selye, H. (1974, 1981). *Stress Without Distress,* Philadelphia: Lippincott.

Skolnick, J. (1994). *Justice without trial: Law enforcement in a democratic society.* New York: Wiley.

Slogobin, K. (1977). "Stress," *New York Times Magazine,* November 20.

Souryal, S. S. (1981). *Police Organization and Administration,* New York: Harcourt Brace Jovanovich, Inc.

Territo, L. & Sewell, J. D. (eds.). (1999). *Stress Management in Law Enforcement,* Carolina Academic Press.

Violanti, J. M. (1983). "Stress patterns in police work: A longitudinal study," *Journal of Police Science and Administration*, 11(2): 211-216.

Webb, S. D. & Smith, D. L (1980). "Police Stress: A Conceptual Overview," *Journal of Criminal Justice,* 8(4): 251-257.

Chapter **12**

경찰공무원 사기관리

제1절 경찰공무원 사기의 개념 및 특성

I. 경찰공무원 사기의 개념

1. 사기의 개념

화이트(L. D. White)(1995: 549-550)는 사기(morale)란 사람이 스스로 택한 영역에서 성과나 업무에 대한 자부심에서 나오는 지적·도덕적 만족감을 토대로 자신의 직무에 자발적으로 전력을 기울이고자 하는 심리상태라고 하였다. 또한, 설리반(John L. Sullivan)(1977: 203)은 경찰 사기란 조직구성원인 경찰관에게 개인적·집단적으로 경찰조직의 목적달성을 위해서 열의와 솔선, 결의와 용기 등을 고취시키는 정신적 태도라고 하였다.

나폴레옹(Napoleon)은 사기에 대해서 "한 군대의 효과성은 그 크기, 훈련, 경험, 그리고 사기에 의존한다. 그렇지만 사기는 모든 다른 요인을 합한 것보다 더 가치 있다"고 하였다. 사기 수준은 높을 수도 있고 낮을 수도 있지만 계속해서 존재한다. 관리자의 책임은 사기 수준을 가능한 한 높게 유지하고 부하직원의 사기가 떨어지고 있다는 것을 신속하게 인식하는 것이다.

사기를 바라보는 관점은 크게 3가지로 나뉘어질 수 있다. 첫째, 사기를 개인적으로 보는 관점으로서 귀온(Robert M. Guion)은 사기란 "개인의 욕구가 충족되는 정도이며, 개인의 그러한 만족이 전체적인 직무환경에서 나오는 것"이라고 정의하였다. 둘째, 사기를 집단정신이나 응집력을 의미하는 집단적 현상으로 보는 관점으로서 레이톤(Alexander H. Leighton)은 사기란 "공통목표를 달성하기 위하여 지속적으로 협력하게 하는 집단의 역량"이라고 정의하였다. 셋째, 앞의 두 가지 관점을 통합하는 관점으로서 개인적 성격 및 집단적 성격의 양자를 통합하여 사기를 이해하는 것이다(이상호, 1995: 7).

2. 경찰공무원 사기의 개념

경찰관 사기와 밀접하게 관련된 개념은 동기부여(motivation) 개념이다. 몇몇 경찰관리자는 부하직원이 리더를 지지하는 정도의 관점에서 부하직원의 동기부여를 측정한다. 다른 경찰관리자는 매일 출근하는 것이나 병가(sick-leave)를 남용하는 것의 관점에서 동기부여를 측정한다. 여전히 일부 경찰관리자는 교통소환장의 발부 건수와 같은 생산성 관점에서 동기부여를 바라본다. 일반적으로 동기부여는 직장에서 노력의 수준, 방향, 지속성을 설명해 주는 개인 내부의 힘을 의미한다(Schermerhorn, 2008: 347).

Ⅱ. 경찰공무원 사기의 특성

경찰관 사기의 개념을 구성하고 있는 특성을 분석하면 다음과 같다.

첫째, 경찰관 사기는 효과적인 직무수행을 위한 것으로서 목표 지향적인 것이다.

둘째, 경찰관 사기는 인간의 내부적 요인에 의하여 형성되기도 하고, 외부적 영향에 의하여 형성되기도 한다.

셋째, 경찰관 사기는 개인이 갖는 것이므로 개인적이기도 하지만, 동시에 조직의 집단생활에 관련된 것으로서 집단적인 현상이다.

넷째, 경찰관 사기는 상대적인 개념이다. 즉, 서열척도인 것이다. 서열척도의 특징은 순서를 결정할 수 있다는 것인데, 다만 어느 것이 더 큰가 또는 작은가, 강한가 또는 약한가 등을 결정할 수 있는 개념이다.

다섯째, 경찰관 사기 수준은 조직 및 개인의 주변 환경에 의존적이며 가변적인 것이다.

여섯째, 경찰관 사기에서 가장 중요한 것은 인간의 욕구이며, 사기이론은 욕구이론을 주된 바탕으로 삼고 있다.

일곱째, 욕구 충족이 바로 사기를 의미하는 것은 아니다. 욕구의 발로와 충족이라는 과정이 개인과 그 개인이 참여하는 조직의 목적을 달성하는 방향으로 나타날 때, 그리고 개인과 조직의 목적달성이 서로 기여하는 것이라고 생각될 때 높은 사기가 나타나게 된다.

여덟째, 경찰관 사기는 일정한 행태적 징표를 수반하는 정신적 상태이다. 행태에 의하여 사기의 수준이 표현되므로 연구자는 태도측정을 통하여 사기를 측정하고 관리할 수 있다.

아홉째, 경찰관 사기는 생산성 향상에 영향을 주는 요소이다.

Ⅲ. 경찰공무원 사기 저하의 원인

경찰관 사기 문제의 일반적인 증상은 더 적어진 긍정적 태도, 흥미와 열정의 상실, 부정적 태도, 존경 부족 등이다. 다른 증상은 과도한 결근, 병가, 이직, 더 오랜 점심시간이나 휴식, 늦게 출근하고 일찍 퇴근하는 것, 낮은 생산성, 외모에 대한 더 적은 관심, 불평과 불만의 증가 등이다.

경찰관리자는 경찰관에게 있어서 이러한 증상이 있는지 여부를 신속하게 인식해야 하고, 그렇지 않으면 경찰조직 전체에 사기 문제가 만연해 있게 될 것이다. 경찰관리자가 해야 할 첫 번째 단계는 왜 경찰관 사기가 낮은지를 확인하는 것이다.

사기 문제의 근본적인 원인은 파악하기 쉽지 않다. 경찰관 개인의 사기는 낮지만 경찰조직의 사기는 높을 수도 있고, 그 반대일 수도 있기 때문이다. 몇몇 사람은 사기는 행복 및 웰빙과 관련되어 있다고 말하고, 다른 사람은 사기는 직무 혜택과 더 관련되어 있다고 말한다. 여전히 다른 사람은 사기는 자기실현에 대한 철학적 문제라고 말한다. 일반적으로 조직목표를 위해서 노력하는 조직구성원은 높은 사기를 갖고 있는 것으로 여겨지고, 그렇지 않은 조직구성원은 낮은 사기를 갖고 있는 것으로 여겨진다. 경찰기관이 부적절하고 불공평한 봉급 및 부가혜택을 제공하고, 적절한 장비를 제공하지 못한다면 경찰관 사기는 낮아질 것이다. 그러나 위의 요인이 잘 갖추어져 있고 사기가 낮다면, 사기 문제의 원인은 경찰관 개인의 욕구에 있을 것 같다.

또한 많은 경찰관서에서 경찰관 사기를 저하시키는 것은 냉담한 경찰행정가와 무례한 감독 경찰관 때문이다(Hess & Orthmann, 2012: 309). 낮은 사기의 또 다른 중요한 원인은 직무 불만족이다. 낮은 사기에 영향을 주는 직무 관련 요인 중에는 행정적 지원 부족, 비효과적인 감독, 임무를 효과적으로 수행하기 위해 필요한 장비나 훈련의 부족, 승진기회 부족, 정치적 영향, 경찰관서 내 부패, 형사사법체계 그 자체(형사사법체계는 범죄자를 위한 회전문처럼 보임), 대중매체에 의해 종종 전달되는 부정적인 경찰 이미지 등이 있다.

경찰이 높은 수준의 스트레스를 겪고 있고, 대부분이 직무수행 중에 부상이나 사망 위험에 직면해 있고, 다른 직장인보다 더 높은 비율의 탈진을 경험하고 있다는 점을 고려하면 경찰관은 충분한 임금을 지급 받지 못하고 있다고 여겨진다.

IV. 경찰공무원 사기 증진의 효과

사기란 조직 목표를 달성하기 위해 직무를 수행하려는 의욕이나 태도를 의미한다. 즉, 동기가 부여된 상태라고 볼 수 있다. 동기부여와 사기는 밀접한 관계이며 동기부여에 의해 사기가 올라가는 것은 타당하다. 조직구성원의 사기가 오른다면, 조직 생산성이 올라갈 수 있는 것이다. 경찰관 사기를 높임으로써 경찰조직과 경찰관에게 미치는 효과는 다음과 같다(Davis, 1951: 552; Stahl, 1983: 238; 경찰대학, 2001: 237-238).

첫째, 경찰관의 사기가 양호할 때에 능률적인 직무수행이 가능해져서 경찰관은 임무를 열성적으로 완수하게 된다.

둘째, 높은 경찰관 사기는 경찰조직의 이미지를 좋게 하여 보다 우수한 자질을 갖춘 인재가 경찰조직에 지원하도록 한다.

셋째, 경찰관은 경찰조직과 그 관리자에게 충성을 다하게 되며, 자기가 소속한 경찰조직을 자랑스럽게 생각한다.

넷째, 경찰관은 규칙이나 직무명령 및 규범을 자발적으로 준수하게 된다.

다섯째, 경찰관의 자발적인 협력을 바탕으로 경찰조직의 위기극복 능력이 증대된다.

여섯째, 경찰관은 조직활동과 담당 직무에 대해 많은 관심을 갖게 되고 창의성을 더욱 발휘하게 된다.

제 2 절 경찰공무원 사기관리 이론

경찰관 개인의 사기수준이 높으면 직무수행 과정에서 충실해지고, 이것은 직무성과 향상에 기여한다. 개인 태도에 관한 이론 중에서 가장 대표적인 이론이 동기부여 이론이라고 할 수 있다. 동기부여 이론은 조직에서 조직 구성원이 자신에게 주어진 지위 및 역할을 적극적이고 자발적으로 수행하기 위해서는 개인의 직무만족 등 심리적인 태도가 중요하다는 것을 전제로 하고 있다. 따라서, 동기부여이론은 사기관리에 관한 주요한 이론으로 논의될 수 있다.

경찰관이 동기부여되는 방법을 설명해 주는 동기부여 이론에는 개인적 (individual) 이론과 행태적(behavioral) 이론의 두 가지가 있다. 개인적 이론은 인간관계, 구성원 잠재력, 내적 욕구에 중점을 둔다. 개인적 이론에 따르면 동기부여는 내부에서 나오므로 경찰조직은 올바른 가치, 태도, 욕구를 갖고 있는 지원자를 선발해야 한다. 개인적 이론은 부하의 동기부여는 내적 욕구를 충족시켜 주는 관리자의 능력에 의해서 영향을 받는다고 제안한다.

반면에, 과정이론이라고도 불리는 행태적 이론은 강화 과정(process of reinforcement)을 통하여 동기부여나 행태를 설명히고자 시도한나. 개인적 이론에 대한 공통적인 비판은 개인적 이론이 업무환경과 상호작용하는 조직구성원의 역동성(dynamics)을 파악하지 못한다는 것이다. 경찰관은 일상적인 활동을 수행할 때 노력에 대해 보상이나 처벌을 받는다. 행태적 이론가는 이러한 보상과 처벌은 결국 부하의 행태를 형성한다고 가정한다.

그러나 서머혼 등(Schermerhorn et al.)(1994)은 동기부여의 개인적 이론과 행태적 이론은 필연적으로 대립관계에 있지 않으며, 이 이론들은 동기부여를 설명하는 보편적 이론으로 통합될 수 있다고 주장한다. 개인적 이론은 직무 만족을 설명하는 데 직접 연결되지만, 행태적 이론은 직무 노력과 성과를 더욱 정확하게 설명한다.

또한, 동기부여이론은 내용이론과 과정이론으로도 구분될 수 있는데, 내용 이론은 사람의 동기를 유발하는 요인에 중점을 두는 이론으로서, 인간의 어떤 욕구가 동기를 부여할 수 있는가와 관련하여 욕구의 유형·성격·강도 등을 규명하는 이론이다.

반면에, 과정이론은 동기부여의 내용보다는 동기가 어떤 과정을 거쳐서 유발되는가에 초점을 두는 이론이며, 동기유발에 관한 다양한 변수가 어떻게 상호작용하여 행동을 일으키게 되는가에 중점을 둔다(임창호, 2013: 171-175). 내용이론은 앞에서 설명한 동기부여의 개인적 이론과 유사하고, 과정이론은 행태적 이론과 유사하다고 볼 수 있다.

Ⅰ. 내용이론

1. 매슬로우의 욕구계층이론

1) 욕구계층이론의 개념

매슬로우(A. B. Maslow)(1943)는 욕구계층이론(hierarchy of needs theory)의 창시자로서 개인이 가지고 있는 욕구를 생리적(physiological) 욕구, 안전(security) 욕구, 사회적(social) 욕구, 존경(esteem) 욕구, 자아실현(self-actualization) 욕구의 5단계로 나누었다.

매슬로우에 따르면, 더 낮은 계층의 욕구는 더 높은 계층의 욕구가 활성화되기 전에 부분적으로라도 충족되어야 한다. 더 낮은 계층의 요구가 충족되면 그 욕구는 더 이상 개인에게 동기부여하는 데 기여하지 못하며, 개인은 그 다음 욕구계층으로 나아간다. 개인이 욕구계층의 위로 올라갈 때 욕구를 충족시키는 것은 점차 어렵게 된다. 그래서 몇몇 사람은 특정 욕구계층에 남아 있지만 다른 사람은 계속해서 욕구계층 위로 올라간다.

직업 상실, 이혼, 심각한 질병과 같은 중요한 사건의 결과로서 더 낮은 욕구계층으로 떨어지는 것도 가능하다. 개인은 욕구의 성장을 다시 시작할 수도 있다. 마지막으로, 몇몇 개인은 특정 욕구계층에 남아 있는 것에 만족해하고 더 높은 욕구계층을 만족시키고자 시도하지 않는다.

2) 욕구계층이론의 내용

(1) 생리적 욕구

생리적 욕구는 가장 기본적인 욕구로서 음식, 옷, 적절한 주거, 물 등을 의미한다. 생리적 욕구의 충족은 주로 급여(salary)와 관련되어 있다. 사람은 생리적 욕구를 충족시키는 데 필요한 물품을 구입하기 위해 소득을 사용한다.

(2) 안전 욕구

안전 욕구는 삶에서 계속성을 발전시키기 위한 의식적·무의식적 욕구이다. 사람은 생리적 욕구가 미래에 계속해서 충족될 수 있기를 원한다. 전통적으로 직업 안전(job security) 욕구는 많은 사람이 경찰직에 입직하는 첫 번째 동기라고 여겨졌다. 경찰관이 되기를 희망하는 사람은 사회는 항상 경찰관을 필요로 하고, 그래서 경찰관 지위는 안전한 지위라고 여긴다.

(3) 사회적 욕구

일단 생리적 욕구와 안전 욕구가 충족되면 사회적 욕구가 개인의 동기부여를 지배한다. 사람은 사회적 존재이므로 다른 사람과 상호작용을 하고, 사귀고, 받아들여질 것을 필요로 한다. 일반적으로 경찰조직의 구성원이 되는 것은 사회적 욕구를 충족시켜 준다.

(4) 존경 욕구

존경 욕구는 사회적 욕구를 충족한 개인에게 지배적으로 된다. 사람은 동료나 다른 사람에 의해서 어느 정도 인정을 받을 필요가 있다. 존경이나 인정은 명성(prestige)과 권력(power)의 두 가지 형태를 갖고 있다. 참여적 관리 스타일은 부하로 하여금 존경 욕구를 충족할 수 있도록 도와 준다. 게다가 참여적 관리 스타일은 더 많은 생산성을 가져온다(Steinheider & Wuestewald, 2008).

권력은 또한 다른 사람과 환경에 대하여 통제나 영향력을 가하려는 욕구를 의미한다. 권력은 경찰관이 승진을 추구하는 주요 원동력 중 하나일 수 있다.

(5) 자기실현 욕구

매슬로우의 가장 높은 단계의 욕구는 자신의 삶을 최대한 이용하려는 욕구인 자기실현 욕구이다. 자기실현 욕구는 자기달성(self-fulfillment) 및 성취와 동의어이다. 매슬로우는 이러한 마지막 욕구를 성취하는 개인은 거의 없다고 하였다. 전통적인 경찰조직의 경찰관에게 있어서 자기실현은 단지 승진이나 수사부서와 같은 전문기능을 통해서 가능하다.

2. 허즈버그의 2요인이론(동기-위생이론)

또 다른 유명한 인간주의 이론은 허즈버그(F. Herzberg)(1968)의 동기-위생이론(motivation-hygiene theory)이다. 허즈버그는 개인의 생산성에 영향을 주는 두 가지 요인으로서 동기요인과 위생요인을 확인하였다. 위생요인(hygiene factor)은 주로 환경과 관련되거나 직무상황과 관련된 욕구를 충족시키는 요인을 의미하고, 회사 정책과 관리, 감독, 작업조건, 개인 상호 간 관계, 보수, 지위, 안전 등의 직무환경이 위생요인에 속한다. 위생요인은 직무 불만족을 미리 예방할 수 있는 환경적 조건이란 의미에서 불만족 요인이라고도 한다.

또한, 동기요인(motivator)은 직무 그 자체와 관련되고 주로 조직구성원의 내재적 욕구를 충족시키는 요인을 의미하며, 이에 속하는 것으로 성취감, 인정감, 도전감, 책임감, 성장 및 발전과 같은 직무내용이 있다. 동기요인은 직원으로 하여금 더 나은 만족과 성과를 거둘 수 있도록 동기를 부여하는 데 효과적이기 때문에 만족 요인이라고 한다.

이러한 연구 결과는 경찰관에게 적용될 수 있다. 경찰관은 종종 직무환경 (예 면밀한 감독, 불공정한 것으로 인식되는 정책, 급여 불균형 등)에 대해 불만족해하지만, 경찰활동 그 자체를 즐기고 만족해한다. 허즈버그는 경찰관리자는 경찰관이 위생 욕구와 동기 욕구 양자를 충족할 수 있도록 하는 기회를 인식하고 제공해야 한다고 주장한다.

3. 맥클리랜드의 성취동기이론

맥클리랜드(D. C. McClelland)는 개인이 갖고 있는 욕구는 타고난 것이 아니라 사회적인 과정에서 습득된 것으로 보고 있다. 개인의 욕구는 시간이 지나면서 경험의 결과로 획득된 것이다. 맥클리랜드(1964)는 성취동기이론(achievement motivation theory)을 통하여 사람에게 중요시되는 3가지 욕구를 규명하였는데, 이 3가지 욕구는 (1) 성취 욕구, (2) 권력 욕구, (3) 친화 욕구이다.

먼저, 성취 욕구(need for achievement)는 성공하거나 경쟁에서 뛰어나고자 하는 욕구를 의미한다. 몇몇 개인은 성공과 실패를 구분하는 표준을 갖고 있으며 성취를 향해 나아가도록 하는 내적인 힘을 갖고 있다. 다음으로 권력 욕구(need for power)는 자신의 환경에 통제를 가하려는 욕구이다. 몇몇 개인은 결정을 내리고 다른 사람이 자신의 결정을 준수하도록 하는 내적 욕구를 갖고 있다. 마지막으로 친화 욕구(need for affiliations)는 다정하고 친밀한 개인 간 관계를 형성하고 유지하려는 욕구를 의미한다.

강력한 성취욕구를 갖고 있는 개인은 성공에 대한 보상보다는 개인적 성취에 더 많은 관심을 갖고 있다. 그러한 개인은 일을 더 잘 하려는 욕구를 갖고 있다. 그들은 자신이 더 많은 개인적 책임을 성취할 수 있는 상황을 찾는다. 그들은 복잡하고 도전적인 임무에 재빨리 지원한다. 그들은 임무를 수행할 때 직무성과에 대한 즉각적이고 계속적인 피드백을 받아야 한다. 만약 주의 깊게 모니터되고 통제되지 않는다면 그러한 개인은 일 중독(workaholic)에 빠지게 될 것이다.

맥클리랜드는 권력 욕구와 친화 욕구는 경찰관리자의 성공과 밀접하게 관련되어 있다고 제안한다. 성공적인 관리자는 권력에 대해 더 많은 욕구를 갖고 있고 친교에 대해서는 더 적은 욕구를 갖고 있다. 이러한 유형의 개인은 어떤 상황에 대해 기꺼이 책임을 지고 결정의 사회적 함의에 대해서 많은 고려를 하지 않고 행동한다. 그러나 권력 욕구가 친화 욕구를 약화시킨다면 경찰관리자는 마키아벨리즘(Machiavellian)이 되어 조직이나 조직구성원보다는 오히려 자신의 성공에 집중하게 된다.

472 제12장 경찰공무원 사기관리

4. 머레이의 표출욕구이론

표출욕구이론(manifest need theory)을 주장한 머레이(H. A. Murray)는 기본적으로 모든 사람은 사회적 존재이며, 인간 사이의 상호작용체계에 속하는 상호 의존적인 존재이기 때문에 인간의 성격을 이해하기 위해서는 개인의 동기과정은 물론 행동에 효과적으로 영향을 미치는 환경요인노 고려해야 힌다고 주장한다. 머레이는 매슬로우의 욕구단계이론보다 많은 욕구(성취욕구, 친화욕구, 공격욕구, 자율욕구, 공경욕구, 지배욕구, 양호욕구, 질서욕구, 구호욕구, 인내욕구, 충동성 욕구)를 밝혀냈는데, 매슬로우와 달리 머레이의 욕구이론에는 욕구의 단계가 없다.

5. 앨더퍼의 ERG이론

앨더퍼(C. P. Alderfer)는 저차원의 욕구와 고차원의 욕구는 기본적인 차이가 있다고 보고, 경험을 토대로 핵심이 되는 욕구를 3가지 그룹으로 분류하였다. 존재 욕구(existence)는 배고픔, 목마름, 거처 등과 같은 모든 형태의 생리적·물질적 욕구를 말한다. 관계 욕구(relatedness)는 직장에서 타인과의 대인관계와 관련된 모든 욕구를 말한다. 성장 욕구(growth)란 창조적·개인적 성장을 위한 개인의 노력과 관련된 욕구를 의미한다.

Ⅱ. 과정이론

1. 애덤스의 공정성 이론

1) 공정성 이론의 개념

애덤스(J. S. Adams)(1963)는 공정성 인식의 관점에서 행태를 설명하고자 시도하였다. 한 사람의 공정성 인식은 다른 사람의 노력 및 보상과 비교한 자신의 노력(생산성) 및 보상(급여, 부가이익 등)에 기초한다. 즉, 공정성 이론 (equity theory)의 본질은 조직구성원은 그와 비슷한 상황에 있는 다른 조직구성원의 노력과 보상을 비교하는 것에서 시작된다.

불공정성(inequity)은 여러 방법으로 존재할 수 있다. 순찰부서에 배치된 경찰관은 자신의 지위와 임무를 범죄수사 부서에 배치된 다른 경찰관과 비교할 때 불공정성을 인식할 수 있다. 불공정성의 몇몇 가능한 원인이 경찰조직 내에 존재한다. 조직구성원이 그들의 노력에 대한 보상의 비율이 다른 구성원의 비율과 일치함을 지각할 때 공정성이 존재하고, 이 비율이 불일치할 때 불공정성이 존재한다.

2) 불공정성 인식의 역효과 감소방안

경찰관리자는 불공정성에 대한 실제 수준과 인식 수준이 동기부여 과정에서 중요한 역할을 수행한다는 것을 인식해야 한다. 경찰관의 사기는 불공정성의 실제 수준이나 인식 수준에 의해서 영향을 받는다. 경찰조직 내에서 불공정성 인식의 효과를 감소시키기 위해 경찰관리자가 시도할 수 있는 세 가지 방법이 있다. 첫째, 경찰관리자는 실제의 불공정한 직무 상황이 존재하지 않는다는 점을 명확히 해야 한다. 둘째, 경찰관리자는 직무순환(job rotation) 방법을 활용할 필요가 있다. 셋째, 감독 경찰관은 동기부여 문제를 갖고 있는 경찰관을 확인하고 그 문제에 대한 해결방안을 이끌어 내는 데 책임이 있다 (Gaines & Worrall, 2012: 195).

2. 브룸의 기대이론

몇몇 기대이론(expectancy theory)이 개발되었는데, 아마도 가장 인기 있는 기대이론은 브룸(Vroom)(1964)과 포터(Portal) & 롤러(Lawler)(1968)에 의해서 제시된 이론이다. 기대이론과 공정성 이론은 동기부여를 업무환경의 결과로 바라본다는 점에서 비슷하다.

공정성 이론은 개인은 다른 사람과 비교해서 자신의 직무와 보상을 살펴본 후 공정성이 존재하면 동기부여된다고 설명한다. 반면에 기대이론은 개인은 보상이 충분할 때에 동기부여되고, 그 보상은 개인에 의한 노력과 동일하거나 더 많을 때 충분하다고 가정한다. 기대이론은 조직구성원이 갖고 있는 세 가지 믿음을 확인하였다.

첫째, 기대(expectancy)는 노력이 수용 가능한 성과를 가져올 것이라는 개인의 믿음을 의미한다. 그러나 이것은 항상 그런 것은 아니다.

둘째, 수단성(instrumentality)은 자신의 성과는 보상을 받을 것이라는 조직구성원의 믿음을 의미한다. 경찰관이 열심히 근무해서 생산적일 때, 그는 경찰관서가 그를 위해서 무엇을 하고, 어떻게 대우할 것인가에 대한 기대를 갖는다.

셋째, 개인은 성과의 유의성(valency)에 기초해서 행동할 것을 결정한다. 성과의 유의성은 그의 생산성이 긍정적인 성과나 보상을 가져온다는 경찰관의 인식을 의미한다. 경찰관이 보상이 노력 및 생산성과 동일하거나 더 크다고 인식할 때 성과의 유의성은 긍정적이다.

보상은 처벌보다 동기부여 요인으로서 더욱 효과적이라고 여겨진다. 처벌은 행태에 대해 단지 단기간 동안의 영향을 주지만 보상은 더 오랜 기간 동안 행태에 영향을 준다. 기대이론가에게 있어서 보상을 사용할 때 가장 중요한 사항은 보상 수준이 부하직원의 노력 정도를 반영해야 한다는 것이다.

3. 포터와 롤러의 성과만족 이론

포터(L. W. Porter)와 롤러(E. E. Lawler)의 성과만족이론은 노력(effort), 성과(performance), 보상(reward), 만족(satisfaction) 등의 변수와 그 상호관계에 중점을 두므로 EPRS이론이라고 부르기도 한다.

성과만족 이론은 사람이 바라는 목적 및 결과를 성취하려는 노력에 의하여 성과가 결정되며, 만족은 사람이 실제로 달성하는 결과에 의하여 결정될 수 있다는 것을 전제하고 있다. 이 모형은 조직구성원의 노력이 성과를 가져오고, 성과에 따라 보상을 할 때 조직구성원의 만족은 보장된다는 [노력 ⇨ 성과 ⇨ 보상 ⇨ 만족 ⇨ 환류]라는 틀을 제시하였다.

제 3 절   경찰공무원 사기의 영향요인

이상호(1995: 11-27)의 연구를 보면 경찰사기 수준을 파악할 수 있는 지표로서 (1) 직업적 만족도, (2) 성공에 대한 자신감, (3) 이직정도, (4) 직무만족도 및 조직몰입도, (5) 인사관리 만족도, (6) 인간관계 만족도, (7) 단체정신, (8) 경찰에 대한 신뢰도를 제시하고 있다.

또한, 왈톤(R. E. Walton)은 근로생활의 질에 영향을 미칠 수 있는 요인으로서 (1) 적정하고 공정한 보상, (2) 안전하고 건전한 작업조건, (3) 인간능력의 활용과 개발의 기회, (4) 지속적 성장을 위한 기회부여, (5) 업무조직에서의 사회적 통합, (6) 업무조건의 입법화, (7) 근로생활과 가정생활의 조화, (8) 근로생활의 사회적 적합성 등 8가지를 제시하고 있다(Walton, 1973: 11-12; Walton, 1974: 23-26).

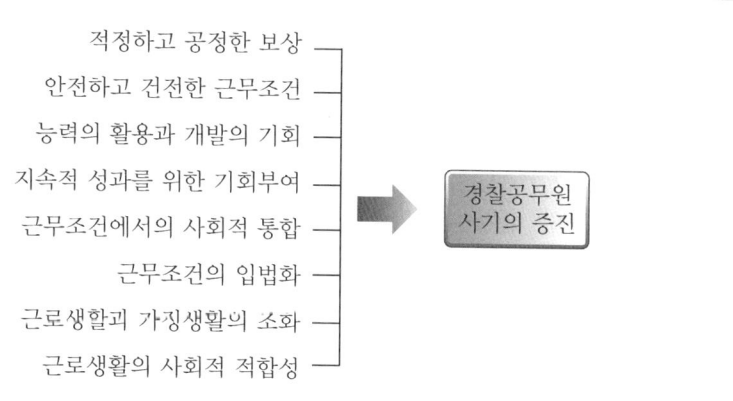

그림 12-1 경찰공무원 사기에의 영향요인

1. 적정하고 공정한 보상

보상의 공정성을 판단할 수 있는 객관적인 표준이 없기 때문에 보상에 있어 공정성은 상대적 개념이라고 할 수 있다. 즉, 특정기능에 대한 수요 및 공급이나 동일지역 내의 평균수준이 보상의 정도를 결정하고, 교육훈련요건, 직무책임, 업무환경의 불건전성 등이 공정성 여부를 좌우하기도 한다.

2. 안전하고 건전한 근무조건

현대사회의 인간은 고도의 물질문명 때문에 가스·분진·소음·고열 등 공해에 시달리고 있다. 따라서, 이러한 공해로부터의 해방과 정신적 건강을 유지하기 위해서는 안전한 업무환경에서 쾌적하게 근무할 수 있는 여건을 조성할 필요가 있다. 왜냐하면 안전하고 건전한 근무조건은 곧 경찰관이 근로의 보람을 느끼도록 해 주는 요인이기 때문이다.

3. 능력의 활용 및 개발의 기회

조직구성원 자신의 능력이 충분히 이용되고 개발될 때 조직구성원은 자아실현에 따른 생의 보람을 느낄 수 있다. 따라서 능력 활용 및 개발기회 부여 정도가 근로생활의 질에 대한 결정변수로 작용할 수 있다.

4. 지속적 성과를 위한 기회부여

일반적으로 육체적 근로자는 관리자 직위에의 승진에 필요한 선행요구조건을 갖추지 못하기 때문에 관리자 직위의 문호가 개방되지 않는다. 또한, 기술자와 전문직 근로자의 경우에는 육체적 근로자보다 승진 극한점에 늦게 도달하지만 지속적 성장을 보장하기에는 미흡하다.

따라서, 육체적 근로자와 기술자 및 전문직 근로자는 관리직의 근로자보다 노동생활의 보람을 느끼기 힘들기 때문에 경력기회 제공에 있어 각별한 배려가 필요하다. 그러기 위해서는 조직의 효과적인 경력관리와 개발을 위한 노력이 요청된다.

5. 근무조건에서의 사회적 통합

직무와 경력은 전형적으로 업무조건 내에서 추구되고 있기 때문에 구성원 간 사적 관계는 근로생활의 질의 중요한 차원이라 할 수 있다. 특히, 근로자는 편견으로부터의 해방, 평등주의, 공동체 의식, 대인적 개방 등을 경험할 때 일체감과 자부심을 느낀다.

6. 근무조건의 입법화

노동조합에서는 근로자를 사용자의 일방적 행위로부터 보호하기 위해 제도화를 요구하고 있다. 따라서 제도화에 필요한 다음의 몇 가지 권리가 보장될 때 근로생활의 질이 향상될 수 있다.

(1) 사생활이 보장되어야 한다.

(2) 보복의 두려움 없이 자기 의견을 개진할 수 있는 권리가 보장되어야 한다.

(3) 모든 일에 있어 공정한 대우가 보장되어야 한다.

(4) 적법절차에 따라 권리를 침해 받지 않고 침해시 구제 받을 수 있도록 보장되어야 한다.

7. 근로생활과 가정생활의 조화

개인의 직장근무는 가정생활에 많은 영향을 미친다. 예를 들면 직장에서 초과근무는 가정생활에 부정적 영향을 초래하며, 빈번한 근무처 이동은 가족으로 하여금 그들의 친구·친지·지역사회와 인연을 끊도록 만들어 심리적·사회적으로 많은 손실을 보게 한다.

반대로, 가정생활이 근로생활에도 영향을 미친다는 점을 인식할 필요가 있다. 가령 배우자의 질병이나 이혼 등 가정 문제가 근로생활에 영향을 미치고, 그 결과 근로생활의 만족도를 떨어뜨릴 수 있다. 따라서, 근로자의 사적 생활을 무시하고 이것과 절연된 직장생활은 완전하지 못하므로 근로생활과 가정생활이 서로 조화를 이루도록 해야 할 것이다.

8. 근로생활의 사회적 적합성

자신이 근무하는 조직이 사회적으로 책임의식을 갖고 혜택을 주고 있는지, 그렇지 않으면 악영향을 미치고 있는지 여부가 근로자의 주요한 관심사가 되고 있다. 즉, 근로자가 자신이 속한 조직의 지역사회 공헌 등을 감안해 보았을 때 조직이 책임의식을 느끼고 혜택을 주는 경우에 근로생활의 보람을 느낀다.

제4절   경찰공무원 사기의 증진방안

경찰조직이 국민으로부터 신뢰받는 조직이 되고, 경찰조직의 목표를 효과적으로 달성하기 위해서는 경찰관의 사기가 제대로 관리되어야 한다. 특히, 경찰직무가 국민의 생활과 직접적인 관계가 있음을 고려할 때 경찰관 사기의 중요성은 더욱 강조될 수 밖에 없다.

왜냐하면 경찰관의 높은 사기는 경찰조직의 정신적 자산으로서 조직 역량을 높일 뿐만 아니라, 이를 통해 민생치안과 사회의 공공질서 확립에 긍정적인 영향을 주기 때문이다. 반면에 낮은 사기는 경찰조직의 역량을 감소시키고 사회에도 부정적인 영향을 주게 된다(이상호, 1995: 8). 경찰관의 사기를 증진시킬 수 있는 방안을 제시하면 다음과 같다.

I. 직무 관련 증진방안

1. 업무량의 감축

경찰관의 업무처리능력에 비하여 업무량이 지나치게 많으면 무리한 업무처리를 강요받게 되고, 이것은 심리적 또는 육체적으로 많은 피로를 가져오고 비능률과 업무에 대한 흥미 저하를 가져와 경찰관의 사기 수준을 낮추게 된다.

경찰업무량을 줄이기 위해서는 첫째, 경찰인력을 확충하는 것이 필요하다. 현재 경찰관 1인당 담당인구수가 외국에 비하여 많은 편이므로 경찰인력을 더욱 확충하여 경찰 1인당 담당인구수를 선진국 수준으로 낮추어야 한다.

둘째, 과중한 타부처 협조업무를 줄여야 한다. 불합리한 타부처 협조업무는 소관부처로 이관하여야 하고, 이관하기 힘든 업무의 경우에 경찰은 당해 소관부처의 업무집행을 협조함에 있어 직접 일정한 비용을 부과하거나, 예산당국이 예산배정시 경찰에게 예산을 추가 배정하여야 한다.

셋째, 오늘날 경찰청과 사전 협의 없이 법령을 제정하는 것이 경찰업무량을 늘리는 경향이 있다. 타 부처가 경찰관의 개입을 필요로 하는 법령을 마련하는 경우에는 미리 경찰청과 협의하여야 한다.

2. 보수의 현실화

보수는 공무원의 근무에 대해 정부가 금전으로 지급하는 재정적 보상을 말한다. 보수는 근무관계 또는 고용관계의 대가이며 동시에 생활유지 수단이 되는 것이다. 과거에 경찰관의 가장 큰 문제점은 업무량에 비해서 낮은 보수였다.

최근 경찰관 보수는 과거에 비하여 매우 양호하게 증가하였고, 이에 대해 경찰관도 보수에 대한 만족감을 나타내고 있다. 그러나 경찰관의 경우 타 공무원에 비하여 초과근무시간이 많고, 경찰관마다 근무성격이 다르고 근무시간의 편차가 많다. 따라서, 이러한 문제점을 고려하여 경찰관 수당체계를 현실화해야 한다.

3. 자율적 감독과 적정한 징계

경찰조직에 있어서 조직구성원에 대한 적절한 감독이 없으면 직무를 제대로 수행할 수 없다. 반면에, 지나친 감독과 간섭은 자율적 직무수행을 저해하여 의욕을 떨어뜨리고 조직 생산성도 낮추게 된다. 감독과 징계에 대한 경찰관의 불만을 줄이기 위해서는 감독기관을 일원화하고, 일관적인 기준 하에 자율적인 감독이 이루어지도록 유도하며, 감독이나 징계가 경찰조직에 대하여 긍정적 영향을 미칠 수 있도록 해야 한다.

4. 합리적인 행위 표준 설정

조직구성원의 행위 표준이 합리적이고, 명확하고, 공정하게 설정되고 공표되어야 한다. 조직구성원은 이것을 기대하며, 경찰조직은 이러한 표준이 없이는 제대로 기능할 수 없다. 당연한 것이지만 경찰관리자는 직무의 모든 측면에서 공정해야 한다. 대부분의 경찰관은 엄격한 규칙과 절차가 의미 있고 모든 사람에게 공정하게 적용된다면 꺼려하지 않는다. 공정성은 조직구성원의 사기 증대를 위한 공통분모인 것이다.

5. 경찰조직 구성원으로서의 자부심 향상

경찰조직의 자부심과 조직구성원의 자부심은 밀접하게 관련되어 있다. 조직구성원은 자신이 자랑스러워 하는 조직을 위해 근무하는 것을 좋아한다. 경찰관서의 외관, 순찰차와 문에 있는 휘장, 경찰관서 각 사무실에 있는 이름표, 책상 이름표, 호의적인 인상을 주는 제복 등 이러한 모든 것은 경찰관 사기에 영향을 줄 수 있다. 이러한 것들은 비싸지 않지만 경찰관이 자기 자신과 조직에 관하여 느끼는 방법에 있어서 중요한 차이점을 만들 수 있다.

II. 조직 관련 증진방안

1. 조직 내 인간관계 활성화

조직 내의 인간관계는 사기 수준에 영향을 미치는 중요한 요인이며, 조직 생산성 향상에 큰 영향을 미치고 있다. 조직 내 또는 부서 내에서 협조가 잘 이루어지고 부적절한 인간관계가 없을 때 조직이 더욱 생산적으로 될 것이다. 조직 내 인간관계의 활성화를 위해서는 소모임의 구성이 필요하다. 이러한 소모임은 부서별 단위와 개별 경찰서 단위로도 있을 수 있는데 자생적으로 발생한 것이면 더욱 바람직하다(이상철, 1999: 65).

2. 확실한 신분보장

신분보장이란 경찰관이 자기의 의사에 반하는 신분상의 불이익 처분을 받지 않도록 하는 것을 의미한다. 경찰은 치안유지의 담당자로서 강제력을 행사하는 만큼 신분이 제도적으로 보장되어 있어야 중립적이고 공정한 업무수행을 할 수 있다. 또한, 직무만족도를 향상시키기 위해서는 하위직 경찰관에게 권한과 책임을 부여하고, 장기적으로 경찰관의 능력발전을 유도하며, 사회에 대한 봉사감을 통해 만족감을 느끼도록 해야 한다.

3. 공정한 승진기회와 사회적 인정감의 향상

경찰관에게 승진은 보다 많은 권한과 자율성을 부여하는 기회가 되기 때문에 승진은 가장 큰 동기부여요인이다. 따라서, 경찰조직은 객관적이고 공정한 승진 기준을 마련하고, 승진요건이 직무와 관련 있도록 하여 직무에 충실한 경찰관에게 더 많은 승진기회를 부여하여야 한다.

4. 복리후생제도 강화

경찰청은 전국적으로 경찰수련원을 운영하고 있고 제주도에 있는 해양경찰청 수련원은 공동으로 사용하고 있는데, 경찰가족이 휴가기간이나 휴일에 더욱 저렴하게 사용할 수 있도록 하고 시설을 현대화하여야 한다. 경찰병원의 경우에도 현대적 장비를 도입하고, 퇴직 경찰관이 무료로 진료를 받을 수 있도록 해야 할 것이다.

경찰직무의 고유한 특수성을 맞춤형 복지제도에 반영하기 위해서는 운영주체 및 위탁운영기관에 대한 전반적인 재검토가 필요하고, 콘텐츠의 다양화 및 내실화, 민간부문의 벤치마킹, 성과주의 도입, 관련 예산 마련, 의료비ㆍ보험 중복보상 인정, 피드백을 실현할 수 있는 장치 마련 등이 필요하다(차훈진ㆍ정우일, 2006: 328).

5. 사기수준 조사

사기 조사란 사기에 영향을 미치는 요인을 측정ㆍ관리하고, 직무만족을 일정한 수준으로 유지ㆍ관리하기 위한 수단을 모색하는 것이다. 경찰관을 대상으로 정기적으로 사기 수준을 조사한다면, 조직구성원의 사기를 저해하는 요인을 파악하게 되고, 동시에 저해요인을 제거하기 위한 대책을 수립할 수 있는 기초자료를 얻게 될 것이다.

경찰조직이 어느 정도의 사기를 갖고 있는지를 아는 것은 경찰관 사기를 향상시키기 위한 첫 번째 단계이다. 경찰관 사기는 조직구성원의 행동과 진술을 관찰함으로써 측정될 수 있다. 부하직원은 긍정적이고 낙관적인가?, 부하직원은 자신의 직무에 대해 자랑스러워하는가?

몇몇 관리자는 사기 문제의 원인을 확인하기 위하여 설문지를 배부한다. 설문조사는 사기 문제를 야기하고 있는 영역을 확인하도록 돕는다. 설문조사는 사기 문제에 영향을 주는 요인을 확인하는 유일한 방법이 아니다. 부하직원과 잘 소통하는 관리자는 개방적인 태도를 보여주고 부하직원이 말하는 것을 경청함으로써 문제를 미리 발견할 수 있다.

6. 경찰관리자의 태도 변화

경찰관 사기를 증진함에 있어서 주요 고려사항은 봉급, 감독의 질, 조직지원과 시민 지지, 직장의 물리적 환경 등이다. 경찰관 사기를 증진시키는 것은 경찰관리자의 변화된 태도를 요구한다. 먼저, 경찰관리자는 부하직원이 성장하고 변화할 수 있다고 믿어야 한다. 부하직원은 올바른 환경 아래에서 태도와 사기를 향상시킬 수 있다.

둘째, 경찰관리자는 부하직원에게 개방적이고 정직하고, 존경심을 갖고 대하고, 이해하고자 노력해야 한다.

셋째, 경찰관리자는 효과적으로 의사소통을 해야 한다. 경찰관리자는 경찰관서 소식지, 칭찬의 글, 건설적인 비판, 경찰관서 게시판, 개인적 대화, 경찰관서 회의 등을 통해서 조직구성원이 알 필요가 있는 정보를 제공해야 한다.

넷째, 경찰관 사기를 향상시키기 위해서 경찰관리자의 진실성(credibility)이 매우 중요하다. 경찰관 사기를 높이고자 노력하는 경찰관리자는 자신이 먼저 높은 수준의 사기를 보여주어야 한다.

다섯째, 높은 사기 수준을 갖고 있는 경찰조직은 조직의 사명과 목표를 성공적으로 전달하는 조직이다. 경찰관리자는 부하직원의 참여를 통해서 경찰조직의 목표를 설정해야 한다.

연습문제

1. 경찰공무원 사기관리 이론들을 설명하세요.

2. 경찰공무원 사기에의 영향요인을 설명하라.

3. 경찰공무원 사기의 증진방안을 논하라.

 참고문헌

〈국내문헌〉

경찰대학. (2001). 「경찰학개론」, 용인: 경찰대학.

김병섭. (1998). "경찰공무원의 근로생활의 질(QWL)에 관한 연구," 치안연구소.

김옥두. (1999). "경찰관처우개선 방안모색", 국정감사 정책자료집.

이상철. (1999). "한국 경찰공무원의 사기관리에 관한 연구," 석사학위논문, 동국대학교 행정대학원.

이상호. (1995). "경찰관 사기관리방안에 관한 연구," 치안연구소.

이황우. (2007). 「경찰행정학」(제5판), 서울: 법문사.

_____. (1982). "경찰공무원의 자질향상에 관한 고찰," 「행정논집」, 제11~12집.

임창호. (2013). "경찰관 직무만족도의 영향요인에 관한 실증적 연구," 「사회과학논문집」, 31(2).

_____. (2014). "경찰관 직무만족도의 결정요인에 관한 연구," 「한국경찰연구」, 13(3): 233-272.

차훈진·정우일. (2006). "경찰공무원의 맞춤형 복지제도에 관한 연구," 「한국공안행정학회보」, 15(3): 303-332.

〈국외문헌〉

Adams, J. (1963). "Toward an Understanding of Inequity," Journal of Abnormal Psychology, 67(5): 422-436.

Bennett, R. R. (1997). "Job Satisfaction among Police Constables: A Comparative Study in Three Developing Nations," *Justice Quarterly,* 14(2): 295-323.

Davis, R. C. (1951). *The Fundamentals of Top Management,* New York: Harper & Row.

French, J. R. P., Cobb, S., & Rogers, J. R. W. (1972). "Adjustment as Person Environment Fit," G. V. Coelho, D. A. Hanburg, & J. F. Adams (eds.), *Coping and Adoptation,* New York: Basic Book.

Gainet, L. K. & Worrall, J. L. (2012). *Police Administration*(3th ed.), Clifton Park, NY: Cengage Learning.

Herzberg, F. (1968). "One More Time: How Do You Motivate Employees?," *Harvard Business Review,* January-February: 27-35.

Hess, K. M. & Orthmann, C. H. (2012). *Mangement and Supervision in Law Enforcement.* Clifton Park, NY: Delmar, Cengage Learning.

Maslow, A. (1943). "A Theory of Human Motivation," *Psychological Review,* 50:

370-396.

McClelland, D. (1964). *The Achieving Society*, Princeton: Van Nostrand Reinhold.

Portal, L. W. & Lawler, E. E. (1968). *Management Attitudes and Performance*, Homeood, IL.: Irwin.

Schermerhorn, J. (2008). *Management*, New York: Wiley.

Schermerhorn, J., Hunt, J., & Osborn, R. (1994). *Managing Organizational Behavior*, New York: Wiley.

Souryal, S. S. (1981). *Police Organization and Administration*, New York: Harcourt Brace Jovanovich, Inc..

Stahl, O. G. (1983). *Public Personnel Administration*(8th ed.), Harper & Row.

Sullivan, J. L. (1977). *Introduction to Police Science*, New York: McGraw Hill.

The National Advisory Commission on Criminal Justice Standards and Goals. (1973). *Report on Police*, Washington, D. C.: U. S. Government Printing Office.

Vroom, V. (1964). *Work and Motivation*, New York: Wiley.

Walton, R. E. (1973). "Quality of Working Life: What is it?," *Sloan Management Review*, 15(1): 15-21.

Walton, R. E. (1974). "Improving the Quality of Working Life," *Harvard Business Review*, 54.

White, L. D. (1955). *An Introduction to the Study of Public Administration*, New York: Macmillan.

Yoder, D. (1970). *Personnel Management and Industrial Relation*, New York: Prentice Hall.

Chapter **13**

경찰공무원 윤리

제1절 경찰공무원 윤리의 개념 및 필요성

I. 경찰공무원 윤리의 개념 및 유형

1. 경찰공무원 윤리의 개념

1) 윤리의 개념

윤리(ethics)라는 용어는 그리스어 ethos에서 유래한 말로, 사람의 행동의 기초가 되는 외적·사회적 풍습 내지는 사회적 기풍을 의미한다. 윤리의 본래적 기능은 일반적으로 사람이 지켜야 할 행위의 규범으로서, 사회생활을 하는 사람이 무엇을 어떻게 할 것인가에 대한 외적 준거를 제공하는 것이다. 윤리는 주로 도덕적 행동 및 양심의 표준과 관련되어 있다. 윤리는 옳은 것과 잘못된 것을 인식하고 옳은 방식으로 행동하는 능력이며, 도덕적 의무뿐만 아니라 좋은 행동과 잘못된 행동의 선택과 관련되어 있다.

2) 경찰공무원 윤리의 개념

경찰공무원 윤리란 경찰공무원이 직무를 수행할 때 국민 전체에 대한 봉사자로서의 목적을 달성하기 위하여 전문적 능력을 최대한 발휘하여 준수하여야 할 행동규범을 의미한다. 적절한 윤리적 행동은 경찰활동의 초석이 되며 시민이 경찰에 대해서 기대하고 있는 것이다.

3) 경찰공무원 책임의 개념

넓은 의미에서 경찰이 윤리적이라는 것은 경찰관이 자신의 행동에 대해 책임(accountability)을 져야 한다는 것을 포함해야 한다. 책임은 성품 및 윤리와 같이 오늘날 경찰의 표어가 되고 있다. 책임은 경찰에게 있어서 무엇을 의미하는가? 성품 및 윤리를 갖추고 시민 신뢰의 청지기가 되는 것과 같이 책임이란 용어는 다음과 같은 내용을 포함할 수 있다(Peak, 2012: 324).

(1) 경찰관은 모든 시민을 품위와 존중을 갖고 합법적인 방법으로 대할 것이다.

(2) 경찰관은 필요한 것보다 더 많은 무력을 사용하지 않을 것이다.

(3) 경찰관은 가장 높은 수준의 전문성을 갖추기 위해서 잘 훈련 받을 것이다.

(4) 경찰관은 시민 신뢰를 확보하기 위해서 적절한 정책, 절차, 규칙, 규제, 일반적 명령 등을 준수할 것이다.

4) 지역사회 경찰활동과 경찰관 윤리

지역사회 경찰활동 및 문제 지향적 경찰활동으로의 전환과 함께, 지역사회 경찰활동 경찰관이 경험하고 있는 많은 윤리적 딜레마에 대한 관심이 증가하고 있다. 왜냐하면 지역사회 경찰활동 경찰관은 다른 경찰관보다 더 많은 재량을 갖고 있고 시민과 더 많은 상호작용을 하기 때문이다. 경찰에게 무료로 제공되는 사례(gratuity)는 지역사회 경찰활동 경찰관에게 자주 발생할 수 있는 윤리적 문제의 한 예이다.

어떤 사람은 경찰은 그러한 사례를 받을 만한 가치가 있으며 사소한 사례는 긍정적인 사회적 관계를 형성할 것이라고 주장한다. 반면에 반대하는 사람은 사례를 받는 것은 앞으로 일탈을 계속해서 야기할 수 있다고 믿는다. 이것은 '미끄러지기 쉬운 경사로 관점'(slippery slope perspectives)인데, 이 관점은 사소한 사례를 받는 것은 경찰관의 청렴성이 점진적으로 부패되는 과정을 시작하도록 만들고 결국에는 더욱 중대한 비윤리적 행위를 야기한다고 주장한다(Withrow & Dailey, 2004: 319-326).

우리나라의 경우 공직자의 부정한 재산 증식을 방지하고, 공무집행의 공정성을 확보하는 등 공익과 사익의 이해충돌을 방지하여 국민에 대한 봉사자로서 가져야 할 공직자의 윤리를 확립하기 위해서 1983년에 「공직자윤리법」을 제정하여 시행하고 있다.

2. 경찰공무원 윤리의 유형

윤리에는 절대적 윤리(absolute ethics)와 상대적 윤리(relative ethics)가 있다. 절대적 윤리는 한 이슈는 두 가지 면만을 갖고 있다는 개념이다. 즉, 어떤 것은 좋거나 나쁘고, 검은 색이거나 흰 색이라는 것이다. 경찰 윤리에 대한 원래의 관심은 뇌물, 강탈, 과도한 무력, 위증과 같은 비윤리적 행동에 중점을 두었다. 부패한 경찰관의 절대적인 비윤리적 행위에 대해 참을 수 있는 지역사회는 거의 없다.

반면에, 상대적 윤리는 훨씬 더 복잡하고 다양한 회색 영역을 가질 수 있다는 것을 의미한다. 여기에서 문제는 한 사람에 의해서 윤리적인 행위라고 여겨지는 것은 다른 사람에 의해서 비윤리적인 것으로도 여겨질 수 있다는 점이다. 경찰의 모든 윤리적 이슈가 명쾌하게 되는 것은 아니다. 예를 들면, 지역사회는 때때로 갱과 노숙자와 같은 문제를 다루거나 연쇄강간범과 같은 범죄자를 다루는 데 더 큰 공공의 이익이 있다면 경찰에 의한 불법행위에 대해서 기꺼이 인내할 것이다. 그러나 지역사회가 상대적 윤리를 수용하는 것은 "경찰행위에 대한 경계는 거의 없으며 범죄와의 싸움에서는 어떤 것이라도 좋다"는 잘못된 메시지를 보낼 수 있다.

이러한 이중 효과(double effect) 관점은 어떤 사람이 그 의도된 효과가 부정적이더라도 좋은 목적을 성취하기 위한 행위를 한다면 그 행위는 정당화될 수 있다고 주장한다. 이러한 현상에 관련된 슬로건은 '대의를 위한 부패' (noble cause corruption)인 것이다. 대의를 위한 부패는 범죄통제 모델과 적법절차 모델 중 주로 범죄통제 모델에서 발생하는 일종의 비행이다. 범죄통제 모델의 경우 범죄통제의 목적은 비윤리적이거나 불법적인 수단이더라도 정당화될 수 있다는 점에서 일종의 수단-목적 사고이다.

Ⅱ. 특정 영역 윤리의 형성 조건

특정 영역의 윤리가 형성되고 발전되기 위해서는 다음과 같은 조건이 충족되어야 한다(Bailey, 1995: 549-550).

첫째, 일반적이거나 전통적인 윤리 아래에서는 직무수행을 어렵게 만드는 몇몇 특징을 갖고 있어야 한다. 경찰 윤리와 관련하여 경찰은 윤리상 문제를 야기하는 2가지 능력을 갖고 있다. 경찰은 강제력을 사용할 권한이 있고, 직무를 수행하는 과정에서 사람에게 거짓말을 하거나 속일 수도 있다.

둘째, 특정 영역의 윤리는 중요한 특징을 갖고 있으므로 그러한 윤리는 제한된 영역의 내부 사람이 아닌 외부 사람에게 관심의 대상이 되어야 한다. 사실, 어떤 영역에서 특별한 윤리가 존재한다는 것은 그 영역의 구성원이 많은 사람의 도덕적인 감수성에 중요한 영향을 주는 활동에 참여한다는 것을 의미한다.

셋째, 특정 영역의 윤리는 비행이 다른 수단에 의해 통제되지 못한다고 여겨지는 영역에서 발전된다. 일반적으로 이것은 법률, 규제 시스템, 감독, 여론 등에 의해서 효과적으로 통제될 수 없는 영역을 의미한다.

경찰활동의 경우 위와 같은 특정 영역 윤리 형성의 3가지 요건을 충족시키고 있기 때문에 직무수행에 있어서 특별한 경찰 윤리가 요구되는 것이다.

Ⅲ. 경찰공무원 윤리 정립의 필요성

경찰공무원은 국민 전체에 대한 봉사자이므로 더욱 강한 직업 윤리관이 요구되는데, 다음과 같은 이유에서 더욱 올바른 경찰공무원 윤리의 정립이 필요하다고 여겨진다.

첫째, 경찰공무원의 재량적 결정권이 확대되고 있기 때문이다. 경찰활동의 전문화, 과학화 및 기술화의 추세에 따라 경찰공무원의 재량적 결정권이 더욱 더 확대되고 있다.

둘째, 경찰활동의 관할범위가 확대되고 있다. 경찰공무원은 범죄예방·진압·수사의 영역뿐만 아니라 광범위한 치안서비스 제공에 많은 노력을 기울이고 있다. 그 결과 경찰활동이 국민생활에 미치는 영향력의 범위도 확대되고 있다.

셋째, 경찰조직은 정부조직 중에서도 큰 규모의 훈련된 집단이며, 개개인으로 볼 때에도 지적 수준이나 판단력이 높기 때문에 그에 따라 다른 집단이나 개인에 미치는 영향력의 범위가 크다.

위와 같은 이유로 인해 경찰 윤리의 정립이 국가적으로나 사회적으로 매우 중요한 의미를 지니고 있다.

IV. 경찰관과 인격

어떤 경찰관이 아직 외부에 알려지지 않은 주거침입강도를 우연히 발견한 후 자신이 물건을 훔치고서는 강도에게 죄를 덮어씌우는 경우를 가정해 보자. 이 사례를 토대로 경찰관 중에서 좋은 인격을 가진 경찰관과 나쁜 인격을 가진 경찰관의 차이점을 살펴보면 다음과 같다(Delattre, 2002: 9-14).

1. 나쁜 인격을 가진 경찰관

나쁜 인격을 가진 경찰관(the bad character)은 다른 사람에게 피해를 주더라도 자신이 이익을 얻을 수 있는 기회만을 찾는다. 다른 사람은 그 자신의 이익을 위해서 존재하며 이용될 뿐이다. 선악에 대하여 그가 배운 모든 것은 그의 삶과는 관계가 없다. 그는 자신의 권한을 남용하는 데 어떤 수치심도 느끼지 않는다. 소위 악덕 경찰관(meat-eater)은 시민의 생명과 재산에 위험을 야기하며, 종종 약삭 빠르며, 항상 욕심이 많고 양심이 없다. 그러한 경찰관은 철저한 배경조사(background investigation), 관찰력 있는 경찰학교 교관(instructor), 주의 깊은 현장훈련관(FTO) 등에 의해서 배제될 수 있도록 해야 한다.

2. 통제하지 못하는 경찰관

통제하지 못하는 경찰관(the uncontrolled)은 법을 무시하게 되면 나쁜 인격을 가진 사람처럼 행동할 수 있다. 약한 의지를 갖고 있거나 유치한 유혹에 쉽게 넘어가는 사람은 쉽게 교정될 수 있지만 시민의 신뢰를 받지 못한다. 먼저 뇌물을 요구하지 않지만 뇌물을 주면 받는 경찰관(grass-eater)은 동료의 압력이 있을 때 또는 불법적 기회가 있을 때에는 신뢰할 수 없고 점점 더 나쁜 행동을 하게 된다.

3. 스스로 통제하는 경찰관

스스로 통제하는 경찰관(the self-controlled)은 범죄를 있는 그대로 보고하고 남아있는 재산을 보호할 수 있지만, 그들이 따라야만 하는 더 높은 행위 표준에 대하여 분노를 느낄 수 있다. 이들은 이익을 챙길 수도 있었지만 그렇게 하지 않았다는 것에, 그리고 실제로 다른 경찰관은 불법적 행위를 통하여 물질적 이익을 얻고 있다는 것에 대하여 괴로워할 수 있다. 이러한 경찰관은 의무와 욕망 사이에서 계속된 긴장을 느낄 수 있으며, 올바른 일을 하고 있을 때조차도 탐욕이 그들을 유혹하기 때문에 불행하게 느낄 수 있다.

4. 우수한 인격을 가진 경찰관

우수한 인격을 가진 경찰관(the excellent)은 삶에 있어서 필수적인 신뢰성(trustworthiness)의 습관을 지니고 있고, 정직(honesty)을 존경하고 준수한다. 이들은 자신의 의무를 수행한다는 점에서는 스스로 통제하는 경찰관(the self-controlled)과 같은 방식으로 행동하지만, 자신이 누구이고 무엇을 위해서 존재하는지를 알고 있기 때문에 마음의 평화를 즐긴다. 그러한 경찰관은 돈은 단지 녹색 종이에 불과하다고 인식하기 때문에 부패될 수 없고, 훔치고자 하는 유혹도 갖고 있지 않다. 우수한 인격을 갖고 있는 경찰관은 법집행에 있어서 신뢰를 받기에 적합하다.

특히, 균형 있는 인식(balanced perception)과 성실성(integrity)이 우수한 인격을 가진 경찰관과 관련된다. 전자의 균형 있는 인식이란 최상의 환경을 만드는 방법에 대한 균형 있는 인식을 의미한다. 예를 들면, 가정폭력 신고를 받았을 때 경찰관은 폭력을 중지시키는 용기를 갖고 있어야 하고, 즉시 당사자를 치료해야 하고, 폭력을 행사함에 있어 적정해야 하며, 피해자에 대해서는 동정심을 가져야 하고, 재량의 한계에 대하여 존중해야 하며, 정직하고, 적시성이 있어야 하고, 적절한 장비를 갖추어야 하고, 충분한 지원을 받아야 한다.

후자의 성실성이란 사적 및 공적 생활에 대한 성실성을 의미한다. 성실한 사람은 모든 삶에 있어서 필수적인 자질을 지니고 있는 것이다. 성실한 사람은 사적 및 공적 생활에 있어서 일관된 사람이다.

제 2 절 경찰공무원 부패 및 청렴성

Ⅰ. 경찰공무원 부패

1. 경찰부패의 개념

경찰부패(police corruption)란 경찰관이 자신의 사적 이익이나 특정 타인의 이익을 도모하기 위해 경찰력을 의도적으로 오용하는 것을 의미한다. 법을 집행하는 경찰관이 법을 어기거나 제대로 집행하지 않는 것은 곧 법과 권위를 스스로 깨뜨리는 행위가 되고, 수년 동안 쌓아 온 시민의 신뢰와 존경을 순식간에 무너뜨리는 일이 된다. 부패한 경찰이 언론에 오르내릴 때 어려운 여건에서 성실히 임무를 수행하는 다른 경찰관이나 전체 경찰조직에 큰 타격을 줄 수 있다.

경찰부패는 다른 사회분야 부패에 의해서 크게 영향을 받는다. 예컨대 경찰 규제를 피하려는 업주가 경찰관에게 뇌물을 제공한다거나 부패한 정치인이 경찰공무원 승진인사에 영향력을 행사하려는 행태는 경찰부패를 유발하는 중요한 요인이 될 수 있다.

2. 경찰부패의 원인

경찰관이 부정부패를 범하게 되는 것은 다음과 같은 두 가지 원인 때문이다(Roberg & Kuykendall, 1993: 195-196).

1) 개인적 성향

첫 번째 원인은 경찰행태의 개인적 성향에 기반을 둔 것으로 경찰관으로 채용되기 전에 부정직한 사람이 경찰조직에 들어와서도 부패 경찰관이 된다는 것이다. 사과상자 안에 있는 사과 중 애초에 문제 있는 사과가 썩듯이 애초에 자질이 없는 사람이 경찰관이 됨으로써 경찰부패의 원천이 된다.

2) 사회화 과정

두 번째 원인은 경찰관이 사회화되는 과정에서 부패된다는 것으로서, 신임경찰관은 기존 경찰관에 의해 이루어진 부패전통에 따르게 된다는 것이다. 경찰부패는 개별 경찰관의 개별적인 부정이 아니라 조직에 결부되어 있는 모순적인 규범, 잘못된 관행과 문화 등 집단현상으로 이해되어야 한다. 즉, 경찰부패를 조장하고 묵인하는 구조적·체계적 환경 속에서 경찰관이 사회화되고, 그로 인해 부패현상이 생긴다.

그러나 위의 견해는 다음과 같은 점에서 문제가 있다. 전자는 개인적 성향이나 자질에 있어서 아무런 문제가 없는 사람이 경찰조직에 들어와서 부패되는 것을 적절하게 설명하지 못하고, 후자는 똑같은 경찰환경에서 어떤 경찰관은 부패하고 어떤 경찰관은 부패하지 않는지에 대해 적절하게 설명하지 못하고 있다.

Ⅱ. 경찰공무원 청렴성

1. 경찰 청렴성의 개념

청렴성(integrity)은 협의의 청렴성과 광의의 청렴성으로 구분할 수 있는데, 협의의 청렴성은 부패와 상반된 대칭적 개념인 반부정부패 개념을 의미하고, 광의의 청렴성은 부정부패가 없는 상태보다 좀 더 광의적으로 파악하여 반부정부패 이외에 투명성과 책임성 등을 포함한 포괄적 영역으로 이해할 수 있다.

또한, 청렴성은 내부 청렴성과 외부 청렴성으로 구분할 수 있는데, 외부 청렴성은 인·허가, 지도·단속, 재정지원·관리 등 공공기관의 우월적 결정이나 처분 등 부패발생 가능성이 있는 대민·대기관 업무에 있어서 청렴성을 의미하고, 내부 청렴성은 경찰조직 내부의 인사업무, 예산집행업무, 업무지시 공정성 등을 의미한다.

2. 경찰 청렴성에의 영향요인

경찰 청렴성에의 영향요인은 개인적 요인, 제도적 요인, 조직적 요인, 사회문화적 요인의 4가지로 분류해 볼 수 있다(임창호, 2015: 322-323).

1) 개인적 요인

개인적 요인은 청렴성을 공무원 개인의 윤리적 행위로 보는 것으로서 공무원의 성품·가치관·태도 등이 청렴성에 영향을 미친다고 본다. 특히, 외향적이고, 사교적이며, 위험에 대해 도전적인 사람일수록 부정한 행동을 저지를 가능성이 높다.

2) 제도적 요인

제도적 요인은 규율하는 제도의 합리성 및 적절성 등이 청렴성에 영향을 준다고 보는 입장이다. 따라서, 청렴성의 제도적 요인은 법규의 현실성, 법규의 분명성, 행정규제의 명확성, 벌칙 부과의 실효성, 보상제도 등을 의미한다.

3) 조직적 요인

조직적 요인은 조직 내부 구조, 견제 시스템, 조직 신뢰 등이 청렴성에 영향을 준다고 본다. 조직적 요인에는 최고관리층의 반부패 의지, 조직 내 부패 감시활동, 조직 내 보수수준, 행정절차의 명확성, 업무처리기준의 명확성, 조직 내 민주적 의사결정과정, 조직 내 신뢰, 조직문화 등이 있다.

4) 사회문화적 요인

사회문화적 요인은 청렴성이 뇌물 제공을 통해 문제를 해결하려는 기업이나 시민과 같은 외부환경적 요인에 의해서 침해 당하는 것으로 파악한다. 이러한 사회문화적 요인은 사회적 안정, 한국인의 의리인식, 행정문화, 과다한 경쟁, 정치와 경제의 상대적 지배도, 정당 성숙도, 사회적 형평성, 억압적 정치사회구조 등 포괄적인 범위까지 확대되기도 한다.

제 3 절 경찰윤리표준과 경찰윤리강령

I. 경찰윤리표준

코헨(Howard S. Cohen)과 펠드버그(Michael Feldberg)는 민주주의 사회에서 경찰관이 가져야 하는 윤리적 표준으로서 (1) 시민의 신뢰, (2) 생명과 재산의 안전, (3) 협력, (4) 공정한 접근, (5) 객관성을 제시하고 있다(Cohen & Feldberg, 1991: 44-64).

1. 시민의 신뢰

시민의 신뢰(public trust)란 시민이 자신의 권리행사를 제한하고 치안을 경찰에게 믿고 맡겼다는 것을 인식하고, 경찰이 그것에 부응하는 것을 의미한다. 민주사회에서 살아가는 시민은 자신의 권리행사를 스스로 제한하고 정부에 권력을 위임하였고, 정부의 한 기관인 경찰은 시민의 생명과 재산 보호를 위하여 시민을 대신하여 권한을 행사하고 있다.

물론 시민은 법률적 요건을 갖춘 경우에는 정당방위나 자구행위를 통해 자기의 권리를 스스로 보호할 수 있다. 그러나 시민은 이러한 특별한 경우 이외에는 자신의 권리보호를 위해 정부의 권력에 의존할 수밖에 없다. 다음의 예는 이러한 점을 잘 보여주고 있다.

첫째, 시민은 경찰이 반드시 법집행을 할 것을 신뢰한다.

둘째, 시민은 경찰이 강제력을 행사할 때 필요한 만큼의 최소한을 사용할 것을 신뢰한다.

셋째, 시민은 경찰이 사익을 위해 공권력을 사용하지 않을 것을 믿고 있다.

2. 생명과 재산의 안전

경찰 기능을 한마디로 요약하면, 시민의 생명과 재산의 안전(safety and security)을 위한 법집행이다. 이러한 생명과 재산의 안전은 경찰이 체포, 검문, 임의동행, 동향관찰, 채증 등과 같은 억압적·강제적 수단을 사용하는 경찰활동뿐만 아니라 모든 경찰활동의 기준이 된다.

이 기준은 경찰의 활동영역을 설정해 주며, 경찰이 그러한 활동영역에서 어떻게 해야 되는지에 대한 방향을 제시해 준다. 또한 경찰관으로 하여금 이러한 기준을 충족시키기 위해 자신의 역량을 어떻게 개발할 것이며 어떤 지식을 필요로 하는지에 대한 해답을 준다.

3. 협   력

협력(teamwork)이란 경찰은 부여받은 사회적 역할범위 내에서 상호협력을 통해 경찰 목적을 달성해야 한다는 것이다. 권한과 권력은 항상 남용될 위험성 있기 때문에 민주주의 국가에서는 여러 개의 기관에 권력을 분산하여 각 기관은 일부 기능만을 행사하도록 하고 있다. 권력분립 원직 하에서 검찰과 법원은 각각 기소와 재판을 맡고 있고 경찰은 범죄진압과 수사업무를 맡고 있다.

4. 공정한 접근

공정한 접근(fair access)이란 치안서비스는 일종의 사회적 공공재로서 누구에게나 차별 없이 제공되어야 한다는 것이다. 경찰은 사회공공의 안녕과 질서유지를 위해 언제 어느 곳에서나 그들의 강제력을 공정하게 행사할 준비가 되어 있어야 한다.

사회계약론적 관점에서 볼 때, 시민은 경찰에게 평화와 안전의 위험상황을 잘 통제하고 대처할 수 있도록 경찰에게 권력과 권한을 부여하고 있으며, 이로 인해 시민의 어느 누구도 경찰의 정당한 직무수행에 저항할 수 없고 경찰의 법적 명령을 거절할 수 없다.

5. 객 관 성

객관성(objectivity)이란 경찰은 사회공공의 안녕과 질서유지라는 공적 역할을 수행함에 있어서 사사로운 감정에 사로 잡히지 않고 공평하고 사심이 없어야 한다는 것이다. 사실 인간이 쉽게 사사로운 감정을 떨쳐버릴 수 있는 것은 아니며, 긴장이 고조되는 상황에서 객관성을 유지한다는 것은 쉬운 일이 아니다.

객관성을 상실하는 주된 원인은 경찰관이 지나치게 관여(over involvement)

하는 데에 있다. 또한 소위 '이게 내 일이야 뭐야, 내가 답답할 게 뭐가 있어'라고 하면서 도움을 요청하는 시민에게 냉소주의(cynicism)를 표현하는 것과 같이 객관성이 과도하게 나타날 때에도 문제가 생긴다.

Ⅱ. 경찰윤리강령

1. 경찰윤리강령의 개념

경찰윤리강령(code of police ethics)은 일반 시민의 기대 속에서 활동하는 경찰관이 경찰업무를 수행함에 있어서 지켜야 할 도덕적·정신적 지표를 의미한다. 경찰조직은 시민이 바라는 경찰윤리표준에 맞는 행동규범을 정하여, 조직구성원으로 하여금 그러한 행동규범을 따르게 하고 있는데, 이러한 경찰조직의 추상적 행동규범을 문서화한 것이 경찰윤리강령이다.

2. 경찰윤리강령의 제정 계기

공동체 유지를 위한 필수 불가결한 기능을 행사하는 경찰은 시민생활에 큰 영향을 미치고 있기 때문에, 시민사회는 경찰조직에 대해서 많은 기대를 가지고 경찰조직에 다양한 압력을 행사한다. 경찰이 이러한 시민의 기대를 충족시키지 못할 때, 시민의 냉엄한 비난과 질책은 경찰조직의 기반까지 흔들 수 있다. 그래서 경찰조직은 시민의 기대에 보다 더 접근하기 위해 경찰윤리강령의 필요성을 인식하게 된 것이다.

설리반(John L. Sullivan)(1997: 280)은 "의심의 여지 없이 윤리강령은 전문직에게 필수 불가결한 것이고, 그것 없이는 전문직이 성립될 수 없다고 본다. 선택된 규칙은 최고의 표준에 도달해야 한다. 협상을 위한 기회가 있어서는 안된다."라고 말하고 있으며, 미국 경찰윤리강령의 공표도 경찰을 전문직업화하려는 노력과 맞물려 이루어졌다.

표 13-1 국제경찰장협회의 윤리강령

Ⅰ. 경찰관인 나의 기본임무는 인류에 봉사하고 국민의 생명·재산을 보호하며 순박한 사람들을 협잡(挾雜)에 빠지지 않게 하며 약한 자를 압박과 공포에서 풀어주며 평화인을 폭력과 무질서상태로부터 보호함으로써 자유평화주의를 위해 만인의 권리를 존중하는 것이다.

Ⅰ. 나는 만인의 모범이 될 수 있도록 나의 사생활의 순결성을 지킬 것이며 위험에 직면할 때 냉철한 판단과 사명감을 발휘하여 끊임 없이 국민의 안녕을 염원할 것이다.

Ⅰ. 나는 공사생활을 통하여 마음과 몸가짐에 정직할 것이며 국법을 준수하고 니의 직장의 규율을 엄수함에 동료의 모범이 될 것이다.

Ⅰ. 나는 국가나 국민의 비밀을 보장하며 월권행위를 배격하며 나의 편견 또는 감정이 정당한 임무수행에 장해가 되지 않도록 할 것이다.

Ⅰ. 나는 범죄와 타협치 않고 범인검거에는 과감 철저할 것이며 적절 존중하게 집행하되 절대 사례를 받지 않을 것이다.

Ⅰ. 나는 나의 훈장에 상징된 국민의 신뢰를 명심할 것이며 새로운 민주경찰발전에 진력할 것이다.

Ⅰ. 나는 이 모든 목표와 이상의 달성을 위하여 끊임 없이 노력할 것이며 내가 선택한 직업인 경찰의 사명에 헌신할 것을 국민 앞에 맹세한다.

국제경찰장협회(International Association of Chiefs of Police: IACP)의 1938-39년 전문위원회 보고서에 의하면, 전문직업화의 필수요소는 행위규범을 제시하고 공공서비스에 대한 근거를 제시하는 경찰윤리강령의 공표임을 주장하고 있다(Klenig, 1996: 34).

1957년에 채택된 「국제경찰장협회의 경찰윤리강령」은 경찰전문직에 유자격자를 모집·훈련시킴으로써 업무수행과 행동에 있어서 높은 전문직업적 규범준수를 장려하려는 목적을 갖고 있다. 국제경찰장협회의 윤리강령은 <표 13-1>에서 보는 것과 같다(서기영, 1976: 596).

3. 한국의 경찰윤리강령

우리 나라도 해방 이후 꾸준히 경찰윤리강령을 제정하여 경찰관으로 하여금 직무수행시 따르도록 하고 있다.

1) 해방 직후의 봉사와 질서

해방 후 혼란한 시기에 경찰업무를 제대로 수행하기 위해서는 경찰이념의 확립이 무엇보다 중요한 과제로 인식되었다. 그래서 영미법계 경찰제도의 영향을 받은 당시의 경찰은 봉사와 질서를 경찰의 이념적 지표이자 행동강령으로 삼았다.

2) 1966년 경찰윤리헌장

1966년에 경찰윤리규범의 효시라고 할 수 있는 경찰윤리헌장이 제정되었다. 경찰은 국민 앞에 발전된 민주경찰의 모습을 보여 줌으로써, 국민은 경찰을 이해하게 되고, 경찰은 국민으로부터 신뢰를 받을 수 있다는 판단에서 최대한의 친절과 대민봉사에 노력하는 한편 조직 내적 재무장을 위해 경찰윤리헌장을 제정하게 된 것이다.

<표 13-2>의 경찰윤리헌장의 제정 목적은 규범성, 연대성, 성실성, 근면성, 공정성, 청렴성, 합리성과 사명감이라는 경찰관의 도의심을 높이고 경찰의 기강을 바로 잡는 것이었다. 또한, 경찰관 개개인의 청렴한 생활과 인간관계의 원활화, 지식의 함양, 직장과 가정에 있어서의 생활태도 개선 등 공·사생활의 건전화를 도모하자는 것이었다.

표 13-2 경찰윤리헌장

Ⅰ. 우리는 헌법과 법률을 수호하고 명령에 복종하며 각자의 맡은 바 책임과 임무를 충실히 완수한다.
Ⅰ. 우리는 냉철한 이상과 투철한 사명감을 가지고 모든 위해와 불법과 불의에 과감하게 대결하여 항상 청렴·검소한 생활로써 영리를 멀리하고 오직 양심에 따라 행동한다.
Ⅰ. 우리는 주권을 가진 국민의 수임자로서 공공의 복리를 증진하고 국민의 자유와 권리를 존중하여 성실하게 봉사한다.
Ⅰ. 우리는 국민의 신뢰를 명심하여 편견이나 감정에 사로 잡히지 않고 공명정대하게 업무를 처리한다.
Ⅰ. 우리는 이 모든 목표와 사명을 달성하기 위하여 끊임없이 인격과 지식의 연마에 노력할 것이며 민주경찰의 발전에 헌신한다.

3) 1980년 새 경찰신조

제5공화국 정부는 정의로운 민주복지국가건설에 국가목표를 두었기 때문에 경찰에서도 정의사회구현을 뒷받침하기 위해 사회기강 확립에 역점을 두면서, 경찰관의 자질향상과 대민봉사자세를 확립함으로써 새시대·새경찰의 참된 경찰상을 부각시키기 위해 1980년에 「새 경찰신조」를 제정하여 자기정화를 위해 노력하였다.

표 13-3   새 경찰신조

> I. 우리는 새시대의 사명을 완수한다.
> I. 우리는 깨끗하고 친절하게 봉사한다.
> I. 우리는 공정과 소신으로 일한다.
> I. 우리는 스스로의 능력을 계발한다.

4) 1980년 공무원윤리헌장

공무원의 일반적인 행동규범으로서 「공무원윤리헌장」(1980. 12. 29. 대통령훈령 제44호)을 선포하여 준수토록 하였으며, 동 헌장을 실천하기 위해 공무원의 신조로서 (1) 국가에는 헌신과 충성을, (2) 국민에게는 정직과 봉사를, (3) 직무에는 창의와 책임을, (4) 직장에는 경애와 신의를, (5) 생활에는 청렴과 질서를 내용으로 한 「공무원윤리헌장 실천강령」(1982. 11. 1. 총리훈령 제180호)을 구체적인 실천강령으로 제시하였다. 경찰공무원도 「국가공무원법」의 적용을 받고 있으므로 「공무원윤리헌장」은 경찰공무원의 윤리헌장이었다고 할 수 있다.

5) 제5공화국 선진조국 창조를 위한 경찰자세

제5공화국 때에는 「선진조국 창조를 위한 경찰의 자세」로서 (1) 주인정신, (2) 명예심, (3) 도덕심, (4) 협동정신, (5) 사명감, (6) 준법정신, (7) 애국심, (8) 반공정신, (9) 통일의지 등 9대 덕목을 선정하여 경찰의 실천규범으로 삼기도 하였다.

6) 1990년 경찰 새정신운동

1990년에 대통령의 공직자 새정신운동 추진지시에 의거하여 경찰도 (1) 정직(正直), (2) 절제(節制), (3) 봉사(奉仕)를 「경찰 새정신운동」의 이념으로 삼아서 실천하였다.

7) 1991년 경찰헌장

경찰청 출범에 맞추어 1991년 8월 1일에는 경찰헌장이 제정·선포되어 1966년의 경찰윤리헌장을 대체하였다. 경찰헌장은 전문과 본문으로 구성되어 있으며, 전문은 경찰의 전통, 경찰의 본분, 경찰의 각오를 밝히고 있고, 본문은 5개항에 걸쳐 각각 친절한 경찰, 의로운 경찰, 공정한 경찰, 근면한 경찰, 깨끗한 경찰을 목표로 제시하고 있다.

<표 13-4>의 경찰헌장은 국립경찰 창설 이래 어려운 치안 여건을 훌륭하게 극복한 경찰의 문화적 전통을 바탕으로 국민 모두에게 신뢰받는 경찰상을 제시하고 있고, 국민의 행복한 삶을 보장하기 위해 경찰이 해야 하는 본분을 실천덕목으로 구체화하여 표현하였다.

표 13-4 경찰헌장

우리는 조국 광복과 함께 태어나 나라와 겨레를 위하여 충성을 다하며 오늘의 자유민주사회를 지켜 온 대한민국 경찰이다.

우리는 개인의 자유와 권리를 보호하며 사회의 안녕과 질서를 유지하여 모든 국민이 편안하고 행복한 삶을 누릴 수 있도록 해야할 영예로운 책임을 지고 있다.

이에 우리는 맡은 바 임무를 충실히 수행할 것을 굳게 다짐하며 우리가 나아갈 길을 밝혀 스스로 마음에 새기고자 한다.

I. 우리는 모든 사람의 인격을 존중하고 누구에게나 따뜻하게 봉사하는 친절한 경찰이다.

I. 우리는 정의의 이름으로 진실을 추구하며 어떠한 불의나 불법과 타협하지 않는 의로운 경찰이다.

I. 우리는 국민의 신뢰를 바탕으로 오직 양심에 따라 법을 집행하는 공정한 경찰이다.

I. 우리는 건전한 상식 위에 전문지식을 갈고 닦아 맡은 일을 성실하게 수행하는 근면한 경찰이다.

I. 우리는 화합과 단결 속에 항상 규율을 지키며 검소하게 생활하는 깨끗한 경찰이다.

8) 1998년 경찰서비스헌장

1998년 공직사회 개혁의 일환으로 시달된 대통령 훈령 「행정서비스 헌장 제정 지침」에 따라 <표 13-5>의 경찰서비스헌장이 제정되었다. 경찰서비스 헌장에서 경찰은 시민에게 제공되는 서비스 기준과 내용, 제공방법 및 절차, 잘못된 서비스에 대한 시정 및 조치 등을 구체적으로 정하였다.

표 13-5 경찰서비스헌장

우리는 국민의 생명과 재산을 보호하고 법과 질서를 수호하는 국민의 경찰로서 모든 국민이 안전하고 평온한 삶을 누릴 수 있도록 다음과 같이 실천하겠습니다.
Ⅰ. 범죄와 사고를 철저히 예방하고 법을 어긴 행위는 단호하고 엄정하게 처리하겠습니다.
Ⅰ. 국민이 필요로 하면 어디든지 바로 달려가 도와 드리겠습니다.
Ⅰ. 모든 민원은 친절하고 신속·공정하게 처리하겠습니다.
Ⅰ. 국민의 안전과 편의를 제일 먼저 생각하며 성실히 직무를 수행하겠습니다.
Ⅰ. 인권을 존중하고 권한을 남용하는 일이 없도록 하겠습니다.
Ⅰ. 잘못된 업무처리는 즉시 확인하겠습니다.

제 4 절   경찰정신과 경찰공무원 충성

Ⅰ. 경찰정신

경찰정신의 개념과 바람직한 경찰정신을 살펴보면 다음과 같다.

1. 경찰정신의 개념

경찰정신은 경찰 임무와 경찰 작용의 저변에 흐르고 있는 역사적·전통적으로 결정된 이념의 원천이며, 경찰관의 의식 속에 충실한 요소와 형태를 갖고 있는 이념적 실체이다. 경찰정신은 경찰작용의 규범적인 태도에 대한 방향설정 기준을 제공한다.

「경찰공무원복무규정」 제3조 제2호에서 "경찰공무원은 국민의 수임자로서 일상의 직무수행에 있어서 국민의 자유와 권리를 존중하는 호국, 봉사, 정의의 정신을 그 바탕으로 삼는다"라고 규정하여 호국, 봉사, 정의를 경찰의 3대 정신으로 명시하고 있다.

경찰정신은 경찰관 행동표출의 내면적 사고이며 행동방향 설정의 기준이 되므로, 그 중요성을 깊이 인식하여 변화하는 시대에 부응할 수 있는 경찰관이 되도록 정신자세를 가다듬어야 한다(경찰종합학교, 1991: 25).

2. 바람직한 경찰정신

일선 경찰관은 경찰정신을 올바르게 형성할 필요가 있다. 왜냐하면 조직구성원이 공통적으로 지녀야 할 올바르고 확고부동한 경찰정신이 있어야, 경찰의 제 기능이 훌륭하게 수행될 수 있기 때문이다. 즉, 경찰정신이 제대로 확립되어야, 경찰조직의 응집력이 생기고 조직구성원이 자발적으로 자기 역할에 충실하게 된다. 치안본부에서 발행한 「경찰정신」에서는 경찰정신에 대해서 국가와 민족을 수호하는 호국정신, 국민을 위해 봉사하는 봉사정신, 정의에 충만한 정의정신으로 집약하였다(치안본부, 1984: 39-49).

그림 13-1 바람직한 경찰정신

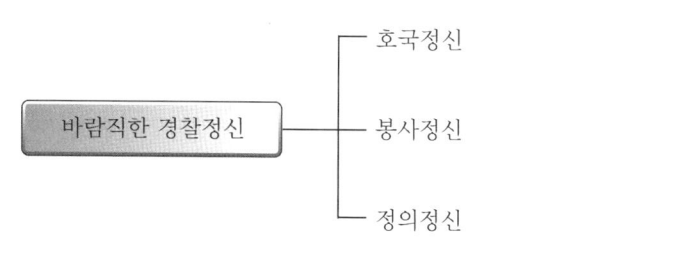

1) 호국정신

1945년 조국의 광복과 더불어 창설된 우리 경찰은 국가이념인 민주주의를 수호하기 위하여 당시의 정치적 대립과 갈등, 사회적 혼란, 경제적 빈곤 등 사회불안과 무질서를 제거하고 사회안정과 질서를 회복하여 국권의 기틀을 바로 잡는 데 힘썼다.

더욱이 해방 후 대한민국 정부가 수립되기까지 3년 동안 국군이 창설되지 않아서 38선 경계임무까지 맡아야 했던 경찰로서는 힘겨운 일이 아닐 수 없었다. 그러나 경찰의 국권수호의 역할과 막중한 호국 임무수행 노력은 호국 정신의 발현 모습을 보여 주게 되었고 호국정신의 전통을 창조하는 토대가 되었다.

따라서, 경찰은 단순히 질서유지라는 차원을 넘어서 보다 적극적인 국민 통합의 기능을 다할 수 있어야 하다. 국민통합을 위한 경찰의 노력은 호국정 신을 보다 적극적으로 구현하기 위한 노력이라고 할 수 있다.

2) 봉사정신

오늘날 경찰 기능은 치안유지에만 있는 것이 아니라 적극적으로 국민에게 봉사하고 편의를 제공하는 봉사적 기능 또한 중점적으로 행하고 있다. 한 나라가 건강한 사회를 유지하고 발전하려면 국민 간에 위화감과 마찰이 없는 통합된 정신적 유대를 지니고 있어야 한다.

외적 보상이나 동기 없이 국민과 국가를 위해 봉사한다는 것은 넓은 의미에서의 호국과 같은 것을 말하는 것이다. 예컨대 대공투쟁은 물론이고, 사회의 범죄·비리·부정을 파헤치고 바로 잡는 모든 일이 궁극적으로는 경찰의 봉사정신 속에 포함된다고 할 수 있다. 이러한 봉사정신이 없으면 아무리 좋은 여건과 물질적 조건을 갖추고 있더라도 진정한 의미의 호국이란 불가능한 것이다.

3) 정의정신

정의란 어떤 사회적 이익이나 생산의 결과 등을 배분할 때에 사용될 수 있는 배분적 정의와 인간사회의 윤리적 규범이나 법질서를 위배 또는 파괴하는 행위에 대한 응당한 벌을 내리는 의미의 교정적 정의의 의미를 포함한다. 특히, 개인과 개인 또는 집단과 집단 간 이해관계의 갈등이나 충돌을 공정하

게 해결하는 것과 사회질서나 법규범을 파괴하는 행위를 응징하는 것을 의미
한다.

이러한 점에서 경찰정신으로서 정의를 내세우게 된 것은 너무나 당연한
일이면서도 그 만큼 쉽지 않은 일을 우리 경찰이 수행하고 있음을 알 수 있
다. 경찰의 핵심적인 업무는 바로 정의 수호라고 할 수 있다.

Ⅱ. 경찰공무원 충성

1. 경찰공무원 충성의 개념

민주국가에 있어서 경찰공무원의 충성(loyalty)이란 경찰관이 행동규범으로
서 국가이념이나 「헌법」의 기본이념을 신봉하고 이에 헌신하는 것을 의미한
다. 국민 전체의 봉사자인 경찰관이 「헌법」의 기본이념을 부인하는 개인적
신념을 갖거나 국가 기본체제를 파괴하려는 행위는 용납될 수 없다. 민주국
가에서 경찰관에게 요구되는 충성은 민주적 기본이념에 대한 충성이며, 특정
인이나 집권정당에 대한 충성이 아니다.

충성의 내용을 검토해 보면, 첫째, 충성은 자기희생을 필요로 한다. 충성
스러운 사람은 그 충성의 대상을 위해서 자신의 이익을 돌보지 않을 것이다.
둘째, 충성은 어떤 어려움에도 불구하고 인내하도록 만든다. 충성은 대개 감
정적 요소와 쉽게 결부되지만 행위와도 결부된 감정이다. 이러한 행위를 함
에 있어서 모든 어려움을 겪어내는 인내가 충성의 본질적 내용인 것이다.

2. 경찰공무원 충성의 유형

경찰공무원 충성의 유형을 살펴보면 다음과 같다.

1) 국가와 민족에 대한 충성

역사적으로 국가와 민족에 대한 충성은 한 국가의 구성원인 모든 사람에

게 요구되는 덕목이었다. 가령 15세기 프랑스와 영국 간의 백년전쟁 때, 프랑스를 구하라는 하늘의 계시를 받고 영국에 대적해 싸운 프랑스의 잔다르크 (Jeanne D'arc)는 프랑스의 모든 국민에게 잠재되어 있던 민족과 국가에 대한 충성인 애국심을 불러내었다.

2) 자기 신념에 대한 충성

자기 신념에 대한 충성은 자기가 가치있다고 생각하는 이념에 대한 충성을 의미한다. 자기 신념에 충성한 예는 아테네의 법정에서 사형을 선고받은 소크라테스(Socrates)의 진리에 대한 태도에서 찾아 볼 수 있다.

3) 소속 조직에 대한 충성

소속 조직에 대한 충성은 특정 조직이 외부로부터 비난을 받거나 특정인으로부터 조직 전체가 모욕을 받는 등의 조직적 위기상황에서 잘 표출된다.

4) 특정 개인에 대한 충성

특정 개인에 대한 충성은 남자는 자신을 알아주는 주군을 위해 목숨을 바치고, 여인은 자신을 알아주는 남자를 위해 치장한다는 옛말이나 지음(知音)이라는 고사성어에서 살펴볼 수 있다.

3. 경찰공무원 충성의 결정요인

경찰공무원 충성의 결정요인으로서 ⑴ 경찰조직 위상, ⑵ 경찰정책 성공, ⑶ 경찰조직에 대한 신뢰성 등을 들 수 있다(조철옥, 2000: 389-393).

1) 경찰조직 위상

경찰관이 경찰조직에 충성하는 것은 결과적으로 국가에 대한 충성이다. 일반적으로 조직의 위상은 전체 사회 속에서 권력적 우위성, 다른 조직보다 높은 보수, 조직의 발전 가능성과 안정성, 대국민 신뢰성 등과 같은 요소에 의해 결정되며, 이러한 요소는 조직의 명성을 결정하기도 한다. 사회적으로 명성이 높은 조직의 구성원은 대체로 자기조직에 대해 충성적이다.

2) 경찰정책 성공

경찰조직에서 선택한 문제해결책이 실패한 경우보다는 성공한 경우가 더 많을 경우에 경찰관은 경찰조직에 대한 신뢰와 충성을 다짐하며 경찰조직의 안정적 발전에 희망을 건다.

그러나 경찰관은 경찰정책의 시행결과에 대해 무조건 동조하는 세력, 반대하는 세력, 그리고 이성적으로 분석·비판하는 세 가지 세력으로 갈라진다. 세 가지 세력 중에서 이성적 분석·비판에 무게를 두는 세력이 경찰조직의 중심을 차지할 경우에 충성조직이 효과적으로 형성된다. 그러므로 경찰조직 관리층은 경찰조직 정책에 대한 경찰관의 이성적인 비판을 고무하는 조직풍토를 조성해야 할 것이다.

3) 경찰조직에 대한 신뢰성

경찰관의 행동은 상사에 대한 신뢰, 동료에 대한 신뢰, 그리고 조직의 미래에 대한 신뢰성에 의해서 영향을 받는다. 경찰조직의 관리자는 자신의 사고와 행동에 대해 개인의 자존심, 편견, 이기심에서 비롯되어 자기함정에 빠져 있지는 않은지 의문을 제기하고, 그것으로부터 과감한 탈출을 시도해야 한다. 관리자가 자기함정에 의하여 조직구성원을 제약하는 것은 상사에 대한 신뢰의 상실, 궁극적으로는 경찰조직에 대한 불신으로 발전되어 경찰조직 구성원의 충성심을 약화시킬 것이다.

4. 바람직한 경찰공무원 충성

경찰관이 지켜야 할 행동규범인 충성은 헌법의 기본질서와 민주주의 이념에 대한 헌신을 의미한다. 이것은 국가와 시민 전체의 보편적인 이익을 지향하는 것이지, 어느 특정 정권이나 개인 등 특수이익에 결부되어서는 안 된다는 것을 의미한다. 동료나 상사에게 불충이 되더라도 경찰조직에 충성을 해야 하고, 경찰조직에 불충이 되더라도 시민에게 충성을 해야 한다.

제5절 경찰공무원 윤리의식의 확립방안

경찰공무원 윤리 확립의 지름길은 각종 부정행위를 사전에 예방함과 동시에 경찰직의 명예감을 제고시켜 경찰관의 사기와 공무집행의 공정성 및 능률성을 높이는 것이라고 여겨진다. 따라서, 경찰관 윤리를 확립하기 위해서는 다음과 같이 인적, 제도적, 환경적 차원의 확립방안이 필요하다.

Ⅰ. 인적 차원의 확립방안

1. 인권 의식의 고양

경찰관은 적정절차에 의한 피의자의 인권보호는 물론 피해자의 신변과 비밀을 유지해주는 등 피해자의 인권도 적극적으로 보장해 주는 인권 의식을 지니고 있어야 한다. 또한, 경찰관은 국민을 대할 때 국민을 보호하고 도와주는 마음으로 지도와 설득, 이해와 협력을 통하여 경찰의 역할을 성실히 수행하여야 한다.

특히, 인권을 침해한 경찰관에 대해서는 재발방지 차원에서 교육기관의 특별인권교육을 이수하도록 의무화하고, 특별인권교육 이수 후에도 동일한 인권침해행위를 반복하는 경우에는 중한 징계조치를 하여야 할 것이다. 인권위원회로부터 개선 권고를 받은 사건에 대해서는 경찰서장이 관심을 갖고 소속 경찰관에게 철저하게 교양을 실시하여, 일선 경찰관이 반복해서 인권을 침해하지 않도록 해야 한다(임창호, 2013: 123).

2. 비윤리자의 사전적·사후적 배제

조직규범을 위반하는 사건이 발생하지 않도록 하기 위해서는 경찰관 채용과정에서 부적격자를 배제하는 방법과 경찰관 채용 후에 비윤리자가 발생하지 않도록 하는 방법이 있을 수 있다. 후자의 경우에는 조직의 기강확립수단으로서 감찰기능을 활용한 충격적 방법을 활용할 수 있다. 그러나 충격적 방법에 의한 복무기강 확립은 경찰관으로 하여금 징계를 받을 수 있는 소지를 많이 제공하고 있는 셈인데, 빈번한 징계조치는 오히려 경찰관 사기를 저하시키고 근무의욕을 떨어뜨리는 결과를 가져온다. 따라서, 전문직업인으로서 경찰관의 윤리수준을 높이기 위해서는 경찰관 채용과정에서 인성검사를 통하여 부적합한 지원자를 사전에 배제하여야 할 것이다(조성호, 2003: 164).

Ⅱ. 제도적 차원의 확립방안

1. 합리적인 경찰인사행정

경찰관의 사기와 직업윤리에 중요한 영향을 미치는 경찰인사행정이 합리적이고 공정하게 행해져야 한다. 특히, 엽관주의를 배척하고 실적주의를 지향하는 직업공무원제도가 확립됨으로써 경찰관이 능력에 따라 신분, 지위, 장래를 보장받게 될 때 경찰직에 대한 보람과 긍지를 가지고, 일부 국민의 부정한 유혹을 멀리하고 공정한 직무를 수행할 수 있게 될 것이다.

2. 경찰윤리교육의 강화

경찰관 윤리에 대해서 가장 바람직한 상태는 사회적·외적 윤리와 개인적·내적 윤리를 일치시키는 것이지만 양자가 일치하지 않기 때문에 윤리문제가 생기고 그에 따른 윤리교육 강화가 요구되는 것이다. 경찰윤리교육의 방법도 타율적인 강의 중심의 이론교육보다는 적극적인 시청각 교재 활용과 선배경찰관의 경험을 토대로 한 교육을 가미하여야 한다. 경찰윤리교육은 학교교육뿐만 아니라 일선 경찰관서의 직장교육에서도 강화될 필요가 있다.

3. 엄격한 규제장치의 마련

우리나라에서는 공무원의 행정윤리 확립을 위하여 공무원이 지켜야 할 의무를 「국가공무원법」, 「공직자윤리법」 등에서 규정하고 있다. 그러나 이러한 법 규정에도 불구하고 윤리규범이 잘 지켜지지 않는 것은 이러한 규정이 선언적 의미 이상의 현실적 제재력을 갖고 있지 못하기 때문이다. 따라서, 구조화된 부정부패를 일소하기 위해서는 더욱 엄격한 법적 규제장치가 마련되어야 할 것이다(강성철 외 4인, 2008: 534).

Ⅲ. 환경적 차원의 확립방안

1. 일반 국민의 의식 · 가치관 향상

경찰관의 윤리수준은 그 환경을 이루는 일반 사회의 윤리수준의 영향을 받는다. 따라서 경찰관의 윤리수준을 확립하기 위해서는 일반 국민의 의식 및 가치관 또한 향상되어야 한다.

2. 시민단체의 활동 강화

경찰관 윤리의식을 확립하기 위해서는 경찰관의 부정부패를 감시하기 위한 시민단체 활동을 더욱 강화하고, 경찰조직의 부패 척결운동에 일반 시민을 동참시킬 수 있어야 한다. 시민단체가 경찰부정부패를 감시하기 위한 활동을 지속적으로 실시한다면 경찰관 윤리의식 확립에도 더 긍정적인 영향을 미칠 수 있다.

 연습문제

1. 경찰부패의 원인을 설명하세요.

2. 경찰 청렴성의 유형을 설명하세요.

3. 바람직한 경찰정신을 논하세요.

4. 경찰공무원 윤리의식의 확립방안을 논하세요.

 참고문헌

〈국내문헌〉

강성철 외 4인. (2008). 「새 인사행정론」, 서울: 대영문화사.

경찰대학. (2000). 「경찰윤리」, 용인: 경찰대학.

경찰종합학교. (1991). 「민주경찰정신교본」.

국가인권위원회. (2002). 「인권 길라잡이」.

권영성. (2002). 「헌법학원론」, 서울: 법문사.

김남진. (2000). 「경찰행정법」, 서울: 경세원.

김대원. (2000). "한국의 경찰정신에 관한 연구," 박사학위논문, 동국대학교 대학원.

김중양. (2008). 「한국인사행정론」(제6판), 서울: 법문사.

노연상. (2016). "경찰공무원 청렴성에의 영향요인에 관한 연구," 박사학위논문, 대전대학교 대학원.

김광웅. (1981). "행정문화,"「행정논총」, 19(2).

부패방지위원회. (2004). 「경찰부패방지 시민참여 실천방안 개발」, 서울: 서울시립대학교 반부패행정시스템 연구소.

서기영. (1976). 「한국경찰행정사」, 서울: 법문사.

서원석. (1994). 「ILO회원국의 공무원 단체활동 비교연구」, 한국행정연구원.

오석홍. (2000). 「인사행정론」(제4판), 서울: 박영사.

이상안. (2000). 「공직윤리봉사론」, 서울: 박영사.

이시우 · 정갑영. (1999). "경찰문화 창달방안에 관한 연구,"「치안논총」, 15..

이종복. (1996). "21세기를 대비한 경찰윤리 확립방안에 관한 고찰,"「한국공안행정학회보」, 5: 340-370.

이황우. (2007). 「경찰행정학」(제5판), 서울: 법문사.

임창호. (2013). "경찰 인권침해의 실태분석 및 개선방안에 관한 연구,"「한국경찰학회보」, 15(3): 103-133.

_____. (2015). "경찰청렴성 인식의 증진방안에 관한 연구: 대전광역시를 중심으로,"「한국경찰학회보」, 17(6): 317-342.

유민봉. (2002). 「한국인사행정론」, 서울: 박영사.

장석헌. (1996). "경찰재량행위의 결정요인에 관한 연구," 박사학위논문, 동국대학교 대학원.

정성호. (1991). "한국행정연구에 있어서의 문화심리적 접근의 평가,"「한국행정학보」, 25(3).

조철옥. (2000). 「경찰행정학: 이론과 실천의 만남」, 서울: 대영문화사.

표창원. (2001). "외국의 경찰부패방지제도 고찰,"「한국경찰학회보」, 3(1): 327-355.

한국형사정책연구원. (1999). 경찰분야 부패방지 대책.

한상범·이철호. (2003). 「경찰과 인권」, 서울: 패스앤패스.

치안본부. (1984). 「경찰정신」.

〈국외문헌〉

Ainsworth, P. B. (1965). *Psychology and policing in a Changing World,* Chichester: John Wiley & Sons Ltd.

Black, D. (1985). "Police Encounters and Social Organization: An Observation Study", Ph. D. Dissertation, University of Michigan.

Brown, M. K. (1988)., *Working the Street: Police Discretion and the Dilemmas of Reform,* New York: The Russell Sage Foundation.

Cohen, H. S. & Feldberg, M. (1991). *Power and Restraint: The Moral Dimension of Police Work,* New York: Praeger.

Davis, K. C. (1969). *Discretionary Justice: A Preliminary Inquiry,* Baton Rouge, Louisiana: Louisiana University.

Delattre, E. J. (2002). *Character and cops: Ethics in policing*(4th ed.), Washington, D. C.: AEI Press.

Goldstein, H. (1977). *Policing a Free Society,* Cambridge, MA: Ballinger Publishing company.

Kleinig, J. (1996). *The Ethics of Policing,* New York: Cambridge University Press.

Lafave, W. R. (1965). *Arrest: The Decision to Take a Suspect into Custody,* Boston: Little Brown, and Company.

Peak, K. J. (2012). *Policing America: Challenges and Best Practices*(7th ed.), Upper Saddle River, New Jersey: Pearson Education, Inc.

Powell, N. J. (1956). *Personnel Administration in Government,* Englewood Cliffs, NJ: Prentice-Hall.

Roberg, R. R. & Kuykendall, J. (1993). *Police and Society,* Belmont, California: Wadsworth Publishing.

Shafritz, J. M., Riccucci, N. M., Rosenbloom, D. H., & Hyde, A. C. (1992). *Personnel Management in Government*(4th ed.), New York: Marcel Dekker, Inc.

Sullivan, J. L. (1977). *Introduction to Police Science,* New York: McGraw-Hill.

Withrow, B. & Dailey, J. D. (2004). "When Strings Are Attached: Understanding the Role of Gratuities in Police Corruptibility," in Quint Thurman & Jihong Zhao (ed.), *Contemporary Policing Controveries, Challenges, and Solution: An Anthology,* Los Angeles: Roxbery.

Chapter 14

경찰공무원 징계

제 1 절   경찰공무원 징계의 개념 및 특성

Ⅰ. 경찰공무원 징계의 개념 및 성격

징계(discipline)는 법령, 규칙, 명령 등을 위반한 경찰공무원에 대한 제재를 의미한다. 특히 경찰공무원 징계는 의무 위반자에 대한 제재를 통해서 경찰공무원이 맡은 직무를 좀 더 성실하게 수행하고, 행동규범을 준수하게 하고, 경찰공무원의 잘못된 행태를 교정하려는 데 주된 목적이 있다.

징계처분은 법에 의해서 엄격히 구속되는 기속행위가 아니라 징계요구권자에게 상당한 재량권이 인정되는 재량행위 성격을 지니고 있다. 징계는 적극적인 측면에서 보면 단순한 처벌이 아닌 교육훈련의 의미도 지닌다. 즉, 징계는 범법행위나 직무태만을 처벌하는 수단인 동시에 그러한 사유의 발생을 억제하려는 예방적 목적도 지니고 있다(강성철 외 4인, 2008: 576).

징계의 필요성이 있을 경우에는 긍정적인 징계(positive discipline)로서 알려진 잘못된 행태를 교정하는 방법으로 사용되어야 하고, 부정적인 징계(negative discipline)로서 알려진 처벌 또는 응징은 가능한 한 다른 방법이 없을 때 사용되어야 한다(Iannone, 1987: 186-187). 따라서 징계는 조직구성원이 행동규범을 준수하도록 촉진하는 여러 활동 중 하나이며 최후에 의존해야 할 처분이다.

Ⅱ. 경찰공무원 징계의 특성

1. 광범위하고 엄격한 징계처분

경찰관에 대한 징계처분은 경찰 직무의 특수성으로 인해서 다른 공무원에 비하여 광범위하고 엄격한 편이다. 경찰활동은 위험발생의 예방·제거를 주요 직무범위로 하고 있으며, 그 수단으로서 명령·강제 등 개인에게 강제적인 실력 행사를 할 경우가 빈번하여 직무수행시 위험성이 항상 존재하고 있다(권장훈·성도경, 2011: 117).

2. 직무상 의무위반 환경에의 노출

경찰관은 법집행 및 질서유지 기능으로 인해 국민과 매우 빈번하게 접촉하게 되어 뇌물수수 등 직무상 의무에 위반할 수 있는 환경에 노출되어 있다. 특히 경찰 수사과정에서 수사관의 중요한 역할로 인해서 담당 수사관은 피의자 또는 피해자로부터 부정한 청탁을 받을 수 있는 상황에 놓여져 있기도 한다.

3. 징계벌과 형사벌의 병과 가능

경찰관의 의무위반행위나 법규위반행위는 징계벌의 대상에 그치지 않고 형사벌의 대상이 될 수 있다. 징계벌과 형사벌은 (1) 그 권력의 기초(공무원근무관계에서 사용자로서의 권한과 국가통치권), (2) 목적(공무원관계의 질서유지와 일반법익 보호), (3) 내용(신분적 이익만의 박탈과 신분적 이익 및 재산적 이익의 박탈 등), (4) 대상(공무원법상의 의무위반과 형사법상 반사회적 법익 위반) 등을 각각 달리하기 때문에 동일한 비위에 대하여 징계벌과 형사벌을 병과하더라도 일사부재리 원칙에 저촉되지 않는다.

제 2 절 경찰공무원 징계 사유 및 종류

I. 경찰공무원 징계 사유

징계사유는 징계처분의 대상 또는 원인이 되는 행위를 말한다. 징계사유를 법률로 규정하는 것은 징계의 한계와 신분보장의 한계를 동시에 결정해 주는 것으로서, 징계사유는 징계처분의 충분조건이라 할 수는 없으나 기본적인 필요조건이다.

경찰공무원은 다음과 같은 행위를 하였을 때 징계처분을 받게 된다. (1) 「국가공무원법」 및 「국가공무원법」에 의한 명령에 위반한 때, (2) 직무상 의무에 위반하거나 직무를 태만히 한 때, (3) 직무의 내·외를 불문하고 그 체면 또는 위신을 손상하는 행위를 한 때이다(국가공무원법 제78조).

직권남용·수뢰·절도·위증 등과 같은 형사법 위반행위를 한 경우에는 경찰조직 내에서의 징계처분과 함께 형사소송절차에 따른 형사처벌을 받게 된다. 또한, 상관의 정당한 명령 불복종, 직무태만, 직장이탈, 기타 의무위반 행위는 징계사유에 해당된다.

II. 경찰공무원 징계 종류

징계처분을 위해 필요한 제재의 종류에는 여러 가지가 있다. 여기에는 경고, 견책, 전보, 근무성적평정 점수 감점, 승진선임순위 박탈, 감봉, 벌금, 정직, 강임, 파면 등을 예로 들 수 있다(Stahl, 1976: 307-309).

우리나라의 「경찰공무원징계령」에는 <표 14-1>에서 보는 것과 같이 (1) 파면, (2) 해임, (3) 강등, (4) 정직, (5) 감봉, (6) 견책의 여섯 가지 종류의 징계

표 14-1　경찰공무원 징계의 종류

구　분	종　류	
중징계	배제 징계	파면
		해임
	교정 징계	강등
		정직
경징계		감봉
		견책

※ 금전·물품·부동산·향응 등 재산상 이익을 취득하거나 제공한 경우의 징계처분, 예산·기금 등을 횡령·배임·절도·사기 또는 유용한 경우의 징계처분, 소극행정, 음주운전(음주측정에 응하지 않은 경우를 포함한다), 성폭력, 성희롱 및 성매매에 따른 징계처분의 경우에는 승진임용·승급 제한기간으로서 징계처분이 끝난 날부터 강등·정직 18개월, 감봉 12개월, 견책 6개월에 각각 6개월 가산함
※ 승진후보자명부에 기록된 자가 정직 이상 징계 받은 경우 명부에서 삭제
자료: 「국가공무원법」 제78조의2, 제79조, 제80조, 「공무원연금법」 제65조, 「공무원연금법 시행령」 제55조, 「공무원보수규정」 제14조, 「경찰공무원 승진임용 규정」 제5조, 제6조.

처분을 규정하고 있다. 파면·해임·강등·정직은 중징계이고 감봉·견책은 경징계이다.

1. 파　면

파면은 경찰관 신분을 박탈하는 징계처분으로서 경찰공무원 근무관계의 소멸을 야기한다. 파면 처분을 받은 경찰관은 향후 경찰공무원 임용이 불가능하며, 일반공무원 임용에 대해서는 5년간 임용 제한을 받는다. 또한, 파면 처분을 받은 경찰관은 퇴직급여액 및 퇴직수당에 있어서 다음과 같은 불이익을 받는다(공무원연금법시행령 제61조 ①).

• 재직기간이 5년 미만인 경찰관: 퇴직급여액의 1/4을 감액한 후 지급
• 재직기간이 5년 이상인 경찰관: 퇴직급여액의 1/2을 감액한 후 지급
• 퇴직수당은 재직기간 상관 없이 1/2을 감액한 후 지급

2. 해 임

해임은 파면과 같이 경찰관 신분을 박탈하는 징계처분으로서 경찰공무원 근무관계의 소멸을 야기한다. 해임 처분을 받은 경찰관은 향후 경찰공무원 임용이 불가능하며, 일반공무원 임용에 대해서는 3년간 임용 제한을 받는다.

해임 처분을 받은 경찰관은 퇴직급여액 및 퇴직수당 전액을 지급 받지만, 금품 및 향응 수수, 공금의 횡령·유용으로 징계에 의해 해임된 경우에는 다음과 같은 불이익을 받는다(공무원연금법시행령 제61조 ①).
- 근무연수 5년 미만의 경찰관: 퇴직급여액의 1/8을 감액한 후 지급
- 근무연수 5년 이상의 경찰관: 퇴직급여액의 1/4을 감액한 후 지급
- 퇴직수당은 재직기간 상관없이 1/4을 감액한 후 지급

3. 강 등

강등은 경찰관의 계급을 1계급 낮추고 3개월 동안 정직시키는 징계처분으로서 강등 처분을 받은 경찰관은 경찰공무원 신분을 보유하지만 보수 전액을 감액한다. 또한 강등 처분을 받은 경찰관은 정직 3개월 + 18개월 동안 승진임용과 호봉승급이 제한되고, 이 기간은 승진소요 최저근무연수에 포함되지 않으며(경찰공무원 승진임용 규정 제5조 ②), 강등 이전의 계급정년을 그대로 유지하게 된다.

4. 정 직

정직은 1~3개월 동안 직무를 정지시키는 징계처분으로서 정직처분을 받은 경찰관은 경찰공무원 신분을 보유하지만, 정직기간 동안 직무에 종사하지 못하고 보수 전액을 감액한다. 정직처분을 받은 경찰관은 정직기간 + 18개월 동안 승진임용과 호봉승급이 제한되고, 이 기간은 승진소요 최저근무연수에 포함되지 않으며 경력평정기간에서도 제외된다(경찰공무원 승진임용 규정 시행

규칙 제10조 ①).

5. 감　봉

감봉은 1~3개월 동안 보수의 1/3을 감액하여 지급하는 징계처분으로서 감봉 처분을 받은 경찰관은 감봉기간 동안에 직무에 종사하지만, 감봉기간 ＋ 12개월 동안 승진임용과 호봉승급이 제한되고 이 기간은 승진소요 최저근무 연수에 포함되지 않는다.

6. 견　책

견책은 자신의 잘못에 대하여 훈계하고 회개하도록 하는 징계처분이다. 견책 처분을 받은 경찰관은 6개월 동안 승진임용과 호봉승급이 제한되고 이 기간은 승진소요 최저근무연수에 포함되지 않는다.

제 3 절　한국의 경찰공무원 징계제도

「국가공무원법」, 「경찰공무원법」, 「경찰공무원 징계령」, 「경찰공무원 징계 양정 등에 관한 규칙」, 「소청절차규정」이 경찰공무원 징계의 사유·종류, 결 정기관과 절차, 소청절차 등에 관하여 규정하고 있다.

Ⅰ. 경찰공무원 징계위원회 구성

징계권 남용을 억제하고 합리적인 징계를 위해서 경찰공무원 징계시에는 징계위원회의 심의·의결을 거치도록 하고 있다. 경무관 이상의 경찰공무원 에 대한 징계의결은 「국가공무원법」에 따라 국무총리 소속으로 설치된 징계위원회에서 하고, 총경 이하의 경찰공무원에 대한 징계의결을 하기 위하여 대통령령으로 정하는 경찰기관에 경찰공무원 징계위원회를 둔다(경찰공무원법 제32조).

1) 징계위원회 관할

징계위원회의 관할은 다음과 같다(경찰공무원 징계령 제4조).

(1) 중앙징계위원회 관할

중앙징계위원회는 총경 및 경정에 대한 징계 또는 「국가공무원법」 제78조의2에 따른 징계부가금 부과 사건을 심의·의결한다.

(2) 보통징계위원회 관할

① 보통징계위원회는 해당 징계위원회가 설치된 경찰기관 소속 경감 이하 경찰공무원에 대한 징계등 사건을 심의·의결한다. 다만, 다음 각 호의 기관에 설치된 보통징계위원회는 각 호의 구분에 따른 경찰공무원에 대한 징계등 사건을 심의·의결한다.

    1. 경정 이상의 경찰공무원을 장으로 하는 경찰서, 경찰기동대, 해양경찰서 등 총경 이상의 경찰공무원을 장으로 하는 경찰기관: 소속 경위 이하의 경찰공무원

    2. 의무경찰대 및 경비함정 등 경찰청장 또는 해양경찰청장이 지정하는 경감 이상의 경찰공무원을 장으로 하는 경찰기관: 소속 경사 이하의 경찰공무원

② 경찰청 및 해양경찰청에 설치된 보통징계위원회는 제2항에도 불구하고 경찰청장 또는 해양경찰청장이 징계등 의결을 요구하는 경찰공무원에 대한 징계등 사건을 심의·의결한다.

③ 제2항 단서 또는 제6조 제2항 단서에 따라 해당 보통징계위원회의 징계 관할에서 제외되는 경찰공무원의 징계등 사건은 바로 위 상급 경찰기관에 설치된 보통징계위원회에서 심의·의결한다.

2) 징계위원회 구성 등

징계위원회는 다음과 같이 구성된다(동 징계령 제6조).

⑴ 각 징계위원회는 위원장 1명을 포함하여 11명 이상 51명 이하의 공무원위원과 민간위원으로 구성한다.

⑵ 징계위원회가 설치된 경찰기관의 장은 징계등 심의 대상자보다 상위 계급인 경위 이상의 소속 경찰공무원 또는 상위 직급에 있는 6급 이상의 소속 공무원 중에서 징계위원회의 공무원위원을 임명한다. 다만, 보통징계위원회의 경우 징계등 심의 대상자보다 상위 계급인 경위 이상의 소속 경찰공무원 또는 상위 직급에 있는 6급 이상의 소속 공무원의 수가 제3항에 따른 민간위원을 제외한 위원 수에 미달되는 등의 사유로 보통징계위원회를 구성하는 것이 곤란한 경우에는 징계등 심의 대상자보다 상위 계급인 경사 이하의 소속 경찰공무원 또는 상위 직급에 있는 7급 이하의 소속 공무원 중에서 임명할 수 있으며, 이 경우에는 제4조 제2항에도 불구하고 3개월 이하의 감봉 또는 견책에 해당하는 징계등 사건만을 심의·의결한다.

표 14-2 중앙징계위원회와 보통징계위원회의 구성

중앙징계위원회	보통징계위원회
가. 법관·검사 또는 변호사로 10년 이상 근무한 사람 나. 「고등교육법」 제2조에 따른 학교 또는 이에 준하는 교육기관(이하"대학"이라 한다)에서 경찰 관련 학문을 담당하는 정교수 이상으로 재직 중인 사람 다. 총경 또는 4급 이상의 공무원으로 근무하고 퇴직한 사람[퇴직 전 5년부터 퇴직할 때까지 근무했던 적이 있는 경찰기관(해당 경찰기관이 소속된 중앙행정기관 및 그 중앙행정기관의 다른 소속기관에서 근무했던 경우를 포함한다)의 경우에는 퇴직일부터 3년이 경과한 사람을 말한다] 라. 민간부문에서 인사·감사 업무를 담당하는 임원급 또는 이에 상응하는 직위에 근무한 경력이 있는 사람	가. 법관·검사 또는 변호사로 5년 이상 근무한 사람 나. 대학에서 경찰 관련 학문을 담당하는 부교수 이상으로 재직 중인 사람 다. 공무원으로 20년 이상 근속하고 퇴직한 사람[퇴직 전 5년부터 퇴직할 때까지 근무했던 적이 있는 경찰기관(해당 경찰기관이 소속된 중앙행정기관 및 그 중앙행정기관의 다른 소속기관에서 근무했던 경우를 포함한다)의 경우에는 퇴직일부터 3년이 경과한 사람을 말한다] 라. 민간부문에서 인사·감사 업무를 담당하는 임원급 또는 이에 상응하는 직위에 근무한 경력이 있는 사람

자료: 「경찰공무원 징계령」 제6조 ③.

(3) 징계위원회가 설치된 경찰기관의 장은 위원 수의 2분의 1 이상을 중앙 징계위원회와 보통징계위원회의 구분에 따라 <표 14-2>의 어느 하나에 해당하는 사람 중에서 성별을 고려하여 민간위원으로 위촉해야 한다.

(4) 징계위원회의 위원장은 위원 중 최상위 계급 또는 이에 상응하는 직급에 있거나 최상위 계급 또는 이에 상응하는 직급에 먼저 승진임용된 공무원이 된다.

3) 민간위원 임기

민간위원의 임기는 2년으로 하며, 한 사례만 연임할 수 있다(동 징계령 제6조의2).

4) 징계위원회 회의

(1) 징계위원회의 회의는 위원장과 징계위원회가 설치된 경찰기관의 장이 회의마다 지정하는 4명 이상 6명 이하의 위원으로 성별을 고려하여 구성하되, 민간위원의 수는 위원장을 포함한 위원 수의 2분의 1 이상이어야 한다.

(2) 징계위원회의 위원장은 위원회의 사무를 총괄하며 위원회를 대표한다.

(3) 징계위원회의 회의는 위원장이 소집한다.

(4) 위원장은 표결권을 가진다.

(5) 위원장이 부득이한 사유로 직무를 수행할 수 없거나 위원장이 필요하다고 인정하는 경우에는 출석한 위원 중 최상위 계급 또는 이에 상응하는 직급에 있거나 최상위 계급 또는 이에 상응하는 직급에 먼저 승진임용된 공무원이 위원장이 된다(동 징계령 제7조).

Ⅱ. 경찰공무원 징계 절차

1. 감사원의 조사개시 통보

감사원에서 조사 중인 사건에 대하여는 조사개시 통보를 받은 날부터 징계의결의 요구나 그 밖의 징계절차를 진행하지 못한다. 경찰·검찰 그 밖의 수사기관에서 수사 중인 사건에 대하여는 수사개시 통보를 받은 날부터 징계의결의 요구나 그 밖의 징계절차를 진행하지 아니할 수 있다. 감사원과 검찰·경찰, 그 밖의 수사기관은 조사나 수사를 시작한 때와 이를 마친 때에는 10일 내에 소속 기관의 장에게 그 사실을 통보하여야 한다(국가공무원법 제83조).

2. 징계의결 요청

1) 지체 없이 징계등 의결 요구

경찰기관의 장은 소속 경찰공무원이 징계사유의 어느 하나에 해당할 때에는 지체 없이 관할 징계위원회를 구성하여 징계등 의결을 요구하여야 한다(경찰공무원 징계령 제9조 ①). 징계의결등의 요구는 징계 등 사유가 발생한 날부터 <표 14-3>의 구분에 따른 기간이 지나면 하지 못한다.

표 14-3 징계의결등의 요구 제한

사유	기간
징계 등 사유가 다음 각 목의 어느 하나에 해당하는 경우 가.「성매매알선 등 행위의 처벌에 관한 법률」제4조에 따른 금지행위 나.「성폭력범죄의 처벌 등에 관한 특례법」제2조에 따른 성폭력범죄 다.「아동·청소년의 성보호에 관한 법률」제2조제2호에 따른 아동·청소년 대상 성범죄 라.「양성평등기본법」제3조제2호에 따른 성희롱	10년
징계 등 사유가 제78조의2제1항 각 호[1]의 어느 하나에 해당하는 경우	5년
그 밖의 징계 등 사유에 해당하는 경우	3년

자료:「국가공무원법」제83조의2.

징계등 의결 요구를 받은 징계위원회는 그 요구서를 받은 날로부터 30일 이내에 징계등에 관한 의결을 하여야 한다. 단, 부득이한 사유가 있을 때에는 해당 징계의결을 요구한 경찰기관의 장의 승인을 얻어 30일 이내의 범위 안에서 그 기간을 연장할 수 있다(경찰공무원 징계령 제11조).

2) 징계부가금 부과 의결 요구

(1) 5배 내의 징계부가금 부과 의결 요구

공무원의 징계의결을 요구하는 경우 그 징계사유가 (1) 금전·물품·부동산·향응 또는 그 밖에 대통령령으로 정하는 재산상 이익을 취득하거나 제공한 경우, (2) 예산·기금 등을 횡령·배임·절도·사기 또는 유용한 경우에는 해당 징계 외에 위의 행위로 취득하거나 제공한 금전 또는 재산상 이득(금전이 아닌 재산상 이득의 경우에는 금전으로 환산한 금액을 말한다)의 5배 내의 징계부가금 부과 의결을 징계위원회에 요구하여야 한다(국가공무원법 제78조의2 ①).

(2) 조정된 범위에서 징계부가금 부과 의결

징계위원회는 징계부가금 부과 의결을 하기 전에 징계부가금 부과 대상자가 제1항 각 호의 어느 하나에 해당하는 사유로 다른 법률에 따라 형사처벌을 받거나 변상책임 등을 이행한 경우(몰수나 추징을 당한 경우를 포함한다) 또는 다른 법령에 따른 환수나 가산징수 절차에 따라 환수금이나 가산징수금을 납부한 경우에는 대통령령으로 정하는 바에 따라 조정된 범위에서 징계부가금 부과를 의결하여야 한다(국가공무원법 제78조의2 ②).

---

1) 「국가공무원법」 제78조의2 ①
1. 금전, 물품, 부동산, 향응 또는 그 밖에 대통령령으로 정하는 재산상 이익을 취득하거나 제공한 경우
2. 다음 각 목에 해당하는 것을 횡령(橫領), 배임(背任), 절도, 사기 또는 유용(流用)한 경우
   가. 「국가재정법」에 따른 예산 및 기금
   나. 「지방재정법」에 따른 예산 및 「지방자치단체 기금관리기본법」에 따른 기금
   다. 「국고금 관리법」 제2조제1호에 따른 국고금
   라. 「보조금 관리에 관한 법률」 제2조제1호에 따른 보조금
   마. 「국유재산법」 제2조제1호에 따른 국유재산 및 「물품관리법」 제2조제1항에 따른 물품
   바. 「공유재산 및 물품 관리법」 제2조제1호 및 제2호에 따른 공유재산 및 물품
   사. 그 밖에 가목부터 바목까지에 준하는 것으로서 대통령령으로 정하는 것

(3) 징계부가금 감면 등 조치

징계위원회는 징계부가금 부과 의결을 한 후에 징계부가금 부과 대상자가 형사처벌을 받거나 변상책임 등을 이행한 경우(몰수나 추징을 당한 경우를 포함한다) 또는 환수금이나 가산징수금을 납부한 경우에는 대통령령으로 정하는 바에 따라 징계부가금의 감면 등의 조치를 하여야 한다(국가공무원법 제78조의 2 ③).

(4) 징계부가금을 납부하지 아니한 때

징계부가금 부과처분을 받은 사람이 납부기간 내에 그 부가금을 납부하지 아니한 때에는 처분권자(대통령이 처분권자인 경우에는 처분 제청권자)는 국세 강제징수의 예에 따라 징수할 수 있다(국가공무원법 제78조의2 ④).

3. 출석심사

1) 징계등 심의 대상자의 출석 요구

징계위원회가 징계등 심의 대상자의 출석을 요구할 때에는 출석 통지서로 하되, 징계위원회 개최일 5일 전까지 그 징계등 심의 대상자에게 도달되도록 하여야 한다(동 징계령 제12조 ①).

징계위원회는 징계등 심의 대상자가 그 징계위원회에 출석하여 진술하기를 원하지 아니할 때에는 진술권 포기서를 제출하게 하여 이를 기록에 첨부하고 서면심사로 징계등 의결을 할 수 있다(동 징계령 제12조 ②).

징계위원회는 출석 통지를 하였음에도 불구하고 징계등 심의 대상자가 정당한 사유 없이 출석하지 아니하였을 때에는 그 사실을 기록에 분명히 적고 서면심사로 징계등 의결을 할 수 있다(동 징계령 제12조 ③).

2) 징계등 심의 대상자의 소재가 분명하지 아니한 때

다만, 징계등 심의 대상자의 소재가 분명하지 아니할 때에는 출석 통지를 관보에 게재하고, 그 게재일부터 10일이 지나면 출석 통지가 송달된 것으로 보며, 징계등 의결을 할 때에는 관보 게재의 사유와 그 사실을 기록에 분명히 적어야 한다(동 징계령 제12조 ③ 단서).

3) 징계등 심의 대상자 심문 및 관계인 출석·심문

징계위원회는 출석한 징계등 심의 대상자에게 징계 사유에 해당하는 사실에 관한 심문을 하고 심사를 위하여 필요하다고 인정될 때에는 관계인을 출석하게 하여 심문할 수 있다(동 징계령 제13조 ①).

4) 이익이 되는 사실 진술

징계위원회는 징계등 심의 대상자에게 진술할 수 있는 기회를 충분히 주어야 하며, 이 절차를 거치지 않은 징계는 절차상 하자로 인해 무효이다. 징계등 심의 대상자는 서면 또는 말로 자기에게 이익이 되는 사실을 진술하거나 증거를 제출할 수 있다(동 징계령 제13조 ②).

5) 증인 심문의 신청

징계등 심의 대상자는 증인의 심문을 신청할 수 있으며, 이 경우 징계위원회는 의결로써 그 채택 여부를 결정하여야 한다(동 징계령 제13조 ③).

4. 징계위원 제척·기피·회피

1) 징계위원 제척

징계위원회의 위원장 또는 위원이 다음의 어느 하나에 해당하는 경우에는 징계등 사건의 심의·의결에 관여하지 못한다(동 징계령 제15조 ①).
  ⑴ 징계등 심의 대상자의 친족 또는 직근 상급자(징계 사유가 발생한 기간 동안 직근 상급자였던 사람을 포함한다)인 경우
  ⑵ 그 징계 사유와 관계가 있는 경우
  ⑶ 「국가공무원법」 제78조의3 제1항 제3호[2]의 사유로 다시 징계등 사건의 심의·의결을 할 때 해당 징계등 사건의 조사나 심의·의결에 관여한 경우

---

2) 3. 징계양정 및 징계부가금이 과다(過多)한 경우

2) 징계위원 기피

징계등 심의 대상자는 위원장 또는 위원이 불공정한 의결을 할 우려가 있다고 의심할만한 타당한 사유가 있는 경우 등에는 징계위원회에 그 사실을 서면으로 밝히고 해당 위원장 또는 위원의 기피를 신청할 수 있다(동 징계령 제15조 ②). 징계위원회는 제2항에 따른 기피 신청을 받은 때에는 해당 징계등 사건을 심의하기 전에 의결로써 해당 위원장 또는 위원의 기피 여부를 결정해야 한다. 이 경우 기피 신청을 받은 위원장 또는 위원은 그 의결에 참여하지 못한다(동 징계령 제15조 ③).

3) 징계위원 회피

징계위원회의 위원장 또는 위원은 제15조 제1항 각 호의 어느 하나에 해당하면 스스로 해당 징계등 사건의 심의·의결을 회피해야 하며, 제15조 제2항 제2호에 해당하면 회피할 수 있다(동 징계령 제15조 ④).

5. 징계 의결

1) 징계의결시 고려사항

징계위원회는 징계등 사건을 의결할 때에는 징계등 심의 대상자의 평소 행실, 근무 성적, 공적, 뉘우치는 정도와 징계등 의결을 요구한 자의 의견을 고려하여야 한다(동 징계령 제16조). 경찰기관장은 징계사유 발생시 관할 징계위원회에 징계의결을 요청하는 것은 필요적이지만 어떤 유형의 징계를 요구하는지는 재량사항에 속한다.

2) 의결 정족수

징계위원회의 의결은 위원장을 포함한 과반수의 출석과 출석위원 과반수의 찬성으로 의결하되, 의견이 나뉘어 출석위원 과반수의 찬성을 얻지 못한 경우에는 출석위원 과반수가 될 때까지 징계등 심의 대상자에게 가장 불리한 의견을 제시한 위원의 수를 그 다음으로 불리한 의견을 제시한 위원의 수에 차례로 더하여 그 의견을 합의된 의견으로 본다(동 징계령 제14조 ①).

3) 징계 또는 징계부가금 의결서

징계위원회 의결은 징계 또는 징계부가금 의결서로 한다. 이 경우 의결서의 이유란에는 다음 사항을 구체적으로 적어야 한다(동 징계령 제14조 ②).

⑴ 징계등의 원인이 된 사실
⑵ 증거에 대한 판단
⑶ 관계 법령
⑷ 징계등 면제 사유 해당 여부

4) 의결 내용의 비공개

징계위원회의 의결 내용은 공개하지 아니한다(동 징계령 제14조 ③).

6. 징계등 의결 통지 및 집행

1) 징계등 의결 통지

징계의결은 징계위원회의 의결만으로 그 내용에 관한 효력을 발생하지 못하고, 그 임용권자가 그 의결을 집행함으로써 비로소 그 효력을 발생한다. 따라서, 징계위원회가 징계등 의결을 하였을 때에는 지체 없이 징계등 의결을 요구한 자에게 의결서 정본을 보내어 통지하여야 한다(동 징계령 제17조).

2) 경징계 등의 집행

징계등 의결을 요구한 자는 경징계의 징계등 의결을 통지 받았을 때에는 통지 받은 날부터 15일 이내에 징계등을 집행하여야 하고, 징계등 의결을 집행할 때에는 의결서 사본에 징계등 처분 사유 설명서를 첨부하여 징계등 처분 대상자에게 보내야 한다(동 징계령 제18조).

3) 중징계 등의 집행

징계등 의결을 요구한 자는 중징계의 징계등 의결을 통지 받았을 때에는 지체 없이 징계등 처분 대상자의 임용권자에게 의결서 정본을 보내어 해당 징계등 처분을 제청하여야 한다. 다만, 경무관 이상의 강등 및 정직, 경정 이상의 파면 및 해임처분의 제청, 총경·경정의 강등 및 정직의 집행은 경찰청장 또는 해양경찰청장이 한다(동 징계령 제19조 ①).

7. 징계의결에의 불복

1) 소청심사 청구

제75조에 따른 처분사유 설명서를 받은 공무원이 그 처분에 불복할 때에는 그 설명서를 받은 날부터, 공무원이 제75조에서 정한 처분 외에 본인의 의사에 반한 불리한 처분을 받았을 때에는 그 처분이 있은 것을 안 날부터 각각 30일 이내에 소청심사위원회에 이에 대한 심사를 청구할 수 있다. 이

1. 비위사실 적발	2. 징계의결 요구
• 감사원, 검찰, 경찰, 정부 합동점검반, 자체조사 등	• 통보받은 날로부터 1개월 이내 • 중징계, 경징계로 구분 • 혐의자에게 징계의결요구사유서 부본 통보
4. 징계의결 통고	**3. 징계의결**
• 관할징계위원회(※지체없이 통고) · 징계처분권자 · 징계의결요구권자 · 관계기관(감사원 등)	• 관할징계위원회 · 접수함으로써 징계의결요구의 효력 발생 · 혐의자 주장서 접수 및 사실조사 · 징계위원회 개최 5일전까지 출석 통지 · 의결(접수일로부터 30일) − 심문 및 진술권 부여 · 의결서 및 회의록 작성
5. 징계집행	**6. 소청 및 행정소송**
• 징계처분권자 · 징계의결서를 통고받은 날로부터 15일 이내 · 징계처분사유설명서 교부	• 징계처분을 받은 날로부터 30일 이내 소청심사 청구 • 소청결정을 받은 날로부터 90일 이내 행정소송 청구

그림 14-1 경찰공무원 징계처분 절차

경우 변호사를 대리인으로 선임할 수 있다(국가공무원법 제76조 ①).

2) 행정소송 제기

소청을 제기한 자가 소청심사위원회의 결정에 대해서 불복이 있는 때에는 소청결정서 정본을 송달 받은 날로부터 90일 이내에 행정법원에 행정소송을 제기할 수 있다(행정소송법 제20조). 또한, 소청심사위원회가 소청심사청구를 접수한 날로부터 60일이 지나도록 결정을 하지 않는 때에는 징계처분사유 설명서를 받은 날로부터 90일 이내에 행정법원에 행정소송을 제기할 수 있다(행정소송법 제18조).

제 4 절 직위해제

Ⅰ. 직위해제의 개념

직위해제는 징벌적 제재인 징계와는 그 성격이 다르지만, 직위해제처분을 받은 자는 직무에 종사하지 못할 뿐만 아니라, 승급·보수·보직 등에서 불이익을 받게 되므로 인사상 불이익 처분이다. 직위해제 이후에 동일한 사유로 징계처분을 해도 일사부재리의 원칙에 어긋하지 않는다. 다만, 직위해제가 휴직과 다른 점은 본인의 무능력 등으로 인한 제재적 의미를 가진 보직 해제이며 복직이 보장되지 않는다는 점이다.

직위해제제도는 1965년 10월「국가공무원법」개정으로 신설된 제도로서 기관장에게 소속 직원에 대한 지휘·감독권한을 강화한 제도인 반면에, 직위해제의 적용대상 공무원에 대하여는 징계 이외에 신분상 불이익을 입힐 우려가 있기 때문에 직위해제제도 운영에 상당한 주의를 해야 한다(김중양, 2002: 376).

Ⅱ. 직위해제 사유

「국가공무원법」 제73조의3에 규정된 직위해제사유를 살펴보면 다음과 같고, 임용권자는 다음 어느 하나에 해당하는 자에게는 직위를 부여하지 아니할 수 있다.

1. 직무수행능력 부족 등으로 인한 직위해제

직무수행능력이 부족하거나 근무성적이 극히 나쁜 자에 대해서는 그 직위를 부여하지 아니할 수 있다(국가공무원법 제73조의3 제2호). 이 요건 자체가 매우 주관적인 판단에 의존하게 되므로 그 운용은 신중히 할 필요가 있다.

직위해제 자체가 임용권자에게 조직의 근무기강 확립과 행정목적의 능률적 달성 등을 위하여 부여된 권한인 만큼 이 목적 이외에 사용되어서는 아니되며, 그 처분에 있어서는 충분한 이유가 있어야 할 것이다.

2. 파면·해임·강등·정직에 해당하는 징계의결이 요구 중인 자

파면·해임·강등 또는 정직에 해당하는 징계 의결이 요구 중인 자에 대해서는 직위를 부여하지 아니할 수 있다(동법 제73조의3 제3호). 종전에는 징계의결이 요구 중인 경우에는 징계의 경·중에 관계 없이 직위해제를 할 수 있도록 하였으나 2002년 1월 「국가공무원법」 개정으로 감봉·견책 등 경징계의결이 요구 중인 경우에는 직위해제를 할 수 없도록 했다. 판례는 직위해제처분 후에 그와 동일한 사유로 인한 파면처분을 한 경우에는 전에 한 직위해제처분은 그 효력이 상실된다고 보고 있다.

3. 형사사건으로 기소된 자

형사사건으로 기소된 자(약식명령이 청구된 자는 제외한다)에 대해서는 직위를 부여하지 아니할 수 있다(동법 제73조의3 제4호). 형사사건으로 기소된 공무원에 대하여 종전에는 반드시 직위해제하도록 하였으나 기소되었다는 사실만으로 직위해제하는 것은 적절치 않은 경우도 있으므로 1994년에 임용권자가 직위해제 여부를 구체적으로 검토하여 결정하도록 하였다.

형사사건으로 기소된 자를 직위해제할 수 있도록 한 이유는 범죄사실이 확정되어 검사가 기소할 단계에 이르면 계속 공무집행을 부여하는 경우 공무수행상 공정성을 기하지 못할 우려가 있다는 점에서 공무집행의 공정성을 확보하기 위한 조치이다. 또한, 기소된 공무원의 입장에서 보더라도 공판과정에서 개인적인 변호권을 충분히 부여하기 위하여는 직무수행 부담을 덜어 줄 필요가 있기 때문이다(김중양, 2002: 380).

4. 고위공무원단에 속하는 일반직공무원

고위공무원단에 속하는 일반직공무원으로서 제70조의2 제1항 제2호부터 제5호까지의 사유[3]로 적격심사를 요구받은 자에 대해서는 직위를 부여하지 아니할 수 있다(동법 제73조의3 제5호).

---

[3] 「국가공무원법」 제70조의2(적격심사) ①
2. 근무성적평정에서 최하위 등급의 평정을 총 2년 이상 받은 때. 이 경우 고위공무원단에 속하는 일반직공무원으로 임용되기 전에 고위공무원단에 속하는 별정직공무원으로 재직한 경우에는 그 재직기간 중에 받은 최하위등급의 평정을 포함한다.
3. 대통령령으로 정하는 정당한 사유 없이 직위를 부여받지 못한 기간이 총 1년에 이른 때
4. 다음 각 목의 경우에 모두 해당할 때
　가. 근무성적평정에서 최하위 등급을 1년 이상 받은 사실이 있는 경우. 이 경우 고위공무원단에 속하는 일반직공무원으로 임용되기 전에 고위공무원단에 속하는 별정직공무원으로 재직한 경우에는 그 재직기간 중에 받은 최하위 등급을 포함한다.
　나. 대통령령으로 정하는 정당한 사유 없이 6개월 이상 직위를 부여받지 못한 사실이 있는 경우
5. 제3항 단서에 따른 조건부 적격자가 교육훈련을 이수하지 아니하거나 연구과제를 수행하지 아니한 때

5. 금품비위, 성범죄 등

금품비위, 성범죄 등 대통령령으로 정하는 비위행위로 인하여 감사원 및 검찰·경찰 등 수사기관에서 조사나 수사 중인 자로서 비위의 정도가 중대하고 이로 인하여 정상적인 업무수행을 기대하기 현저히 어려운 자에 대해서는 직위를 부여하지 아니할 수 있다(동법 제73조의3 제6호).

Ⅲ. 직위해제 효력

1. 직위해제사유 소멸시 직위부여

직위를 부여하지 아니한 경우에 그 사유가 소멸되면, 임용권자는 지체 없이 직위를 부여하여야 한다(동법 제73조의3 ②).

2. 3개월의 범위 내에서 대기명령

임용권자는 직무수행능력이 부족하거나 근무성적이 극히 나쁜 자의 사유로 인하여 직위해제된 자에게 3개월의 범위에서 대기를 명한다(동법 제73조의3 ③). 임용권자 또는 임용제청권자는 위의 대기명령을 받은 자에게 능력 회복이나 근무성적의 향상을 위한 교육훈련 또는 특별한 연구과제의 부여 등 필요한 조치를 하여야 한다(동법 제73조의3 ④).

그리고 임용권자 또는 임용제청권자가 위의 처분을 받은 공무원이 능력을 회복하였다고 판단하면 복직시켜야 하지만, 직무수행능력 또는 근무성적의 향상을 기대하기 어렵다고 인정되어 직권면직을 하기 위해서는 관할 징계위원회에 직권면직 동의를 받아야 한다(경찰공무원법 제28조 ②).

3. 봉급의 감액 지급

직위해제된 사람에게는 다음의 구분에 따라 봉급의 일부를 지급한다(공무원보수규정 제29조).

(1) 「국가공무원법」 제73조의3 제1항 제2호[4]에 따라 직위해제된 사람: 봉급의 80퍼센트

(2) 「국가공무원법」 제73조의3 제1항 제5호[5]까지의 규정에 따라 직위해제된 사람: 봉급의 70퍼센트. 다만, 직위해제일부터 3개월이 지나도 직위를 부여받지 못한 경우에는 그 3개월이 지난 후의 기간 중에는 봉급의 40퍼센트를 지급한다.

(3) 「국가공무원법」 제73조의3 제1항 제3호·제4호 또는 제6호[6]에 따라 직위해제된 사람: 봉급의 50퍼센트. 다만, 직위해제일부터 3개월이 지나도 직위를 부여받지 못한 경우에는 그 3개월이 지난 후의 기간 중에는 봉급의 30퍼센트를 지급한다.

제5절 경찰공무원 징계제도의 개선방안

경찰공무원의 징계처분은 경찰공무원의 신분유지 및 사기향상에 직접적으로 영향을 미치는 중요한 요인이므로 공정하지 못한 징계처분은 조직효과성에 부정적인 영향을 미친다. 따라서, 경찰관의 징계공정성을 향상시킬 수 있는 조직적 측면과 과정적 측면의 대안을 제시하면 다음과 같다(임창호, 2016:

---

4) 2. 직무수행 능력이 부족하거나 근무성적이 극히 나쁜 자
5) 5. 고위공무원단에 속하는 일반직공무원으로서 제70조의2제1항제2호부터 제5호까지의 사유로 적격심사를 요구받은 자
6) 3. 파면·해임·강등 또는 정직에 해당하는 징계 의결이 요구 중인 자
    4. 형사 사건으로 기소된 자(약식명령이 청구된 자는 제외한다)
    6. 금품비위, 성범죄 등 대통령령으로 정하는 비위행위로 인하여 감사원 및 검찰·경찰 등 수사기관에서 조사나 수사 중인 자로서 비위의 정도가 중대하고 이로 인하여 정상적인 업무수행을 기대하기 현저히 어려운 자

26-28).

Ⅰ. 조직적 측면의 개선방안

1. 청문감사관의 독립성 확보

청문감사관제도는 경찰비리나 부조리를 감찰·감사하여 예방하고 시정시키는 기능과 민원처리를 통하여 봉사경찰의 서비스 자세를 강화하기 위하여 1999년부터 운용하고 있다. 그러나 청문감사관은 사실상 순환보직으로 배치되고 경찰서장의 지휘·통제를 받고 있어서 조사의 객관성, 독립성, 중립성이 미흡한 상황이다. 경찰공무원 부패방지를 위해서는 무엇보다 경찰공무원 징계제도가 공정하고 엄정하게 운영되어야 하며, 이것의 선결과제는 청문감사관의 독립성을 확보하여 소신 있는 감찰조사활동이 보장되도록 하는 것이다(황길종, 2008: 78).

2. 징계위원회 구성의 공정성 확보

소속기관의 장이 징계를 요구하고 징계위원을 임명한다면 당해 징계위원회는 소속기관장의 징계양정 요구를 변경하거나 거절하는 것이 어려울 것이므로, 소속기관의 장보다는 상급기관의 장이 징계위원을 임명하는 것도 고려해 볼 필요가 있다.

3. 중앙징계위원회 및 보통징계위원회의 상설기구화

현재 징계사안이 발생할 때마다 징계위원이 새롭게 구성되어 징계사안을 심의·의결함으로써 유사한 징계사안에 대해서도 징계처분이 달라지는 경우도 있다. 이러한 결과는 징계 대상자로 하여금 징계공정성에 대해서 불신하여 소청심사를 청구하도록 만드는 경향이 있다. 따라서, 징계위원회를 상설기구화한다면 내부 및 외부 징계위원의 전문성을 확보하고 징계양정에 있어서도 공정성을 기할 수 있을 것이다.

Ⅱ. 과정적 측면의 개선방안

1. 사전 예방활동의 강화

청문감사관은 소속 경찰관의 의무위반 행위가 발생하지 않도록 사전예방활동을 강화하여야 한다. 특히, 문제경찰관의 조기 발견을 위한 조기경보체계를 마련하여 징계사유가 발생하지 않도록 지도·감독활동을 강화하여야 한다. 문제행태를 보이는 경찰관에 대한 징계 가능성을 줄이기 위한 지도·감독활동 강화는 문제 경찰관으로 하여금 자신의 행태를 스스로 변화시킬 수 있도록 할 것이다(임창호, 2012: 318).

2. 타 부처 공무원과의 형평성 유지

경찰공무원은 법집행기관이라는 이유로 인해 다른 부처 공무원에 비하여 과도한 징계처분을 받는 경향이 있다. 그러나 동일 사안에 대한 처분이 타 부처 공무원에 비해 현저히 지나칠 경우 소속 구성원이 납득할 수 없어 내부 불신의 원인이 되며, 대외적으로도 경찰조직에 대한 시민 신뢰를 하락시키는 요인으로 작용하게 될 것이다.

3. 징계사유의 명확화

"직무의 내·외를 불문하고 그 체면 또는 위신을 손상하는 행위" 등과 같이 추상적인 경찰징계 사유를 좀 더 구체적으로 규정할 필요가 있다. 징계사유가 불명확하고 추상적이면 징계의결 요구권자와 징계위원 등의 자의적 개입 가능성이 높아지기 때문이다. 「경찰공무원법」에 징계사유가 명확하게 규정되어 있으면, 어떤 행위가 징계대상 행위인지를 사전에 예측할 수 있게 되어 더욱 안정적인 직무수행이 가능함으로써 의무위반 행위를 예방할 수 있다고 여겨진다.

4. 징계양정 기준의 세분화를 통한 합리성 제고

징계처분과 관련하여 가장 문제가 되는 것 중 하나는 징계요구권자에게 광범위한 선택재량이 부여되어 있는 징계양정 문제라고 여겨진다. 「경찰공무원의 징계양정 등에 관한 규칙」에서 징계양정의 범위를 개략적으로 제시하고 있지만 여전히 미흡한 상황이다. 비위행위자의 문책범위를 보면 비위의 경중이나 과실의 많고 적음을 떠나 징계범위가 견책에서 파면까지 다양하다. 따라서, 비위와 과실의 정도에 따라 징계양정 기준을 세분화한다면 징계처분의 형평성을 확보할 수 있게 될 것이다(이효민, 2012: 133).

 연습문제

1. 경찰공무원 징계사유를 설명하세요.

2. 경찰공무원 징계 종류를 설명하세요.

3. 직위해제의 개념, 사유, 효력을 설명하세요.

 참고문헌

〈국내문헌〉

강성철 외 4인. (2008). 「새 인사행정론」, 서울: 대영문화사.

권장훈·성도경. (2011). "경찰공무원 징계제도 개선방안에 관한 연구," 한국균형발전연구, 2(1): 115-140.

경찰대학. (2004). 「경찰경무론」.

경찰청. 「경찰백서」

김수곤. (2005). "경찰공무원 징계제도 운영실태에 관한 연구," 석사학위논문, 원광대학교 행정대학원.

김중양. (2002). 「한국인사행정론」(제4판), 서울: 법문사.

유민봉. (2002). 「한국인사행정론」, 서울: 박영사.

이상경. (2003). "경찰징계제도의 문제점 및 개선방안," 석사학위논문, 부산대학교 행정대학원.

이선범. (2008). "경찰징계제도의 문제점 및 개선방안에 관한 연구," 석사학위논문, 동국대학교 대학원.

이윤근. (2002). 「비교경찰제도론」, 서울: 법문사.

이효민. (2012). "경찰공무원 합리적 징계양정을 위한 제도적 개선방안," 「영산법률논총」, 제9권 제2호,

이황우. (2007). 「경찰행정학」(제5판), 서울: 법문사.

임창호. (2012). "시민참여형 경찰책임제도 도입에 관한 연구," 「경찰학논총」, 제7(2): 307-331.

_____. (2016). "경찰관의 징계공정성 인식이 조직효과성에 미치는 영향," 「사회과학논문집」, 35(2).

황길종. (2008). "경찰공무원 부패방지를 위한 징계제재 개선에 관한 연구," 석사학위논문, 고려대학교 정책대학원.

〈국외문헌〉

Iannone, N. F. (1987). *Supervision of Police Personnel*(4th ed.), Englewood Cliffs, New Jersey: Prentice Hall, Inc..

Stahl, O. G. & Staufenberger, R. A. (1974). *Police Personnel Administration*, Washington, D. C.: Police Foundation.

Stahl, O. G. (1976). *Public Personnel Administration*(7th ed.), New York: Harper & Row.

Wilson, O. W. & Mclaren, R. C. (1977). *Police Administration*(4th ed.), New York: McGraw Hill Book Co., Inc..

Chapter **15**

경찰공무원 퇴직관리

제 1 절 경찰공무원 퇴직관리의 개념 및 가치

I. 경찰공무원 퇴직관리의 개념

퇴직이란 면직(免職), 사직(辭職), 그 밖의 사망 외의 사유로 인한 모든 해직(解職)을 말한다(공무원연금법 제3조 제4호). 경찰공무원 퇴직관리란 경찰 인력의 퇴직상황을 파악·예측하고, 적정한 퇴직수준을 유지하며, 퇴직 결정을 전후하여 생기는 문제를 해결하고자 하는 경찰인사행정을 말한다.

경찰퇴직관리는 경찰조직의 이익과 퇴직 경찰관의 이익을 균형 있게 보호하는데 기여하여야 한다. 즉, 경찰조직의 효율성 제고에 이바지하면서 퇴직 경찰관의 생활을 보호하는 문제에 관심을 가져야 한다. 따라서, 경찰조직은 경찰조직의 효율성 제고를 위해 인력체계의 침체를 막고, 인력체계의 불안정과 혼란을 막아야 한다.

II. 경찰공무원 퇴직관리의 가치

경찰공무원 퇴직관리는 경찰인사행정에 있어서 불기피할 뿐만 아니라 매우 중요한 문제이기 때문에, 경찰인사행정은 경찰공무원 퇴직에 관하여 적극적으로 대처하여야 한다. 경찰조직에 들어온 사람을 어떻게 내보내느냐 하는 것은 경찰조직에 사람을 어떻게 입직시키느냐 하는 것만큼 중요한 문제이다.

경찰공무원 퇴직관리를 효과적으로 행하는 것은 경찰인력 및 조직체계의 안정에 큰 영향을 미친다. 공무원 퇴직관리의 필요성은 다음과 같이 개인적 차원, 조직적 차원, 국가적 차원에서 살펴볼 수 있다(김병섭·양재진, 2001).

첫째, 개인적 차원에서 개인의 삶의 질은 그 자체만으로 추구할만한 가치가 있는 것으로, 이것은 재직자뿐만 아니라 퇴직자에게도 적용되어야 한다. 둘째, 조직적 차원에서 퇴직으로 인한 비용과 부작용을 효과적으로 관리할 수 있는 퇴직관리에 대한 관심이 증대되어야 한다. 셋째, 국가적 차원에서 고령화 사회에 효과적으로 대응하기 위해서는 퇴직자에 대한 체계적 접근이 필요하다.

퇴직 전에 철저하게 준비한 극소수의 경찰관만이 재취업하여 새로운 직업생활을 시작하거나 완전하게 퇴직하여 여유 있는 노년을 즐길 수 있다. 왜냐하면 대부분의 퇴직 경찰관은 퇴직 시에 지급되는 연금만으로는 재정적인 필요를 완전하게 충족시키지 못할 뿐만 아니라 여생을 여유있게 보낼 심리적 준비도 되어 있지 않기 때문이다(Swanson & Terriro, 1993: 284).

Ⅲ. 퇴직 경찰관의 경력이동 경로와 퇴직 단계

1. 경찰관 퇴직 단계

비쇼프(Bischoff)는 퇴직 단계를 장래에 대한 설계시기부터 생의 마지막 단계까지 다음과 같이 5단계로 구분하여 제시하였다(Swanson & Terriro, 1993: 299). 경찰관 퇴직 단계는 아래와 같이 일정한 과정을 거쳐서 이루어지고 있으며, 5단계까지 잘 적응하기 위해서는 퇴직준비가 제1단계에서 충분하게 이루어져야 한다.

1) 제1단계: 장래에 대한 설계시기
제1단계는 장래에 대한 설계시기로서 퇴직금과 연금, 적절한 주택선정과 이사준비, 기타 퇴직생활에 필요한 각종 정보를 수집하는 단계이다.

2) 제2단계: 퇴직 순간
제2단계는 퇴직 순간을 말하며, 퇴직한 직후에 며칠간 생활리듬이 깨져

흐트러진 생활의 불균형을 자기에게 맞는 생활일정으로 새롭게 조정하는 단계이다.

3) 제3단계: 퇴직 직후

제3단계는 퇴직 직후로 건강이나 경제적 여유에 따라서 활동이 빈번한 단계이다.

4) 제4단계: 퇴직생활 안정기

제4단계는 퇴직생활 안정기로서 다양했던 활동이 줄어들면서 퇴직생활에 적응하여 나머지 삶을 있는 그대로 받아들이는 단계이다.

5) 제5단계: 현실 적응이 어렵고 의존적인 시기

제5단계는 신체적·정신적 기능이 극도로 저하되어 현실 적응이 어렵고 의존적으로 되어 가는 단계이다.

2. 퇴직 경찰관의 경력이동 경로

경찰관은 퇴직 이후 어떤 경력이동을 보이는지를 확인한 연구는 (1) 재취업형, (2) 경력개발형, (3) 창업형, (4) 사회기여형, (5) 실업형의 5개 유형을 보여주었다(이명심·심지현, 2016: 309-316).

1) 재취업형

재취업형은 퇴직 초기에는 건강관리를 하면서 편히 쉬고자 하는 생각이 지배적이었으나, 일정한 기간이 지나면서 생활유지를 위하여 재취업을 선택하는 유형이다. 이들은 건강을 유지하면서 일할 수 있는 직종을 선호하며, 임금은 비교적 후순위이지만 부족한 생활비를 마련하고, 취업에 대해서 노후를 준비하기 위한 수단으로 인식한다.

2) 창 업 형

창업형은 구직방법과 경로에 비교적 무지하고 재취업의 좁은 문을 일찍 감지한 집단이다. 이들은 퇴직 후 얼마의 시간이 흐른 뒤 스스로에 대한 존재감을 확인하고 일상의 무료함을 달래기 위해 창업을 준비한다.

3) 경력개발형

경력개발형은 퇴직 후 진로 결정을 서두르기보다는 장기적으로 자격증 취득이나 전문적인 실무교육을 통해 체계적인 전직을 준비하는 유형이다.

4) 사회기여형

사회기여형은 무료한 시간 보내기, 외로움, 긍지와 보람, 자유로움 등을 이유로 퇴직 이후 소속감과 심리적 안정감을 얻기 위해 사회봉사에 관심을 갖고 있는 유형이다.

5) 실 업 형

실업형은 어떤 구직활동도 하지 않는 유형이다. 이들은 연령 제한으로 인한 구직기회 박탈, 경찰이라는 직종에 대한 사회적 편견, 가족 눈치보기, 사회 부적응 등으로 인해서 많은 스트레스를 경험한다.

제 2 절   경찰공무원 퇴직의 유형

Ⅰ. 당연퇴직

1. 당연퇴직의 개념

당연퇴직이란 일정한 사유가 발생하게 되면 경찰공무원 근무관계가 당연히 소멸되는 경우를 말하며, 당연퇴직사유에는 (1) 경찰공무원 결격사유(경찰공무원법 제8조 ②)에 해당하는 경우, (2) 연령정년이나 계급정년에 도달한 경우, (3) 사망한 경우 등이 있다.

2. 경찰공무원 결격사유

경찰공무원이 「경찰공무원법」 제8조 제2항 각 호의 어느 하나에 해당하게 된 경우에는 당연히 퇴직한다.

(1) 대한민국 국적을 가지지 아니한 사람

(2) 「국적법」 제11조의2 제1항에 따른 복수국적자

(3) 피성년후견인 또는 피한정후견인

(4) 파산선고를 받고 복권되지 아니한 사람

(5) 자격정지 이상의 형(刑)을 선고받은 사람

(6) 자격정지 이상의 형의 선고유예를 선고받고 그 유예기간 중에 있는 사람

(7) 공무원으로 재직기간 중 직무와 관련하여 「형법」 제355조 및 제356조에 규정된 죄를 범한 자로서 300만원 이상의 벌금형을 선고받고 그 형이 확정된 후 2년이 지나지 아니한 사

(8) 「성폭력범죄의 처벌 등에 관한 특례법」 제2조에 규정된 죄를 범한 사람으로서 100만원 이상의 벌금형을 선고받고 그 형이 확정된 후 3년이 지나지 아니한 사람

(9) 미성년자에 대한 다음 각 목의 어느 하나에 해당하는 죄를 저질러 형 또는 치료감호가 확정된 사람(집행유예를 선고받은 후 그 집행유예기간이 경과한 사람을 포함한다)

　　가. 「성폭력범죄의 처벌 등에 관한 특례법」 제2조에 따른 성폭력범죄

　　나. 「아동·청소년의 성보호에 관한 법률」 제2조 제2호에 따른 아동·청소년대상 성범죄

(10) 징계에 의하여 파면 또는 해임처분을 받은 사람

다만, 제8조 제2항 제4호는 파산선고를 받은 사람으로서 「채무자 회생 및

파산에 관한 법률」에 따라 신청기한 내에 면책신청을 하지 아니하였거나 면책불허가 결정 또는 면책 취소가 확정된 경우만 해당한다.

또한, 제8조 제2항 제6호는 「형법」 제129조부터 제132조까지, 「성폭력범죄의 처벌 등에 관한 특례법」 제2조, 「아동·청소년의 성보호에 관한 법률」 제2조 제2호 및 직무와 관련하여 「형법」 제355조 또는 제356조에 규정된 죄를 범한 사람으로서 자격정지 이상의 형의 선고유예를 빋은 경우만 해당한다(경찰공무원법 제27조).

3. 연령정년·계급정년

<표 15-1>과 같은 연령정년 또는 계급정년에 해당하는 경찰관은 당연퇴직사유에 해당된다.

수사·정보·외사·보안·자치경찰사무 등 특수 부문에 근무하는 경찰공무원으로서 대통령령이 정하는 바에 의하여 지정을 받은 사람은 총경 및 경정의 경우에는 4년의 범위에서 대통령령이 정하는 바에 의하여 계급정년을 연장할 수 있다(경찰공무원법 제30조 ③). 경찰청장 또는 해양경찰청장은 전시·사변이나 그 밖에 이에 준하는 비상사태에서는 2년의 범위에서 계급정년을 연장할 수 있다(경찰공무원법 제30조 ④).

표 15-1 경찰공무원 정년의 종류

정년의 종류	내 용			
연령정년	60세			
계급정년	치안감 4년	경무관 6년	총경 11년	경정 14년

자료: 「경찰공무원법」 제30조 ①.

Ⅱ. 의원면직

1. 의원면직의 개념

의원면직이란 경찰공무원 자신의 의사표시를 전제로 하여 임용권자의 처분으로 경찰공무원 근무관계를 소멸시키는 경우를 말한다. 다만 사직의 의사표시만으로는 부족하고 사직서를 제출하여 임명권자의 승인을 받아야 한다.[1]

2. 의원면직 사유

의원면직의 대표적인 사유는 다른 직장으로 옮기기 위하여 당사자가 퇴직하는 전직퇴직이다. 그러나 실제로는 의원면직이 자의가 아닌 타의에 의하여 행해지는 경우가 있다.

소위 권고사직은 외형적·법적으로는 자의에 의한 퇴직이지만 외적 강제에 의하여 부득이하게 강제되는 경우이다. 의원면직은 감원을 위한 방편으로 활용될 수 있으며 징계퇴직할 사람에게 온정을 베푸는 방편으로 활용되기도 한다.

Ⅲ. 직권면직

1. 직권면직의 개념

직권면직이란 「경찰공무원법」 제28조(직권면직)의 사유가 발생하여 본인의 의사 여부에 상관 없이 임용권자가 직권으로 경찰공무원 근무관계를 소멸시키는 경우를 말한다.

---

1) 대판 1971. 3. 31, 71누14.

직권면직은 그 처분의 사유와 효과면에서 징계면직처분(파면, 해임)과 구별되지만, 경찰공무원 본인의 의사와는 관계 없이 국가의 일방적인 의사에 의해 경찰공무원의 신분관계를 소멸시킨다는 점에서 파면이나 해임과 같다. 따라서, 직권면직은 경찰공무원의 신분보장이라는 측면을 고려하여 신중하게 운영할 필요가 있다.

2. 직권면직 사유

경찰공무원이 다음에 해당될 때에는 임용권자는 직권에 의하여 면직시킬 수 있다(경찰공무원법 제28조).

(1)「국가공무원법」제70조 제3호・제4호・제5호에 해당될 때(제1호)

제70조 제3호	직제와 정원의 개폐 또는 예산의 감소 등에 의하여 폐직 또는 과원이 되었을 때
제70조 제4호	휴직기간의 만료 또는 휴직사유가 감소된 후에도 직무에 복귀하지 아니하거나 직무를 감당할 수 없을 때
제70조 제5호	임용권자는 직무수행능력이 부족하거나 직무성적이 극히 불량한 자에 대하여 3월 이내의 기간 대기를 명할 수 있는데 이 기간 중 능력 또는 근무성적의 향상을 기대하기 어렵다고 인정된 때

「국가공무원법」제70조 제1항 제4호(휴직기간 만료 또는 휴직사유 소멸 후 미복귀하거나 직무를 감당할 수 없을 때)의 사유로 인한 직권면직일은 휴직기간의 만료일 또는 휴직사유의 소멸일로 한다(경찰공무원법 제28조 ③).

(2) 경찰공무원으로서 부적합할 정도로 직무수행능력 또는 성실성이 현저히 결여된 사람으로서 대통령령이 정하는 사유에 해당된다고 인정될 때(제2호)

예를 들면 지능 저하 또는 판단력 부족으로 경찰업무를 감당할 수 없는 경우, 책임감 결여로 직무수행에 성의가 없고 위험한 직무에 당하여 고의로 직무수행을 기피 또는 포기하는 경우를 의미한다.

(3) 직무를 수행하는 데에 위험을 일으킬 우려가 있을 정도의 성격적 또는 도덕적 결함이 있는 사람으로서 대통령령이 정하는 사유에 해당된다고 인정될 때(제3호)

예를 들면 심한 주벽이 있거나 변태 성격을 가진 경우, 불순한 이성관계 등 도덕적 결함이 현저하여 타인의 비난을 받는 경우를 의미한다.

(4) 해당 경과에서 직무를 수행하는 데 필요한 자격증의 효력이 상실되거나 면허가 취소되어 담당 직무를 수행할 수 없게 되었을 때(제4호)

3. 징계위원회의 동의

임용권자는 직권면직시킬 경우에는 미리 관할 징계위원회의 의견을 들어야 하나(국가공무원법 제70조 ②), 다음과 같은 사유로 면직시킬 때에는 징계위원회의 동의를 얻어야 한다(경찰공무원법 제28조 ②).
  (1) 「경찰공무원법」 제28조 제1항 제2호·제3호
  (2) 「국가공무원법」 제70조 제1항 제5호(직위해제되어 대기명령을 받은 자가 그 기간 중 능력 또는 근무성적의 향상을 기대하기 어렵다고 인정된 때)

IV. 징계면직

징계면직이란 파면 및 해임과 같은 징계를 통하여 경찰공무원 근무관계를 소멸시키는 경우를 말한다. 경찰공무원에 대한 징계사유는 (1) 「국가공무원법」 및 「국가공무원법」에 의한 명령에 위반하였을 때, (2) 직무상의 의무에 위반하거나 직무를 태만히 하였을 때, (3) 직무의 내외를 불문하고 그 체면 또는 위신을 손상하는 행위를 하였을 때이다(국가공무원법 제78조).

V. 명예퇴직

명예퇴직은 장기근속 경찰공무원에게 경제적 보상을 통해 명예로운 사회진출의 기회를 부여하기 위한 제도로서, 명예퇴직의 대상자는 「공무원연금법」상 재직기간이 20년 이상이고, 정년퇴직일부터 최소한 1년 전에 스스로 퇴직하는 치안정감 이하의 경찰공무원과 일반직 공무원이다(국가공무원 명예퇴직수당 등 지급 규정 제3조). 명예퇴직을 하는 경찰공무원에게는 예산의 범위에서 명예퇴직 수당을 지급할 수 있다(국가공무원법 제74조의2).

제 3 절   한국의 경찰공무원 퇴직관리제도

Ⅰ. 공무원 연금

1. 공무원 연금의 개념

공무원 연금은 공무원의 퇴직 또는 사망과 공무로 인한 부상·질병·장애에 대하여 적절한 급여를 지급함으로써, 공무원 및 그 유족의 생활안정과 복리 향상에 이바지함을 목적으로 지급하는 급여를 말한다. 공무원 연금은 공무원을 대상으로 노후소득 보장, 근로보상, 재해보상, 부조 및 후생복지 등을 포괄적으로 실시하는 종합적인 사회보장제도이다.

2. 공무원 연금의 가치

공무원 연금은 퇴직급여 이외에도 기업의 퇴직금에 해당하는 퇴직수당, 민간의 산재보험에 해당하는 공무상 재해보상급여, 기타 일반재해에 대한 각종 부조급여를 실시하는 등 폭 넓은 보장기능을 갖고 있으며, 아울러 전·현직 공무원을 위한 다양한 후생복지 프로그램도 마련하고 있다.

Ⅱ. 퇴직예정 공무원 교육

1. 퇴직준비 교육

공무원연금공단은 퇴직예정 공무원의 체계적인 은퇴생활 설계능력 제고를 위해서 퇴직준비 교육을 실시하고 있다. 미래설계과정은 퇴직 후의 사회적응 지원 및 체계적인 은퇴생활 설계를 위한 과정이고, 전직설계과정은 재취업·귀농귀촌·사회공헌 등 일자리 전문교육을 제공하기 위한 과정이다. 각 교육과정은 4박 5일 일정으로 진행된다.

2. 경찰 전직지원체계

경찰청은 퇴직 전 5년, 퇴직 전 1년, 퇴직 후 등 기간에 따라 전직지원체계를 제공하고 있다.

1) 퇴직 전 5년~퇴직 전 1년

(1) 퇴직설계과정
① 기간: 4박 5일, 연 18회
② 대상: 퇴직 전 5년~1년 이내의 경찰관
③ 교육내용: 퇴직에 대한 변화의 인식, 환경변화와 대응방안, 인생에 있어서의 일과 역할 등

(2) 직업역량개발 교육비 지원
① 대상: 퇴직 전 5년 이내 경찰관 중 퇴직지원교육을 수료한 자
② 지원분야: 신청자가 수립한 퇴직계획에 따라 퇴직 후 전직에 필요하다

고 직접적으로 인정되는 교육과정

③ 지원한도액: 1인당 100만원 이내(교육비의 90%)

2) 퇴직 전 1년~퇴직 전: 전직심화과정

① 기간: 2박 3일, 연 13회

② 대상: 퇴직 전 1년 이내 경찰관

③ 교육내용: 일자리의 필요성, 인식과 접근전략, 다양한 직업군의 이해와 체험, 성공 실패 사례, 취업정보 제공 등

3) 퇴직 후: 전직 컨설팅

① 재취업

② 창업 컨설팅

③ 일자리 알선 및 발굴

3. 위탁교육 실시 및 전문자격증 취득 지원

경찰청은 퇴직준비를 위한 과정으로 퇴직예정 5년 이내 경찰관을 대상으로 귀농귀촌과정, 유기농업기사 입문과정 등 외부기관(농식품공무원교육원 등) 위탁교육을 실시하고, 퇴직 후 직접적인 취업으로 연결될 수 있도록 경비지도사 등 30종의 전문자격증 취득을 지원하고 있다.

Ⅲ. 퇴직공무원 인력은행

행정안전부는 공무원연금공단 및 고용노동부와 함께 재취업을 희망하는 퇴직공무원으로부터 구직카드를 받아 인력 데이터베이스를 구축하여 취업알선을 하고 있다. 「공무원연금법」의 적용을 받는 정년퇴직·명예퇴직 공무원은 누구나 구직신청을 할 수 있다.[2]

---

2) http://www.gepco.or.kr/lab/sub.jsp

행정안전부는 퇴직시 소속기관으로부터 퇴직 공무원의 구직카드를 넘겨받은 뒤 고용노동부가 보유하고 있는 구인업체의 구인조건과 일치하는 경우 취업을 알선하게 된다. 퇴직 공무원의 인력 데이터베이스에는 기본적인 인적사항 외에도 근무경력, 어학능력, 자격증 소지 여부, 희망직종, 임금, 원하는 고용형태, 근무시간 등이 기록된다.

IV. 재고용 프로그램

재고용 프로그램에는 범죄수사연구관 선발 프로그램과 수사민원상담관 프로그램이 있다.

1. 범죄수사연구관 선발 프로그램

범죄수사연구관 선발 프로그램은 「범죄수사연구관 운영 규칙」(경찰청 훈령)에 의거하여 수사경찰(5년 이상 근무) 경위 이상 퇴직자 또는 경찰교육기관(5년 이상 근무)에서 수사분야 교육경력이 있는 퇴직자 중에서 유능한 자를 선발하여 경찰청과 시·도경찰청에 재임용하는 프로그램이다. 범죄수사연구관은 경찰청은 수사운영지원담당관, 시·도경찰청은 수사주무과장의 지휘·감독하에 다음의 직무를 수행한다(동 규칙 제4조).

(1) 범죄추세의 분석과 범죄예방 대책의 건의

(2) 중요·특이 범죄에 관한 연구 및 사례 수십과 수사사건의 지도

(3) 경찰교육기관 빛 외부 교육기관에서 수사교육 실시

(4) 기타 범죄문제에 관한 연구

2. 수사민원 상담관 프로그램

수사민원 상담관 프로그램은 고소·고발 관련 상담업무를 효과적으로 수행할 수 있을 정도의 경험 및 소양을 갖춘 퇴직 경찰관을 수사민원 상담관으

로 지정하여 민원실에 배치하는 프로그램이다.

수사민원상담관은 민원인의 동의를 전제로 하여 기소유예 이외의 불기소
처분사유에 해당됨이 명백하거나 관할이 없는 경우 또는 진정서로 접수함이
상당하다고 판단되는 경우에는 고소장 및 고발장을 반려한다. 또한, 고소·고
발사실이 불명확하거나 불특정되어 있는 경우에는 고소장·고발장 접수를 보
류하고 보정요청을 한다. 고소·고발사건으로 접수함이 상당하다고 판단되는
경우에 고소장·고발장을 접수한다.

V. 권역별 경찰전직지원센터 운영

경찰청은 퇴직 경찰관의 원활한 사회복귀와 전문능력 활용을 통해서 재취
업을 지원하기 위해 권역 별로 경찰전직지원센터(6개소: 서울, 부산, 대구, 광주,
대전, 경기)를 운영하고 있다. 경찰전직지원센터는 상담·교육·알선·사후 관
리를 통해 재취업을 지원하는 한편, 온라인 경찰전직지원센터를 운영하여 각
종 구직 정보를 제공하고 있다. 경찰전직지원센터는 퇴직 전 1년~퇴직 이후
모든 경찰관을 대상으로 <표 15-2>에서 보는 것과 같은 전직지원 프로그램

표 15-2 경찰전직지원센터의 전직지원 프로그램 현황

구 분	주요내용	비 고
기초·심층 상담	• 개인의 업무경력, 핵심능력, 선호도 파악 • 개인의 기질·소질에 대한 이해도 증진(변화관리) • 이력서 작성 실습 및 자기소개서 작성 워크숍 • 면접 시뮬레이션·코칭·연습	1인당 10시간 (1:1 컨설팅 3시간 이상 포함)
취업알선	• 적성분석을 통한 구직희망자 적합 직종 소개 • 취업시까지 맞춤형 구인정보 제공(문자·메일 등) • 필요 시 면접자와 동행면접 실시	~취업 시 (1년 이내)
사후관리	• 취업 후 애로사항 청취 및 상담을 통한 적응지원 • 점검(전화, 방문)주기: 취업 직후 6개월은 2月 1회, 6~12개 월은 분기 1회 (총 5회)	취업 후 1년
맞춤형 일자리 개발·발굴	• 퇴직경찰의 직무특성 및 업무경험(수사·경비·정보·안보 수사 등)을 토대로 대외 일자리 분석 • 대외업체 대상 취업설명회 개최, 방문 등	상시

을 실시하고 있다.

제 4 절 경찰공무원 퇴직관리제도의 개선방안

I. 경찰공무원 퇴직관리제도의 개편방향

경찰관 퇴직과 관련된 중요한 문제점의 하나는 퇴직연령이 비교적 젊다는 것이다. 경찰공무원은 일반공무원과는 달리 계급정년제도를 유지하고 있어 퇴직사유가 더 많은 편이다. 따라서 적지 않은 경찰간부가 50대 초·중반의 나이에 퇴직하게 되며, 이 시기는 대부분의 남성이 직업생활에서 최고의 정점에 도달하여 왕성하게 활동하는 시기이다(한상암, 1999: 312).

경찰공무원 퇴직관리제도 개편은 (1) 유능한 인력의 장기근속을 유도하여 경찰서비스의 질적 향상을 도모함과 동시에 경찰공무원의 직업성·천직관을 고취하고, (2) 능력한계에 도달한 인력의 조기퇴직을 유도하여 조직의 효율성을 제고하며, (3) 퇴직자로 하여금 제2의 인생을 가도록 최소한을 배려하는 방향에서 이루어져야 할 것이다(이유준·이송호, 1996: 59-66).

II. 퇴직준비 프로그램의 개발

1. 퇴직준비 프로그램의 필요성

퇴직하기 3~4년 전부터 퇴직 예정자에게 퇴직 이후를 적극적으로 준비할 기회와 정보를 제공하고, 퇴직에 의한 충격을 최소화하고 퇴직 후의 생활안정을 위하여 다양한 퇴직준비 프로그램을 적극적으로 개발하여 운영할 필요가 있다.

이러한 퇴직준비 프로그램은 퇴직대상 경찰관으로 하여금 퇴직으로 인해

야기될 문제점을 구체적으로 논의하도록 하고, 필요한 정보 및 지원을 제공하여 퇴직 후의 상황에 능동적으로 대처하도록 하기 위한 것이다. 미국의 미주리주 캔사스시 경찰국에서는 23년 이상 근무한 경찰관을 대상으로 20시간의 퇴직준비 강좌 프로그램을 개발하여 시행하였다(Caron & Kelly, 1983: 47-49).

2. 퇴직준비 프로그램의 내용

퇴직준비 프로그램의 구체적인 내용에는 (1) 연금제도, 사회보장제도, 의료보험제도 등과 같은 사회복지정책에 관한 내용, (2) 신체 및 정신건강을 유지하는 방법, (3) 이력서 작성요령, 면접시험 지도, 구직요령 등과 같은 재취업 관련 교육, (4) 주택의 임대 및 매매, 전원생활 등과 관련된 비용 및 정보습득 요령과 같은 소비자문제 및 주택문제, (5) 유언, 자금운용, 부동산 및 동산의 신탁운용, 절세요령 등과 관련된 각종 법적 문제, (6) 연금의 운용과 관련된 투자요령 등의 내용이 포함되어 있어야 한다(한상암, 2008: 333-334).

Ⅲ. 퇴직 경찰관에 대한 맞춤형 교육 실시

퇴직 경찰관의 경력이동 유형에 따라서 맞춤형 교육이 실시되어야 한다. 퇴직 경찰관의 경력이동 시 가장 어려운 점은 연령제한, 경찰공무원 출신 기피, 자격증 없음, 낮은 일자리와 남의 시선, 낮은 보수 등이다. 따라서, 경찰의 재취업 업종 개발과 다양한 전직지원 프로그램의 필요성이 커지고 있다. 전직지원은 퇴직 1~3년 전부터 퇴직 경찰관의 고유한 기능을 활용할 수 있는 특화된 교육으로 실시될 필요가 있다.

진로교육 프로그램, 경력개발을 위한 자격증 취득교육, 취미개발 프로그램, 창업교육 프로그램, 재테크 및 교양교육, 인생 재설계 프로그램 등 개인의 적성과 흥미를 반영한 다양한 프로그램을 개발해야 하며, 퇴직 전부터 단계별 적응 프로그램을 운영할 필요가 있다.

이러한 지원은 퇴직 경찰관의 현황을 볼 때 경찰전직지원센터를 통해서 이루어져야 하고, 경찰청이 자체적으로 운영하기 어려운 경우에는 전문성을 갖춘 민간위탁기관을 통해서 통합적 지원이 이루어져야 하며, 국내・외의 다양한 전직지원제도의 성공사례를 벤치마킹할 필요가 있다(이명심・심지현, 2016: 320).

IV. 퇴직 경찰관의 재취업 확대

1. 자격증 취득의 지원

자격증은 취업 및 전직 과정에서 개인이 보유한 인적 자산의 가치를 객관적으로 보여주고, 노동시장의 유연화에 대응하여 개인의 직업능력을 지속적으로 개발・활용할 수 있도록 하는 핵심 사항이며, 개인 및 국가적 수준에서 교육훈련에 대한 중복 투자를 방지함으로써 인적 자원개발의 효율성을 강화시킬 수 있다.

따라서, 퇴직 경찰관의 재취업을 확대할 수 있는 방안으로 재직시 각종 자격증의 취득을 권장하여야 하며, 이를 위한 각종 지원제도가 마련되어야 한다. 또한 경찰관 재직시 퇴직을 대비하여 각종 직업교육이나 취미교육을 받도록 적극 지원해야 한다. 경찰에서 운용 중인 다양한 교육훈련 과정을 개편하여 직무수행능력의 향상과 국가자격 취득의 기초로 활용할 수 있는 교육 프로그램을 마련하여야 할 것이다.

2. 자영업 창원의 지원

경찰조직은 퇴직 경찰관에게 자영업을 창업할 수 있도록 각종 유관기관의 경영지도를 알선하거나 경찰공제회를 통한 금융지원 등이 가능하도록 효과적인 방안을 마련하여야 할 것이다.

V. 퇴직 경찰관의 복지향상

질병에 시달리는 퇴직 경찰관의 복지를 위하여 경찰병원 분원을 설치하고, 의료보험 개인부담금의 일정부분을 지원하는 제도도 마련되어야 한다. 경찰 재직 시 열악한 근무환경 때문에 건강이 악화되어 퇴직 후 질병에 시달리는 경우가 많아 이들에 대한 적절한 지원은 재직자의 사기에도 큰 영향을 미칠 것이다.

게다가, 퇴직 경찰관이 자녀의 교육 및 양육에 필요한 자금을 마련하고, 질병 혹은 사고 시 경제적인 부담을 완화하기 위하여 건강보험이나 교육보험 혹은 생명보험과 같은 각종 보장성 보험에 가입할 경우에 재직자와 마찬가지로 단체요금을 적용받을 수 있도록 하여야 한다.

VI. 퇴직자 면접 실시 등

경찰조직은 퇴직자 면접(exit interview)을 실시하여 퇴직의 실질적 원인을 분석하고, 경찰조직 내에서 발전 기회에 관한 정보를 제공하고, 구성원 자신의 이익과 경찰조직의 이익에 관한 이해를 증진시킬 필요가 있다. 특히, 젊고 유능한 경찰관의 퇴직을 억제하기 위한 적극적인 전략으로서 경위에서 총경까지 일선의 중간관리자 및 최고관리자의 비율을 더욱 확대시키는 방안이 모색되어야 한다.

 연습문제

1. 경찰공무원 퇴직의 유형을 설명하세요.

2. 우리나라 경찰공무원 퇴직관리제도를 설명하세요.

3. 경찰공무원 퇴직관리제도의 개선방안을 논하세요.

 참고문헌

〈국내문헌〉

김병섭·양재진. (2001). 「공무원 퇴직관리에 관한 연구」, 서울: 중앙인사위원회.

김상균. (2010). "경찰공무원의 퇴직관리 실태와 개선방안에 관한 연구," 「경찰학논총」, 5(2): 43-68.

김지선. (2008). "경찰공무원의 퇴직준비 프로그램에 관한 연구: 생애설계 요인을 중심으로," 박사학위논문, 원광대학교 대학원.

김중양. (2002). 「한국인사행정론」(제4판), 서울: 법문사.

박윤규. (2009). "현직 경찰관의 퇴직준비 영향요인에 관한 연구," 「한국경찰학회보」, 11(2): 109-132.

박행렬. (2018). "일본경찰의 복지정책 및 시사점," 「한국공안행정학회보」, 27(4): 13-40.

염재호. (2003). "경찰공무원의 퇴직관리 및 퇴직자 지원 프로그램 개발운영에 관한 연구," 치안연구소.

오석홍. (1994). 「인사행정론」, 서울: 박영사.

이귀형·박종철. (2015). "경찰공무원의 퇴직 교육 프로그램 개선방안에 관한 연구," 「자치경찰연구」, 8(2): 64-93.

이명심·심지현. (2016). "퇴직경찰공무원의 경력이동분석에 따른 전직유형 및 지원방안 도출 연구," 「경찰학논총」, 11(3): 293-324.

이영민·임정연. (2014). "퇴직경찰관의 재취업 실태와 퇴직지원 프로그램 요구분석," 「경찰학논총」, 9(1): 179-202.

이유준·이송호. (1996). "경찰인사제도 개선방안," 연구보고서 96-06, 치안연구소.

이황우. (2007). 「경찰행정학」(제5판), 서울: 법문사.

한상암. (1999). "경찰공무원의 퇴직관리의 문제점 및 개선방안에 관한 연구," 「한국경찰학회보」, 1: 311-337.

한상암·신성원. (2008). "경찰공무원의 퇴직 후 재취업 욕구 및 취업능력 개발에 관한 연구," 「한국경호경비학회지」, 15: 359-379.

〈국외문헌〉

Caron, N. A. & Kelly, R. T. (1983). "The Kansas City Police Department Pre-Retirement Lecture Series," *Police Chief,* 50(1).

Johnson, K. E. (1978). "Retirement Counseling," *FBI Law Enforcement Bulletin,* 47(6).

Swanson, C. R. & Territo, L. (1993). *Police Administration: Structures, Processes, and Behavior*(3rd.), Englewood Cliffs, NJ: Prentice Hall, Inc.

찾아보기

저자 약력

이황우

동국대학교 경찰행정학과 및 동대학원 졸업(법학박사)
동국대학교 학생처장, 총무처장, 사회과학대학장, 행정대학원장
John Jay College of Criminal Justice 객원교수
경찰대, 한양대, 연세대, 용인대 강사
행정고등고시, 사법시험, 입법고시, 군법무관시험, 5급공무원 승진시험 위원
치안연구소 연구지도위원
경찰청 자체심사평가위원회 위원장
한국공안행정학회장, 한국경찰학회장
경찰위원회 위원
국가정보원 대테러분야정책자문위원회 위원
국가위기협상위원
현) 동국대학교 경찰행정학과 명예교수

김진혁

동국대학교 경찰행정학과 및 동대학원 졸업(법학박사)
경찰대학 치안연구소 외래연구위원, 경찰종합학교 외래교수
동국대, 대구대, 순천향대, 용인대, 서남대 강사
계명대 대학원 강사
Western Illinois University 방문교수
한국공안행정학회장
경남대학교 법정대학장
경남지방경찰청 피해자보고추진위원회 위원
울산지방경찰청 수사이의심사위원회 위원
창원지방검찰청 형사상고심의위원회 위원
현) 경남자치경찰위원회 위원
현) 경남대학교 경찰학과 교수

임창호

동국대학교 경찰행정학과 및 동대학원 졸업(경찰학박사)
경찰대학 치안연구소 외래연구위원
중앙경찰학교, 경찰종합학교 외래교수
동국대, 경찰대학, 계명대, 천안대, 원광대, 경찰대 강사
경남대학교 경찰학과 교수
日本 北海商科大學 교환교수
한국공안행정학회장
법무부 보호관찰위원
대전광역시 안전브랜드 활성화사업 자문위원
대전광역시경찰청 민원조정위원회 위원
대전광역시경찰청 청렴정책협의체 위원
현) 대전대학교 경찰학과 교수

박재풍

동국대학교 경찰행정학과 및 동대학원 졸업(경찰학박사)
경찰대학 연구위원
중앙경찰학교, 경찰인재개발원 외래교수
동국대, 대전대, 순천향대, 부경대 강사
극동대학교 경찰행정학과 교수
Northern Arizona University Professional Development Program 수료
Harvard School of Public Health Executive and Continuing
  Professional Education 수료
현) 경찰대학교 치안정책연구소 경찰패널연구센터장

경찰인사행정론 [제7판]

2003년 9월 20일   초판 발행
2007년 9월 5일   제2판 발행
2012년 9월 5일   제3판 발행
2014년 3월 10일   제4판 발행
2017년 3월 10일   제5판 발행
2019년 8월 20일   제6판 발행
2022년 3월 5일   제7판 1쇄발행

저 자 이황우 · 김진혁 · 임창호 · 박재풍

발행인 배   효   선

발행처 도서 출판 **法 文 社**

주 소 10881 경기도 파주시 회동길 37-29
등 록 1957년 12월 12일/제2-76호(윤)
전 화 (031)955-6500~6 FAX (031)955-6525
E-mail (영업) bms@bobmunsa.co.kr
        (편집) edit66@bobmunsa.co.kr
홈페이지 http://www.bobmunsa.co.kr

조 판 (주)성 지 이 디 피

정가 33,000원   ISBN 978-89-18-91294-3